V&R

Lutherjahrbuch

Organ der internationalen Lutherforschung

Im Auftrag der Luther-Gesellschaft herausgegeben von
Helmar Junghans
Professor i. R. an der Universität Leipzig

75. Jahrgang 2008

Vandenhoeck & Ruprecht

G

ISBN 978-3-525-87440-0
ISSN 0342-0914
©Vandenhoeck & Ruprecht, Göttingen 2008

Layout: Institut für Kirchengeschichte
der Theologischen Fakultät Leipzig
Gesamtherstellung: Hubert & Co., Göttingen

Anschriften

der Mitarbeiter: Prof. Dr. Matthieu Arnold, Faculté de Théologie Protestante de Université de Strasbourg, 9 Place de l'Université, F-67084 Strasbourg; Akademischer Mitarbeiter Dr. Michael Beyer, Pfarrhaus, D-04668 Schönbach; Dekan Dr. Reinhard Brandt, Evang.-Luth. Dekanat, Pfarrgasse 5, D-91781 Weißenburg; Prof. Dr. Christoph Burger, Sonderholm 67, NL-2133 JB Hoofddorp; Prof. Dr. Zoltán Csepregi, Evangélikus Hittudományi Egyetem, Rózsavölgyi köz 3, H-1141 Budapest; Prof. Dr. Peter Findeisen, Dorothea-Erxleben-Straße 32, D-06120 Halle; Professor i. R. Scott H. Hendrix, 1196 Fearrington Post, 46 Caswell, Pittsboro, NC 27312 USA; Prof. i. R. Dr. Helmar Junghans, Gletschersteinstraße 37, D-04299 Leipzig; Pfarrer Dr. Reinhard Junghans, Prinz-Eugen-Straße 25, D-04277 Leipzig; Prof. Dr. theol. Armin Kohnle, Institut für Kirchengeschichte, D-04109 Leipzig, Otto-Schill-Straße 2; Wissenschaftlicher Mitarbeiter Dr. Stefan Michel, Theologicum, Fürstengraben 6, D-07743 Jena; Prof. Dr. Harry Oelke, Abteilung für Kirchengeschichte, D-80799 München, Schellingstraße 3/VG; Direktor Dr. Stefan Rhein, Lutherhaus, Collegienstraße 54, D-06886 Lutherstadt Wittenberg; Prof. Dr. Austra Reinis, Missouri State University, 901 S. National Ave., Springfield, MO, 65897 USA; Prof. Dr. Ricardo Rieth, Rua Borges de Medeiros, 495, Morro do Espelho, BR-93030-200 São Leopoldo, RS; Dr. theol. J. Wolff, Hauptstr. 162, D-06528 Brücken; Prof. Dr. Peter Zimmerling, Institut für Praktische Theologie, Otto-Schill-Straße 2, D-04109 Leipzig.

für Rezensionsexemplare, Sonderdrucke, Mitteilungen sowie Anfragen: Theologische Fakultät, Institut für Kirchengeschichte, Abt. Spätmittelalter und Reformation, Otto-Schill-Straße 2, D-04109 Leipzig (Tel. 0341-9735436, FAX 0341-8616821; E-mail: Lutherjahrbuch@uni-leipzig.de; junghans@uni-leipzig.de);

der Geschäftsstelle der Luther-Gesellschaft in der Leucorea: Collegienstraße 62, D-06886 Lutherstadt Wittenberg (Tel.: 03491-466233; Fax: 03491-466278; E-Mail: info@luther-gesellschaft. de; www.Luther-Gesellschaft.de).

Die *Abkürzungen* der »Lutherbibliographie 2008« werden im ganzen »Lutherjahrbuch 2008« verwendet. Den Abkürzungen für die *Lutherausgaben* liegt »Kurt Aland: Hilfsbuch zum Lutherstudium. 4. Aufl. Bielefeld 1996« zugrunde; StA verweist auf »Martin Luther: Studienausgabe. B; L 1979 ff«; BSLK auf »Die Bekenntnisschriften der evangelisch-lutherischen Kirche/ hrsg. vom Deutschen Evangelischen Kirchenausschuß im Gedenkjahr der Augsburgischen Konfession 1930. 2 Bde. GÖ 1930« und Nachdrucke.
Die Abkürzungen für *biblische Bücher* und die *Zeichensetzung bei Stellenangaben* folgen dem »Novum testamentum graece« von Eberhard Nestle.
Die *Anordnung der Rezensionen* folgt der Systematik der »Lutherbibliographie«

In memoriam Joachim Fischer

Von Ricardo W. Rieth

Nach kurzer Krankheit hat sich das Leben von Joachim Fischer am 5. Juli 2008 im Alter von 78 Jahre vollendet. Er starb in Porto Alegre und wurde am nächsten Tag in São Leopoldo beerdigt. Vor Jahrzehnten hatte er Brasilien als seine neue Heimat erwählt. Er entwickelte sich dadurch zu einem grossen Förderer der Kirchengeschichte im allgemeinen und der Reformationsgeschichte bzw. Lutherforschung in besonderer Weise.

Joachim Herbert Fischer wurde am 8. April 1930 in Falkenau, Sachsen, geboren. Sein Vater war Verwaltungsangestellter bei der Autoindustrie und seine Mutter Hausfrau. Das Ehepaar hatte drei Kinder. Das Lernen in der Volks- und in der Oberschule zwischen 1936 und 1947 in Falkenau und Chemnitz teilte er mit der Arbeit in einer Ziegelei. Zwischen 1948 und 1950 arbeitete er in der Landwirtschaft und lernte den Beruf eines Radiomechanikers. Ende 1950 übersiedelte er in die Bundesrepublik Deutschland, wo er in Erlangen (1951), Tübingen (1951-1954) und Göttingen (1954-1956) Theologie studierte. Er wurde durch das Werk Karl Barths (1886-1968) sehr geprägt. Am stärksten interessierte er sich für Kirchengeschichte. Darin waren seine Lehrer Gerhard Ebeling (1912-2001), Ernst Wolf (1902-1971), Erich Roth (1917-1956), Heinz Liebing (1920-2003), Walther von Loewenich (1903-1992) und Hanns Rückert (1901-1974). Das erste theologische Examen bestand er 1956.

Von 1957 bis 1959 arbeitete er bei Ernst Wolf an seiner Dissertation. 1961 wurde er in Göttingen promoviert. 1972 erschien seine Dissertation »Die Sächsische Landeskirche im Kirchenkampf 1933-1937« in Halle (Saale) und in Göttingen. 1960 ordinierte ihn die Evangelische Kirche der Pfalz. Inzwischen hatte ihn die Evangelische Kirche Lutherischen Bekenntnisses in Brasilien (EKLBB) berufen, Kirchengeschichte an der Theologischen Fakultät São Leopoldo zu lehren. Diese Aufgabe erfüllte er 32 Jahren. In Brasilien heiratete er Ingrid Eva Graustein. Ihnen wurden zwei Töchter geboren.

Von 1960 bis zu seiner Emeritierung 1992 lehrte er Kirchengeschichte an der Faculdade de Teologia, später in Escola Superior de Teologia umbenannt. In drei verschiedenen Perioden (1968, 1970-1971, 1991-1992) übernahm er das Amt des Direktors in dieser theologischen Lehreinrichtung. Er wird zu den ersten Wissenschaftlern gezählt, welche die Geschichte der Evangelischen Kirche in Brasilien aufgrund sorgfältiger Quellenstudien erforscht haben, was zahlreiche Veröffentlichungen in deutscher und portugiesischer Sprache beweisen. Er beschäftigte sich intensiv mit Erhaltung, Zusammenstellung und Katalogisierung dieser historischen Dokumente. Als erster Präsident spielte er eine entscheidende Rolle bei der Gründung vom Historischen Archiv der EKLBB. Brasilianer aus verschiedenen Generationen haben sich unter seiner Betreuung als Kirchenhistoriker ausgebildet.

Außer der Erforschung der reformatorischen Rezeption in Kirche und Theologie in Brasilien galt sein Interesse der Reformation im 16. Jahrhundert. Zahlreiche Veröffentlichungen, Vorträge und Veranstaltungen zum Thema hat er vorbereitet. Die Übersetzung und Edition vom Konkordienbuch ins Portugiesische wurde von ihm bis zur Veröffentlichung 1980 begleitet. Wertvoll war vor allem sein Beitrag als Mitglied und langjähriger Vorsitzender der Kommission für Herausgabe von »Martinho Lutero – Obras Selecionadas«, eine Auswahlausgabe auf Portugiesisch, die inzwischen zehn Bände umfasst. Da die Ausgabe von Bekenntnisschriften und Luthers Werken eine Initiative der beiden Lutherischen Kirchen Brasiliens war, spielte er als theologischer Expert und engagierter evangelischer Christ eine wichtige Rolle im Dialog zwischen beiden Kirchen. Durch seine Teilnahme an den Internationalen Kongressen für Lutherforschung in Saint Louis (1971), Erfurt (1983), Oslo (1988) und Canoas (2007) konnte er den aktuellsten Forschungstand in diesem Bereich für den brasilianischen Kontext vermitteln. Außerdem trug er als Mitarbeiter der »Lutherbibliographie« von 1964 bis 1995 wesentlich zur Vermittlung wissenschaftlicher Ergebnissen der Reformationsforschung in Brasilien und Südamerika bei. Am 31. Oktober 2004 wurde er von der Escola Superior de Teologia in Saõ Leopoldo für seine wissenschaftlichen Verdienste mit dem Titel »Doctor honoris causa« geehrt.

Literatur: Peregrinação: estudos em homenagem a Joachim Herbert Fischer pela passagem de seu 60 aniversário/ hrsg. von Martin N. Dreher. São Leopoldo: Sinodal, 1990. 268 S.
Bild: Peregrinação, hinterer Buchdeckel, außen.

Überlegungen zum Schreiben einer Theologie Luthers

Von Scott H. Hendrix

Das Ziel dieser Überlegungen ist es nicht, frühere Darstellungen der Theologie Luthers nochmals auszuwerten, sondern grundsätzlich zu fragen: Was kann man sich unter einer »Theologie Luthers« vorstellen? Aus welchen Gründen würde es sich lohnen, eine neue Darstellung anzubieten?[1] Jeder Lutherforscher kann sofort die Hauptmöglichkeiten beschreiben und dafür Beispiele nennen: Man kann thematisch oder genetisch vorgehen oder sogar die beiden Zugänge miteinander verbinden, wofür Bernhard Lohse (1928-1997) plädierte und wie er dann tatsächlich seine Darstellung betitelt hat.[2] Man kann einen Kernbegriff bei Luther aussuchen und daraus die Gedankenwelt des Reformators entfalten, oder ein »Urmotiv« Luthers isolieren und es anhand von Hauptthemen aus seinen Schriften vergegenwärtigen, wie Oswald Bayer erläutert hat.[3] Es gilt ohne weiteres, was Bayer über den Mangel eines Systems bei Luther sagte: »Luthers Theologie ist zu beweglich und zu komplex, als daß sie sich auf einen einzigen Begriff bringen ließe.«[4] Allerdings ohne irgendeinen Begriff oder irgenwelche loci vorzugehen, macht es schwer, Luthers Denken über Gott und die Welt zu veranschaulichen.

Es bleiben bekanntlich noch andere Zugänge zum theologischen Denken Luthers. Man kann Perspektiven aus der Gegenwart und aus der Vergangenheit gewinnen, um Luthers Schriften mit sozusagen anderen Augen zu lesen. Die Kandidaten sind zahlreich: vom Mittelalter her Mystik, Nominalismus,

---

[1] Die Originalfassung des überarbeiteten und übersetzten Aufsatzes ist 2008 als »The future of Luther's theology. Dialog: a journal of theology 47 (Berkeley, CA 2008) Heft 2, 125-135, bei Wiley-Blackwell erschienen.

[2] Bernhard Lohse: Luthers Theologie in ihrer historischen Entwicklung und in ihrem systematischen Zusammenhang. GÖ 1995.

[3] Oswald Bayer: Martin Luthers Theologie: eine Vergegenwärtigung. TÜ 2003.

[4] Bayer: Martin Luthers Theologie, VIII.

Humanismus oder Frömmigkeitstheologie; aus der Gegenwart die Ökumene und die Spiritualität, oder die Zentralstelle der Predigt sowohl im heutigen Leben der Kirchen als auch im Alltag Luthers, wie in englischer Sprache Steven Paulson ansprechend betont und ausgeführt hat.[5] »Vorkonfessionell« oder überkonfessionell kann man auch Luthers Schriften angehen, wie einst Otto Hermann Pesch es angestrebt hat.[6] Letztlich kann man es bei Luthers berühmter Definition der eigentlichen theologischen Weisheit belassen[7] und darin sowohl den Quellpunkt als auch den Zielpunkt Luthers eigener Theologie finden.[8] Paul Althaus (1888-1966) hat einst in den Worten Luthers ein »höchst existentielles Doppelthema« gesehen, das als Gegenstand der Theologie gleichbedeutend mit Christus gewesen sein soll.[9]

Allerdings stammen auch andere Bestimmungen der Theologie aus Luthers Feder. In der großen Galaterbriefvorlesung heißt es: »Diese vollkommene Lehre vom Glauben und von der Liebe ist auch die kürzeste und längste Theologie – die kürzeste dem Wort und der Bedeutung nach, aber an sich und im Gebrauch breiter, länger, tiefer und erhabener als die ganze Welt.«[10] Und in der zweiten Psalmenvorlesung meint Luther, das Kreuz Christi sei »der alleinige Unterricht in den Worten Gottes, die aufrichtigste Theologie«.[11] In beiden Fällen hängt wie fast immer die Bestimmung der

---

5 Steven PAULSON: Luther for armchair theologians. Louisville, KY 2004.

6 Otto Hermann PESCH: Hinführung zu Luther. MZ 1982, 11.

7 WA 40 II, 327, 11 - 328, 2: »Cognitio dei et hominis est sapientia divina et proprie theologica, Et ita cognitio dei et hominis, ut referatur tandem ad deum iustificantem et hominem peccatorem, ut proprie sit subiectum Theologiae homo reus et perditus et deus iustificans vel salvator.«

8 Dietrich KORSCH: Theologische Prinzipienfragen. In: Luther Handbuch/ hrsg. von Albrecht Beutel. TÜ 2005, 356f.

9 Paul ALTHAUS: Die Theologie Martin Luthers. GÜ 1962, 21f, der sich auf WA TR 2, 242, 1-5 (1868), 1532 berief: »Omnes universitates ignorarunt subiectum theologiae ante nostra tempora: Wovon sie reden sollen. Paulus nominat subiectum theologiae Rom. 1.: ›Quem promisit Deus in scripturis per prophetas etc.‹ Christus est subiectum theologiae, de quo dicitur: Subiectum adaequatum.«

10 WA 40 II, 74, 25-27: »Haec absoluta est doctrina de fide et charitate et Theologia brevissima et longissima, Brevissima, quod ad verba et sententias attinet, sed usu et reipsa latior, longior, profundior et sublimior est toto mundo.«

11 AWA 2, 389, 15f ≙ WA 5, 217, 2f: »Crux Christi unica est eruditio verborum dei, Theologia syncerissima.«

Theologie mit der Auslegung einer Bibelstelle zusammen und deswegen ist es gewagt, Luthers Worten an nur einer Stelle als das Herz einer Theologie zu verstehen, die er als die Seinige geltend machen würde. Die tiefgehende Uneinigkeit unter den Wissenschaftlern, welche die ebenerwähnten Methoden auf Luthers Schriften angewendet haben, zeigt auch wie schwierig die Aufgabe ist, das theologische Denken und die theologischen Äußerungen des Reformators auf einen Nenner zu bringen. Man denke nur an die Auseinandersetzungen über die neuere finnische Lutherforschung oder an die ältesten intralutherischen Streitigkeiten im sechzehnten Jahrhundert. Trotz des Titels hat bekanntlich die Konkordienformel keine Einigkeit in der lutherischen Theologie zustande gebracht, obwohl sich die Verfasser des öfteren auf Luthers Worte und Autorität berufen hatten.

1 *Historische Betrachtungen*

Abgesehen von den Risiken, die jede Rekonstruierung der Vergangenheit begleiten, legen außerdem geschichtsspezifische Gründe nahe, dass Luthers Theologie keine einheitliche Größe wurde, die von einem Jahrhundert zum anderen einfach exportiert werden kann.

1 *»Unsere Theologie«*

Einer eigenen nur ihm gehörenden Theologie war sich Luther nicht bewusst. Es kann sein, dass sich Luther ab und zu des Ausdrucks »meine Theologie« bediente, aber beim Schreiben hat er die Redensart «unsere Theologie« bevorzugt. Als er z. B. 1517 Johannes Lang (1486/87-1548) von den neuen Lehrangeboten in Wittenberg berichtete, schrieb er:

> »Unsere Theologie und der heilige Augustinus gedeihen und herrschen mit Gottes Hilfe an unserer Universität. […]. Vorlesungen über die Sentenzen finden erstaunlich wenige Besucher, und kein Lehrer kann Hörer erwarten, es sei denn, dass er bereit sei, über diese Theologie, das ist, über die Bibel oder den heiligen Augustinus oder noch einen Doktor mit kirchlichem Ansehen zu lesen.«[12]

12 WA Br 1, 99, 8-13 (41), 18. Mai 1517: »Theologia nostra et S. Augustinus prospere procedunt et regnant in nostra universitate Deo operante. Aristoteles descendit paulatim inclinatus ad ruinam prope futuram sempiternam. Mire fastidiuntur lectiones sententiariae, nec est, ut quis sibi auditores sperare possit, nisi theologiam hanc, id est bibliam aut S. Augustinum aliumve ecclesiasticae autoritatis doctorem velit profiteri.«

Öfters wird auf diese Äußerung Bezug genommen, um zu erklären, was Luthers frühe Theologie nicht charakterisierte, das heißt, dass er sich schon 1517 von der scholastischen Theologie distanziert hatte. Ebenso interessant aber ist das, was Luther positiv über seine Theologie ausdrückt: Sie war erstens kollegial und zweitens gegründet auf die Heilige Schrift sowie auf die Schriften von frühkirchlichen Theologen wie Augustinus. Luthers Theologie war nicht nur das, was er allein gelehrt hatte, sondern das, was er und seine Kollegen an der Wittenberger Fakultät seit mindestens fünf Jahren lehrten. »Unsere Theologie« war eine wittenbergische Theologie.

Das ist keine neue Erkenntnis. Seit der Studie von Karl Bauer (1874-1953) haben Historiker die Zusammenarbeit der Theologen in Wittenberg anerkannt und analysiert,[13] aber was Luthers Theologie angeht, hat diese Erkenntnis nie die Neigung überwinden können, davon auszugehen, dass Luther selbständig eine Theologie für sich entwickelte oder mindestens davon, dass in seinen Vorlesungen vor 1519 eine neue Theologie zu finden ist, die auf einer reformatorischen Entdeckung basiert. Luther hat zwar später behauptet, dass er am Anfang ganz allein gewesen sei,[14] aber er hat doch auch die Wittenberger Universität als die Stelle genannt, an der Gott sein Wort offenbart hatte. Dazu meinte er auch, dass »sich heute [1540] diese Hochschule und diese Stadt im Vergleich mit allen anderen im Glauben und im Leben gut abschneiden, auch wenn wir im Leben noch nicht vollkommen sind. Die besten Männer – wie Amsdorf, Brenz, and Rhegius[15] – sind mit uns einverstanden, begehren unsere Freundschaft und

---

13 Vgl. Karl BAUER: Die Wittenberger Universitätstheologie und die Anfänge der deutschen Reformation. TÜ 1928. Nach Bauer hatte Luther eigens eine neue theologische Richtung – gegen die Scholastik – initiiert, der sich seine Kollegen mit Hilfe eines eigenen Augustinusstudiums anschlossen (44-51).

14 So in der berühmten Vorrede zum ersten Band seiner gesammelten lateinischen Schriften (1545), WA 54, 180, 2-4 ≙ StA 5, 626, 10-12: »Solus primo eram, et certe ad tantas res tractandas ineptissimus et indoctissimus. Casu enim, non uoluntate nec studio in has turbas incidi. Deum ipsum testor.«

15 Diese Reformatoren wurden hier erwähnt, weil sie zu dieser Zeit gerade nicht in Wittenberg lebten, obwohl Nikolaus von Amsdorf (1488-1565) bis 1524 ein Kollege Luthers in Wittenberg war. Johannes Brenz (1499-1570) war der Hauptreformator in Württemberg und seit 1531 war Urbanus Rhegius (1489-1541) Superintendent im Herzogtum Lüneburg. Vgl. James ESTES: Christian magistrate and territorial church: Johannes Brenz and the German Reformation. Toronto 2007; Scott HENDRIX: Urbanus Rhegius, frontline reformer. LQ 18

schreiben an uns.«[16] Das Gespräch mit Kollegen wie Andreas Bodenstein aus Karlstadt (1486-1541) innerhalb der Fakultät hat Luthers Denken neuen Antrieb gegeben, und diese Zusammenarbeit setzte sich auch nach 1517 fort, als Philipp Melanchthon (1497-1560), Johannes Bugenhagen (1485-1558) und Justus Jonas (1493-1555) in Wittenberg angekommen waren. Ab 1522 bildeten sie mit Luther zusammen eine Kerngruppe von Wissenschaftlern, die Theologie und Reformstrategie laufend diskutierte und ausarbeitete. Diese kollegiale Arbeit hat bekanntlich nach 1530 in Wittenberg mit neuen Gesprächspartnern angehalten, die die Weggegangenen ersetzt haben.[17]

Für Luther waren seine Kollegen nicht nur bei der theologischen Arbeit wichtig, sondern auch für sein eigenes Wohlbefinden unentbehrlich. In Freud und Leid hat er sowohl bei ihnen Unterstützung erbeten als auch Familienfeste mit ihnen gefeiert. 1527 schrieb er während des Abklingens der Pest – vor welcher der Hauptteil der Universität nach Jena geflohen war – an Jonas:

> »Gnade und Frieden in Christo! Bete weiterhin für mich und kämpfe zusammen mit mir, mein Jonas, [...], und bete, dass mein Glauben bis zum Schluss fest bleibt. Wenn Du nur wieder bei mir wärest! Wir haben Gott gebeten, die Pest abzuwenden, und es scheint nun, dass unsere Bitte erhört wurde. [...]. Satan und sein Schar freuen sich, dass wir voneinander getrennt sind. Lass bitte alle unsre Freunde, besonders Deine Käthe, grüßen. Pomeranus schickt viele Grüße wie auch meine Käthe. Christus sei mit Euch allen. Amen.«[18]

Im Jahre 1523 anlässlich der Hochzeit von Wenzeslaus Linck (1483-1547), seinem gleichaltrigen ehemaligen Ordensbruder, hat Luther eine Reisegruppe mit Kollegen und deren Frauen nach Altenburg – wohin Linck im

(2004), 76–87; Robert KOLB: Nikolaus von Amsdorf (1483-1565): popular polemics in the preservation of Luther's legacy. Nieuwkoop 1978. Brenz und Rhegius haben Wittenberg nie betreten.

16 WA TR 4, 674, 9-13 (5126), 7-24. August 1540.

17 Siehe Armin KOHNLE: Wittenberger Autorität: die Gemeinschaftsgutachten der Wittenberger Theologen als Typus. In: Die Theologische Fakultät Wittenberg 1502 bis 1602/ hrsg. von Irene Dingel; Günther Wartenberg; Michael Beyer. L 2002, 189-200.

18 WA Br 4, 312, 3-13 (1191); vgl. Martin BRECHT. Martin Luther. Bd. 2: Ordnung und Abgrenzung der Reformation 1521-1532. 3 1986, 205 f. Während der Pest hat Bugenhagens Familie im Lutherhaus gewohnt; vgl. Heinrich BORNKAMM: Martin Luther in der Mitte seines Lebens: das Jahrzehnt zwischen dem Wormser und dem Augsburger Reichstag/ aus dem Nachlaß hrsg. von Karin Bornkamm. GÖ 1979, 497.

vorherigen Jahr als evangelischer Prediger berufen worden war – organisiert. Da die Hochzeit am Dienstag und Mittwoch gefeiert wurde, musste in derselben Aprilwoche der Unterricht in Wittenberg ausfallen.[19]

Für Luther bezog sich der Ausdruck »unsere Theologie« nicht nur auf den Inhalt des Unterrichts bei ihm und seinen Kollegen, sondern gleichbedeutend darauf, *wie* Theologie unterrichtet wurde, das heißt auf Bibel und Schriften der Kirchenväter als Grundlage. Die Theologie kam nicht allein aus dem Gespräch unter den Kollegen her, sondern auch von ihrer Beschäftigung mit der Bibel und mit anderen frühchristlichen Schriften.[20] Luther selber war Professor der Bibelauslegung und ein Doktor der Heiligen Schrift. Er hat weder eine Summa geschrieben noch in seinen Vorlesungen eine systematische Theologie vorgelegt. Er hat seine Vorgänger wie Augustinus hauptsächlich wegen ihrer Einsichten in die Heilige Schrift geschätzt. Am Beginn der für die Disputation 1518 in Heidelberg vorbereiteten Thesen hat er diese Vorbehaltsklausel gesetzt:

> »Uns selbst gänzlich misstrauend [...] bieten wir demütig dem Urteil aller, die anwesend sein wollen, diese theologischen, widersprüchlich wirkenden Thesen, damit sich so zeige, ob sie gut oder schlecht herausgeholt sind aus dem göttlichen Paulus, diesem erwähltesten Gefäß und Werkzeug Christi, ferner auch aus St. Augustinus, seinem zuverlässigsten Ausleger.«[21]

Die beiden – Paulus und Augustinus – sind für Luther in der Sache Theologie beständige Hauptberater geblieben, auch wenn die Autorität der Schrift im Prinzip der Autorität der Kirchenväter vorgezogen wurde.

In der großen Galaterbriefvorlesung (1531; 1535) hat Luther den Ausdruck »unsere Theologie« auch verwendet. Bei der Auslegung von G 4, 6 erklärte er, warum die Wittenberger Theologie ein wirksames Mittel gegen das Ungeheuer der Ungewissheit anbot:

19 Bernd MOELLER: Wenzel Lincks Hochzeit: über Sexualität, Keuschheit und Ehe im Umbruch der Reformation. (2000). In: Ders.: Luther-Rezeption: kirchenhistorische Aufsätze zur Reformationsgeschichte/ hrsg. von Johannes Schilling. GÖ 2001, 194-218.
20 Für Luthers Beschäftigung mit den Schriften des Augustinus vgl. Hans-Ulrich DELIUS: Augustin als Quelle Luthers: eine Materialsammlung. B 1984.
21 Martin LUTHER: Lateinisch-Deutsche Studienausgabe. Bd. 1: Der Mensch vor Gott/ unter Mitarb. von Michael Beyer hrsg. und eingel. von Wilfried Härle. L 2006, 63, 39 - 65, 3. Vgl. Leif GRANE. Modus loquendi theologicus: Luthers Kampf um die Erneuerung der Theologie (1515-18). Leiden 1975, 25-27. 149.

»Unsere Theologie ist deswegen gewiss, weil sie uns von uns selbst wegreißt und außerhalb uns selbst bringt, damit wir uns nicht auf eigene Kraft, Gewissen, Erfahrung, Person oder Werke verlassen, sondern auf das, was außerhalb ist, das heißt auf die Verheißung und Wahrheit Gottes, die nicht täuschen kann.«[22]

Vor den zukünftigen evangelischen Pfarrern im Hörsaal betonte Luther weniger den Inhalt als das Ziel und die Wirkung »unserer Theologie«: ein Gewissen, das die einzige Quelle der Gewissheit in Gottes Verheißung sucht. In den Schriften von Paulus und Augustinus meinte Luther, dass er und seine Kollegen die Mittel dazu entdeckt hätten, das Versagen einer auf Verdienste gründenden Theologie zu überwinden und sich der in der Schrift versprochenen Sündenvergebung zu vergewissern.

Historisch betrachtet, war Luthers Theologie ein kollaboratives Unternehmen, das weniger auf einzelne Glaubenssätze Nachdruck legte als auf Quelle, Methode und Ziel der theologischen Arbeit. Sie bestand im gemeinsamen gründlichen Lesen und Besprechen frühchristlicher Texte zum Zwecke, die Gläubigen davon zu überzeugen, allein auf die Verheißungen Gottes zu vertrauen.

2 Die Reformagenda

Die Theologie von Luther und seinen Kollegen war auch untrennbar an ihre Reformagenda gebunden. Gewöhnlich spricht man nicht mehr von einer Agenda Luthers. Mehrmals hat er behauptet, dass der Konflikt mit Rom nicht vorher ausgedacht war. Am Anfang stimmte das.[23] Luther war überrascht, dass die 95 Thesen sowohl eine kirchliche als auch eine populäre Reaktion auslösten. Eigentlich hätte er nicht überrascht werden sollen. Nachdem die lateinischen Thesen von Theologen der Kurie geprüft und für eine verbreitete Leserschaft ins Deutsche übersetzt worden waren, wurde ihr provozierender Charakter schnell erkannt. Die 95 Thesen waren keinesfalls unbedenklich.

22 WA 40 I, 589, 25-28: »Atque haec est ratio, cur nostra Theologia certa sit: Quia rapit nos a nobis et ponit nos extra nos, ut non nitamur viribus, conscientia, sensu, persona, operibus nostris, sed eo nitamur, quod est extra nos, Hoc est, promissione et veritate Dei, quae fallere non potest.« Dazu schreibt Karl Heinz zur Mühlen: Nos extra nos: Luthers Theologie zwischen Mystik und Scholastik. TÜ 1972, 221: »Damit stoßen wir auf eine klassische Formulierung, in der der Unterschied zwischen der reformatorischen Theologie und der scholastischen Theologie sich artikuliert.«

23 Siehe oben Anm. 6.

Sie hatten die Ablasspraxis und die päpstliche Mitwirkung einer scharfen Kritik unterzogen. Luther hatte schon vorher gegen den Ablass gepredigt und wies 1518 darauf hin, dass die Heiligenanrufung hauptsächlich um des irdischen Wohls willen eine Art Abgötterei war.[24]

Ehe Luther 1521 exkommuniziert wurde, hat er die Praxis der christlichen Frömmigkeit gründlich verändern wollen. Um diese Absicht in die Wirklichkeit umzusetzen, mussten zunächst die alten Bräuche – Ablässe, Heiligenanrufung, Seelenmessen, Fastenregeln – entwertet und dem Volk eine neue Frömmigkeit beigebracht werden. Er war sich dessen bewusst, dass das Hauptziel die Laien waren, und mit Begeisterung eignete er sich die Rolle eines Lehrers an:

> »wiewol aber ich yhr vil weysz vnd teglich hore / die mein armut gering achten / vnd sprechen / ich mach nur kleyn sexternlin vnd deutsche prediget fur die vngeleretenn leyen / lasz ich mich nit bewegen. Wolt got / ich het einen leyen mein leblang mit allem meinen vormugenn tzur besserung gedienet / ich wolt myr genugen lassen / got dancken / vnnd gar willig darnach lassen alle meine buchlin vmbkummem. […]. Ich wil einen yeden die eere grosser dinge hertzlich gerne lassen / vnd mich gar nichts schemenn / deutsch den vngeleretenn layen zupredigen vnd schreiben / […].«[25]

Das Reformprogramm von Luther und seinen Kollegen kann am ehesten aus ihren Predigten und ihren deutschen Schriften abgeleitet werden, worin die Gläubigen Anweisungen erhielten, wie sie ihre Frömmigkeit anders als ihre Vorfahren ausüben sollten und welche Lebensweise im Alltag sie sich nun aneignen könnten, da ihnen ein neues evangelisches Christsein möglich war.[26] Moderne Wissenschaftler haben sich bemüht, Luthers Theologie zum größten Teil aus seinen lateinischen Vorlesungen und polemischen Schriften wie »De servo arbitrio« herauszuholen. Luthers Ziel war es aber nicht, eine wissenschaftliche Theologie auf lateinisch zu verfassen, sondern Laien und Geistlichen beizubringen, mit Trost und Freude das Evangelium anzunehmen und danach zu leben.

---

24 WA 1, 411, 11-14: »Duobus modis coluntur a nobis et invocantur sancti. Primo propter temporalia et corporalia duntaxat, Et hii false colunt sanctos, immo magis seipsos in illis, quia sua quaerunt, non ea quae dei sunt, Ac ideo sanctos prope in idola sibi transformant.« Vgl. Scott Hendrix: Recultivating the vineyard: the Reformation agendas of Christianization. Louisville; LO 2004, 49f.

25 StA 2, 16, 12-17. 23-25 ≙ WA 6, 203, 5-10. 16-18 (Von den guten Werken).

26 Vgl. Hendrix: Recultivating the vineyard, 37-67.

Kaum von der Wartburg nach Wittenberg zurückgekehrt hat er 1522 in den Invokavitpredigten eben das Ziel wieder betont. Ausgehend von 1 K 13 hat Luther die Gemeinde dafür gescholten, dass sie den Empfang des Sakraments höher als die Freiheit und die Liebe bewertete.

> »Do werd jr felen lieben freünde / dann wann jr jo gůte Christen für allen andern gesehen wolt sein. Das jr das Sacrament mit den henden angreyfft / vnd darzů beyder gestalt nemet. So seydt jr mir schlecht Christen / mit der weyße künde auch wol ein Saw ein Christen sein / sie hette jo so eynen grossen ryessel / das sie das sacrament eüssrlich nemen künde / derhalben thut wol vnd seüberlich in den hochen sachen.«[27]

Nachher erweiterte Luther seine Kritik, aber nun stellte er sie auch in den positiven Rahmen seiner Agenda:

> »[...] / das ist ja war / jr habt das war Euangelium vnd das laüter wort gots / aber es hatt noch niemant sein güter den armen geben / es ist noch keyner verbrant worden / noch sollen die ding on die liebe nichts sein / jr wölt von got all sein gůt jm sacrament nehmen / vnd wöllent sie nit in die liebe wider außgiessen / keyner wil dem andern die hende reychen / keyner nympt sich des andern erstlich an / sonder ein yeder hat vff sich selber achtunge was jm fürderlich ist / vnd sücht das seine / laßt gan was da gat wem da geholffen ist dem sey geholffen / niemant sicht vff die armen / wie jn von eüch geholffen werde / das ist zů erbarmen / das ist eüch vast lange gepredigt / es sindt auch alle meine bücher dahin gericht vnd vol den glaüben vnd liebe zutreyben /«[28]

Diese Worte sind kurz und einfach, aber sie drücken die Hoffnung Luthers für die Christenheit und das Ziel seiner Reformagenda in kurzer Form aus. Diese Agenda war nicht von seiner Theologie getrennt. Seine schriftliche Leistung – gedruckte Predigten, polemische Traktate, Vorlesungsausgaben, Gelegenheitsschriften – waren alle darauf ausgerichtet, der Agenda zu dienen und die Hoffnung zu verwirklichen. Der Inhalt seiner Schriften kann mit traditionellen Kategorien der Theologie geordnet werden, aber für Luther war die Theologie mehr als eine Ansammlung dieser Kategorien. Die Theologie diente als die ancilla einer christlichen Lebensführung. Sie sollte die Ausbildung von Gläubigen, deren Glauben sie zur liebenden Tat antrieb, befördern. Theologie war praxisbezogen, wie es Luther im Freiheitstraktat – die im gewissen Sinne eine Schablone des

27 StA 2, 550, 25-30 ≙ WA 10 III, 46, 9-15.
28 StA 2, 555, 17-26 ≙ WA 10 III, 57, 5-14.

christlichen Lebens war – zeigte.[29] Dieser Traktat war auch ein Begriffs-modell, der für den Leser das Verhältnis zwischen Glauben und Liebe darstellte, aber zugleich war sein Hauptziel, die Gläubigen von der alten Frömmigkeit abzubringen und ihre Aufmerksamkeit auf die Nächstenliebe zu lenken. Mit der Betonung des Glaubens und der aus ihm entspringenden Gewissheit wollte Luther vorrangig kein neues für den Einzelnen annehm-bares Lehrgebäude aufrichten, sondern eine Gemeinde zustande bringen, die zum Leitungsrohr für die Gottes- und Nächstenliebe werden könnte. Wenn die Predigt des Evangeliums oder der Theologieunterricht diesen Zweck letztlich nicht erfüllten, dann waren sie umsonst, wie tiefsinnig oder umfassend sie auch immer waren.

3 Geschichtlicher Ort

Bei der dritten historischen Betrachtung geht es darum, wie sich Luther das eigene Zeitalter und die Zukunft ausmalte. Er war überzeugt, dass die Verheißungen Gottes zuverlässig waren, aber er war unsicher, ob die Wittenberger Theologie oder sogar die evangelische Bewegung als Kirche einen Anteil an der Zukunft hatte. Statt seine Bücher zu lesen, bat er seine Anhänger, die Heilige Schrift genau zu studieren. Die ständige Vertiefung in die Schrift und die Anfechtungen des Teufels – einschließlich Anfechtungen vonseiten der Gegner – machten den Wirkstoff aus, der jemanden zum guten Theologen werden ließ.[30] Zur Zeit von Luthers Tod war die Zukunft der Reformation in der Tat prekär. Schon 1547 hatte Kaiser Karl V. (1500, 1519-1556, 1558) die deutschen Protestanten mit deren Oberhäuptern – dem Landgrafen Philipp von Hessen (1504, 1518-1567) und dem Kurfürsten Johann

---

29 StA 2, (260) 263-309 (Von der Freiheit eines Christenmenschen / De libertate christiana) ≙ WA 7, (12) 20-38 / 49-73.

30 Vgl. Martin LUTHER: Vorrede zum 1. Bande der Wittenberger Ausgabe der deutschen Schriften (1539); WA 50, 660, 8-17: »Denn so bald Gottes wort auffgehet durch dich, so wird dich der Teuffel heimsuchen, dich zum rechten Doctor machen, und durch seine anfechtunge leren, Gottes wort zu suchen und zu lieben. Denn ich selber (das ich meu-sedreck auch mich unter den pfeffer menge) habe seer viel meinen Papisten zu dancken, das sie mich durch des Teufels toben so zuschlagen, zudrenget und zuengstet, das ist, einen zimlichen guten Theologen gemacht haben, dahin ich sonst nicht komen were. Und was sie dagegen an mir gewonnen haben, da gan ich jnen der ehren, sieg und triumph hertzlich wol, Denn so wolten sie es haben.«

Friedrich (1503, 1532-1547, 1554) – geschlagen und Wittenberg zur Kapitulation gezwungen. Nach einigen Quellen wollte der Kaiser zwar Luthers Grab in der Schlosskirche ansehen; aber das Begehren seiner Räte, Luther ausgraben und verbrennen zu lassen, hat er mit dem Hinweis zurückgewiesen, dass Luther seinen Richter habe und weiter ungestört liegen solle.[31]

Außer dem Vorhaben, die evangelischen Gemeinden mit gut ausgebildeten und wirtschaftlich versorgten Pfarrern auszurüsten und alles Weitere Gott anzuvertrauen, entwarf Luther weder eine Strategie für die Zukunft noch eine Theologie, die für immer tragfähig sein sollte. Weder Luthers Schriften noch die Wittenberger Theologie enthielten die ewige Wahrheit. So etwas hat Luther nie behauptet. Er war aber überzeugt, dass er und seine Kollegen das in der Schrift bezeugte Evangelium wieder ans Licht gebracht hatten. Es waren das Evangelium und sein Gewinn, den es für das Leben brachte, die zukunftsträchtig waren, nicht Luthers Lehre.

Was bedeuten diese Betrachtungen nun für eine Darstellung der Theologie Luthers, wenn er kein System hatte, das sich leicht zusammenfassen und übernehmen lässt? Zunächst muss man die Tatsache ernst nehmen, dass er es nicht vorhatte, eine eigene Theologie zu entwerfen, sondern dass er theologisch gelehrt und Schriften verfasst hat, um die Reformen, die ihm und seinen Kollegen nötig erschienen, genau zu bestimmen und dann folgerichtig durchzusetzen. Deshalb ging es ihm nie darum, eine lutherische Theologie an sich auszuarbeiten, sondern theologische Richtlinien für die christliche Praxis aufzuzeichnen, die dem Evangelium besser entsprachen als die alte Frömmigkeit. Wenn man das ernst nimmt, dann fragt man bei jedem Lehrpunkt, wie er nach Luthers Verständnis zum Evangelium passte und der wittenbergischen Reformagenda diente. Dabei versteht man besser nicht nur das, was Luther dachte, sondern auch warum er meinte, dass seine theologischen Entscheidungen das christliche Leben beförderten und den christlichen Glauben stärkten. Bei einer Gesamtdarstellung von Luthers Theologie dürfte man sogar das Material sinnvoll nach der Entwicklung seiner Agenda ordnen, indem man die einzelnen loci dann aufnimmt, wenn sie sich aus den theologischen und praktischen Entscheidungen ergeben.

---

31 Vgl. Helmar JUNGHANS: Kaiser Karl V. am Grabe Martin Luthers in der Schloßkirche zu Wittenberg. (1987). In: Ders.: Spätmittelalter, Luthers Reformation, Kirche in Sachsen: ausgewählte Aufsätze/ hrsg. von Michael Beyer; Günther Wartenberg. L 2001, 249-259.

II Drei Proben

Mit drei Themen aus Luthers Schriften wird nun versucht, diese Betrachtungsweise anzuwenden, ohne einen Aufbau für eine Darstellung vorzuschlagen.

1 Die christlichen Orden

Die berüchtigten drei Orden oder drei Hierarchien bieten sich als Ansatzpunkt an, weil sie direkt mit dem Reformziel Luthers zu tun hatten: die Richtung des christlichen Lebens grundlegend zu ändern. Luther wollte die Gläubigen von einer privaten eigennützigen Frömmigkeit zu einer öffentlichen, dem Nächsten dienenden Frömmigkeit bekehren. Oder mit Luthers Worten ausgedrückt: von den falsch verstandenen guten Werken zu den richtig verstandenen guten Werken. Dieser Wunsch entsprach der Rechtfertigung aus dem Glauben allein, aber nicht in dem Sinne, dass zuerst der theologische Begriff zustande kam, dem eine praktische Anwendung folgte. Nein, Luther hat beide theologisch zusammen gedacht und verstanden. Einerseits ist die rechte Frömmigkeit nur möglich aufgrund eines Rechtfertigungsbegriffs, der das Heil nicht auf die eigene Frömmigkeit, sondern allein auf Christus und den Glauben an ihn gründet. Andererseits kann ein auf Christus allein gegründeter Rechtfertigungsbegriff nur eine dem Nächsten dienende Frömmigkeit zur Folge haben. In Luthers Theologie kann die Rechtfertigung nie ein schlichter Begriff bleiben, sondern sie muss als der sichere Grund und die Kraft des richtig fundierten christlichen Lebens verstanden und begrüßt werden.

Die enge Verbindung von Rechtfertigung und christlichem Leben zeigt sich in Luthers Bekenntnis vom Jahre 1528, das sowohl als dritter Teil der Schrift »Vom Abendmahl Christi. Bekenntnis« als auch gesondert erschienen war. Im Zusammenhang mit dem zweiten Artikel des Apostolischen Glaubensbekenntnisses berief sich Luther auf die drei Orden, die er im Gegensatz zu monastischen Orden »die heiligen orden vnd rechte stiffte von Gott eingesetzt« charakterisierte.[32] Von ihm aufgezählt waren diese Orden das Priesteramt, der Ehestand und die weltliche Obrigkeit, und wenig später nannte er sie gemeinsam auch »die rechten Christlichen Orden«.[33]

---

32 StA 4, 250, 1f ≙ WA 26, 504, 30.
33 StA 4, 256, 11-13 ≙ WA 26, 509, 1-3.

Die Beziehung zur Rechtfertigung und zum christlichen Leben bestand darin, dass Luther die alten Orden »als eitel teuffels rotten vnd yrthum / als [überhaupt] alle orden / Regel / Klöster / stifft« verwarf, weil sie den Kern des zweiten Artikels – den Glauben an Christus als den alleinigen Erlöser – mit ihrer Frömmigkeit effektiv bestritten.[34]

Die drei Orden oder Hierarchien sind deswegen berüchtigt, weil einige Theologen in den dreißiger Jahren des vorigen Jahrhunderts behaupteten, dass die Hierarchien unveränderliche Schöpfungsordnungen waren, die auf alle Fälle aufrechterhalten werden müssten. In Bezug auf die weltliche Obrigkeit könnte ein solches Verständnis der Orden bedeuten, dass die Diktatur der Nationalsozialisten als eine legitime Regierung anerkannt werden müsste und dass kein gewaltsamer Widerstand gegen sie theologisch gerechtfertigt werden könnte.[35] Das war ein vollkommenes Missverständnis von Luthers Vorhaben. Daher sollten m. E. die drei Orden rehabilitiert werden, weil sie die Passivität gerade nicht befördern, sondern im Gegenteil eine regsame Beschäftigung mit dem öffentlichen Bereich hervorrufen. Die drei Orden wurden nicht von Luther erfunden, aber er hat sie neu definiert.[36] Als die echten christlichen Orden boten sie drei Sphären des täglichen Lebens an, in denen der Glaube sowohl im kirchlichen Amt als

34 StA 4, 249, 5-20, bes. 5 f ≙ WA 26, 503, 35 - 504, 22, bes. 503, 35 f.

35 Vgl. die Zusammenfassung bei William H. LAZARETH: Christians in society: Luther, the Bible, and social ethics. MP 2001, 7 f. Vgl. auch James M. STAYER: Martin Luther, German saviour: German evangelical theological factions and the interpretation of Luther, 1917-1933. Montreal; Ithaca 2000. Im Jahre 1935 veröffentliche Paul ALTHAUS (1888-1966) »Theologie der Ordnungen. GÜ 1935«. Althaus hat auch den »Ansbacher Ratschlag« (1934) unterzeichnet, der mit Hilfe der Ordnungstheologie die Barmer Erklärung zu widerlegen versuchte; vgl. Robert P. ERICKSEN: »The political theology of Paul Althaus.« German studies review 9 (Northfield, MN 1986), 547-567; auch DERS.: Theologians under Hitler: Gerhard Kittel, Paul Althaus, and Emanuel Hirsch. New Haven 1985.

36 Vgl. Risto SAARINEN: Ethics in Luther's theology: the three orders. In: Seminary Ridge Review 5 (Gettysburg, PA 2003) Heft 2, 37-53; Reinhard SCHWARZ: Ecclesia, oeconomia, politia: sozialgeschichtliche und fundamentalethische Aspekte der protestantischen Drei-Stände-Theorie. In: Protestantismus und Neuzeit/ hrsg. von Horst Renz; Friedrich Wilhelm Graf. GÜ 1984, 78-88 (Troeltsch-Studien; 3); Wilhelm MAURER: Luthers Lehre von den drei Hierarchien und ihr mittelalterlicher Hintergrund. M 1970; vgl. auch Helmar JUNGHANS: Das mittelalterliche Vorbild für Luthers Lehre von beiden Reichen. (1967). In: Ders.: Spätmittelalter, Luthers Reformation, Kirche in Sachsen, 11-30.

auch im privaten und öffentlichen Bereich in die Tat umgesetzt werden konnte. Nach Luther standen für die Christen nicht nur diese Bereiche zur Verfügung, sondern darüber hinaus gibt es

> »nu der gemeine orden der Christlichen liebe / darynn man nicht allein den dreyen orden / sondern auch ynn gemein einem iglichen dürfftigen mit allerley wolthat dienet / als speisen die hungerigen / trencken die dürstigen etcetera vergeben den feynden / bitten fur alle menschen auff erden / leiden allerley böses auff erden etcetera. Sihe / das heissen alles eitel gute heilige werck«.[37]

Luthers Worte deuten an, dass dieser »gemeine [allgemeine]« Orden nicht nur zur Verfügung steht, sondern dass alle Christen die Nächstenliebe in dieser Weise zeigen werden.

Obwohl es selten erwähnt wird, hat Luther die echten guten Werke und die Heiligung ausdrücklich gelehrt, aber dabei zwischen dem Heil und der Heiligung scharf unterschieden. Die Heiligung ist durch den Glauben und die in den drei Orden verwirklichte Liebe entstanden:

> »Dennoch ist keiner solcher örden ein weg zur seligkeit / Sondern bleibt der einige weg vber diese alle / nemlich / der glaube an Ihesum Christum / Denn es ist gar viel ein anders / heilig vnd selig sein. Selig werden wir allein durch Christum / Heilig aber beide durch solchen glauben vnd auch durch solche Göttliche stiffte und orden.«[38]

Aber trotz dieser Warnung bejahte Luther die Heiligung als ein Kennzeichen des christlichen Lebens im privaten und im öffentlichen Bereich. Dieser Teil von Luthers Agenda, die richtig verstandene Heiligung im täglichen Leben, ist allzu lange vom Nachdruck auf die Sünde, den unfreien Willen und das geistliche Reich in den Hintergrund gedrängt worden. Mit Hilfe der drei Orden und der Reformagenda Luthers könnte eine neue Darstellung seiner Theologie dieses Anliegen des Reformators wieder in den Vordergrund rücken.

2 Die Kirche

Luther hat für die Christenheit theologisch gedacht, gepredigt und geschrieben. Es ist deshalb keine Überraschung, dass eine neue Definition des christlichen Lebens auch eine veränderte Vorstellung der Christenheit

---

37 StA 4, 250, 18-23 ≙ WA 26, 505, 11-16.
38 StA 4, 250, 23 - 251, 3 ≙ WA 26, 505, 16-39.

und der Kirche mit sich gebracht hat. Die Auseinandersetzung mit Rom über die Frömmigkeitspraxis und die damit verbundene Theologie führte zu einer Anschauung der Kirche, die umfassender und flexibler als die Ekklesiologie Roms war. Als die päpstliche Autorität ihm vorgehalten wurde, hat er die Behauptung zurückgewiesen, dass die wahre Christenheit nur in Verbindung mit dem römischen Bischof existieren könnte. Wie andere vor ihm meinte er, dass jene Behauptung historisch nicht zu begründen war.

Luther hat eine Ekklesiologie von ganz anderer Art vorgelegt. Zum ersten Mal wurde sie 1520 in der Streitschrift »Von dem Papsttum zu Rom« kompromisslos erklärt.[39] Auf den Schwerpunkt der Schrift spielten schon die Wörter »zu Rom« geschickt an. Der Papst war tatsächlich in Rom, aber derselbe Ort begrenzte auch gleichzeitig die Jurisdiktion des Papstes, die nur auf die römische Kirche beschränkt war und sich nicht über die ganze Christenheit erstreckte. Auf keinen Fall durfte die Papstkirche als die einzige wahre Kirche angesehen werden.

Die echte Christenheit war geistlich, meinte Luther, nicht leiblich oder – wie man heute sagen würde – eine Anstalt oder Organisation. Trotzdem war die Christenheit nicht geistlich im Sinne von geistig oder unsichtbar. Sie bestand aus lebendigen Menschen, die man sehr wohl sehen konnte, wenn sie an völlig sichtbaren Orten zusammenkamen. Was jede Versammlung aber zur Christenheit machte war nicht der Ort oder der Bischof an dieser oder jener Stelle, sondern die Taufe, der Glaube und der Herr selber, welche die Christgläubigen gemeinsam hatten. Nach Luther hieß die wahre Kirche insofern geistlich als

>»das der Christenheyt wesen, leben vnd natur sey nit leyplich vorsamlung, sondern ein vorsamlung der hertzen in einem glauben, wie Paulus sagt Eph iiij [E 4, 5]: ›Ein tauff, ein glaub, ein her.‹ Alszo ob sie schon sein leyplich voneinander teylet tausent meyl, heyssen sie doch ein vorsamlung ym geist, die weil ein iglicher prediget, gleubt, hoffet, liebet vnnd lebet wie der ander, [...]. Das heist nu eigentlich ein geistliche einickeit, vonn wilcher die menschen heissen ein gemeine der heiligen, wilche einickeit alleine gnug ist, zumachen ein Christenheit, on wilche kein einickeit, es sey der stad, zeit, personn, werck odder was es sein mag, ein Christenheit machet.«[40]

39 WA 6, (277) 285-324.
40 WA 6, 293, 3-12.

1520 schob Luther das geistliche Wesen der Christenheit gegen die Papstkirche in den Vordergrund, aber allmählich wurde die sichtbare oder wahrnehmbare Christenheit ebenso wichtig, als es ihm und seinen Kollegen angesichts des Widerstandes Roms klar wurde, dass ihre Reformagenda eine neue Gestalt der Kirche erforderte. Deshalb nannten Luther und seine Kollegen mehrmals – z. B. in der »Augsburgischen Konfession« – bekannte Merkmale, woran die echte Christenheit wahrgenommen werden konnte. Dabei ging es weniger darum, einen neuen Begriff der Kirche zu finden, als eine neue kirchliche Wirklichkeit zu beschreiben, wo die Gläubigen zuverlässig das Evangelium im Wort und Sakrament entgegennehmen könnten, um ihren Glauben und ihr Leben im Geist zu stärken.

Es ist zum Hauptziel der wittenbergischen Reformagenda geworden, ein Netz dieser örtlichen evangelischen Versammlungen zu schaffen. Dazu wurden Prediger als Missionare in verschiedene Gemeinden ausgesendet. Sowohl jede einzelne Versammlung als auch das ganze Netz der Versammlungen waren Ausdrucksformen der wahren Christenheit, weil in beiden Fällen eine geistliche Einheit in der Taufe, im Glauben und in Christus vorhanden war. Für Luther und seine Kollegen bedeutete diese Vorstellung der Christenheit eine neue Möglichkeit für die Kirche. Diese konnte sich potentiell als eine universale Gemeinschaft darstellen, die in der Welt den Auftrag des »gemeinen Ordens der christlichen Liebe« auszuführen vermochte.

Nach dieser Vorstellung von der Christenheit konnte jede Versammlung, deren Mitglieder das Evangelium verkündeten und sowohl mit dem Christusglauben als auch mit der Nächstenliebe ihr Leben führten, zur wahren Kirche Christi werden. Leider war es im sechzehnten Jahrhundert nicht so einfach, ein gemeinsames Verständnis des Evangeliums zu finden; und seither ist es mit den vielen unterschiedlichen Auffassungen vom Evangelium auf der Welt noch schwieriger geworden, das ökumenische Potenzial von Luthers Ekklesiologie zu realisieren. Für eine Darstellung von Luthers Theologie aber genügt es nicht einfach, seinen Kirchenbegriff mit anderen zu vergleichen oder über die Folgerichtigkeit seiner Ekklesiologie zu streiten. Damit wird die Gelegenheit verpasst, den Zweck seiner Kirchenauffassung klarzumachen – nämlich Gemeinden zu schaffen, die nicht Anstalten der religiösen Leistung und des Wachstums waren, sondern Gemeinschaften der durch den Glauben getrösteten und gestärkten Heiligen, die durch ihr Leben in den drei Orden ihre Heiligkeit zugunsten der Welt zeigen würden.

3 Theologie und Ethik

Luthers Reorientierung des christlichen Lebens hat die Grenze zwischen Theologie und Ethik verwischt. Obwohl am Anfang weder Luther noch seine Kollegen eine neue Kirche bauen wollten, haben sie nach 1520 eingesehen, dass ihnen keine andere Wahl blieb, als die Frömmigkeit und die Strukturen der Christenheit radikal zu ändern. Das bedeutete: Sie mussten den Glauben und die Liebe nicht nur erklären und befürworten, sondern auch ermöglichen, indem sie konkrete Vorschläge machten, wie in verschiedenen Lebensbereichen evangelisch gelebt werden könnte. Geändert werden mussten nach evangelischen Normen das geistliche Amt und der Gottesdient, die Armenfürsorge, die Beziehung zur weltlichen Gewalt und zum Kriegsdienst, der Handelsbrauch, das Familienleben und das Schulwesen. Das Leben wurde also in allen drei christlichen Orden berührt.

Die Wittenberger Theologen mussten sich angesichts der evangelischen Bewegung folgende Fragen stellen:

Sollen wir neue Liturgien anbieten, neue Kirchenmusik einführen und beim Gottesdienst auf Uniformität bestehen, nachdem wir die Messe in der alten Weise nicht mehr zelebrieren können? Sollen wir ohne den Bischof für unsere Kirchen Gemeindepfarrer ausbilden, berufen und ordinieren, wenn es für die Gemeinden keine theologisch ausgebildeten Pfarrer und für die Laien keinen Unterricht gibt? Sollen wir auch evangelische Katechismen schreiben? Nach 1521 blieben sichere Antworten zu solchen Fragen zunächst noch aus, wie die folgende Bemerkung aus einem Brief Luthers von der Wartburg an Georg Spalatin (1484-1545) zeigt:

> »Es wäre mir lieb, wenn anstatt des Saufens und des riskanten Spielens Philipp [Melanchthon] dem Volk an Festtagen nach dem Abendessen irgendwo in der Stadt predigen würde. Diese Gewohnheit könnte dann die Freiheit einfließen lassen und sowohl die Gestalt als auch die Sitten der Alten Kirche wieder herstellen. Nun, da wir gegen alle menschlichen Gesetze verstoßen haben und ihr Joch abgeworfen haben, was macht es uns aus, das Philipp nicht geölt oder tonsiert, sondern verheiratet ist? Es ist doch derjenige wahrhaftig ein Priester, der das Amt eines Priesters ausübt, es sei denn, dass es gar nicht zum Priesteramt gehört, das Wort

Gottes zu lehren. In dem Fall wäre Christus selber kein Priester, denn er hat nun aber in den Synagogen, nun aber auf dem Schiff, nun aber am Ufer und nun aber im Gebirge gelehrt.«[41]

Unter den strittigen Fragen waren auch die folgenden: Was machen wir mit den Stiftungsgeldern, welche die Privatmessen unterstützt haben, wenn wir diese abschaffen? Was machen wir, wenn die Fürsten und die Stadtherren nicht mit uns übereinstimmen, welche die Änderungen in Religionssachen genehmigen müssen? Sollen wir Widerstand leisten? Sollen sich evangelische Christen zum Heeresdienst melden, wenn der Kaiser zum Krieg gegen die Türken aufruft? Muss man den in der Bergpredigt aufgestellten Richtlinien für die Ehe, den Handelsbrauch und die Stellung zur Obrigkeit kompromisslos folgen? Sollen die Christen das Volk unterstützen, wenn es eine Revolution um der Grundrechte willen anstiftet?

In vielen Schriften hat Luther diese Fragen beantwortet. Dabei ist die Grenze zwischen Theologie und Ethik immer fließender geworden. Paul Althaus hat ein Buch über Luthers Theologie und ein zweites über Luthers Ethik geschrieben, wie der Unterschied im neuzeitlichen akademischen Betrieb vorgegeben war. Für Luther aber existierte jener Unterschied nicht. Die Theologie erstreckte sich auf das ganze Leben und nicht nur auf das Denken über Gott. Luther wollte keine von der Tat getrennten Begriffe lehren, sondern theologische Kategorien vorzeichnen, die in die Tat umgesetzt werden konnten, wie er 1520 knapp geschrieben hatte:

> »Da her kompts / wan ich denn glauben szo hoch antzihe / vnd solch vngleubige werck furwirff / schuldigen sie mich / ich vorbiete gute werck / szo doch ich gerne wolte / recht gutte werck des glaubens leren.«[42]

Wenn es eine Theologie Luthers gibt, dann schließt sie auch Luthers Ethik ein.[43]

Die vielen praktischen Fragen, mit denen er sich beschäftigt hat, kann man leicht an den Titeln seiner Schriften ablesen, die sich speziellen Problemen zuwenden. Als Beispiel seien folgende angeführt:

41 WA Br 2, 388, 43-51 (429), 9 September 1521.
42 StA 2, 18, 9-11 ≙ WA 6, 205, 11-13.
43 Ähnlich schreibt SAARINEN: Ethics in Luther's theology, 37: »Therefore one cannot speak of Luther's ethics as an autonomous discipline, but rather of ethics within Luther's theology.«

»Eine treue Vermahnung M. Luthers zu allen Christen, sich zu hüten vor Aufruhr und Empörung«, 1522.[44]

»Vom ehelichen Leben«, 1522.[45]

»Von weltlicher Oberkeit, wie weit man ihr Gehorsam schuldig sei«, 1523.[46]

»Ordnung eines gemeinen Kastens. Ratschlag, wie die geistlichen Güter zu handeln sind«, 1523.[47]

»Von Kaufshandlung und Wucher«, 1524.[48]

»An die Ratherren aller Städte deutschen Lands, dass sie christliche Schulen aufrichten und halten sollen«, 1524.[49]

»Ermahnung zum Frieden auf die zwölf Artikel der Bauernschaft in Schwaben«, 1525.[50]

»Deutsche Messe und Ordnung Gottesdiensts«, 1526.[51]

»Ob Kriegsleute auch im seligen Stande sein können«, 1526.[52]

»Unterricht der Visitatoren an die Pfarrherrn im Kurfürstentum Sachsen«, 1528.[53]

»Ob man vor dem Sterben fliehen möge«, 1527.[54]

»Vom Kriege wider die Türken«, 1529.[55]

»Warnung an seine lieben Deutschen«, 1531.[56]

»Wider die Antinomer«, 1537.[57]

In dieser Verteidigungsschrift hat Luther seine Unterstützung der Zehn Gebote ohne Einschränkungen bestätigt:

»Und wundert mich seer, wie man doch kan mir zu messen, das ich das gesetze oder zehen gebot solte verwerffen, So doch alda vorhanden so viel, und nicht einerley, meiner auslegung der zehen geboten, die man auch teglich predigt und ubet jnn unsern Kirchen, ich schweige der Confession und Apologia und andern unsern bucher; dazu auch zweyerley weise gesungen werden, uber das auch gemalet, gedruckt, geschnitzt, auch von den kindern frue, mittags, abends gesprochen, das ich keine weise mehr weis, darin sie nicht geubet würden, on das wir sie (leider)

44 WA 8, (670) 676-687 ≙ StA 3, (12) 15-30.

45 WA 10 II, (267) 275-304.

46 WA 11, (229) 245-281 ≙ StA 3, (27) 31-71.

47 WA 12, (1) 11-30.

48 WA 15, (279) 292-322; 6, 36-60.

49 WA 15, (9) 27-53.

50 WA 18, (279) 291-334 ≙ StA 3, (105) 110-133.

51 WA 19, (44) 72-113.

52 WA 19, (616) 623-662 ≙ 3, (357) 359 360401.

53 WA 26, (175) 195-240 ≙ StA 3, (402) 406-462.

54 WA 23, (323) 338-379.

55 WA 30 II, (81) 107-148.

56 WA 30 III, (252) 276-320. (390) 392-398.

57 WA 50, (461) 468-477.

mit der that und leben nicht uben noch malen, wie wir schuldig sind, Und ich selber, wie alt und gelert ich bin, teglich, wie ein kind, die selben von wort zu wort spreche.«[58]

Bald nach Luthers Ankunft auf der Wartburg hat er mit Melanchthon im lebendigen Briefwechsel die Frage besprochen, ob Christen das Schwert tragen dürften. Am Ende haben beide Theologen mit Ja geantwortet, weil die Teilnahme der Christen an einer Regierung nicht verboten wurde, aber sie stimmten auch darin überein, dass das Evangelium, das genau genommen die Vergebung durch den Glauben verkündigte, die Frage des Schwertes offengelassen hatte. Das Evangelium konnte nicht anders, meinte Luther, »weil das Evangelium ein Gesetz für die Wollenden und die Freien ist, das heißt für diejenigen, die nichts mit dem Schwert oder mit dem Gesetz zu tun haben«.[59] Dem würden bald viele – aber nicht alle – Täufer zustimmen, aber das Gegenteil daraus schließen: Christen dürften deshalb das Schwert nicht tragen.[60]

Dieses Gespräch hat zur Ausformung der Lehre von den beiden Regimenten Gottes – meist »Zweireichelehre« genannt, was aber leicht zur Vermischung mit Luthers Aussagen zum eschatologischen Kampf zwischen dem Reich Gottes und dem des Teufels führt – beigetragen, die aber weder eine Lehre noch eine einfache Lösung zur Frage des Schwertes war. Sie war ein Versuch, die Spannung aufzuzeigen, in der die Christen ihr Leben führten, und zwar durch den Glauben sowohl im geistlichen als auch im weltlichen Regiment, wo sie nach dem Gesetz der Liebe in den drei Orden tätig waren. Die zwei Regimente bzw. Reiche bildeten eine Art Schablone, die auf praktische Dilemmas hat aufgelegt werden können, um den Christen ihren Standpunkt und ihren nächsten Schritt klarer zu machen. Luther selber musste mit der Anwendung der Unterscheidung zwischen

58 WA 50, 470, 18-27.
59 WABr 2, 357, 32-36 (418), 13. Juli 1521: »De gladii iure sic sentio, ut prius. Nam tu mihi videris petere aut mandatum aut consilium ex euangelio super hac re. In quo plane tecum sentio, neque praeceptum neque consultum esse huiusmodi ius in euangelio. Neque conveniebat ullo modo, cum euangelium sit lex voluntariorum et liberorum, quibus nihil commune cum gladio aut gladii iure.« Zu diesem Brief vgl. James M. Estes: Peace, order, and the glory of God: secular authority and the church in the thought of Luther and Melanchthon 1518-1559. Leiden; Boston 2005, 179-181.
60 Vgl. dazu James M. Stayer: Anabaptists and the sword. 2. Aufl. Lawrence, KS 1976.

den zwei Regimenten auf die Beziehung der Christen zur Obrigkeit ringen, als sie sich vor 1530 entscheiden mussten, ob sie gegen die Türken kämpfen sollten, und als die evangelischen Reichsstände sich nach 1530 darüber berieten, ob sie militärischen Widerstand gegen den Kaiser riskieren sollten, falls er die Evangelischen wieder zum Gehorsam gegenüber dem Papst zu zwingen versuchte.

III Herausforderungen

Wenn man es unternimmt, eine Theologie Luthers zu schreiben, die mehr als eine Kompilation von einzelnen Lehren ist, müsste man m. E. seinen Kontext und seine reformatorische Agenda ernster als bisher nehmen. Ebenso wichtig wie die Quellen von Luthers Denken sind die Leute, die Ereignisse und die Ziele, die sein Denken bewegten und vorwärts trieben. Mit seinen Kollegen zusammen ist er zum Katalysator einer religiösen Bewegung geworden, die sein Denken entscheidend beeinflusst hat. Daraus sind Einsichten in die Heilige Schrift, Fragen zur praxis pietatis seiner Zeit, der Abschied von der Scholastik und die umgeformten oder neuen Kategorien entsprungen, die seiner Agenda dienten und allmählich in das, was wir seine »Theologie« nennen, mündeten. Ebenso wichtig war sein Weltbild und seine Eschatologie, deren Einfluss auf sein Denken Heiko A. Oberman (1930-2001) treffend dargestellt hat.[61]

Um die Auswirkungen und die Bedeutung von Luthers Theologie heute ertragreich zu erklären, genügt es z. B. nicht, sein Verständnis der Rechtfertigung einfach mit Vorstellungen aus der Scholastik oder der Mystik zu vergleichen. Für Luther ging es nicht nur um den Begriff der Rechtfertigung, sondern auch um ihren Einfluss auf die Praxis, die nach seinem Urteil Christus und sein Heilswerk an den Rand des religiösen Lebens seiner Zeit geschoben hatte. Es genügt auch für das ökumenische Gespräch nicht, Luthers Verständnis der Rechtfertigung nur systematisch mit einer römisch-katholischen Vorstellung zu vergleichen, ohne dabei die Bedeutung der Rechtfertigung für die jeweilige kirchliche Frömmigkeit in Betracht zu ziehen. Ähnlich verhält es sich mit der Schriftautorität. Für Luther kann man sich nicht einfach auf die Parole »sola scriptura« berufen

---

61 Heiko A. Oberman: Luther: Mensch zwischen Gott und Teufel. B 1982.

und meinen, dass man Luthers vielfältige Auslegung und Anwendung der Schrift ausgeschöpft oder für die Gegenwart brauchbar gemacht habe. Bei der Psalmenauslegung hat Luther selber bekannt, dass keine Auslegung makellos war und dass kein Ausleger behaupten dürfte, die einzige wahre Bedeutung einer Stelle für immer entdeckt zu haben.[62] Wenn Luthers Hermeneutik heute bei strittigen Bibelstellen herangezogen werden sollte, dann müsste man sich entscheiden, welcher Aspekt seiner Hermeneutik bei der Frage angebracht und hilfreich ist, und nicht nur aufgrund einer Parole auf einer literalistischen Auslegung bestehen.[63]

Noch eine erhebliche Herausforderung an Luthers Theologie stellt die Tatsache dar, dass sie sich mit manchen Aspekten der Religionspraxis im allgemeinen nicht leicht verträgt. Insofern als es bei der Frömmigkeit darum geht, die Götter auf der eigenen Seite zu haben und mit ihrer Hilfe die eigenen Wünsche zu erfüllen, ist Luthers Theologie besonders ungeeignet. In der Frühreformation gab es schon heftigen Widerstand gegen die evangelische Botschaft, dass das Heil nicht verdient werden könnte und dass die rituale Reinheit, grosse Kirchen, Priesterweihe, Heiligenanrufung und Opfer auch nichts dabei nützten. Wenn gepredigt wurde, die Christen sollten ihr Leben der Aufgabe widmen, das Leben ihrer Nächsten auf Erden besser zu machen statt den Himmel für sich zu suchen, wurde diese Botschaft nicht immer mit Freude aufgenommen. Ob diese Botschaft gern von den der Religion zugeneigten Menschen je entgegengenommen wird, bleibt ja zweifelhaft, auch wenn Luthers Theologie und seine Sicht des Christseins so ansprechend wie möglich dargelegt und erklärt werden.

---

62 WA 5, 22, 33 - 23, 5 ≙ AWA 2, 13, 11 - 14, 5 (Widmungsbrief zu den Operationes in psalmos an Friedrich den Weisen, 1519).

63 Vgl. dazu Scott HENDRIX: The interpretation of the Bible according to Luther and the confessions, or did Luther have a (Lutheran) hermeneutic? In: Hearing the word: Lutheran hermeneutics: a vision of life under the Gospel/ hrsg. von David C. Ratke. MP 2006, 13–31.

Martin Luthers »innerer Mensch«

Von Jens Wolff

Professor Dr. Dr. h.c. Christoph Markschies gewidmet

I Problemanzeige

Luthers berühmteste und bis in die Gegenwart populärste Schrift »Von der Freiheit eines Christenmenschen« wird im Hauptteil bekanntlich mit der Antithese eröffnet, dass ein Christenmensch freier Herr und niemandem untertan und zugleich dienstbarer Knecht und jedermann untertan sei.[1] Die Freiheit eines Christenmenschen gehört auch gegenwärtig zu den Grundwahrheiten eines sich auf Luther berufenden Protestantismus.

Als Ort dieser Freiheit wird die menschliche Seele angesehen, nach der ein Christenmensch »eyn geystlich, new, ynnerlich mensch genennet« wird,[2] der vom äußeren Menschen zu unterscheiden ist.[3] Aber wie ist diese Unterscheidung zwischen innerem und äußerem Menschen zu verstehen? Wie sind an diesem Punkt mögliche Missverständnisse, die unabdingbar zum Verstehensprozess gehören, nach Möglichkeit zu minimieren? Das Erzielen von Eindeutigkeit bei unterschiedlichen Lutherinterpretationen ist nur approximativ möglich. Deutungsleistungen bleiben durch Bedeutungsvielfalt geprägt: Warnte ein ausgewiesener Lutherinterpret sprach- und metakritisch, dass »Luthers eigene Begrifflichkeit, in der er, durch alte

---

1 WA 7, 21, 1-4 Vgl. zur exegetischen Aufarbeitung Samuel VOLLENWEIDER: Freiheit als neue Schöpfung: eine Untersuchung zur Eleutheria bei Paulus und seiner Umwelt. GÖ 1989.

2 WA 7, 21,13 f.

3 Die in der Freiheitsschrift eingeführte Differenzierung zwischen innerem und äußerem Menschen erläutert die spezifische Dialektik der Freiheit eines Christenmenschen und seine spezifische Unfreiheit in Bezug auf seinen Nächsten; vgl. WA 7, 21, 12-15: »[...] eyn yglich Christen mensch ist zweyerley *natur* [Hervorhebung durch JW], geystlicher und leyplicher. Nach der seelen wirt er eyn geystlich, new, ynnerlich mensch genennet, nach dem fleysch und blut wirt er eyn leyplich, allt und eußerlich mensch genennet.«

Traditionen bestimmt, vom ›inneren Menschen‹ redet«, genaugenommen »dem Sachverhalt, den sie bezeichnet, keineswegs angemessen ist«,[4] reagierte ein anderer Systematiker auf diese Sachkritik des Lutherforschers mit einer dogmatisch anmutenden Apologie des Buchstabens der Luthersprache dergestalt, dass er vor dem Verlust warnte, der entstünde, wenn der gemeinte theologische Sachverhalt »in dieser Terminologie nicht mehr zur Sprache kommen« dürfe.[5]

Das noch nicht ganz abgeschlossene deutsche Sachregister zur Weimarer Ausgabe bietet vielfältige neue Perspektiven auf Quellentexte, die der Erschließung harren. Die Adjektive »innerlich« und »innerer« werden von Luther vor allem im Predigtwerk verwendet.[6] Hermeneutisch ist daher m. E. nicht von der These auszugehen, dass Luther für die Unterscheidung von innerem und äußerem Menschen eine andere Terminologie hätte verwenden können.[7] Naheliegender dürfte es sein, den bei Luther philologisch aufweisbaren Gebrauch der Vokabel zu analysieren. Die offenkundige Ambivalenz in der Wahrnehmung der Freiheitsschrift kann als Hinweis auf bleibende Unbestimmtheit des Textes gedeutet werden. Obwohl die Freiheitsschrift nach Gerhard Ebelings minutiöser Interpretation von 1983[8] seit

---

4 Vgl. zur Metakritik Oswald BAYER: Marcuses Kritik an Luthers Freiheitsbegriff. (1970). In: Ders.: Umstrittene Freiheit: theologisch-philosophische Kontroversen. TÜ 1981, 32.

5 Eberhard JÜNGEL: Zur Freiheit eines Christenmenschen: eine Erinnerung an Luthers Schrift. 3. Aufl. M 1991, 61; erneut abgedruckt in: DERS.: Theologische Erörterungen. Bd. 4: Indikative der Gnade – Imperative der Freiheit. TÜ 2000, 84-160.

6 Der lateinische Begriff »internus« und seine Derivate bleiben hier aus Platzgründen ausgeblendet. Es lässt sich aber zeigen, dass ihre Verwendung dem deutschen Gebrauch ähnelt; vgl. unten Anm. 154. Der deutsche Text der Freiheitsschrift entstand vermutlich früher als die lateinische Übersetzung. Ich rekurriere hier vor allem auf die deutsche Fassung, da vor allem sie zur Popularität der Schrift beitrug. Vgl. zur Prioritätsfrage die sorgfältige Analyse von Reinhold RIEGER – siehe unten Anm. 9 –, 5-12, gegen Birgit STOLT: Studien zu Luthers Freiheitstraktat mit besonderer Rücksicht auf das Verhältnis der lateinischen und der deutschen Fassung zu einander und die Stilmittel der Rhetorik. SH 1969.

7 Jüngel: Zur Freiheit eines Christenmenschen, 61.

8 Gerhard EBELING: Die königlich-priesterliche Freiheit. (1983). In: Ders.: Lutherstudien. Bd. 3: Begriffsuntersuchungen – Textinterpretationen – Wirkungsgeschichtliches. TÜ 1985, 157-180. Einen zentralen Teilaspekt der Freiheitsschrift vertieft in Fortschreibung von Ebeling Karin BORNKAMM: Christus – König und Priester: das Amt Christi bei Luther im Verhältnis zur Vor- und Nachgeschichte. TÜ 1998.

kurzem sogar durch einen monografischen Kommentar,[9] der die gesamte Schrift Satz für Satz erklärt, gewürdigt worden ist und regelmäßig systematisch-theologische Arbeiten zur Freiheitsschrift erscheinen,[10] dürfte es doch ergiebig sein, die deutsche Bezeichnung »innerer Mensch« und die Wortfelder, die von »innerlich« reden, genauer zu interpretieren. Wenn man die Verwendung der Unterscheidung von »innerlich« und »äußerlich« bei Luther untersucht, lässt dies ein sehr viel differenzierteres Bild entstehen, als es die Befunde der Forschung größtenteils nahelegen.[11] Eine umfassende Analyse des Antithesenpaares von »innerlich« und »äußerlich« liegt meines Wissens noch nicht vor.

Im Laufe der Zeit geht der Prozess des Verstehens in ein Neu-, Miss- oder Besserverstehen über. Verstehensvorgänge sind unabschließbar. Es ist aber, als ziehe ein klassischer Text rings um sich einen letzten Kreis, einen eigenen Raum. Bei klassischen Quellen, zu denen die Freiheitsschrift gehört, bleibt dieser Raum beständig fruchtbar.

II Zum terminologischen Problem

Bereits ein erster philologischer Blick lässt erkennen, dass die Frage nach dem inneren Menschen richtig gestellt sein muss. Sie kann nicht lauten »Was heißt *Innerlichkeit* bei Luther?«,[12] denn dieser Ausdruck, den Max Scheler (1874-1928) als »eine der unerträglichsten Wortbildungen neudeutschen Sprachgebrauchs«[13] verwarf, kommt in der kritischen Ausgabe der Werke Luthers nur ein einziges Mal vor. Er wird abgrenzend gebraucht

9 Reinhold RIEGER: Von der Freiheit eines Christenmenschen – De libertate christiana. TÜ 2007.

10 Dietrich KORSCH: Freiheit als Summe: über die Gestalt christlichen Lebens nach Martin Luther. NZSTh 40 (1998), 139-156; Joachim RINGLEBEN: Freiheit im Widerspruch: systematische Überlegungen zu Luthers Traktat »Von der Freiheit eines Christenmenschen«. NZSTh 40 (1998), 157-170.

11 Ohnehin ist es systematische Idealisierung, den Sprachgebrauch der Freiheitsschrift ohne Berücksichtigung sprachlicher Kontexte zu analysieren.

12 Heinrich BORNKAMM: Äußerer und innerer Mensch bei Luther und den Spiritualisten (1932). In: Ders.: Luther und seine Wirkungen: gesammelte Aufsätze. GÜ 1975, 187 (kursiv im Zitat von JW).

13 Max SCHELER: Gesammelte Werke. Bd. 6: Schriften zur Soziologie und Weltanschauungslehre/ hrsg. von Maria Scheler. 2., durchges. Aufl. Bern ... 1963, 208.

gegenüber den Anhängern von Thomas Müntzer (um 1489-1525). Luther beklagt, dass ihnen die Innerlichkeit ohne das Wort genug sei.[14] Dieses Detail ist pikant: Denn wurde aus späterer Perspektive von Philosophen wie Scheler gerade dieser Wortgebrauch bei Luther gerügt, ist es der Reformator selbst, welcher den Innerlichkeitsbegriff gegenüber einer konkurrierenden religiösen Gruppierung in kritischer Absicht in Anschlag bringt. Selbst der Begriff »Innigkeit« ist bei Luther nur zweimal belegt.[15] Ob diese beiden Belege überhaupt Luther zugeschrieben werden können, oder ob es sich um Ausdrücke eines Nachschreibers handelt, ist jedoch fraglich.[16] Genau genommen ist es ein Scheinproblem, Luthers »Innerlichkeits«-Begriff in Schutz zu nehmen oder dessen Gebrauch rechtfertigen zu wollen. Dieser Ausdruck entspricht nicht dem Quellenbefund.[17]

Bereits die ältere Forschung hielt fest, dass die Differenz von Innerem und Äußerem wie viele andere Antithesen »unter Luthers Händen eine unglaublich reiche und lebendige Verwendung finden«.[18] Heute hingegen mag die Unterscheidung auf den ersten Blick schematisch und abstrakt erscheinen.[19] Es zeigt sich jedoch im Gebrauch eine erhebliche semantische

---

14 WA 26, 82, 13-15.

15 WA 10 II, 436, 2-4; 438, 18-21.

16 Dreimal tritt das Adjektiv »innig« auf; vgl. WA 2, 748, 27-32; 6, 11,4-15; 45, 540, 30-35.

17 Es steht hier nicht die Frage im Vordergrund, ob es berechtigt sei, der Differenzierung von innerem und äußerem Menschen die Reduktion der gesamten lutherischen Anthropologie auf Innerlichkeit unter Ausblendung der äußeren Gegebenheiten innerhalb der Gesellschaft vorzuwerfen; vgl. hierzu die einschlägigen Arbeiten von Scheler: Gesammelte Werke 6, 204-219, und Herbert MARCUSE: Studie über Autorität und Familie. In: Ders.: Schriften. Bd. 3: Aufsätze aus der Zeitschrift für Sozialforschung. F 1979, 89. Die Auseinandersetzung mit Marcuse und Scheler, wie sie Oswald Bayer und Eberhard Jüngel geführt haben, wird hier vorausgesetzt. Gleichwohl kann der Kontroverse mit dem Marxismus nach seinem politischen Zusammenbruch – trotz mentalitätsgeschichtlich aufweisbarer Kontinuitäten – heute nicht mehr die gleiche Aktualität zukommen wie in den sechziger und siebziger Jahren. Vgl. zur zeitgeschichtlichen Verortung Marcuses Tim B. MÜLLER: Alle Wege der Marxismusforschung führen nach New York. FAZ (26. Sept. 2007), N 3.

18 Vgl. Heinrich Bornkamm: Äußerer und innerer Mensch ..., 187.

19 Es sind auch heute noch grundsätzliche Bedenken, die gegenüber dieser Unterscheidung – wenngleich nicht unter explizitem Bezug auf Luther – geäußert werden; vgl. Jürgen HABERMAS: Zwischen Naturalismus und Religion: philosophische Aufsätze. F 2005, 18: »Der einzelne Mensch tritt seiner sozialen Umgebung nicht [...] gegenüber [...] als ein

und pragmatische Variationsbreite.[20] Dabei vermeidet es Luther nach Möglichkeit, das Adjektiv »innerlich« zu substantivieren oder als abstrakte Reflexionskategorie zu gebrauchen. Selten nur redet er vom »Innerlichen«.[21]

Der oszillierende Charakter des »inneren Menschen« dürfte nicht zuletzt darin begründet sein, dass bereits der Sprachgebrauch vor Luther alles andere als eindeutig ist. Die Antike kennt kein homogenes Begriffskonzept, wie es der deutsche terminus technicus »innerer Mensch« nahelegt.[22] Erst der paulinische Ausdruck »ἔσο ἄνθρωπος« stiftet eine gewisse Homogenität und führt in der Folge zur uniformen Verwendung der einstigen Gelegenheitsmetapher, die erstmals bei Platon (427-348/7) auftritt.[23] Gleichwohl ist auffällig, dass bereits bei Paulus zwei unterschiedliche Bedeutungen von »ἔσο ἄνθρωπος« zugrunde liegen.[24] Auch später bleibt der Sprachgebrauch uneinheitlich, wenn man beispielsweise Augustinus (354-430),[25] den »Mystiker« Meister Eckart (um 1260-1527/28)[26] und den letzten »Scholastiker«

Inneres, das sich osmotisch von der fremden Außenwelt abgrenzt. Das abstrakte Gegenüber von Subjekt und Objekt, Innen und Außen täuscht, weil sich der Organismus des Neugeborenen erst mit der Aufnahme sozialer Interaktionen zum Menschen bildet.«

20 Dies gilt auch dann, wenn Luther die Unterscheidung bereits in der Predigt vom 17. Aug. 1522 als bekannt und etabliert voraussetzt; vgl. WA 10 III, 277, 4-25.

21 Vgl. unten im Haupttext bei Anm. 39.

22 Zuerst führten die Griechen »τοῦ ἀνθρώπου ὁ ἐντὸς ἄνθρωπον« zur Bezeichnung des inneren Menschen ein. Platon meinte damit das »λογιστικόν«, d. h. einen der drei Seelenteile; PLATON: Politeia 9; DERS.: Der Staat. Politeia: griechisch und deutsch/ übers. von Rüdiger Rufener ... Düsseldorf; ZH 2000, 792 / 793 (588 d, 7). 790 f / 791 f (588 c, 3f). Vgl. Theo K. HECKEL: Der innere Mensch: die paulinische Verarbeitung eines platonischen Motivs. TÜ 1993, 11-27.

23 Christoph MARKSCHIES: Innerer Mensch. Reallexikon für Antike und Christentum. Bd. 18: Indien-Italia II. S 1998, 266f.

24 Die Unterscheidung von innerlichem und äußerlichem Menschen wird von Luther regelmäßig auf das biblische Zeugnis zurückgeführt; vgl. z. B. WA 10 I 2, 51, 30 - 52,1.

25 Er verbindet Befreitsein vom Alten durch Neues mit Wachstum des inneren Menschen; vgl. AUGUSTINUS: De spiritu et litera 14, 26; 22, 37; CSEL 60 (1913), 180, 18 - 181, 4; 190, 26 - 191, 3.

26 Er unterscheidet mit Paulus inneren und äußeren Menschen. Ersterer meint den neuen oder »edlen« Menschen, letzterer meint den Leib in Kooperation mit der Seele. Der äußere Mensch pflegt eine Abhängigkeitsbeziehung zu äußeren Dingen, während der innere Mensch von dieser Abhängigkeit frei ist; vgl. Meister ECKART: Predigt: Vom edlen Menschen. In: Ders.: Traktate/ hrsg. und übers. von Josef Qint. S 1963, 109, 7-20. (Meister Eckart: Die deutschen und lateinischen Werke: Die deutschen Werke; 5)

Gabriel Biel (1410-1495)[27] vergleicht.[28] Die uneinheitliche Sprache darf aber auch bei Luther nicht positivistisch auf historische »Einflüsse« zurückgeführt werden. Luthers Sprachkonzept des inneren Menschen ist eine Größe sui generis.

Während Paulus in 2 K 4,16[29] – von Luther in der Freiheitsschrift anzitiert[30] – inneren und äußeren Menschen voneinander dahingehend unterscheidet,[31] dass er mit Ersterem das »Ich« des Glaubenden und mit Letzterem die sarkische Existenz des Menschen meint,[32] redet der Apostel in R 7,22 f von der Freude am göttlichen Gesetz nach dem Maßstab des inneren Menschen, der zugleich ein anderes Gesetz in seinen Gliedern spürt.[33] Das apostolische »Ich«, das sich am Gesetz freut, sieht sich gegenläufiger Existenzerfahrung ausgesetzt, die es als Gesetzeserfahrung artikuliert.[34] Es lebt im Zwiespalt. Wenn sich dieses »Ich« im Bekenntnis des Apostels äußert, so lässt sich, wie Luther lehrhaft in seiner Schrift »Grund und

27 Er differenziert zwischen der Seele, d. h. dem inneren Bestandteil des Menschen und dem Körper, dem äußeren und sinnlichen Element des Menschen; vgl. Gabriel BIEL: Collectorium circa quattuor libros Sententiarum. Liber secundus/ unter Mitarb. von Volker Sievers; Renata Steiger hrsg. von Wilfridus Werbeck; Udo Hofmann. TÜ 1984, 476, 1 - 477, 19 (lib. 2, d. 24 q. un., art. 3).

28 Insbesondere Meister Eckart macht ähnlich wie Luther die innerliche Erfahrung Gottes zum Grund der Freiheit. Das Äußere jedoch wird von Meister Eckart insgesamt kritischer betrachtet als bei Luther und abgewertet. Innerliches Erfahren ist nicht durch Gottes Wort vermittelt. Zum aristotelischen Hintergrund dieser Vorstellung vgl. Reiner MANSTETTEN: Esse est Deus: Meister Eckarts christologische Versöhnung von Philosophie und Religion und ihre Ursprünge in der Tradition des Abendlandes. FR 1993, 357-362.

29 Vgl. 2 K 4,16: »Darum werden wir nicht müde; sondern wenn auch unser äußerer Mensch verfällt, so wird doch der innere von Tag zu Tag erneuert.«

30 Vgl. WA 7, 21, 13-17 mit 50, 5-12.

31 Christoph MARKSCHIES: Die platonische Metapher vom »inneren Menschen«: eine Brücke zwischen antiker Philosophie und altchristlicher Theologie. ZKG 105 (1994), 1-17.

32 Vgl. Rudolf BULTMANN: Theologie des Neuen Testaments. 8. Aufl. TÜ 1980, 204.

33 Vgl. R 7,22: »Denn ich habe Lust an Gottes Gesetz nach dem inwendigen Menschen. Ich sehe aber ein anderes Gesetz in meinen Gliedern, das widerstreitet dem Gesetz in meinem Gemüt und hält mich gefangen im Gesetz der Sünde, das in meinen Gliedern ist.«

34 Markschies: Die platonische Metapher ..., 4f, unterstreicht zu Recht die Differenz zwischen den beiden paulinischen Bedeutungen des inneren Menschen. Warum aber das Präsens R 7,22 f durch ein Imperfekt paraphrasiert wird, leuchtet nicht ein; vgl. ebd, 4: »Neben seiner Freude am Gesetz erlebte der Apostel damals an sich die Tat gegen das Gesetz.«

Ursach aller Artikel D. M. Luthers, so durch römische Bulle unrechtlich verdammt sind« ausführt, nicht abstreiten, dass in allen Heiligen Sünde bleibt, selbst wenn sie getauft sind.[35]

Die im »Ich« des Glaubenden nach R 7,22 f[36] auftretende Differenz artikuliert die berühmte Vorrede zum Römerbrief neu gewendet als Antithese zwischen Geist und Fleisch.[37] Nach Luther sind diese beiden paulinischen Bezeichnungen nicht dichotomisch zu missdeuten, sondern zur Charakterisierung von Christenmenschen in ihrer Ganzheit umzuwerten.[38] Geist ist nicht nur partikularisierend, »was das ynnerliche ym hertzen betreffe«, und Fleisch meint nicht bloß verengend fleischliches Begehren,[39] sondern es handelt sich bei beiden um ungetrennte und zugleich nicht zu vermischende Polaritäten innerhalb der vielfältigen Vollzüge menschlicher Existenz: »fleysch heyst Paulus, [...] alles was aus fleysch geporn ist, den gantzen menschen, mit leyb und seele, mit vernunfft vnd allen synnen«.[40] Selbst Vernunft ist Fleisch – und wer »von hohen geystlichen sachen viel tichtet«,[41] ist und bleibt fleischlich.[42] Ähnlich entschränkend, aber zugleich in einem äußerst präzisen Sinn, verwendet Luther »Geist«,[43] wenn er – entgegen der

---

35 Vgl. WA 7, 331, 20-23.
36 Vgl. die frühe Auslegung WA 56, 73, 7-11 (Glosse zu R 7,25): »[...] vnus et idem simul spiritualis sum et carnalis, quia **mente** i. e. interiore homine et spirituali **seruio legi dei:** i. e. non concupisco, Sed diligo Deum et que Dei sunt **carne autem** exteriore homine **lege** [leg]i peccati. fomiti et concupiscentie, quia concupisco et odio, que Dei sunt.«
37 WA 7, 331, 8-13.
38 Vgl. zur Differenz zwischen der exegetischen Grundlage und Luthers Deutung Paul ALTHAUS: Paulus und Luther über den Menschen: ein Vergleich. GÜ 1938, 86.
39 WA DB 7, 12, 5f.
40 WA DB 7, 12, 7-9.
41 WA DB 7, 12, 10f.
42 Erst die neuere Phänomenologie beginnt das leibliche Selbst unter Berufung auf ein Grunddogma des Christentums erneut zu entdecken; vgl. Michel HENRY: Inkarnation: eine Philosophie des Fleisches. FR; M 2002. Leiblichkeit hat bei Luther denkbar umfassende Bedeutung und meint alles, »was nicht new geporn ist aus dem geyst, und was der allte mensch ist mit seynen besten und höhisten krefften, beyde euserlich und ynnerlich«; WA 17 II, 11, 34f. Vernunft, sapientiale Kompetenz und die Hybris der Werke gehören bei Menschen allesamt zur leiblichen Sphäre.
43 Gleichwohl können die beiden polaren Relationen von Fleisch und Geist unterschiedlich gewichtet und akzentuiert werden. Wenn es z. B. zu 1 P 3,18 heißt, dass Christus getötet ist nach dem Fleisch, aber lebendig gemacht nach dem Geist, dann sind hier Leib

Christus.

Szo ich ewre fueße habe gewaschen ð ich ewir herr vñ meyster
bin/vill meh: solt yr einander vnter euch die fuße waschen. Hie-
mit habe ich euch ein antzeygüg vñ beyspiel geben/ wie ich yn
than habe/ alßo solt ir hinfur auch thuen. Warlich warlich
sage ich euch/ð knecht ist nicht meh: dan seyn herre/ßo ist auch
nicht ð geschickte botte meh: dã ð yn gesandt hat/Wißt yr das:
Selig seyt yr ßo yr das thuen werdent. Johan. 13.

Passional Christi vnd Antichristi/ Holzschnitte von Lucas Cranach d. Ä.;
biblische Texte von Philipp Melanchthon, juristische von Johann Schwertfeger.
[Wittenberg: Johann Rhau-Grunenberg, 1521], A iij[v].
(Lutherstadt Wittenberg, Lutherhaus: ss 40)

üblichen Erwartung des Hörers oder Lesers – nicht das innerliche Sein des Menschen meint, sondern das, was äußerlich sichtbar wird.[44] Hier nun dient Christus selbst als Beispiel, der geistlich »mit den aller euserlichsten wercken umbgehet, [...], da er der junger fuss wusch«.[45]

In einer Existenz kreuzen und vermischen sich inneres Dasein und äußerliche Lebensvollzüge, ohne ineinander aufzugehen. Mit »Fleisch« und »Geist« ist zugleich eine Sprachregel angegeben, die den varianten Wortgebrauch in den paulinischen Briefen und der gesamten Schrift zu verstehen hilft.

III Die Ansprechbarkeit auf den inneren Menschen

Stellt die Freiheitsschrift heraus, dass es die menschliche Seele ist, nach der ein Christenmensch »eyn geystlich, new, ynnerlich mensch genennet« wird,[46] so entsteht dieser innere Mensch gar nicht erst, wenn sich nicht das Angesprochensein auf seine Seele ereignet. Eine Seele ohne äußerliche Ansprache bleibt leer und stumm.

Die Freiheit eines Christenmenschen besteht in der Freiheit von Werken. In einer Predigt wird der Gemeinde dieses Freisein zugesprochen. Der Zuspruch bedeutet zugleich eine »Selbst«transzendierung, »das du gar auß der haud ghest«.[47] Eben dieses Ekstatische vollzieht der spiritualis homo und es wird an ihm vollzogen. Die verlässliche Alterität des Wortes Gottes ermöglicht diese Bewegung und dieses Bewegtsein, es spricht die Transzendierung des »Selbst« zu. Dergestalt angesprochen verlassen Christen-

---

und Fleisch geistlich; vgl. WA 12, 367, 9-15: »Drumb soll man die wortt hie nicht also nehmen, wie man Geyst und Fleysch von eynander scheydet, sonder das der leyb und fleysch geystlich sey, und der geyst ym leyb und mit dem leybe sey. Denn S. Peter will hie nicht also davon reden, das der heylig geyst Christum habe aufferweckt, sondern ynn gemeyn, wenn ich sprech ›der geyst‹, ›das fleysch‹, meyne ich nicht den heyligen geyst, sondern das ynnerliche, das der geyst anricht und das vom geyst herkompt.«

44 Ein genuines Verständnis des Menschen liegt erst dann vor, wenn klar wird, dass er Fleisch ist und »ynnwendig und ausswendig lebt und wirckt« in Vollzügen seines Alltags und zugleich Geist ist, »der ynnwendig und ausswendig lebt und wirckt, das zu dem [...] zukunfftigem leben dienet«; vgl. WADB 7, 12, 18-21.

45 WADB 7, 12, 16 f.

46 WA 7, 21, 13 f.

47 WA 11, 124, 1 f.

menschen das eigene »Selbst« für einen Anderen. Dies zeitigt eine neue Bindung des Angesprochenen, die sich innerlich und äußerlich zeigt.[48] Die angesprochene Seele bleibt nicht leer und stumm.

In vielen biblischen Erzählungen ereignet sich dieses Sich-Verlassen von Glaubenden auf einen verlässlichen Anderen hin. Das Johannesevangelium erzählt die Neuschöpfung von Christinnen und Christen durch das Wort als passiv widerfahrende Neugeburt. Nikodemus, der nach der Möglichkeit dieser Geburt fragt, spricht Christus stellvertretend für alle Neugeborenen die produktive[49] Passivität eines Glaubens zu, der sich nicht auf sich selbst, sondern auf einen Anderen verlässt: »Christus dicit: ›es geschied nit, du must dich den wind anhauchen lassen, hoc est: du must fidem allein schaffen lassen‹«.[50] Diese Worte Christi heißen, innerlich frei zu sein von den Werken und fest am Wort des Anderen zu hängen. Obgleich jeder Christ äußerlich in der Welt lebt, ist er an Werke nicht gebunden.[51]

Auf den ersten Blick scheint es, als werde die Antithese von Gesetz und Evangelium bei der Ansprache des zweifachen Menschen schematisch verwendet: »Das gesecz todtet und vordampt den viehlichen, synlichen menschen, auff das die gnade muge auffrichten den geystlichen, ynnerlichen menschen.«[52] Hier begegnet abermals eine erhebliche Formvarianz. Das scheinbar schematisch Unterschiedene beginnt zu oszillieren: »Das ist das predigampt gar, gesetz und Euangelion, trifft beyde: ynnerliche und eusserliche menschen und die gantze welt.«[53] Es ist mit der Differenzierung zwischen Gesetz und Evangelium folglich kein Predigtmethodismus gemeint, der stets zuerst mit dem Gesetz zu beginnen hat und auf den äußerlichen Menschen abzielt, um dann für den inneren Menschen das Evangelium folgen zu lassen. Vielmehr bezieht sich das zusagende Wort des Evangeliums wie das wirksame Wort des Gesetzes ohne Unterschied auf alle Menschen in innerlichen und äußerlichen Lebensvollzügen.

---

48 WA 11, 124, 2 f.

49 Vgl. WA 17 I, 377, 35 - 378, 1: »Euserlich machen opera selig, gerecht, from, reyn, non ynnerlich coram deo, ubi sola fides agit. Deinde docuimus, quod opera from, externe, non coram deo, contra hoc nemo potest loqui.«

50 WA 11, 124, 4-6; vgl. J 3, 8.

51 WA 11, 124, 6-8.

52 WA 10 I 1, 426, 8-10.

53 WA 24, 403, 6-8.

Wie Worte des Gesetzes gehört und vernommen werden, zeigt sich erst an Hörenden, die diese Worte verifizieren oder falsifizieren.[54] Gottes gesetzliches Wort wirkt wie ein Pfeil, der ins Herz trifft. Insbesondere weichherzige Menschen fühlen ihn. Die Predigt dieses Wortes ist innerlich fühlbares Hineinschießen. Gottes Pfeile stecken, behauptet die Auslegung des dritten Bußpsalms, im menschlichen Herzen.[55] Dieses alttestamentliche Bild wirkt neutestamentlich gewendet nicht weniger ansprechend, wenn anhand von Gal 3,24f der duplex usus legis plausibilisiert wird. Das inwendige Wirken des Gesetzes, der usus theologicus, droht gegenüber dem usus civilis des Gesetzes, der täglich erfahren wird,[56] aus dem Blick zu geraten. Paulus[57] versteht das Gesetz als auf Christus hinleitend, es hat eine vorübergehende, aber gewichtige Aufgabe für die Erfahrung der Gnade.[58] Es ist wie jemand, der sein Orientierungsvermögen mündlich einem Schwächeren zugute kommen lässt.[59]

> »Darumb hab ich gesagt, das ditz bild vom knaben und tzuchtmeyster eyn hübsch, liecht antzeygen ist, das gesetz und gnade ynn uns recht tzuuorstehen; denn es ist der erst brauch des gesetzs, das es [...] eußerlich frum macht, ßo tieff eyngesessen und durch alle lerer und bucher trieben, [...], das gleych sawr und schweer wirt, auch dißen andern brauch tzuuorstehen, das es ynnerlich die sund grosser macht; darum mag ichs wol eyner wage gleychen, da eyn schussel leer, die ander beschweert ist. Alßo das gesetz, wenn es eußerlich frum macht, ßo mehret es die sund ynnwendig und legt ynnwendig ßo viel auff durch den haß und unwillen, ßo viel es außwendig ablegt an den wercken, [...].«[60]

54 Die Gesetze des Alten Testaments lehren »alles was eusserlich vnd innerlich zu thun sey«; vgl. WA DB 8, 17, 8.

55 Vgl. WA 1, 175, 30-36.

56 Durch den politischen Gebrauch des Gesetzes werden die in Grenzen gehalten, »welche nicht recht ynnerlich frum sind«; vgl. WA 15, 228, 14f.

57 Der Apostel ist ein Beispiel für spannungsreiche Existenz ähnlich wie die Prophetin Hanna; vgl. WA 10 I 1, 425, 6-8 (zu L 2,33-40): »[...] eußerlich und gerne hielt [er es] mit den wercken, den andern zu dienst. Aber ynnerlich hielt sich an den glawben, und durch denselben rechtfertiget er sich on alle werck des gesetz.«

58 Vgl. zum Kontext Thomas KAUFMANN: »Erfahrungsmuster« in der frühen Reformation. In: »Erfahrung« als Kategorie der Frühneuzeitgeschichte/ hrsg. von Paul Münch. M 2001, 281-306.

59 Viel zu lernen zur Gesetzesthematik ist von Christian SCHULKEN: Lex efficax: Studien zur Sprachwerdung des Gesetzes. TÜ 2005.

60 WA 10 I 1, 467, 20 - 468, 5.

Wie das Gesetz im usus theologicus auf den inneren Menschen bezogen ist und ihm seine Gottferne vorhält, so ist zugleich das Evangelium auf die Seele und den inneren Menschen bezogen und schenkt ihm Licht, Gerechtigkeit, Wahrheit und Weisheit.[61] Die Vermischung des Menschen mit dem Wort Gottes und die Einmischung des Wortes Gottes in das Leben von Christinnen und Christen manifestiert sich idealerweise im täglichen Umgang – wie in einer Lebenspartnerschaft. Sie kann zerfallen und wird dann zum Sinnbild für schwindende Festigkeit:

> »Geystlich tzu seyn und nit mit gottis wortt [...] umbgehen, ist eben als ehlich seyn unnd nymmer bey eynander seyn, ßondernn eynß hie hynauß, das ander dort hynauß bulen, [...] am leybe frum und eußerlich, aber an der seelen eyttel sund ynnerlich.«[62]

IV Aus Glauben leben – im Glauben sterben

Christliche Existenz besteht in äußerem Wesen, aber zugleich im »ynnerlich leben [...] gegen Gott«.[63] Mit dieser Distinktion ist ein sprachlicher Gewinn erzielt, der mit der traditionellen Differenzierung zwischen vita activa und vita contemplativa nicht gleichgesetzt werden kann. In der Auslegung von J 21,19-24 würdigt Luther diese Deutung des Augustinus zur betreffenden Perikope kritisch: Der Kirchenvater hatte beide, Simon Petrus und Johannes, den Lieblingsjünger, anlässlich ihres Auftretens am Ende des Evangeliums zu Symbolgestalten für aktives und kontemplatives Leben erklärt. Statt nun aber die vita activa in Petrus und die vita contemplativa in Johannes verkörpert zu sehen und diese Lebensweisen wie Augustinus auf zwei Personenkreise zu verteilen, schmilzt Luther die herkömmliche Terminologie um: Johannes symbolisiert »den glawben odder das ynnerlich leben der seelen ym glawben, Sanct Petern [...] die werck odder das eußerlich leben ynn den werken«.[64] Dass die traditionelle scholastische Nomenklatur damit verabschiedet ist,[65] wird daran deutlich,

61 Vgl. WA 7, 22, 3-15.
62 WA 10 I 1, 318, 1-6.
63 WA 12, 353, 31 - 354, 1.
64 WA 10 I 1, 319, 1-3.
65 Vgl. Oswald BAYER: Theologie. GÜ 1994, 42-49.

dass nun beides, inneres Glaubensleben und äußeres Tätigsein, nicht auf zwei unterschiedene Existenzformen oder Personengruppen verteilt wird, sondern ungeschieden in einem Christenmenschen zu verorten ist.[66]

An den Beispielen wird sichtbar, dass die äußere Gestalt christlichen Lebens nicht gleichgültig ist – dennoch ist es sinnlos, Äußerlichkeiten zum Maßstab des Glaubens zu erheben, tyrannische Werte zu proklamieren oder äußere Formen geistlichen Lebens zu sakralisieren. Während äußerliches Leben erzwungen werden kann, ergibt sich inneres Glaubensleben zwanglos. Nur aus Glauben vollbringt ein Christ freiwillig Gutes.[67] Das Zusammenspiel von innerem und äußerem Leben lässt sich an biblischen Gestalten studieren. Bei Johannes dem Täufer unterstreicht bereits die Ankündigung seiner Geburt das Besondere seiner Person. Er war »innerlich sanctus ab utero«[68] und Pfarrer bereits im Mutterleib;[69] auch sein äußerlich sichtbarer Lebenswandel in der Wüste stimmte damit überein.

Christliches Leben hat sein Zentrum primär im Inneren und ist nicht auf Äußerlichkeiten bezogen. Herz und Gewissen sind die anthropologischen Bezugspunkte, auf die sich der innere Mensch ansprechen lässt. Dort wird er aus sich herausgerufen und verlässt sich glaubend auf Gottes vergebende Zusage. Sie ist himmlischer Ablass, sie »legt ab die forcht und blodikeit der hertzen gegen gott, und macht leicht und frölich das gewissen ynnerlich, vorsunet den menschen mit gott«.[70] Dieser Vorgang lässt sich nicht still stellen, weder in einem vorzeitlichen Ratschluss zum theoretischen Axiom erheben noch zu einer Theorie der Lebensführung umformulieren. Die Kunst gewissen Glaubens besteht in der sich am Wort entzündenden Rückbesinnung auf göttliche Annahme.

Die Pointierung, dass christliches Leben sein Zentrum primär im Inneren hat, präzisiert Luther situativ in antirömischen Schriften. Er spitzt nun polemisch zu, dass das innerliche Leben das Allerheiligste sei, d. h. »das recht glewbig weszen«. Nachgeordnet bleibt zweitens das Heilige, also das lebendige Wesen der guten Werke. Und drittens und letztens erscheint nur

66 WA 10 I 1, 319, 3 f.
67 Vgl. WA 11, 48, 12-15.
68 WA 29, 420, 15 f.
69 WA 29, 420, 19-22; vgl. L 1,15.
70 WA 2, 714, 15-17.

noch das Äußerliche des Glaubens in eigenen Werken und Zeremonien.[71]
Wie Vogelfänger, die den Vögeln Fallen stellen, errichten die Papisten,
wenn sie nur auf äußerliche Werke achten, Stellfallen, »da die seelen sich
ynnen fahen, fallen drauff und meynen, es sey das rechte weszen«.[72] Damit verkehrt sich die Reihenfolge vom Allerheiligsten, dem innerlichen
Glaubensleben, und der Veräußerlichung des Glaubens in Werke. Speziell
altgläubige Geistliche sind durch Hochmut bedroht. Er ist die natürliche
Folge der strengen Trennung von Klerikern und Laien, »bricht erauß und
will auch ßo hochfaren, als hoch er sich achtet, wil oben schweben, oben
ansitzen unnd alßo faren eußerlich, wie er sitzt ynnerlich«.[73] Die Phänomenologie der Gottferne differenziert zwischen Hochmut, die »ym hertzen
sitzt«, während »hoffart das eußerlich hochtragend weßen und geperde«
ist.[74] Luthers Hermeneutik des Verdachts richtet sich insbesondere gegen
Menschen, die hohes Ansehen genießen, denn es findet sich gerade unter
den »aller geystlichsten und klůgisten itzt auff erden, der wol ettliche
yhren leyb euserlich zuchtig hallten«, aber sie sind »ym hertzen [...] voll
hohmutts, vermessenheyt [...] und wolgefallens an yhrem leben«.[75]

Bereits früh notiert Luther, dass die Orientierung am Äußerlichen mit
einer Selbsttäuschung über den Zustand des eigenen Inneren einhergehen
kann. Alles gute Leben »on gnade, ist eyttel gleyssen und scheyn, denn es
geht nur ym eußerlichen menschen, on lust unnd frey willen des ynnerlichen menschen«.[76] Die Selbstdeutung als Liebhaber Gottes ist Betrug
eigenen »geistes und ynnerlich meynung« – und dieser Selbstbetrug lässt
»keynen menschen frey, sundern gantz geystgrundig ynn allen ist, allein
auß gnaden gottis auß getriben wirdt«.[77] Es gibt keine Provinz im Gemüt,
die frei wäre von Ferne zu Gott. Der innere Mensch ist nicht in Beziehung
zu Christus, er wird durch ihn nicht regiert[78] wie in der Freiheitsschrift.

71 WA 8, 716, 1-4.
72 WA 8, 716, 11-13.
73 WA 10 I 1, 637, 12-14.
74 WA 10 I 1, 637, 14f.
75 WA 17 II, 12, 1-4.
76 WA 10 I 2, 52, 14f.
77 Vgl. WA 1, 167, 36 - 168, 2.
78 Vgl. WA 16, 337, 26: Wir haben »Christum, der den innerlichen Menschen regieret durch
den heiligen Geist, [...].«

Der Deutungsbegriff ist nicht epistemisch unverrückbare Grundlage von Luthers Theologie, sondern selbst strittig, da menschliche Deutungen sich unbemerkt als Fehl- und Falschdeutungen erweisen. Glauben ist keine anthropologische Konstante, sondern stets antithetisch auf Unglauben bezogen, der nicht selten das Sein des ganzen Menschen ausmacht. Selbst noch die Vaterunserauslegung zur dritten Bitte »Dein Wille geschehe« stellt dem Leser vor Augen, dass er in äußerlichen *und* innerlichen Dingen stets nur das Seine sucht, weil seine Natur dazu neigt und davon nur durch göttlichen Willen befreit wird.[79]

Die Zusammengehörigkeit von Herz und Seele entgrenzt Luther, an das Bedeutungsspektrum des Hebräischen angelehnt, von einem reduktionistischen Seelenbegriff hin zum Leben des Leibes insgesamt, das in lebendigen Vollzügen wie Reden, Sehen, Essen, Hören und Schlafen vom Herzen aus dem Inneren so gesteuert werden soll, dass es Gott gefällt. Beim Gebrauch von »innerlich« und »äußerlich« wird eine Entkonturierungstendenz sichtbar, die es nicht erlaubt, die Begriffe schematisch voneinander zu scheiden oder sie als Vermögenspsychologie misszuverstehen. Das »שְׁמַע יִשְׂרָאֵל« aus Dtn 6,4 hebt das Zusammenspiel von Seele und Herz hervor. Es wird dem Schriftgelehrten in L 10,27, der Einleitung zum Gleichnis vom barmherzigen Samariter, von Jesus als erneuertes Bekenntnis in Erinnerung gerufen: »Du sollst den Herrn, deinen Gott, lieben von ganzem *Herzen*, von ganzer *Seele*«. Das Herz als Personzentrum ist »das aller innerlichst« und treibt das Lebendige an.[80]

Glauben bildet und realisiert sich im alltagsbezogenen Erleben Gottes, der in seiner Zusage gegenwärtig ist. Zu Ps 127,2 »Es ist umsonst, dass ihr früh aufsteht und hernach lange sitzet und esset euer Brot mit Sorgen; denn seinen Freunden gibt er es im Schlaf« gerät schlicht das Handeln des Größeren in den Vordergrund, denn »es mus doch Gottes segen thun«.[81] Geradezu triviale Beispiele illustrieren dies: Die tägliche Nahrungsaufnahme wird mit Gottes Segen selbst bei hohen Belastungen und beruflichen

---

79 WA 9, 137, 31-34.
80 WA 20, 486, 23-25: »Cor tantum amat et cogitat, cor treibt quidem animam et est das aller innerlichst, ›sel‹ das leben, dein leibs leben sol ghen in der lib, ut non aliter vivat, edat, quam ut placeat deo.«
81 WA 15, 373, 23f; vgl. Oswald BAYER:.Zugesagte Gegenwart. TÜ 2007.

Anforderungen nicht »hart noch saur«. Denn wie wohl Gottes Freunde »auch yhr brod essen ym schweys yhres angesichts eusserlich, So thun sie doch das mit glauben und frölichem gewissen ynnerlich«.[82] Die Sorge als existentielle Struktur des Daseins löst sich schlafend und essend auf.[83]

Letztlich ist es aber nicht nur das Leben, das von Gott innerlich und nach Außen bestimmt sein soll, sondern das getroste Sterben. Jesu Antwort an Martha nach J 11,25 in der Lazarusperikope ist gegenwärtige Zusage: »Ich bin die Auferstehung und das Leben, [...].« An ihr lässt sich hören, »wilch eyn gros ding es sey umb eynen Christen«, denn im Sterben ist er vom Leben umfangen: »[...] seyn tod [...] sihet wol gleich dem sterben des gotlosen eusserlich. Aber ynnerlich ist eyn solch unterscheyd als zwisschen hymel und erden«.[84] Auch hier geht es nicht um Vertröstung oder Beschönigung des Sterbens, das realistisch wahrgenommen wird. Es widerfährt Christen, dass sie von jedermann als Wischtuch benutzt und in der Stunde des Sterbens von allem »innerliche[n] trost, der do von got solde herfliessen«, verlassen werden.[85] Dann bleibt nur noch der Blick auf das Kreuz, das Heil zu stiften vermag.

Mit diesem Kreuz ist die Auferstehung verbunden. Sie besteht nicht bloß in Worten, sondern im Leben: »Innerlich cor sol lust und frolich sein. Externe ita mori debeo, sicut ipse [Christus] mortuus est. Euangelium quidem letabundum est nuntium, quod caro libenter audit, sed non efficax, nisi intus et extra sentiamus.«[86]

V Innerliche und äußerliche Christenheit

Die Unterscheidung von innerlich und äußerlich verändert sich im Sprachgebrauch Luthers nicht zuletzt von einer individuell pointierten Beschreibungskategorie des Christenmenschen zu einer Grundunterscheidung im Hinblick auf die Gestaltung christlicher Gemeinschaft. Hier setzt abermals

82 WA 15, 374, 17-19.
83 WA 16, 458, 14f: »[...] der ynnerliche glaube [bringt] mit sich, dadurch die seele reich ist, das ich auch gleube, ich werd, was den leib betrifft, reichlich haben.«
84 WA 17 II, 235, 9-14.
85 WA 10 III, 368, 20-32.
86 WA 15, 519, 17-20; vgl. 519, 6-8: »Resurrectio greifft mich an omnia nostra nihil esse. Sie credo hoc, incipit in me resurrectio fieri efficax.«

eine doppelte Nomenklatur zur Charakterisierung der Christengemeinde ein. In der kontroverstheologischen Auseinandersetzung mit dem Leipziger Franziskaner Augustinus aus Alveld (1480-1535?) verdeutlicht bereits die Nennung an erster Stelle, welcher Form christlicher Gemeinschaft Luther den Vorzug gibt: Die erste Kirche, »die naturlich, grundtlich, wesentlich unnd warhaftig ist, wollen wir heyssen ein geystliche, ynnerliche Christenheit, die andere, die gemacht und eusserlich ist, wollen wir heyssen ein leypliche, euszerlich Christenheit«[87] Die innerliche Verbundenheit christlicher Seelen besteht auch, wenn sie nicht an einem Ort versammelt, sondern äußerlich getrennt sind. Ausdrücklich verbindet Luther diese Unterscheidung mit der paulinischen Rede vom innerlichen und äußerlichen Menschen.[88]

Während in der Kontroverse mit Alveld die äußerliche Christenheit – in der die Christen ohne Glauben wie »hultzene bilde der rechten Christenheit«[89] sind – attackiert wird, da sie Hierarchien etabliert, die keinen Bezug zum Glauben haben, kann das Äußerliche in der Auslegung des Alten Testaments in Bezug auf die Kirche positive Bedeutung gewinnen. Luther lehnt Äußeres nicht generell als Äußerlichkeit ab. Die Töchter Labans Lea und Rahel verkörpern im Rahmen einer allegorischen Auslegung der Frauengestalten die christliche Kirche als innerer und äußerer bzw. als neuer und alter Mensch. Die Schwestern können nicht voneinander getrennt werden. Die schön anzusehende Rachel ist »das innerlich wesen durch den glauben, habet promissiones«[90] Lea mit bleichem und spitzigem Gesicht ist unansehnlich, und dies ist gemäß dem äußerlichen Erscheinungsbild die andere Seite der Kirche: Sie liegt wahrlich am Boden in Armut und Elend: »Ich bin gehasst crucem fero«, [...].[91] Beide Schwestern gehören jedoch zu-

---

87 WA 6, 296, 39 - 297, 3

88 Die Unterscheidung beider Kirchenbegriffe bedeutet keine Trennung, ähnlich wie man einen Menschen »nach der seelen ein geistlichen, nach dem leyp ein leyplichen nenn[t], oder wie der Apostel pflegt ynnerlichen und euszerlichen menschen zunennen, also auch die Christlich vorsamlung, nach der seelen ein gemeyne in einem glauben eintrechtig, wie wol nach dem leyb sie nit mag an einem ort vorsamlet werden, doch ein iglicher hauff an seinem ort vorsamlet wirt«; WA 6, 297, 4-9.

89 WA 6, 297, 19; vgl. 297, 10-13.

90 WA 14, 431, 6 f.

91 Vgl. WA 14, 431, 9 - 432, 1.

sammen. Beide bilden zusammen die christliche Kirche. Wenngleich Lea äußerlich unansehnlich erscheint und abschreckend wirkt, trägt sie doch innerlich die Verheißung Gottes.

Während hier die Betonung der Zusammengehörigkeit von innerlicher und äußerlicher Gestalt vorherrscht, kann umgekehrt die innere Gemeinschaft vor äußeren Gegebenheiten privilegiert werden. Wenn sich Bruderschaften von der Gemeinde isolieren und auf religiösen Eigennutz bedacht sind, zerstören sie, nur sich selbst liebend, die »ynnerliche, geystliche, weßenliche, gemeyne aller heyligen bruderschafft«.[92] Luthers Privilegierung innerer Gemeinschaft bedeutet hier eine Abwertung individualisierender Gestaltungen der Frömmigkeit.

Die Aufforderung aus 1 P 3,8 »Seid allesamt gleichgesinnt« stiftet zu einer Form geistlicher Übereinstimmung an, die mit weltlichen Maßstäben nicht vergleichbar ist. Die Geselligkeit geistlicher Gemeinschaft unterscheidet sich von weltlichen Gruppierungen, auch wenn von einer Personenidentität von Christperson und Weltperson ausgegangen werden muss.[93] Die Konvergenz von Christen bezieht sich auf geistliche, nicht äußerliche Sinne. Die innerliche Meinung stellt Gemeinsamkeiten her in Bezug auf die Dinge, die coram deo gelten.[94] Dieses kollektive Wohlgefallen am Glauben zeitigt eine Entdifferenzierungserfahrung, die weder mit weltlicher Differenzkultur identisch ist, noch einen schlichten ekklesiologischen Positivismus bedeutet: Christinnen und Christen unterscheiden sich zwar von außen gesehen durch ihre Berufe, ihre Lebensgeschichten und aktuellen Befindlichkeiten. Christliches Leben ist von unhintergehbar pluralen Biographien geprägt[95] – aber diese Differenzen können auf eine höhere innere Verbundenheit hin relativiert werden: »der glawbe Christi thutts«,[96] er »ist ynn allen unnd ubir allen on alle unterscheytt der stend, der orden, der person«,[97] er »ist eynerley ynn allen und macht eynen frum wie den andern«.[98]

92 WA 2, 755, 35-37.
93 Vgl. Gerhard Ebeling: Luther: Einführung in sein Denken. 4. Aufl. Tü 1981, 219-238.
94 WA 12, 350, 12-15.
95 Vgl. WA 10 I 1, 488, 2-4.
96 WA 10 I 1, 486, 18.
97 WA 10 I 1, 487, 1f.
98 WA 10 I 1, 487, 10f.

VI Taufe und Abendmahl

Taufe und Abendmahl sind auf den inneren Menschen bezogen. Im Unterschied zum Abendmahl, das Luther gegenüber den innerlichkeitszentrierten »Schwärmern« präzisiert, wird die Taufe wortstatistisch zwar seltener mit dem inneren Menschen in Verbindung gebracht, aber nicht mit geringerer Intensität. Dies ist insbesondere bei der Erinnerung an die Taufe unverkennbar.[99] Sie ist mehr als nur Innerliches und kleidet mich mit mehr als bloß innerer Reinheit, denn sie zieht Christus an.[100] Glauben und Fühlen werden identisch, paradoxerweise sind sie aber nicht identisch: Als Getaufter »fůle ich ynn mir, quod aliud cor, aliam puritatem, non video, sentio, sed credo«.[101] Alle die auf Christus getauft sind, haben Christus angezogen.[102] In der Taufe aber gibt er über die Reinheit hinaus, die ich innerlich fühle, und das ist das rechte Taufgewand. Den urkirchlichen Brauch, Christen an Ostern zu taufen und sie acht Tage in weiße Festtagskleider einzuhüllen, würde Luther am liebsten wieder einführen. Weiße Taufkleider sind Zeichen, dass wir nicht bloß innerlich rein geworden, sondern mit Christi Reinheit bekleidet sind.[103] Das Verhältnis von Innerem und Äußerem pointiert Luther aber auch im Hinblick auf seelische Vorgänge. Er benutzt hier ein neues Vokabular, welches er im Zusammenhang seiner Kritik am Mönchtum strikt abgelehnt hatte: Die Taufe gebe einen character indelebilis, d. h. »ein malzeichen, das leuchtet ynn der seele«.[104] Sie bleibt, so wie die Sonne beständig bleibt, auch wenn ich in den Keller gehe. Sie wiederzufinden vollzieht sich gerade dann, wenn ich gegen sie gesündigt habe. Was Gott in der Taufe eingerichtet hat, »mus bleiben und mus nicht drumb zubrechen, wenn ich zubrich«.[105]

---

99 WA 34 I, 94, 8f.

100 WA 34 I, 94, 14f.

101 WA 34 I, 94, 15f.

102 Vgl. G 3,27.

103 WA 34 I, 95, 5-14; vgl. zur sanctificatio interna WA 16, 396, 4f.

104 WA 34 I, 97, 1.

105 Vgl WA 34 I, 97, 6 ff. »Si ynn ein keller gehe, tamen sol manet. Ich bin da von gangen, si egredior, finde ich sie widder. Sic baptisma est eterna res, non bricht dir. Si contra eum peccas, las die sund anstehen, tritt widder ynn die Tauff [...]. Quidquid ordinavit deus, mus bleiben und mus nicht drumb zubrechen, wenn ich zubrich.«

Anlässlich von Darlegungen zur Abendmahlspraxis nutzt Luther bereits früh[106] die Unterscheidung von Innen und Außen. Die äußerliche Empfängnis des Abendmahls geschieht bei allen Menschen durch den Mund, ohne dass damit schon das Christwerden vollzogen wäre: »Ja wann sie ein Christen machte, so were die mauß auch ein Christen, dann sie kann das brot auch essen, kann auch wol auß dem kelch trincken.«[107] Vielmehr ist das innerliche Empfangen entscheidend, welches sich von einem bloßen Hineinkauen unterscheidet. Das Plädoyer für eine Empfängnis im Glauben an den in Brot- und Kelchwort gegenwärtigen Christus[108] erscheint eingebettet in die Liturgie des Gründonnerstags, verbunden mit Warnungen vor Leichtgläubigkeit, die sich bloß auf das Wunderliche der Präsenz Gottes im Brot verlässt. Diese Wundergläubigkeit kann auch ein Ketzer aufbringen,[109] ja, »wenn du also [...] empfahist, so ists eben als wenn mans eyner saw ynn hals stieß«.[110] Äußerliches Hineinschlingen des Abendmahls bleibt sinnlos, wenn man die Feier nicht für göttliches Wort und Werk hält.[111] Die entgegengesetzte Haltung ist jedoch verbreitet, wie die direkte Anrede unterstreicht: »du stehest da und fasts ynn dich als ynn eyn monstrantzen, es wirckt auch nichts mehr ynn dir, denn ynn der monstrantzen, die da stehet.«[112]

Ein anderer Fall sind Abendmahlsteilnehmer, die nicht durch innerliche, sondern äußerliche Gründe am Empfangen des Abendmahls gehindert sind. Statt innerer Teilnahmslosigkeit, die tröstlichen Abendmahlsempfang verhindert, verbieten äußere Gegebenheiten die Feier bei kirchenrechtlich Exkludierten. Kirchliche Disziplinierung durch Bannen beraubt Ausgeschlossene »des euß̃erlichen sacraments, wilche ynnerlich tausent mall fur gott höher seynt und yn des sacraments geystlicher gemeynschaft leben«.[113]

---

106 Vgl. WA 2, 742, 10-14: »Das Sacrament muß euß̃erlich und sichtlich seyn, yn eyner leyplichen form [...]. Die bedeutung muß ynnerlich und geystlich seyn, yn dem geyst des menschen. Der glaub muß die beyde zusamen zu nutz und yn den prauch bringen.«

107 WA 10 III, 48, 12-16; vgl. zum innerlichen Essen des Brotes WA 12, 581, 14f.

108 WA 10 III, 49, 1-7.

109 WA 12, 477, 1-4.

110 WA 12, 477, 10f.

111 WA 12, 480, 2: »Wo der glauben nit ist, do bleybe man darvon.«

112 WA 12, 480, 5-7.

113 WA 6, 67, 5-7.

Die innerliche Gemeinschaft kann nicht durch kirchlichen Bann aufgehoben werden. Sie ist höher zu bewerten als der äußerliche Bann, denn zu ihr gehören Wahrheit und Gerechtigkeit, die man nicht ohne Grund fahren lässt.[114] Christus selbst hat keine andere Gewalt, als der Seele zu helfen. Dies hinterlässt er seiner Gemeinde.[115] Der Exkommunizierte lässt sich aus der Gemeinschaft der Heiligen nicht herauslösen.[116] Umgekehrt gibt es viele Menschen, »die eußerlich unvorbannet des sacraments frey nießen, und doch ynnewendig der gemeynschafft Christi gantz entfrembdet und vorbannet, ob man sie auch schon mit gulden tüchern unter den hohen Altar begrub mit allem brangen, glocken und singen«.[117]

Die Feier des Abendmahls geht nicht in kirchenrechtlichen Kategorien auf. Sie ist in erster Linie Ansprache angefochtener Gewissen in ihrer seelischen Vielschichtigkeit. L 14,16-24 verdeutlicht, dass die, welche im Besitz einer Einladung zum Mahl sind, ihren eigenen Zustand nicht wahrnehmen und sich ihr mittels ritueller Rechtfertigungen entziehen. Statt das festliche Mahl abzusagen, erweitert der Hausherr den Adressatenkreis: »Geh schnell hinaus auf die Straßen und Gassen der Stadt und führe die Armen, Verkrüppelten, Blinden und Lahmen herein« – diese neue Einladung wird nunmehr mündlich durch einen Beauftragten überbracht.[118] Das »Hereinführen« oder »Hereintreiben« zielt auf innerlich verzagte Gewissen, die sich durch Erfahrung des Gesetzes in die Enge getrieben fühlen. Dieses

114 WA 6, 74, 6-8; vgl. auch 7, 407, 7-10.
115 Vgl. WA 6, 67, 31-33: »[...], was vormessen sich dan die blinden tyrannen und rhümen, sie haben gewalt, zuvormaledeyen, vordampnen und vorterben, [...]?«
116 WA 6, 64, 3-6: »Die [...] gemeynschaft ist ynnerlich, geystlich, unsichtlich ym hertzen, das ist, ßo yhmand durch rechten glauben, hoffnung und lieb eyngeleybt ist yn die gemeynschafft Christi und aller heyligen, wilchs bedeut und geben wirt yn dem sacrament, [...].« Ein äußerlich vom Sakrament Verbannter ist »doch sicher und selig yn der gemeynschafft Christi und aller heyligen ynnerlich«; vgl. 6, 65, 27f.
117 WA 6, 65, 29-32. Luthers Phänomenologie des Hochmuts findet Hochmut aktuell noch dort, wo für Bescheidenheit plädiert wird; vgl. 23, 687, 10-16: Die »stoltzen rültze sind die rechten klugen, die sich ynnwendig gros empor heben und viel von sich selbs halten, verachten andere und meynen, sie wissens alleine, Und darümb verbirgets auch Got für yhnen [...] Denn es mag wol sein, das ein betler yn eim grawen filtz und langen barte ein hoffertigen geist haben kan denn etwan zehen fürsten ynn güldenen kleydern, Gott sihet das rechte ynnerliche demütige hertz an, [...].
118 L 14,21; Vulgata: »Exi in vias et plateas et *compellere intrare* [Hervorhebung von JW].«

Wort meint nicht äußerlich, »das man die buben und bösen mit gewalt zu disem mal treybe; [...]. Darumb treyb mans nůr frisch in das gewissen und laß es innerlich und geystlich sein.«[119] Zum Mahl »Hereintreiben« heißt, Lahmen und Blinden aus ihrem Verzagen helfen, »das geschicht aber, wenn du in mit dem Ewangelio tröstest«.[120] Predigtseelsorge zielt auf Anleitung zur Selbstwahrnehmung, die Verzagtsein wahrnimmt.[121]

VII Der innerliche Gott

Im Gegenüber zur Situationsvergessenheit metaphysischer Gotteslehre entfaltet Luther sein Sprechen von Gott nicht im widerspruchsfreien Raum ewiger Zeitlosigkeit, sondern in konkreten Lebensverhältnissen. Nicht Gottes Sein, sondern was es heißt, einen Gott zu haben, steht im Zentrum der Aufmerksamkeit. Außerhalb dieser Beziehung kann Gott nicht gedacht werden. Die Realität des Polytheismus bedrängt auch Glaubende. Zugleich ist hier ein inneres Angesprochensein auf denjenigen gegeben, der mein Gott sein will.

Aber diesen Gott im Glauben zu haben, ist vom Unglauben bedroht. Deshalb bleibt das erste Gebot und die erste Zusage »Ich bin der Herr, dein Gott, du sollst keinen anderen Götter haben neben mir« im Leben des Alltags strittig. Gott stellt sich Glaubenden mit diesen Worten vor und erhebt Anspruch auf den ganzen Menschen.[122] Damit ist jeder zur Antwort gefordert, aber dies auf der Grundlage eines vorangegangenen Zuspruchs. Die personale Bezogenheit von Gottes Sein für uns kehrt Luthers Interpretation des ersten Gebots unübersehbar hervor: »Ich bin der Herr, dein Gott« – damit lehrt das erste Gebot nicht ein äußerliches, sondern ein göttliches Werk: nämlich wie Gott innerlich und äußerlich heilig zu halten sei.[123]

---

119 WA 12, 600, 39 - 601, 2.

120 WA 12, 600, 34f.

121 Vgl. Gerhard EBELING: Luthers Seelsorge: Theologie in der Vielfalt der Lebenssituationen; an seinen Briefen dargestellt. TÜ 1997.

122 Vgl. Ex 20, 2; WA 19, 239, 13-18 (zu Jon 3, 10): »Von bösen wegen sich keren ist nicht eyn geringe werck. [...], es foddert den gantzen menschen frum und gerecht, beyde ynnerlich und eusserlich, an leybe und seele. Denn Gott foddert den gantzen menschen und mag der helblinge und heuchler nicht.«

123 WA 16, 443, 6f; vgl. 443, 25f.

Das zweite Gebot fordert auf, keine anderen Götter zu haben und Gottes Namen nicht unnütz zu führen. Es lehrt, wie Menschen sich äußerlich gegen Gott in Worten vor anderen Menschen, aber auch innerlich vor sich selbst verantworten sollen, Gottes Namen zu ehren.[124] Das zweite Gebot trifft nicht weniger als das erste die innerlichen Belange des Menschen. Dass Gott den Götzendienst auf der gesamten Erde vernichten wird, ist laut Luther nicht zuletzt deshalb eine notwendige Ankündigung des Propheten Sacharja, weil Götzen in der Regel äußerlich aus den Augen entfernt und abgebrochen, zugleich aber »ynnerlich viel gôtzen ym hertzen«[125] aufgerichtet werden.

Die Neigung zum Polytheismus macht unfrei. Selbst Christen, die das »Vater Unser, der du bist im Himmel« beten, hängen sich lebensweltlich bevorzugt an solche Bezugspersonen, die in der Nähe sind, d. h. in der Regel an den leiblichen Vater. Niemand ist davon frei, denn »wan man es innerlich suchen will, so ist keyn mensch so volkommen, der mit warheit sagen muge, er hab keynen vatter hye, er hab nichts, er sey gantz frembd«.[126] Habe ich ihn gefunden, wird dieser Vater zum Garanten weltlicher Sicherheit. Ich verleugne Gottes alleiniges Vatersein innerlich. Nicht die familiale Bindung an den leiblichen, sondern die Ablösung von ihm zugunsten des himmlischen Vaters führt weiter. Der Gebrauch des Gottesnamens »Ewigvater« vermittelt Glaubenden Hoffnung, nicht verlassen zu werden und Kinder zu bleiben, sie gewinnen »ein kindlich hertz zu Gott [...], und Gott wird yhn so ynnerlich susse und lieblich, das keine furcht, sondern eitel rhum und trotz ynn Gott da bleibet«.[127]

Im Gebet aktualisiert sich Gottes Sein für uns. Betend sprechen Glaubende Gott auf sein Sein für uns an. Das kann paradoxerweise schweigend geschehen, wie Luther an einem betenden Anachoreten aus der Wüste darstellt.[128]

---

124 WA 7, 205, 20-22.
125 WA 23, 651, 9-12; vgl. Zch 13, 2.
126 WA 2, 83, 36-38.
127 Vgl. WA 19, 160, 19-22; Is 9,6.
128 Dieser Anachoret trug laut Bericht des Hieronymus dreißig Jahre lang einen Stein im Munde, weil er sich zu schweigen verpflichtet hatte. In Luthers Vaterunserauslegung stellt sich die Frage, wie dieser Mönchsvater gebetet habe. Die Antwort ist: »Ane tzweyvel innerlich im hertzen, do gote die groste macht an leith«; WA 9, 127, 21-26.

VIII Christus innerlicher Priester

Mit seinem Wort an uns trifft Christus Menschen in der Seele.[129] Er wird zum innerlichen Priester.[130] Zum Einsprechen Christi in das Herz des Menschen bedient sich Luther diverser Bilder, um wie ein guter Rhetor Hörende zum Glauben zu locken.[131] Er remetaphorisiert das Geschehen auf Golgotha. Christi »Heilthum«, d. h. seine Reliquie,

> »stehet im Creutz [...] Und das ist so heilig und so hoch, das man es in kein Monstrantz, in kein Silber oder gold setzen mag. Es ist nicht holtz, stein, kleider, die er gerürt hat, sondern das creutz, das er seinen fromen kindern zu sendet. Zu diesem Heilthum können alle Goldschmide kein gefess machen, darinn sie es beschliessen möchten. [...], Denn das Heilthum ist lebendig, als die Seele des Menschen. Darumb ist das innerlich Heilthum, das solten wir suchen, und nicht das auswendig ist.«[132]

Das Kreuz im Herzen ist das Heiligtum.[133]

Wiederholt zielt Evangelienauslegung auf die Stabilisierung Angefochtener. Die Wundererzählungen der Synoptiker werden recht verstanden und erlebt, wenn sich äußere Wunder als innere Heilung erschließen.[134] In einer

129 WA 9, 620, 1f: »Es geht eusserlich nicht ann, es trifft allein die seel inwendig ann.«

130 WA 6, 305, 12-15: »[...] Christus [ist] ein geistlicher, innerlicher priester: dann er sitzt ym hymel, und bittet fur uns als ein priester, leret uns ynwendieg ym hertzenn, unnd thut als was ein priester thunn sol zwischen got und uns, [...].« In der Freiheitsschrift führt Luther aus, dass die Erstgeburt hohe Würde habe, da sie mit dem Priestertum und Königtum ausgestattet sei; vgl. 7, 26, 32 - 27, 16.

131 Vgl. Helmar JUNGHANS: Die Worte Christi geben das Leben. Wartburg Jahrbuch 1996 = Wissenschaftliches Kolloquium »Der Mensch Martin Luther und sein Umfeld«/ hrsg. von der Wartburg-Stiftung Eisenach. Eisenach 1996, 154-175.

132 WA 1, 270, 39 - 271, 8. Christen finden das Kreuz Christi innerlich im Herzen; WA 10 III, 117, 33-36.

133 Es besteht ein präziser kommunikativer Erfahrungszusammenhang zwischen Christus und den Christen, wenn »Wyr [...] ynnerlich ym gewissen besprenget [werden], das das hertz reyn und frölich wirtt«; vgl. zu dieser Sündenbockmetaphorik WA 12, 264, 3-22, bes. 5f. Vgl. 15, 75, 33f. Vgl. zum Besprengen bereits 1, 189, 20f: »[...] davon werde ich yn warheit und grundlich ynnerlich reyn ann alle meyn wercken adder mügen.« Vgl. zur innerlichen Fröhlichkeit bei Leiderfahrungen 45, 627, 19-21.

134 Vgl. zur »heimlichen« Deutung WA 10 I 2, 388, 25-27: »Alle werck und mirackel, die Christus also sichtbarlich unnd eüsserlich thůt, die sollen dahin gezogen werden, das sie anzaygen die werck, die er unsichtbarlichen und geystlich oder jnnerlich bey den menschen thůt.«

54

ausgesprochen allegorisch-mystischen Auslegung von L 7, 11-17, der Erzählung vom Jüngling zu Nain, kann das sichtbare Geschehen auf geistliche Werke gedeutet werden, die Christus an Toten vollbringt.[135] Der einzige Sohn, den eine Witwe verloren hat, wird mit seinem Tod zum sprechenden Bild all derer, die innerlich coram deo tot sind. Die toten Seelen – das sind diejenigen, die an Gott nicht glauben und sich an ihn nicht hängen.[136] Das innere Abgestorbensein der Seele schildert der Exeget einfühlend und in lebendiger Bewegung: Es trifft nicht Menschen, die sich um Tote ohnehin nicht kümmern, sondern Menschen, die sich selbst tot fühlen, dass ihnen das Herz zappelt und sie sich als Unglaubende fühlen: »Hic alius mortuus quam ille, qui vivit yhm sauss.«[137] Der herzutretende Christus berührt den Sarg des jungen Mannes, was nichts anderes bedeutet, als dass Gottes Wohltat gepredigt wird – dann ist Christi Hand an den Sarg gelegt.[138] Unsere Hände, die in Särgen liegen, vermögen nichts, aber Christi Hand.[139] Das äußere Wort predigt in der Auferstehungsgeschichte Gottes Wohltat. Dies ist aber noch nicht genug – es ertönt [s]eine Stimme. Der Jüngling aufersteht nicht durch Jesu Berührung, sondern durch die Stimme, die sein Herz berührt.[140] Diese Stimme, die mir direkt zusagt: »Junge, steh' auf«, ist mehr als äußerliche Predigt. Zu ihr gehört, dass ich innerlich fühle: »Ich bin dein und du bist mein«. Dies ist innerlicher Glaube, der die Stimme wahrlich zu hören vermag.[141]

135 WA 17 I, 421, 35-37: »Omnia opera, quae Christus fecit ita visibiliter, huc trahi debent, ut significent opera, quae facit spiritualiter. Ideo ista mors significatur spiritualis, quae creditur.« Eine erhellende Studie zur Bedeutung allegorischer Rede bietet Risto SAARINEN: Die allegoria rerum zur Zeit von Luthers zweiter Psalmenvorlesung (1519-21), 12 S. (für die freundliche Überlassung des ungedruckten Manuskripts danke ich dem Verfasser).

136 WA 17 I, 422, 3f.

137 WA 17 I, 422, 8-10.

138 WA 17 I, 422, 21-23.

139 WA 17 I, 422, 26f.

140 WA 17 I, 422, 28-30. Der innerliche Verlust Christi ist das Schlimmste, was Jüngern passieren kann. Dies wird bei Christi Abschied von den Jüngern und seinem Übergang in den Tod deutlich, wovon J 16, 16-23 berichtet; vgl. WA 11, 103, 32-34.

141 Vgl. WA 17 I, 422, 34-37: »[...] opera eius annunciantur nobis pro nobis facta, si vero vox non sentit intus eciam: bin dein und du etcetera tum ille incipit loqui et fatetur fidem, quam intus credit i. e. quando vere credit, sequitur opus charitatis [...].«

IX Der Übergang zum Geist

Die Rede vom Heiligen Geist ist bei Luther am Übergang zwischen der Christusverkündigung und anthropologischen Erörterungen zu lozieren. Das durch den Geist vermittelte und gegebene Sein in Christus bringt ihn allen Menschen oder einzelnen Menschen nahe, ohne dass der Einzelne mit Christus identisch werden könnte. Dieser vergegenwärtigende Heilige Geist kommt »und gibt sich auch uns gantz und gar, der leret uns solche wolthat Christi, uns erzeigt, erkennen, hilfft sie empfahen und behalten, nützlich brauchen und austeilen, mehren und foddern«.[142] Präzise ordnet Luther die Interiorität des Geistes und die bleibende Externität der Sakramente und des Wortes einander zu.[143]

Diese Rede vom Heiligen Geist im Übergang zwischen Christusverkündigung und anthropologischen Erörterungen ist aus Luthers Perspektive stets Missverständnissen ausgesetzt, die dazu nötigen, das Verstehen dieser Phänomene gegenüber den sogenannten »Schwärmern« zu präzisieren. Andreas Bodenstein aus Karlstadt (1486-1541) als Hauptrepräsentant dieser Theologengruppe »zureysst alles was Christus redt und setzt vom ynnerlichen glauben, auff solche eusserliche ertichte werck«. Das Abendmahl verkehrt er zu menschlichem Werk.[144] Der Deuteaktivität der Kommunikanten wird bei der Vergegenwärtigung Christi zu viel aufgebürdet, das »man alleyne mit dem hertzen auff den geyst gaffe ynnerlich«.[145] Es ist bezeichnend, dass das Insistieren auf dem Innerlichen nicht befreit, sondern zu hochstufig normativen Folgerungen führt, die sich in der Errichtung einer neuen äußerlichen Ordnung manifestieren. Strenge Bilderverbote werden z. B. erst postuliert, nachdem die Schwärmer »eynen eygen ynnerlichen geyst ertichte[t]«[146]

142 WA 26, 506, 4-6.

143 Vgl. den Fortgang WA 26, 506, 7-11: »Und thut dasselbige beide, ynnerlich und eusserlich: Ynnerlich durch den glauben und ander geistlich gaben. Eusserlich aber durchs Euangelion, durch die tauffe und sacrament des altars, [...].«

144 Er wirft ihm vor, »das er aus dem abentmal Christi und seym gedechtnis und aus der erkentnis Christi nichts anders macht denn eyn menschlich werck, das wyr mit ›brünstiger hitze‹, und (wie yhr tölpische wort lauten) mit ›ausgestrackter lust‹, sollen auch also uns tödten«; WA 18, 138, 18-21.

145 Vgl. WA 18, 181, 17-22.

146 WA 18, 137, 20-24.

haben. Die Verwechslung von innerlich und äußerlich[147] hat sowohl die Veräußerlichung des inneren Glaubens als auch einen Umgang mit der Forderung an innere Befindlichkeiten zur Folge. Dies wird zur heillosen Überforderung, da aus theologischen Worten und Zeichen mit Externitätsvalenz unmittelbar ein innerlicher Geist gemacht werden soll.[148]

»Ich bitte [...] für die, die durch ihr Wort an mich *glauben* werden«[149] – dieses hohepriesterliche Gebet Jesu kann gegen die »Schwärmer« in Anschlag gebracht werden. Abermals besteht das Problem der »Schwärmer« in der Unterschätzung der Externitätsvalenz des Wortes. Dass sie das verbum externum für wertlos erachten, ist auf die Meinung zurückzuführen, dass dieses Wort allein dem äußerlichen Menschen helfe.[150] Die Unterscheidung von innerlich und äußerlich ist für Glaubende von existenziellem Interesse. Wenn Christus um Glauben bittet, betrifft das nicht die äußeren Sinne des Menschen, beispielsweise sein Ohr oder seine Nase. Glauben ist nichts Äußerliches, wie Essen, Trinken, Schlafen, sondern »des tiefftenst«, das ein Mensch hat.[151] Das verbum externum dient nicht allein dem äußerlichen, sondern auch dem innerlichen Menschen.[152] Dorthin gehört Glauben: »Ubi enim fides non est, ibi non internus homo.«[153] Christwerden heißt, durch das Wort zum inneren Menschen zu werden.

X Epilog

Aufgrund der Interpretation des deutschen Sprachgebrauchs der Predigten wurde deutlich, dass bei Luther im Laufe der Zeit mitnichten von einem Zurücktreten der Terminologie des inneren und äußeren Menschen gespro-

---

147 Vgl. WA 18, 168, 27-30: »[...] alles, was Gott eusserlich und leyplich setzt, [...] [macht Karlstadt] geystlich und ynnerlich, und widderrumb, was Gott ynnerlich und geystlich haben will, das macht er eusserlich und leyplich, [...].

148 WA 18, 139, 2-5.

149 J 17, 20 (Hervorhebung von JW).

150 WA 28, 179, 12-15.

151 WA 28, 180, 3-5.

152 WA 28, 180, 6-8. Das menschliche Fleisch will Gott nicht annehmen, der »bettel sack caro ist zu enge. Ideo mus non solum zuhülffe spiritus sanctus externo verbo, sed mus auch intus das hertz breit machen; 46, 334, 1 f.

153 WA 28, 180, 1-3.

chen werden kann. Diese Meinung, die Karl-Heinz zur Mühlen vor allem anhand der Begriffe von homo internus und homo externus zu plausibilisieren versuchte, ist nicht nur für die deutsche Begrifflichkeit, sondern auch für das Lateinische unzutreffend, wie die Sachregister[154] zu Luthers Werken zeigen.[155] Auch nach dem Ausbruch der Kontroverse mit dem sogenannten linken Flügel der Reformation benutzt Luther die Terminologie von »innerlich« und »äußerlich« im deutschen *und* lateinischen Sprachbereich, nicht zuletzt in Predigten, und zwar mit dem Ziel, das Leben von Christenmenschen, ihr Verhältnis zur Kirche, ihren Gebrauch der Sakramente oder das Sein von Gottvater, Sohn und Heiligem Geist für die Menschen auszudrücken. Diese Unterscheidung ist kein abschließendes Vokabular und nicht zu beschränken auf die Relation von Wort und innerem Glauben, sondern tritt in den unterschiedlichsten, gegeneinander abgrenzbaren Bereichen von Luthers Theologie auf, wenngleich die Prävalenz des äußeren Wortes, das Menschen auf ihr Inneres anspricht, unbestreitbar ist. Luthers Sprachgebrauch kann offensichtlich nicht als feststehende Begrifflichkeit verstanden werden. Diese Behauptung liegt vor dem Hintergrund von Luthers eigener Auffassung nahe, wonach Theologie stets quellfrisch sein sollte – man lernt bei ihr nie ganz aus.[156]

Ein zweiter Sachverhalt ist festzuhalten: Es dürfte deutlich geworden sein, dass es philologisch bei Luther kein direktes Äquivalent für Subjektivitätskonzeptionen gibt. Argumentiert man mit der Macht der Philologie, bewahrheitet sich die Stilisierung Luthers zum Initiator neuzeitlicher Subjektivitätstheorien nicht. Ohnehin muss schon die Gewagtheit der systematischen Rekonstruktion überraschen, Karl Holl (1866-1926) als subjektivitätstheoretischen Vollender des Hegel'schen Reformationsverständnisses in Anschlag zu bringen,[157] anstatt Holl und seinen Gewissensbegriff in die Nähe eines von Immanuel Kant (1724-1804) inspirierten

---

154 Vgl. zu »intus« WA 66, 62-64; zu »in, interior, internus« und Derivaten 66, 58-62. Noch in seiner letzten Vorlesung redet Luther beispielsweise von einer »imaginatio [...] hominis pii interna«; vgl. 44, 113, 1-3 (zu Gn 32, 31 f).

155 Anders Karl-Heinz ZUR MÜHLEN: Nos extra nos: Luthers Theologie zwischen Mystik und Scholastik. TÜ 1972, 265-273, bes. 272.

156 WA 40 III, 63, 17: »Theologia est infinita sapientia, quia nunquam potest edisci.«

157 Ulrich BARTH: Die Entdeckung der Subjektivität des Glaubens: Luthers Buß-, Schrift-, und Gnadenverständnis. In: Ders.: Aufgeklärter Protestantismus. TÜ 2004, 28.

Religionsverständnisses zu rücken, das keine präzise Antwort auf die Differenz zwischen Luther und Kant zu geben vermag.[158] Die von Holl oder Georg Wilhelm Friedrich Hegel (1770-1831) ausgehende Perspektive zieht eine ahistorische Fixierung auf Texte der Frühzeit Luthers nach sich und arbeitet einer normativen Positivierung von Subjektivität vor, wenn diese als eines der Konstruktionsprinzipien der Theologie Luthers missverstanden und sogar die Möglichkeit der Entlastung vom Subjektiven dogmatisierend verabschiedet wird.[159] Gottes Wort hat aber eine Entlastungs- und Begrenzungsfunktion, es begrenzt meine »Subjektivität«, entlastet das »Ich« und spricht mich von meiner Lebensgeschichte frei.

Nicht zuletzt sind Subjektivitätstheorien von systematisch arbeitenden Lutherinterpreten als – monistische – Subjektmetaphysik kritisiert worden.[160] Selbst wenn man – nach Kant – nicht so weit gehen will, neuzeitliche Subjektivitätskonzeptionen dem Metaphysikverdacht auszusetzen, bleibt doch offenkundig, dass Subjektivitätstheoretiker selbst von einer »Metaphysik der Subjektivität« reden.[161] Das Subjektivitätsparadigma ist innertheologisch höchst strittig.[162] Es nimmt nur zu leicht die Funktion eines normativen Gesetzes an. Damit wird die befreiende Kraft des Evangeliums verspielt. »Subjektivität« ist einer der Begriffe, die zum Bade geführt werden müssen.[163] Es sprechen, wenn man einmal nicht theologisch

---

158 Damit wendet Ebeling sich zugleich gegen einen Holl vorschnell demontierenden Kantianismus-Vorwurf. Gleichwohl bleiben bei Holl offene Fragen, wie ausgeführt wird von Gerhard EBELING: Luthers Kampf gegen die Moralisierung des Christlichen. In: Ders.: Lutherstudien 3, 50 f, Anm. 12.

159 Vgl. Barth: Die Entdeckung der Subjektivität des Glaubens, 49.

160 Vgl. Oswald BAYER: Das Sein Jesu Christi im Glauben. In: Ders.: Gott als Autor: zu einer poietologischen Theologie. TÜ 1999, 124.

161 Vgl. Ulrich BARTH: Selbstbewußtsein und Seele. ZThK 101 (2004), 215.

162 Vgl. die Initialzündung bei Ingolf U. DALFERTH: Subjektivität und Glaube: zur Problematik der theologischen Verwendung einer philosophischen Kategorie. NZSTh 36 (1994), 18-58; vgl. KRISEN DER SUBJEKTIVITÄT: Problemfelder eines strittigen Paradigmas/ hrsg. von Ingolf U. Dalferth; Philipp Stoellger. TÜ 2005.

163 WA 39 I, 229, 6-21 a: »Scitis, quod physica semper attulit et affert aliquid mali et incommodi theologiae, propterea, quia una quaeque ars habet suos terminos et sua vocabula, quibus utitur, et ea vocabula valent in suis materiis. Iuristae sua habent, medici sua, physici sua. Haec si transferre ex suo foro et loco in aliud volueris, erit confusio nullo modo ferenda. Nam tandem obscurat omnia. Si tamen vultis uti vocabulis istis, prius

argumentieren will, überdies gewichtige philosophische Gründe dafür,[164] »Subjektivität« nicht als Letztbegründungsaxiom in Anschlag zu bringen: Der bedeutendste philosophische Subjektivitätstheoretiker der Gegenwart betont unter Berufung auf den Beweis limitativer Theoreme durch Mathematiker die Unmöglichkeit, »die Konsistenz irgendeines formalen Systems innerhalb seiner selbst zu beweisen«.[165] Kein System kann einen kompletten Abschluss erzeugen, auch nicht die Berufung auf Subjektivität.[166] Ein anderer Philosoph attestiert dem Subjektivitätsgedanken Zwielichtigkeit und konstatiert mit guten Gründen, dass es Subjektivitätstheorien innerhalb der Philosophie schwer haben. Sie zeichnen sich durch einen derartig hohen Abstraktionsgrad aus, dass sie erst dort anfangen, wo die schwierigsten platonischen Dialoge aufhören. Deshalb müssen sie dem esoterischen Gespräch von Experten vorbehalten bleiben und können in Gemeindepredigten nicht verwendet werden.[167] Es ist fraglich, ob sich christlicher Glaube von einer epochebedingten Subjektivitätstheorie abhängig machen sollte.[168]

Luthers Auseinandersetzung mit den sogenannten »Schwärmern« darf aber dennoch als Anzeichen tiefer liegender Probleme gewertet werden. Man könnte die Kontroverse aus systematisch-theologischer Perspektive als einen um die Wahrheit von »Subjektivität« entbrannten Streit deuten,

---

quaeso illa bene purgate, füret sie mal zum Bade. Neque tamen unquam sine periculo et magno damno uti poteritis, quia est et manet periculosum.«

164 Damit ist nicht gesagt, dass in der Freiheitsschrift theologische und philosophische Anthropologie verhandelt werden, anders Rieger: Von der Freiheit eines Christenmenschen, 64-67. Diese Meinung halte ich für eine Übersystematisierung. Ohnehin scheint mir ein Problem dieser sehr verdienstvollen Arbeit zu sein, dass sie keinen eigenen systematischen Anspruch erhebt; ebd, 37. Der Leser gewinnt den Eindruck, dass er eine Mischung aus Sachregisterartikel, exegetischem Kommentar und mittelalterlicher Glossierung vor sich hat. Der Text der Freiheitsschrift wird behandelt wie der Bibeltext in mittelalterlicher Überlieferung, er wird überwuchert und mutiert hermeneutisch selbst zur glossa ordinaria.

165 Dieter HEINRICH: Die Philosophie im Prozeß der Kultur. F 2006, 11.

166 Vgl. Heinrich: Die Philosophie ..., 39 f; zur fehlenden religionsphilosophischen Letztbegründungsintention bei Emil Lask (1875-1915) siehe Ulrich BARTH: Die sinntheoretischen Grundlagen des Religionsbegriffs. In: Ders.: Religion in der Moderne. TÜ 2003, 121.

167 Rainer ENSKAT: Zur Subjektivität des Wissens. In: Ders.: Authentisches Wissen: Prolegomena zur Erkenntnistheorie in praktischer Hinsicht. GÖ 2005, 129-131.

168 Vgl. Hans-Peter GROSSHANS: Das moderne Selbstverständnis des Protestantismus und Wittgensteins Kritik der Subjektivität. In: Krisen der Subjektivität, 63-77.

in dem Luther eine Position bezieht, die eine genauere »Bestimmung« des inneren Menschen vermeidet.[169] Er spricht sich gegen die Verwendung mystischer oder mystifizierender Kategorien[170] durch die Schwärmer aus, lehnt ausdifferenzierende Begriffe wie »Entgröbung«, »Verwunderung« oder »Langweile« für den inneren Menschen als unangemessene Distinktion ab und beruft sich stattdessen schlicht und fast »objektivistisch« auf Gottes innerliche Ordnung des Glaubens.[171]

Luthers Intuition und Strategie im Wortkampf mit den sogenannten Schwärmern dürfte hier sein,[172] dass das Innere sich grundstürzend diversifizieren und sich neue Welten öffnen würden, wenn Interiorität ohne

169 Vgl. ironisch zu Karlstadt WA 18, 185, 31-33: »Aber wie sie yhre lere und eusserlich zeugnis mit schrifft beweysen, so beweysen sie auch yhren geyst und ynnerlich zeugnis mit zeychen.«

170 Vgl. WA 18, 71, 1-8; 101, 6-10. Es ist methodisch problematisch, auf Einflussforschung rekurrierend zu behaupten, Luthers innerer bzw. äußerer Mensch kämen aus Johannes Taulers (um 1300-1361) deutscher Mystik. Diese monokausale Erklärung wird dem schöpferischen Akt des Autors kategorial nicht gerecht. Anders Volker LEPPIN: Martin Luther. DA 2006, 162. Die breiige Rhetorik dieser biografisch orientierten Darstellung samt ihrem systematisch-theologischen Rekonstruktionsverzicht stellt eine Anfechtung für den Leser dar; vgl. ebd, 391, Anm. 135. Die mit der Darstellung intendierte historische Marginalisierung Luthers endet mit dem Tod des Reformators, ohne dass gefragt würde, inwiefern es ein Nachleben gibt. Es handelt sich bei dieser reduktionistischen Deutung um einen verspäteten kirchengeschichtlichen Modernisierungsversuch, der sich weitestgehend auf die amerikanische Soziologie des vergangenen Jahrhunderts stützt; vgl. Robert E. PARK: Cultural conflict and the marginal man. In: Ders.: Race and culture: collected papers. Glencoe, IL 1950, 372-376. Die biografische Fokussierung bedeutet aber auch deshalb die Aufstellung einer Nebelkerze, weil ein zu Ende geführter biografischer Ansatz zu ausgewogeneren Urteilen über das Leben der jüngeren Vergangenheit kommen müsste. Vgl. hierzu weiterführend z. B. PROFILE DES LUTHERTUMS: Biographien zum 20. Jahrhundert/ hrsg. von Wolf-Dieter Hauschild. GÜ 1998. Von dem kritisierten Ansatz unterscheidet sich wohltuend der im selben Jahr erschienene luzide Beitrag von Thomas KAUFMANN: Martin Luther. M 2006.

171 Vgl. WA 18, 138, 10-14: »[...] was Gott ynnerlich ordenet, als den glauben, Das gillt nichts, faren zu und nöttigen alle eusserliche wort und schrifft, die auff den ynnerlichen glauben dringen, auff eyne eusserliche newe weyse den allten menschen zu tödten und erichten alhie, ›entgröbung‹, ›studirung‹, ›verwunderunge‹, ›langweyl‹ und des gauckel wercks mehr.« Zu Luthers Distanz zur Mystik vgl. Wilhelm MAURER: Von der Freiheit eines Christenmenschen: zwei Untersuchungen zu Luthers Reformationsschriften 1520/21. GÖ 1949, 50 f.

172 Vgl. zu seiner Ahnung der Heraufkunft einer neuen Welt, die ganz auf das Diesseits gerichtet sein wird Gottfried MARON: Martin Luther und Epikur: ein Beitrag zum Verständnis des alten Luther. GÖ 1988.

Rücksicht auf das verbum externum thematisch wird. Die Betonung der Prävalenz des Äußeren vor dem Inneren bei gleichzeitiger Bezogenheit auf Fragen des Inneren kann als Anzeichen gewertet werden, dass Luther die Expansion innerlicher Vollzüge in der Zukunft erwartet und ihr nach Kräften entgegensteuert.[173] Eine expandierende und exzessive Subjektivität hat eine Verdrängung Gottes zur Folge. Menschen können nicht wollen, dass Gott Gott ist.

Dem tatsächlichen Zuwachs von Innenwelten,[174] der sich in der beginnenden Neuzeit unaufhaltsam vollzieht, begegnet Luther mit der aus späterer Perspektive vielleicht reduktionistisch anmutenden Relationierung von innerem Menschen und äußerem Wort. Aber könnte es in veränderter Situation nicht doch weiterführend sein, »Subjektivität« – wie systematische Theologen sie zu nennen pflegen – vom äußeren Wort begrenzt sein zu lassen? Diese sprachliche Begrenzung des Inneren ist zugleich die Überführung des inneren Menschen und Ansprache auf ihn. Sie führt »Subjektivität« in die Krise, überführt das Innere, führt es zu einem Anderen, Krisen der »Subjektivität« auslösend und das »Ich« lösend. Der Aufweis einer Grenze des Inneren ist Funktion des anredenden Gesetzes – usus elenchticus legis –, nicht des Evangeliums, das mich umgekehrt von meiner Festlegung auf eine bestimmte »Subjektivität« freispricht.[175] Dieses Angesprochensein der »Subjektivität« ermöglicht das eigene Sein in einem Bezug zu sich selbst, aber nicht als Selbstverhältnis,[176] sondern im Selbstverhältnis, das durch tötendes Gesetz und lebendig machendes Evangelium zugesagt bleibt und

173 WA 18, 136, 14-18: »[...] die eusserlichen stucke sollen und müssen vorgehen. Und die ynnerlichen hernach und durch die eusserlichen komen, also das ers [Gott] beschlossen hat, keinem menschen die ynnerlichen stuck zu geben on durch die eusserlichen stucke. Denn er will niemant den geyst noch glauben geben on das eusserliche wort und zeychen [...].«

174 Einen bunten Strauß gesammelter Aufsätze bietet Innenwelten vom Mittelalter zur Moderne: Interiorität in Literatur, Bild und Psychologiegeschichte/ hrsg. von Claudia Olk; Anne-Julia Zwierlein. Trier 2002.

175 Es ist ein Defizit der erhellenden Studie von Christiane Tietz: Freiheit zu sich selbst: Entfaltung eines christlichen Begriffs von Selbstannahme. GÖ 2005, 163-170, dass ihre Interpretation der Freiheitsschrift diese lebendige Dynamik des zweifachen Wortes ausblendet. Zum sprachlichen Wirken des Gesetzes zwischen Innen und Außen vgl. Rudolf Herrmann: Luthers These »Gerecht und Sünder zugleich«. GÜ 1960, 74-77.

176 Vgl. Oswald Bayer: Martin Luthers Theologie: eine Vergegenwärtigung. 3. Aufl. TÜ 2007, 152.

Identität schafft, die auf Alterität bezogen ist. Das Erlebnis des Glaubens und der beginnenden Existenz in Christus besteht in dem Angesprochensein darauf, dass »das Phänomen Handlung aus sich selbst heraus nicht vollendet werden kann«.[177] Opus non facit personam.

Aber man könnte systematisch – nicht historisch – umgekehrt argumentieren: Erlaubt nicht gerade das Festhalten der Externität des Wortes zugleich eine Ausdifferenzierung der eigenen Seele, des »Ich«, auch wenn diese Diversifizierung vorthematisch bleibt und nicht eigens expliziert wird? Mit der äußerlichen Zusprache des – immer schon daseienden – »inneren Menschen« vollzöge sich dann gleichzeitig eine neu kodierte Internalisierung des Ich. Die metaphorische Sprachgestalt des »inneren Menschen« dient dieser Verankerung im Inneren und spricht Neuwerdung zu, indem sie solipsistische Menschen symbolbildend auf ihr Inneres durch das alteritätsbezogene Wort vom Gekreuzigten anspricht, das – »in Einsamkeit mein Sprachgesell« – den kahlen Horizont auf einen anderen hin öffnet zu dialogischer Rhetorizität.[178] Innerer Monolog und einsame Reflexion der »Subjektivität« werden begrenzt und unterbrochen[179] – in ähnlicher Weise, wie das apostolische Ich und sein Monolog in R 7 auf R 8 übergehen mit dem charakteristischen Wechsel des Personalpronomens von der ersten zur zweiten Person Singular als Anrede.[180]

Die Erfindung des Menschlichen bei Luther[181] – und um nichts anderes handelt es sich bei der Freiheit eines Christen*menschen* – lässt den inneren Menschen frei, spricht ihn frei und begrenzt zugleich seine »Subjektivität«. Das Angesprochensein auf einen Anderen verkehrt das »Selbst« oder die

177 Vgl. Günter BADER: Römer 7 als Skopus einer theologischen Handlungstheorie. ZThK 78 (1981), 56. Der irritierende Titel des Aufsatzes klärt sich im Textverlauf.

178 Vom Blut Christi heißt es bei Paul GERHARDT: »Das soll und will ich mir zunutz / zu allen Zeiten machen; / im Streite soll es sein mein Schutz, / in Traurigkeit mein Lachen, / in Fröhlichkeit mein Saitenspiel; / und wenn mir nichts mehr schmecken will, / soll mich dies Manna speisen; / im Durst soll's sein mein Wasserquell, / in Einsamkeit mein Sprachgesell / zu Haus und auch auf Reisen«; Evangelisches Gesangbuch 83, 6.

179 Vgl. zur affektiven Komponente dieses Geschehens Günther METZGER: Gelebter Glaube: die Formierung reformatorischen Denkens in Luthers erster Psalmenvorlesung; dargestellt am Begriff des Affekts. GÖ 1964, 137.199.

180 Vgl. R 8,2.

181 Anders Luthers Abwertung bei Harold BLOOM: Shakespeare: die Erfindung des Menschlichen. B 2000, 598 f. 1054 f.

»Subjektivität« des Glaubenden nicht zu einem neuen Gesetz – wie normative Subjektivität.[182] Die Zusage spricht im äußeren Wort von Christus zugleich Alterität zu und ermöglicht die Aneignung des Anderen. Dieser Andere bleibt beim exklusiv »subjektivitäts«zentrierten homo incurvatus in se ipsum ausgeblendet oder wird unterbestimmt, während ein Christenmensch als Angeredeter und Antwortender auf einen anderen bezogen worden ist.[183]

Es dürfte kein Zufall sein, dass die Rede vom »inneren Menschen« – wie erst durch die jüngere neutestamentliche Exegese herausgearbeitet wurde – genau besehen metaphorischer Redevollzug ist.[184] Eberhard Jüngel beschreibt dies so, dass im Horizont des »allgemeinen Grundzugs metaphorischer Rede Luther der Metapher nun [...] eine spezifisch theologische Funktion zu[erkennt], die er christologisch begründet«.[185] Es ist nun gleichwohl auffällig, dass Jüngels herausragende Interpretation der Freiheitsschrift im Hinblick auf die Metaphorizität der Rede vom »inneren Menschen« eigentümlich spröde bleibt: Metaphorische Redevollzüge werden zwar anhand der einschlägigen Texte aus dem Antilatomus und der Abendmahlsschrift von 1528 allgemein analysiert und rekonstruiert. Aber die externe metaphorische Zusage des inneren Menschen in der Freiheitsschrift wird nicht als solche herausgearbeitet[186] – obwohl sie doch als Modell jener Zusage gelten kann, die unter dem Titel »metaphorischer Sprachgewinn«[187] zu verhandeln wäre. Mit der präzisen *Metapher* vom inneren Menschen, der die etwas hochgestochenen Begriffe wie »Subjektivität« oder »Selbstbewußtsein«

182 In der jüngeren Debatte werden ältere Subjektivitätstheorien verwunden; vgl. z. B. Judith BUTLER: Kritik der ethischen Gewalt: Adorno-Vorlesungen 2002, Institut für Sozialforschung an der Johann-Wolfgang-Goethe-Universität, Frankfurt am Main/ aus dem Engl. übers. von Reiner Ansén; Michael Adrian. F 2007, 90-112.

183 Angemessener als eine Subjektivitätstheorie ist es, dieses theologische Anliegen Luthers in Auseinandersetzung mit neueren Entwürfen der Phänomenologie zu reformulieren, da diese den Antwort- und Hörcharakter von Sprache herausgearbeitet hat; vgl. Bernhard WALDENFELS: Antwortregister. F 2007, 252-262. 280-293. 312-315; vgl. Oswald BAYER: Freiheit als Antwort: zur theologischen Ethik. TÜ 1995.

184 Heckel: Der innere Mensch, 211-229 u. ö.

185 Jüngel: Zur Freiheit eines Christenmenschen, 46.

186 Deshalb ist es nicht wirklich zutreffend, Jüngels Theologie eines »Metaphernrausches« zu bezichtigen, wenn Metaphern doch an diesem Punkt unterbestimmt werden, anders Ulrich BARTH: Zur Barth-Deutung Eberhard Jüngels. ThZ 40 (1984), 414.

187 Jüngel: Zur Freiheit eines Christenmenschen, 40-49.

vermeidet und abstrakte Reflexionskategorien umschifft, wird sprachlich ein Freiraum geschaffen, der ein unmittelbares Angesprochensein auf den innerlichen Menschen erlaubt, ohne »Subjektivität« zur monistischen Kategorie zu erheben. Luther weiß offensichtlich durchaus, was das Phänomen der »Subjektivität« ist, er presst es aber nicht in philosophische Reflexionskategorien. Diese und andere Gründe deuten darauf hin, dass er zu den Überwindern eines philosophischen Leib-Seele-Dualismus gehört.[188] In der äußeren Absprache des Inneren wird im Wort von Christus neue Identität zugesprochen, die sich im Glauben ergreifen lässt und mit dem alten Sein unter dem Gesetz nicht identisch ist. Das sich mit dem Wort von Christus ereignende Angesprochensein auf den »inneren Menschen« vollzieht sich im Interesse der Zueignung, sodass dieser Christus im Wort an den inneren Menschen mein Eigen werden möchte. Dieses zusagende Wort ist nicht gewalttätig gegen mein Inneres gerichtet – wie das Wort des Gesetzes, das den Sünder trifft –, sondern dient sich ihm an ohne Macht, aber doch wirksam.

Dass Luthers metaphorologisches Verfahren aus gegenwärtiger Perspektive Grenzen hat, wird daran deutlich, dass er streckenweise Metaphern benutzt, die aus heutiger Sicht schief erscheinen mögen. Wenn sich das Begreifen des Innerlichen im Abendmahl mit den »Augen des Herzens« vollzieht[189] – ein bereits von Origenes (um 185-254) gebrauchtes Bild – mögen heutige Leser sich fragen, ob sie nicht eine Stilblüte vor sich haben.

188 Luther hebt in seinen Thesen »De homine« bekanntlich auf die Uneinigkeit der Philosophen ab, denen es nicht gelungen sei zu definieren, inwiefern die anima forma corporis sei; WA 39 I, 32-35 (Thesen 15f); vgl. umfassend Gerhard EBELING: Lutherstudien. Bd. 2: Disputatio de homine. Teil 1: Text und Traditionshintergrund. TÜ 1977, 72-84. 142-183; vgl. ferner Wilfried JOEST: Ontologie der Person bei Luther. GÖ 1967, 137-195.

189 WA 6, 359, 6-13 »Dan wir arme menschen, weyl wir in den funff synnen leben, müssen yhe zum wenigsten ein eußerlich zeychen haben neben den worten, daran wir uns halten [...], doch alßo, das das selb zeychen ein sacrament sey, das ist, das es euserlich sey, und doch geystlich ding hab und bedeut, damit wir durch das eußerliche in das geystliche getzogen werden, das eußerlich mit den augen des leybs, das geystliche, ynnerliche mit den augen des hertzen begreyffen.« Vgl. Origenes-Belege zu den fünf Sinnen und weiteren Körpermetaphern, welche die menschliche Seele verbildlichen bei Markschies: Innerer Mensch, 289-293, bes. 290: »Origenes ist der erste Theologe, der ausführlich über den Grund der Benennung der Seele als innerer Mensch reflektiert.« Vgl. die augenmetaphorische Origenes-Anspielung WA 1, 269, 34-36.

Der »innere Mensch« hingegen dürfte wie »Seele«[190] eine der unvergäng-
lichen Bildungen sein, die noch in der Gegenwart unmittelbare Evidenz
beanspruchen können, in Predigt und Seelsorge unverzichtbar sind, eben
weil sie metaphorisch(e) Identität zusprechen und als ebenso klassische
wie gegenwartsnahe Bildung die Zeiten überdauern werden.

190 Vgl. das Themenheft SEELE/ Institut für Hermeneutik & Religionsphilosophie, Theologische Fakultät, Universität Zürich; Red.: Philipp Stoellger; Stefan Jooß. ZH 2005; nun
  auch Roderich BARTH: Seele nach der Aufklärung: Studien zu Herder und Harnack. Halle
  2008. – Halle (Saale), Univ., Habil.-Schr., 2008.

Martin Luther, Theologe der Nächstenliebe

Von Matthieu Arnold

Heuzutage – ohne Luthers Rolle in der Verkündigung der sola fide des Heils zu vermindern – widmen sich die Lutherforscher seiner Ethik mit einem neuen Interesse.[1] So haben in den letzten Jahren mehrere Studien den Nachweis beansprucht, dass die Rechtfertigung, die den Kern von Luthers Theologie bildet, nicht nur als rein forensisch zu verstehen ist, sondern dass der Gerechtfertigte unter der Wirkung des Geistes und der unio Christi auch Werke der Liebe tut.[2] Ob man diese These annimmt oder nicht, es bleiben zwei Tatsachen bestehen: 1. Luther hat lebenslang die Wirkung der Werke für das Heil – d. h., eine Kooperation des Menschen für sein Heil – bekämpft; 2. Mit der gleichen Energie hat er daran festgehalten, dass die Werke als natürliche Früchte zu verstehen seien, d. h. als Folge – und nicht als Voraussetzung – des Glaubens an Gottes Barmherzigkeit.

Es ist unseres Erachtens aber nicht genug betrachtet worden, dass Luther seit den 95 Thesen 1517 und besonders in den zwanziger Jahren des 16. Jahrhunderts die Rolle der Nächstenliebe stark hervorgehoben hat, im Gegensatz zu einer werkorientierten egoistischen Frömmigkeit, die versucht, das eigene Heil zu sichern, anstatt sich um die Bedürfnisse des Nächsten zu kümmern. Gerade weil der Christ sich als frei betrachten kann, wird er dazu befähigt – so Luther –, sich seines Nächsten anzunehmen. Ziel dieser Studie ist es, einige bekannte – oder auch weniger bekannte – Texte

---

1 Siehe z. B. Max Josef SUDA: Die Ethik Martin Luthers. GÖ 2006. – Für die ältere Literatur siehe u. a. Ragnar BRING: Das Verhältnis von Glauben und Werken in der lutherischen Theologie. M 1955; Paul ALTHAUS: Die Ethik Martin Luthers. GÜ 1965.

2 Siehe u. a. Tuomo MANNERMAA: Das Verhältnis von Glaube und Liebe in der Theologie Luthers. In: Luther in Finnland: der Einfluß der Theologie Martin Luthers in Finnland und finnische Beiträge zur Lutherforschung/ hrsg. von Miikka Ruokanen. Helsinki 1984, 99-110; Bo Kristian HOLM: Gabe und Geben bei Luther: das Verhältnis zwischen Reziprozität und reformatorischer Rechtfertigungslehre. B; NY 2006.

Luthers unter diesem Aspekt zu lesen, bevor wir einige Stationen von deren Wirkungsgeschichte in Frankreich darlegen: Warum wurde Luthers Insistieren auf die Nächstenliebe nicht wahrgenommen?

I Die 95 Thesen (1517)

In seiner »Disputatio pro declaratione virtutis indulgentiarum« polemisiert Luther gegen eine Vorstellung, die seines Erachtens wegen des Glaubens an das Fegefeuer – und an die Wirkung des Ablasses im Jenseits – Menschen eine falsche Sicherheit (securitas) gibt.[3] Luther bestreitet nicht nur die Tatsache, dass man den Ablass für sich selbst erwerben kann, sondern auch die Überzeugung, dadurch die Lage anderer Christen im Jenseits beeinflussen zu können.

Andererseits aber bedeuten die 95 Thesen nicht den Sieg des Individuums: die Solidarität zwischen Lebenden und Toten wird vielmehr durch eine andere ersetzt:

> »41 Caute sunt venie apostolice praedicande. ne populus false intelligat. eas praeferri ceteris bonis operibus charitatis.«[4]
>
> 42 Docendi sunt christiani. quod Pape mens non est: redemptionem veniarum vlla ex parte comparandam esse operibus misericordie.«[5]
>
> 43 Docendi sunt christiani. quod dans pauperi: aut mutuans egenti: melius facit: quam si venias redimeret.«[6]
>
> 45 Docendi sunt christiani. quod qui videt egenum: et neglecto eo. dat pro venijs non indulgentias Pape: sed indignationem dei sibi vendicat.«[7]

Diese Thesen, die wie die folgenden mit der Anaphora »Docendi sunt christiani« anfangen und eine zentrale Stellung in der »Disputatio pro declaratione ...« haben, geben nicht nur ein Beispiel für eine andere Verwendung des Geldes, sondern Luther entwickelt hier auch eine andere

---

3 Siehe These 32 StA 1, 179, 11f ≙ WA 1, 234, 340 und 95 StA 1, 185, 7f ≙ WA 1, 238, 20f. Wie es Sieghard Mühlmann treffend ausdrückt: »Die Thesen sollen einen Widerspruch zwischen dem durch Ablaßpredigt genährten Glauben an Sicherheit des Heils durch Ablaßerwerb und dem, was Ablaß tatsächlich zu leisten vermag, sichtbar machen«; StA 1, 173.

4 StA 1, 180, 14f ≙ WA 1, 235, 18f.

5 StA 1, 180, 16f ≙ WA 1, 235, 20f.

6 StA 1, 180, 18f ≙ WA 1, 235, 22f.

7 StA 1, 180, 22f ≙ WA 1, 235, 26f.

Vorstellung von der charitas als diejenige, die er im Zusammenhang mit Fegefeuer und Ablass bestritten hatte.[8] Als er sich gegen Ende der Disputation zum Wortführer der »questiones laicorum« macht, fragt er noch: »Cur Papa cuius opes hodie sunt opulentissimis crassis crassiores: non de suis pecunijs magis quam pauperum fidelium struit vnam tantummodo Basilicam sancti Petri.«[9]

Die 95 Thesen waren für die Fachgelehrten formuliert. In seinen »Sermonen«[10] der Jahre 1518/19 hat Luther seine Vorstellungen aber einem breiteren Leserkreis zugänglich gemacht.

II Ein Sermon von dem hochwürdigen Sakrament des heiligen wahren Leichnams Christi und von den Bruderschaften (1519)

Der »Sermon von der Bereitung zum Sterben«[11] von 1519 – der bis Ende 1522 in 19 deutschen und zwei lateinischen Ausgaben sowie einer niederländischen erschien[12] – legt den Akzent auf den Trost, den der Gläubige durch die Sakramente erhält, da diese Zeichen der gnädigen Zuwendung Gottes in Christus sind. Durch die Sakramente wird zugleich der Christ »eyngeleybet vnd voreyniget mit allen heyligenn vnd kumist [er kommt] yn die rechte gemeynschafft der heyligen / alßo daß sie mit dyr [ihm] in Christo sterben / sunde tragen / hell vbirwinden«.[13] In diesem trostreichen Schrift verzichtet Luther – auch wenn er das sola gratia betont[14] – auf jede Polemik gegen die herkömmliche Bereitung zum Tode.

8 Thesen 14. 17 f und 74; StA 1, 178, 5 f. 11-14; 183, 7 f ≙ WA 1, 234, 3 f. 9-12; 237, 5 f.

9 These 86; StA 1, 184, 13-15 ≙ WA 1, 237, 36-38.

10 Zur literarischen Gattung der Sermone siehe Matthieu ARNOLD: Les sermons de 1518-1519. In: Luther er la Réforme: du Commentaire de l'Épître aux Romains à la Messe allemande/ hrsg. von Jean-Marie Valentin. P 2001, 149-167.

11 StA 1, (230) 232-243 ≙ WA 2, (680) 685-697.

12 Thomas HOHENBERGER: Lutherische Rechtfertigungslehre in den reformatorischen Flugschriften der Jahre 1521-22. TÜ 1996, 26; Josef BENZING: Lutherbibliographie: Verzeichnis der gedruckten Schriften Martin Luthers bis zu dessen Tod/ bearb. in Verbindung mit der Weimarer Ausgabe unter Mitarb. von Helmut Claus. Baden-Baden 1966, 3 f 54-57 (7 f 435-454 458-460) hat für diesen Zeitraum 20 deutsche Ausgaben erfasst und bei zweien weiteren offengelassen, ob sie 1522 oder 1523 erschienen sind.

13 StA 1, 239, 16-19 ≙ WA 2, 692, 33-35.

14 Siehe WA 2, 694, 7-9; 697, 34.

Im Gegenteil bekämpft er in dem weit verbreiteten[15] »Sermon von dem hochwürdigen Sakrament des heiligen wahren Leichnams Christi und von den Bruderschaften« desselben Jahres erneut eine Vorstellung der Frömmigkeit seiner Zeit: Ebenso wie der Gläubige einen Ablass für einen Andern kaufen könnte, könnten Mitglieder einer Bruderschaft Verdienste füreinander erwerben.

Wer den Anhang von »Ein Sermon von dem hochwürdigen Sakrament ...« – der die Bruderschaften betrachtet[16] – liest, bekommt zuerst den Eindruck, dass Luther wieder im Sinne hat, eine Form der mittelalterlichen Solidarität zu beenden, da der Ablass ja auch eine Solidarität zwischen Lebenden und Toten voraussetzt. Aber er entlarvt auch diese Form gerade als »geistlichen Egoismus«, und er will sie durch eine andere – breitere und wichtigere – Solidarität ersetzen: die Gemeinschaft der Christen, die an dem Sakrament teilhaben – oder mit anderen Worten: die Gemeinschaft der Heiligen. Deswegen bilden die Seiten, die Luther den Bruderschaften widmet, keinen Fremdkörper in »Ein Sermon von dem hochwürdigen Sakrament ...«, sondern sie ergänzen und verdeutlichen Luthers Gedanken über die wahre Bruderschaft: Die »rechte Christenliche bruderliche eynickeyt«[17] stellt er den Bruderschaften, »der itzt ßouill seynd«,[18] gegenüber.

In dem ersten und dritten Teil des Anhangs polemisiert Luther gegen die Bruderschaften. Während Luther zuerst die (Miss)Bräuche dieser »sunderliche[n] vorsamlung seyn guter werck«[19] karikiert,[20] wird im dritten

---

15 Hohenberger: Lutherische Rechtfertigungslehre ..., 27, gibt 12 deutsche Ausgaben sowie eine niederländische und eine tschechische Ausgabe bis Ende 1522 an; Benzing: Lutherbibliographie, 3f. 61-63 (7f. 497-508. 513-515) listet 14 deutsche Ausgaben auf.

16 »Von den Bruderschafften«; StA 1, 284-287 ≙ WA 2, 754-758.

17 »Zu beschliessen / Ist die frucht dißes sacraments / gemeynschafft vnd lieb / da durch wir gesterckt werden / widder tod vnd alles vbell. Szo das die gemeynschafft zweyerley sey / Eyne / daß wir Christi vnnd aller heyligen genyessen / Die andere / das wir alle Christen menschen / vnßer auch lassen geniessen / warynne sie vnd wir mugen / das alßo / die eygen nutzige liebe seyns selbs durch diß sacrament auß gerodtet / eyn lasse die gemeyn nutzige liebe aller menschen / vnd alßo durch der liebe vorwandlung eyn brott / eyn tranck / eyn leyp / eyn gemeyn werde / das ist die rechte Christenliche bruderliche eynickeyt«; StA 1, 284, 16-23 ≙ WA 2, 754, 9-16.

18 StA 1, 284, 24 ≙ WA 2, 754, 18.

19 StA 1, 285, 2 ≙ WA 2, 755, 32.

20 »Zum Ersten / wollen wir die boßen vbung der Bruderschafften ansehen / Vnter wilchen

Abschnitt seine Kritik tiefer: Er brandmarkt den geistlichen Egoismus der Bruderschaften, deren Mitglieder »meynen / yhre bruderschafft sol niemant zu gute kummen / Dann alleyn yhn selbs / die yn yhrer zal vnd register seyn vorzeychnet odder darzu geben«.[21] Die Mitbrüder beanspruchen, Werke der Nächstenliebe zu tun, aber mit ihrer Tat – so Luther – üben sie nur Selbstliebe: »[...] darynne lernen sie sich selb suchen / sich selb lieben / sich allein mit trewen meynen / der ander nit achten / sich ettwas bessers duncken / vnd mehr forteyll bey gott / vor den andernn vormessen / [...] alßo wechst in yhn eigenutzige liebe.«[22] Deswegen stören diese »vielen eußerlichen wercklichen bruderschafften / [...] / widder die eynige / ynnerliche / geystliche / weßenliche / gemeyne aller heyligen bruderschafft«,[23] eine Bruderschaft, die viel größer, weiter und allgemeiner ist als die »parteysche bruderschafften«.[24]

Der schändlichen Gewohnheit[25] und der »falsche[n] meynung«[26] der Bruderschaften stellt Luther in den Teilen 2 und 4 den »rechten vorstand vnd prauch [...] der bruderschafften«[27] gegenüber. Nicht die »gutten wercken«[28] sind abzuschaffen, sondern nur die Werke, die »eygens suchen«[29] und durch die man meint, »frum zu seyn vnnd selig zu werden«.[30] Luther

---

ist eyne / das man eyn fressen vnd sauffen anricht / leßt eyn meß odder ettlich halten / darnach ist der gantz tag vnd nacht / vnd andere tag dazu / dem teuffell zu eygen geben [...]«; StA 1, 284, 26-29 ≙ WA 2, 754, 20-23. »[...] ßo ist es worden / eyn geltt samlen zum bier / Was soll vnßer lieben Frawen / Sanct Annen / sanct Bastian / odder ander heyligen namen bey deyner bruderschafft thun / da nit mehr da(nn) fressen / sauffen / vnnutz gelt vorthun / plerren / schreyen / schwetzen / tantzen vnd zeyt vorlyren ist [...]«; StA, 1, 285, 2-6 ≙ WA 2, 754, 32-36.

21 StA 1, 285, 31-33 ≙ WA 2, 755, 25-27.

22 StA 1, 286, 1-4. 6 ≙ WA 2, 755, 30-33. 35.

23 StA 1, 286, 7-9 ≙ WA 2, 755, 36 f; siehe auch StA 1, 286, 21-24 ≙ WA 2, 756, 13-16.

24 StA 1, 286, 35. 39 ≙ WA 2, 756, 27f. 31.

25 Siehe StA 1, 285, 8f ≙ WA 2, 755, 2f. Zu »brauch« siehe Frühneuhochdeutsches Wörterbuch/ hrsg. von Ulrich Goebel; Oskar Reichmann ... Bd. 4: pfab(e)-pythagorisch/ bearb. von Joachim Schildt. B; NY 2001, 968-970.

26 StA 1, 285, 31 ≙ WA 2, 755, 25.

27 StA 1, 286, 25f ≙ WA 2, 756, 17.

28 StA 1, 285, 14 ≙ WA 2, 755, 8.

29 StA 1, 286, 41f ≙WA 2, 756, 34.

30 StA 1, 287, 40 ≙ WA 2, 758, 2f.

plädiert in beiden Teilen für die Sammlung eines »gemeynen schatz[es]«,[31] »das man yn der nott / eynem durfftigen / mithantwergs man / anzulegen helffen vnd leyhen kundt / odder eyn iung par volcks desselben handwergs / von dem selben gemeynen schatz / mit eeren auß setzen«[32] oder »da mit auch eußerlich andern menschen geholffen wurd«.[33] Wie bereits in seinen 95 Thesen ermahnt Luther also seine Leser wiederum, sich um die Armen zu kümmern.

Am Ende des 4. Teils nimmt Luther folgenden Einwand auf: »Szo du aber sprichst / soll ich nit ettwas beßonders yn der bruderschafft vbirkummen / was hilfft sie dann mich.«[34] Für Luther hat derjenige, der solch eine Frage stellt, »eyn vorkerete bruderschafft«,[35] weil er nur sein eigenes Interesse sucht, im Gegensatz zur »art der liebe«[36]:

> »Die liebe dienet frey vmbsunst / drumb gibt yhr auch gott widderumb / frey vmbsunst / alles gutt / Die weyll dan alle dingk yn der liebe mussen geschehen / solln sie anders gott gefallenn / ßo muß die bruderschafft auch yn der liebe seyn. Was aber yn der liebe geschicht / des art ist / das nit sucht das seyne / noch seynen nutz / sondern der andern / vnd zuuor der gemeyne.«[37]

Die authentische Liebe wird also dem Gemeinnutz – und nicht dem Eigennutz – gleichgestellt.

In dem 5. und letzten Teil kommt Luther wieder »auff das sacrament [des Leibes Christi]«.[38] Wichtig ist, betont er, dass der Christ die Bedeutung des Sakraments für sich wahrnimmt: Durch das Abendmahl wird er »in Christus vnd seyner heyligen gemeynschafft eyngeleybet«,[39] d. h. einerseits, dass er gewiß ist, dass Christus und seine Heiligen ihn lieben,[40] und andererseits, dass er einen »iglichen Christen« lieben solle, »vnd woltist yderman gerne helffen / niemant haßßen / mit allen mit leyden vnd fur

---

31 StA 1, 285, 17; 287, 6 ≙ WA 2, 755, 11; 757, 5.
32 StA 1, 285, 18-20 ≙ WA 2, 755, 12-14.
33 StA 1, 287, 6f ≙ WA 2, 757, 6.
34 StA 1, 287, 11f ≙ WA 2, 757, 10f.
35 StA 1, 287, 16f ≙ WA 2, 757, 16.
36 StA 1, 287, 14 ≙ WA 2, 757, 13f.
37 StA 1, 287, 17-21 ≙ WA 2, 757, 16-21.
38 StA 1, 287, 22 ≙ WA 2, 757, 22.
39 StA 1, 287, 29 ≙ WA 2, 757, 29f.
40 Siehe StA 1, 287, 31 ≙ WA 2, 757, 32.

sie bitten«.⁴¹ Luther warnt aber »fur allen andernn guten wercken / do du sunst meynst frum zu seyn vnnd selig zu werden«,⁴² die nichts mit der »liebe vnd gemeynschafft«⁴³ zu tun haben.

Die selbe Interpretationslinie findet man zwei Jahre später in dem Traktat »De votis monasticis Martini Lutheri iudicium«,⁴⁴ den er Mitte November 1521 verfasste und der im Februar 1522 veröffentlicht wurde. Wie die Mitglieder der Bruderschaften ersetzen die Mönche – so Luther – die Gemeinschaft der Christen im Sakrament – Luther redet hier von der Taufe, nicht vom Abendmahl – durch eine andere, egoistische und werkorientierte Gemeinschaft.⁴⁵ Luther wirft auch den Gelübden vor, dass sie sich nicht nur der Freiheit,⁴⁶ sondern auch der Liebe⁴⁷ – nämlich zu den Eltern und zum Nächsten – widersetzen.⁴⁸

Inzwischen hat aber Luther 1520 in zwei wichtigen Schriften seine Gedanken über das Verhältnis zwischen Werken der Liebe und Glauben genauer und ausführlicher dargelegt.

---

41 StA 1, 287, 34f ≙ WA 2, 757, 34-36.

42 StA 1, 287, 39f ≙ WA 2, 758, 2f.

43 StA 1, 287, 42 ≙ WA 2, 758, 4.

44 WA 8, (564) 573-669.

45 »Neque enim hoc nomine salvi et iusti fieri praesumunt, quod baptisati, quod Christiani sunt, sed hoc solo, quod sui ordinis nomen habent. Ideo in suum nomen confidunt, in hoc gloriantur, quasi baptismus et fides iam olim velut naufragio perierint. Non ergo assumunt et invocant nomen domini nisi in vanum, sed nomen suum, quod per opera erexerunt. Videas enim eos plane desperare, si ordinem suum non servasse sibi conscii fuerint, necessarium enim ad iustitiam et salutem arbitrantur. Ubi autem servasse aut doluisse de non observato sese viderint, tum hoc nomine secure expectant coronam gloriae, longe securius, quam quod baptisati sint in Christum, imo obliti sunt, ne cogitant quidem unquam sese esse baptisatos in opera Christi, ut in eis confidant, sua quaerunt et spectant, ut hoc nomine apud deum coronentur, quod religiosi fuerint«; WA 8, 618, 8-19; siehe auch 595, 19-35; 603, 13-21.

46 WA 8, 605, 1 - 617, 15. Siehe Luthers Definition der christlichen Freiheit: »Est itaque libertas Christiana seu Euangelica libertas conscientiae, qua solvitur conscientia ab operibus, non ut nulla fiant, sed ut in nulla confidat. Conscientia enim non est virtus operandi, sed virtus iudicandi, quae iudicat de operibus«; WA 8, 606, 30-34.

47 WA 8, 613, 3 609, 11.

48 »Sic quod charitatem exerceri inter ipsos monasticos posse, ut invicem serviant, verum est, sed non vere dictum. Charitas enim libera est, nullis personis proprie addicta, at illi suis et sibi ipsis duntaxat alligant, aliorum prorsus negligentes, [...]«; WA 8, 628, 1-4.

III Die großen Schriften über die Werke des Glaubens von 1520

1 »Von den guten Werken«

In dem Traktat »Von den guten Werken«[49] – erschienen Ende Mai / Anfang Juni 1520 – will Luther dem Vorwurf entgegentreten, »sein Insistieren auf den Glauben allein käme einem Verbot der guten Werke gleich«[50]:

> »Nu ist da kein glaub / kein gut gewissen zu got. darumb szo ist den wercken der kopff ab / vnd all yr leben vnnd gute nichts. Da her kompts / wan ich denn glauben szo hoch antzihe / vnd solch vngleubige werck furwirff / schuldigen sie mich / ich vorbiete gute werck / szo doch ich gerne wolte / recht gutte werck des glaubens leren.«[51]

Bevor er diese Kritik ausspricht, polemisiert der Reformator in seiner Widmungsvorrede an Herzog Johann von Sachsen gegen Vorstellung und Praxis der guten Werke zu seiner Zeit.[52] Auf den ersten Blick scheint Luthers nachfolgender Text – ein Kommentar der Zehn Gebote – das Urteil seiner Gegner zu bekräftigen, nämlich dass er die guten Werke vernachlässige, in dem er sehr klar den Akzent auf das 1. Gebot legt; zudem ist seine Auslegung der letzten Gebote der 2. Tafel im Gegensatz zu der Interpretation der 1. Tafel eher spärlich. Der Grund dafür liegt aber in der Tatsache, dass die Hauptfrage für ihn ist, mit welcher Absicht der Christ gute Werke tut. Für Luther ist der Glaube das höchste Werk,[53] deswegen widmet er dem

---

49 StA 2, (13) 15-88 ≙ WA 6, (196) 202-276.

50 Hohenberger: Lutherische Rechtfertigungslehre ..., 98.

51 StA 2, 18, 7-10 ≙ WA 6, 205, 9-13.

52 »Die weyl die grossist frag sich erhaben hat von den guten wercken / yn welchen vntzehlich mehr / list / vnd betrieg geschicht. dan yn kein anderer Creaturen«; StA 2, 16, 4-6 ≙ WA 6, 202, 23-25. »Es hat widder sylber / golt / edelgesteinn noch keinn kostlich ding / szo manchfeltige tzsetze vnd abbruch / als die gutten werck / welche mussen alle sampt / eynn einige einfeltige gute haben / auszer der / sie lauter farben gleyssen vnd betrug sein«; StA 2, 16, 9-12 ≙ WA 6, 203, 1-4.

53 Siehe z. B. StA 2, 17, 24f; 28, 36f ≙ WA 6, 204, 25f; 215, 17f. »Dort aber [›Von den guten Werken‹] – und in der zeitgleichen Schrift ›Von der Freiheit eines Christenmenschen‹ nennt Luther sogar den Glauben selber ein Werk. Dies hat manche Interpreten Luthers verwirrt! Luther wollte meines Erachtens damit ausdrücken, dass der Glaube nicht bloß passiv – ein Geschenk Gottes – ist, sosehr er in der Tat ein Geschenk Gottes ist, sondern Aktivität, ja höchste Aktivität. Die Schrift »Von den guten Werken« lehrt uns den Glauben als Werk und die daraus folgenden Werke des Glaubens«; Suda: Die Ethik Martin Luthers, 21.

ersten Gebot eine so ausführliche Auslegung in nicht weniger als 17 Paragrafen und entfaltet in etwa ein Fünftel seiner Exegese der Zehn Gebote sein Verständnis dieses »höchsten« und »edelsten« Werkes.[54]

Erstens gibt es für Luther keine guten Werke, außer den Werken, die von Gott geboten sind.[55] Zweitens gibt es kein gutes Werk, das »nit ausz odder im glauben geschicht«.[56] In diesem Glauben gibt es für Luther keinen Unterschied zwischen den Werken.[57] Will das heißen, dass die Werke der Nächstenliebe sich nicht unterscheiden von den Werken der traditionellen Frömmigkeit – wie fasten, pilgern, usw. –? Nein, denn Luther hält fest an den Werken, die Gott geboten hat, und verwirft diejenigen, die nicht nur »on solchen glauben geschen«,[58] sondern auch in denen »vnter tausent / nit einer ist / der nit sein trawen drein setzt / vormeynt dadurch / gottis huld zuerlangen vnd seiner gnad furtzukommen«.[59]

Schon in seiner Auslegung des dritten Gebotes betrachtet Luther »die ander taffel der gebot«,[60] um zu beweisen, wie der Mensch gegen Gottes Gebote – und auch »gegen [s]einen nehsten«[61] handelt –, und dass er »aller nodt vnd elend vol«[62] ist. In der Auslegung des selben Gebotes brandmarkt Luther die egoistische Frömmigkeit derjenigen Christen, die fasten, beten und an Wallfahrten teilnehmen, ohne sich um ihren Nächsten zu kümmern.[63] Er warnt sie:

> »Dann Christus wirt am iungsten tag nit fragen wieuil du fur dich gebeten / gefastet / gewallet / disz odder das than hast / sondern / wieuil du den allergeringstenn / wol than hast [Matth. 25, 40]. [...] / vnser eygene angenommene gutte werck / furen vns auff vnd in vns selbs / das wir vnser nutz vnd selickeit allein suchen. Aber gottis gebot / dringen vns zv vnserm nehsten / das wir da durch / nur nutzlich sein / anderen zu yhr selickeit /«.[64]

54 StA 2, 17, 13 - 30, 18 ≙ WA 6, 204, 13 - 216, 39.
55 Siehe StA 2, 17, 13 f ≙ WA 6, 204, 13-15.
56 StA 2, 19, 28 ≙ WA 6, 206, 13 f.
57 Siehe StA 2, 20, 15-17 ≙ WA 6, 206, 33-35; vgl StA 2, 26, 2 f ≙ WA 6, 212, 14 f.
58 StA 2, 25, 19 f ≙ WA 6, 211, 31.
59 StA 2, 25, 20 f ≙ WA 6, 211, 32 f.
60 StA 2, 49, 37 f ≙ WA 6, 236, 31.
61 StA 2, 49, 1 r ≙ WA 6, 236, 34 f.
62 StA 2, 50, 1 ≙ WA 6, 236, 35 f.
63 StA 2, 55, 6-18 ≙ WA 6, 242, 11-25.
64 StA 2, 55, 18-20. 23-26 ≙ WA 6, 242, 22-25. 27-30; siehe auch StA 2, 57, 8-10 ≙ WA 6, 244, 10 f.

Auch wenn Luther die zweite Tafel nicht so ausführlich betrachtet, widmet er doch circa ein Drittel seines Traktats den sieben Geboten, die uns lehren, »wie wir vns gegen den menschen / in gutten wercken vben sollen«.[65] Seine Auslegung des Dekalogs macht also klar, dass er die guten Werke nicht verwirft, sondern sie zu ihren Quellen – Gottes Geboten und den Glauben – zurückführen will.

2 »Von der Freiheit eines Christenmenschen«

Über die Freiwilligkeit – aber auch die necessitas – der Werke, in Verbindung mit der Liebe zum Nächsten, hatte Luther schon einige Jahre vor dem Entscheidungsjahr 1520 gesprochen, z. B. in seiner Vorlesung über den Galaterbrief 1516/17,[66] in einer Predigt am Neujahrstag 1517[67] und dann im Galaterbriefkommentar 1519.[68] Nun entwickelt aber Luther, auf der Basis seines neuen Verständnisses der Rechtfertigung[69] und mit Hilfe der Unterscheidung zwischen dem auswendigen und dem inwendigen Menschen, seine Gedanken über das christliche Leben, das zugleich durch Freiheit[70] und Knechtschaft gekennzeichnet ist.

Einige Monate nach der Schrift »Von den guten Werken« antwortet der Traktat »Von der Freiheit eines Christenmenschen«,[71] den man auch als den positiven Kontrapunkt zu »De captivate babylonica Ecclesiae praeludium« betrachten kann,[72] wieder zu dem Vorwurf, Luthers Rechtfertigungslehre erzeuge Libertinismus.[73] »Von der Freiheit eines Christenmenschen« be-

65 StA 2, 63, 21 ≙ WA 6, 250, 30f.

66 WA 57 II; siehe Thorsten Jacobi: »Christen heißen Freie«: Luthers Freiheitsaussagen in den Jahren 1515-1519. TÜ 1997, 101-136.

67 WA 1, 120, 1-6.

68 WA 2, 451-618 ; Jacobi: »Christen heißen Freie«, 168-239.

69 Siehe Hohenberger: Lutherische Rechtfertigungslehre ..., 100: »Glaube bleibt so nie ohne Werke; sie sind die irresistible Konsequenz der Rechtfertigung, freilich nicht als religiöse Leistung, sondern als selbstverständliches Handeln des Christen.«

70 In seiner jüngst erschienenen Biografie Luthers hat Volker Leppin diese Freiheit treffend gekennzeichnet: »Es geht vielmehr um eine Freiheit des Menschen davon, sich selbst durch eigenes Tun erlösen zu müssen«; Volker LEPPIN: Martin Luther. DA 2006, 162.

71 StA 2, (260) 263-305 ≙ WA 7, (12) 20-38.

72 Siehe Leppin: Martin Luther, 154.

73 »Nu kummen wir auffs ander teyll / auff den eußerlichen menschen. Hie wollen wir antworten allen denen / die sich ergern auß den vorigen reden vnd plegen zusprechen

76

trachtet also wieder die Frage der Werke – und ihre Beziehung zum Glauben. Die Struktur der Schrift ist aber nicht mehr durch die Zehn Gebote bedingt, sondern durch das Thema der Freiheit – und der Gebundenheit – des Christenmenschen.

Luther wiederholt den Gedanken, dass der Glaube allein fromm macht, »on alle werck«.[74] Bekannt ist seine knappe Formlierung: »glaubstu so hastu / glaubstu nit / so hastu nit.«[75] Kein gutes Werk hängt – wie der Glaube – an Gottes Wort.[76] Deswegen legt Luther wieder viel Wert auf das erste Gebot: »Wenn du nu eytell gutt werck werist / biß auff die versenn / ßo weristu dennoch nit frum vnd gebist gott noch keyn ehre / vnd alßo erfullistu das aller erst gepott nicht.«[77]

Nachdem er die Freiheit des innerlichen Menschen betrachtet hat, die aus der Rechtfertigung hervorgeht, kommt er zum »eußerlichen Menschen«[78]:

> »Der zweite Teil der paradoxen Doppelthese von der Dienstbarkeit des Christenmenschen bezieht sich einmal auf den äußeren Menschen, der noch im Fleisch steckt, und sichert die Konzeption gegen das Mißverständnis des Libertinismus ab.«[79]

Luther schreibt zuerst von den Werken, mit denen der Mensch – freiwillig – seinen Leib üben soll, und dann ausführlicher – »nu wollen wir von mehr wercken sagen«[80] – von den Werken, »die er gegen andere menschen thut«,[81] obwohl auch diese Werke nicht zur Seligkeit führen.[82] Bevor Luther über die zweite Kategorie von Werken schreibt, widmet er die §§ 22-25 seiner Schrift allgemeineren Überlegungen, um zu betonen, dass die guten

---

Ey so denn der glaub alle ding ist vnd gilt allein gnugsam frum zumachen. Warumb sein denn die gutten werck gepotten? so wollen wir gutter ding sein / vnd nichts thun. Neyn, lieber mensch nicht also«; StA 2, 285, 22-27 ≙ WA 7, 29, 34 - 30, 3.

74 StA 2, 271, 14-16 ≙ WA 7, 23, 24f.
75 StA 2, 273, 2 ≙ WA 7, 24, 13f.
76 Siehe StA 2, 273, 20f ≙ WA 7, 24, 31f.
77 StA 2, 279, 1-3 ≙ WA 7, 26, 16-18.
78 StA 2, 285, 23 ≙ WA 7, 29, 35.
79 Vgl. Martin BRECHT: Martin Luther. Bd. 1: Sein Weg zur Reformation: 1483-1521. 2. Aufl. S 1983, 389.
80 StA 2, 295, 16f ≙ WA 7, 34, 24f.
81 StA 2, 295, 17 ≙ WA 7, 34, 25.
82 Siehe StA 2, 295, 20 ≙ WA 7, 34, 28f.

Werke den Menschen nicht rechtfertigen, sondern dem Glauben folgen.[83] Absicht dieser Werke soll der freie und uneigennützige Dienst am Nächsten sein.[84] Um diese Werke der Nächstenliebe zu begründen, stützt sich Luther auf Ph 2,1-4[85] mit folgender Erläuterung: »Sihe da hat Paulus klerlich / ein Christenlich leben dahynn gestellet / das alle werck sollen gericht seyn / dem nehsten zu gutt«.[86] Mit treffenden und rührenden Worten beschreibt er die Liebe, die aus dem Glauben an Christus fließt und mit der der Christ seinem Nächsten frei dient, wie Gott ihm in Christo geholfen hat:

> »Ey so will ich solchem vatter der mich mit seynen vberschwenglichen guttern alßo vbirschuttet hatt / widerumb / frey / frölich vnd vmbsonst thun was yhm wolgefellet / Vnnd gegen meynem nehsten auch werden ein Christen / wie Christus mir worden ist / vnd nichts mehr thun / denn was ich nur sehe / yhm nott / nützlich vnd seliglich sey / die weyl ich doch / durch meynenn glauben / allis dings yn Christo gnug habe. Sih also fleusset auß dem glauben die lieb vnd lust zu gott / vnd ausz der lieb / ein frey / willig / frolich lebenn dem nehsten zu dienen vmbsonst. Denn zu gleych wie vnser nehst nott leydet / vnd vnßers vbrigenn [Überflusses] bedarff / alßo haben wir fur gott nott geliden vnd seyner gnaden bedurfft. Darumb wie vns gott hatt durch Christum vmbsonst geholffen / alßo sollen wir / durch den leyp / vnd seyne werck / nit anders den dem nehsten helffen.«[87]

Gegen Ende seines Traktats unterstreicht Luther den Unterschied, den er in den vorhergehenden Schriften stark hervorgehoben hatte, nämlich zwischen den traditionnellen guten Werken – »stifft kirchen / klöster / altar / meß / testament / [...] / die fasten vnd gepett etlichen heyligen«[88] –,

83 »Gutte frum werck machen nymmer mehr ein guten frumen man / sondern eyn gutt frum man / macht gutte frum werck«; StA 2, 289, 26-28 ≙ WA 7, 32, 5 f. Luther veranschaulicht diese These mit dem Bild des Baumes und der Früchte nach Mt 7, 18; StA 2, 289, 32 f ≙ WA 7, 32, 10 f.

84 »Drumb soll seyne meynung ynn allen werckenn frey vnd nur dahynn gericht seyn / das er andernn leuten damit diene vnd nütz sey. Nichts anders yhm furbilde / denn was denn andern nott ist / das heyssit denn ein warhafftig Christen leben / vnd da geht der glaub mit lust vnd lieb ynß werck / als S[ankt] Paulus leret die Galatas [G 5,6]«; StA 2, 297, 1-5 ≙ WA 7, 34, 29-33. Hohenberger: Lutherische Rechtfertigungslehre ..., 122, spricht über diese Schrift von der »Dienstbarkeit in der tätigen Liebe«.

85 Siehe StA 2, 297, 6-14 ≙ WA 7, 34, 33 - 35, 9.

86 StA 2, 297, 14 f ≙ WA 7, 35, 9 f.

87 StA 2, 299, 9-21 ≙ WA 7, 35, 32 - 36, 10.

88 StA 2, 303, 17 f ≙ WA 7, 37, 21 f.

die »nit dahynauß gericht ist / dem andernn zu dienen«[89] und in denen »ein yglicher nur das seyne sucht«,[90] und den Werken, durch die »gottis gutter fliessen auß eynen / yn den andern [...]. daß ein yglicher sich seynis nehsten also annehm / als were erß selb.«[91]

So kann er sein Buch mit Akzenten, die ein Martin Bucer (1491-1551) einige Jahre später nicht hätte leugnen können,[92] schliessen: »Auß dem allenn folget der beschluß / das eyn Christen mensch lebt nit ynn yhm selb / sondern ynn Christo vnd seynem nehstenn / ynn Christo durch den glauben / ym nehsten durch die liebe / [...].«[93]

IV Die Invocavitpredigten (9.-16. März 1522): die Achtung in der Liebe vor den »Schwachen«

In seinem Galaterkommentar hatte Luther 1519 die Frage des Verhältnisses zwischen den Schwachen und den Starken – und damit das Thema der Freiheit und der Nächstenliebe – in Verbindung mit G 5,25 - 6,5 behandelt.[94] Die liebevolle Rücksichtnahme auf die Schwachen wird in seinen Invokavitpredigten[95] zu einer brennenden Frage, da während seines Aufenthaltes auf der Wartburg durch Andreas Bodenstein aus Karlstadt (1486-1541) und Gabriel Zwilling (um 1487-1558) mittels einer Ordnung des Rates der Stadt Wittenberg am 24. Januar 1522 gesetzlich Neuerungen in seiner Gemeinde eingeführt worden sind.[96] Unruhen und gesetzliches Vorgehen in Wit-

89 StA 2, 303, 14f ≙ WA 7, 37, 18f.

90 StA 2, 303, 19 ≙ WA 7, 37, 23.

91 StA 2, 305, 1f ≙ WA 7, 37, 32-34.

92 Siehe Martin BUCER: Das ym selbs ‖ niema[n]t / sonder ‖ anderen leben ‖ soll. vnd wie ‖ der mensch da ‖ hyn kumm-‖en mög. Straßburg 1523; VD 16 3 (1984), 452 (B 8862) ≙ Martin BUCER: Deutsche Schriften. Bd. 1: Frühschriften 1520-1524/ hrsg. von Robert Stupperich. GÜ; P 1960, (29) 44-67.

93 StA 2, 305, 12-14 ≙ WA 7, 36, 6-8.

94 Siehe JACOBI: »Christen heißen Freie«, 235-239. »Das Schwachsein selbst ist damit nicht mehr Maßstab, sondern Aufgabe für ein liebendes Verhalten, dessen sich der Starke befleißigen soll«; ebd,239.

95 StA 2, (520) 530-558 ≙ WA 10 III, 1-64.

96 Siehe Nikolaus MÜLLER: Die Wittenberger Bewegung 1521 und 1522: die Vorgänge in und um Wittenberg während Luthers Wartburgaufenthalt. 2. Aufl. L 1911; Helmar JUNGHANS: Freiheit und Ordnung bei Luther während der Wittenberger Bewegung und der Visitati-

tenberg haben Luther dazu bewegt, in seinen Predigten zu unterscheiden einerseits zwischen den spätmittelalterlichen Zeremonien, die man – nach Unterrichtung und Bekehrung der Gewissen – abschaffen sollte, da sie dem gnädigen Heil in Christo widersprächen, und andererseits den Bräuchen, die in Bezug auf die Erlösung weder nützlich noch schädlich waren, sodass man sie dulden konnte.

In seiner ersten – und langen – Predigt am 9. März 1522 betont Luther fast mit dem ersten Schlag den unlösbaren Zusammenhang zwischen Glauben und Liebe, nachdem er den berühmten Text 1 K 13, 1-3 zitiert hat:

> »Got wil nit zuhôrer oder nachreder haben / sonder nachuôlger / vnd vber das in dem glauben durch die liebe. Dann der glaub on die liebe ist nit gnugsam / ja ist nit ein glaub / sonder ein schein des glaubens wie ein angesicht jm spiegel gesehen / ist nicht ein warhafftigs angesicht / sonder nür ein schein des angesichts.«[97]

Deswegen ermahnt er seine Zuhörer zur Geduld, bis die »Schwachen« auch stark werden; er untermauert diesen Appell mit anderen Stellen des 1. Korintherbriefes[98] und legt den Vergleich mit der Mutter dar, die ihrem Säugling zuerst nur Milch gibt: »Lieber brüder hastu genug gesogen / schneyd jo nit also bald den dutten [Mutterbrust] ab / sonder laß dein brüder auch saugen wie du gesogen hast«.[99] Mit einem anderen – und eindrucksvollen – Bild kehrt er dann zur Beziehung zwischen Glauben und Liebe zurück:

> »Merck ein gleichnyß / die Son hat zway ding / als den glantz / vnd die hitze. Es ist kein künigk also starck / der den glantz der sonnen bygen oder lencken müge / sondern bleybt in seinen stellen geôrtert. Aber die hitz läßt sich lencken vnd bygen / vnd ist alweg vmb die sonne. Also der glaub müß allzeyt reyn vnbeweglich in vnsern hertzen bleyben / vnd müssen nit dauon weychen / sonder die liebe beügt vnd lenckt sich vnser nechsten begreyffen vnd volgen mag Es sein ettliche die künden wol rennen / etlich wol läuffen / etlich kaüm kriechen. Darumb müssen wir nit vnser vermügen / sonder vnsers brüders betrachten / vff das der schwache jm glauben / so er dem starcken volgen wolt / nit vom teüffel zuryssen werde«.[100]

onen. ThLZ 97 (1972), 95-104; James S. Preus: Carlstadt's ordinaciones and Luther's liberty: a study of the Wittenberg movement 1521-1522. Cambridge, MA 1974; Helmar Junghans: Wittenberg als Lutherstadt. B 1979, 110-116.

97 StA 2, 531, 11-15 ≙ WA 10 III, 4, 8-12.
98 1 K 6, 12; 9, 19-23.
99 StA 2, 532, 10-12 ≙ WA 10 III, 7, 3f.
100 StA 2, 532, 15-25 ≙ WA 10 III, 7, 9 - 8, 5.

Nachdem er seinen Zuhörern vorgeworfen hat, sie hätten die Messe mit Übereilung abgeschafft, ermahnt er sie wieder – am Ende seiner Predigt –, den anderen Milch zu geben, bis sie stark geworden sind, und ständig an die Nächstenliebe zu denken.[101]

Am Anfang der zweiten Predigt erinnert Luther seine Gemeinde an die Botschaft des vorherigen Tages,[102] und rät ihnen, zuerst die Herzen mit dem Wort zu bekehren – wie er selber getan hat –, um erst danach die verwerflichen Zeremonien abzuschaffen. Das gleiche gelte für die Bilder, die man behalten darf, wenn man sie nicht anbetet (dritte Predigt). Die vierte Predigt betrachtet das Fasten, die fünfte die Messe als ein Opfer und die sechste spricht vom rechten Verständnis und vom rechten Gebrauch des Abendmahls.

In seiner siebenten Predigt kehrt Luther zu dem anfänglichen Thema seiner Predigtreihe, nämlich zur Liebe zurück, die er nun als Frucht des Abendmahls betrachtet. Dies erlaubt ihm, wiederum die These zu entfalten, dass der Mensch sich gegenüber seinem Nächsten so verhalten soll, wie Gott es mit ihm getan hat.[103] Wie bereits in der ersten Predigt zitiert Luther wieder 1 K 13,1-3.[104] Er legt aber jetzt die Behauptung ausführlicher

---

101 »Darumb last vns vnser nechsten liebe erzeygen / werden wir des nicht thůn / so wirt vnßer thůn / nicht beschehen / müssen wir doch auch ein zeyt lang mit jn gedult haben vnd nit verwerffen / dann der noch schwach jm glauben ist / wie vil meer thůn vnd lassen / so es die liebe erfodert vnd vns nit an vnserm glauben schaden bringt«; StA 2, 534, 16-20 ≙ WA 10 III, 12, 11 - 13, 1.

102 »LJeben freünd. jr habt gestern gehört die hauptstück eins Christenlichen menschen / wie das gantze leben vnd wesen. Sie glauben vnd lieben / der glaube ist gegen got gerecht / die liebe gegen den menschen vnd nåchsten an der liebe mit wolthůn / Wie wir entpfangen haben von got on vnnsern verdients vnd werck«; StA 2, 534, 28-32 ≙ WA 10 III, 13, 16 - 14, 1.

103 »IR habt gestern gehört von dem brauch dieses heyligen hochwirdigen sacraments / [...]. Nů wöllen wir von der frucht dieses sacraments / welche die liebe ist reden das wir vns also lassen finden gegen vnsern nåchsten / wie es von got geschehen ist / [...]. Die liebe sag ich / ist ein frucht dieses sacraments / die spür ich noch nit vnder eüch alhie zů Wittenberg / wiewol eüch vil gepredigt ist / in welcher jr eüch doch fürderlich vben solt / das sind die haüptstück die alleyn eim Christen menschen zůsteen / hierjnn wil niemandt / vnnd wölt eüch sunst vben in vnnötigen sachen / daran nit gelegen ist / wölt jr eüch nit in der liebe erzeygen so last die andern auch anstan«; STA 2, 554, 22 f. 28-30; 555, 3-8 ≙ WA 10 III, 55, 1-2. 10-12; 56, 4-9.

104 Siehe StA 2, 555, 9-15 ≙ WA 10 III, 56, 10 - 57, 3.

dar, die man schon in der ersten Predigt finden konnte, nämlich dass die Wittenberger die paulinische Beschreibung der Liebe noch nicht in die Praxis weit umgesetzt haben:

»[...] / so weyt seyt jr noch nicht kommen / wiewol jr grosse gabe gottes habt / vnd der vil habt / das erkenen der schrifft hôchlich / das ist ja war / jr habt das war Euangelium / vnd das laüter wort gots / aber es hatt noch niemant sein güter den armen geben / es ist noch keyner verbrant worden / noch sôllen die ding on die liebe nichts sein / Jr wôlt von got all sein gût jm sacrament nemen / vnd wôllent sie nit in die liebe wider außgiessen / keyner will dem andern die hende reychen / keyner nympt sich des andern erstlich an / sonder ein yeder hat vff sich selber achtunge was jm fürderlich ist / vnd sücht das seine / laßt gan was da gat wem da geholffen ist dem sey geholffen / niemant sicht vff die armen / wie jn von eüch geholffen werde / das ist zû erbarmen / das ist eüch vast lang gepredigt / es sindt auch alle meine bücher dahin gericht vnd vol den glaüben vnd liebe zutreyben«.[105]

Die Invokavitpredigten, die mit dem Plädoyer für die Beibehaltung der Beichte – wo der Christ das tröstliche Gnadenwort seines Bruders empfangen kann – schließen (8. Predigt), entfalten auf glänzende Weise – in Theorie (1. und 7. Predigt) und Praxis des Gottesdienstes – den Gedanken, dass Glaube und Nächstenliebe zusammengehören: Einerseits ist der Glaube die einzige authentische Quelle der Liebe, und andererseits bleibt der Glaube unvollkommen, wenn er sich nicht in der Liebe konkret ausdrückt.

V Luthers Brief an die Gemeinde in Esslingen 1523

Weniger bekannt ist der Sendbrief Luthers an die Gemeinde in Esslingen vom 9. Oktober 1523,[106] in dem er auf sechs Artikel über die Notwendigkeit der Beichte und des Fastens antwortet. Diese Artikel stammten wahrscheinlich aus der Feder von Balthasar Sattler, des altgläubigen Pfarrers der Stadtkirche. Sie haben dem Reformator den Anlass gegeben, wieder einmal energisch zu betonen, dass das christliche Leben sich als Nächstenliebe definiert, und dass diese Nächstenliebe das Kritierium für die Werke darstellt:

---

105 StA 2, 555, 15-26 ≙ WA 10 III, 57, 3-14.
106 Siehe Albrecht BEUTEL: Christenlehre und Gewissenstrost: Bemerkungen zu Luthers Sendbrief an die Gemeinde der Stadt Esslingen«. Esslinger Studien 22 (1983), 107-136.

»Auffs ander haben wir gelert das ander hauptstuck, Christlichs leben sey die liebe zum nechsten, das wir hin fürt kein gesetz haben noch yemand schuldig sind, denn lieben, Ro. 13 [,8]. Auff das wir also unnserm nechsten güts thun, wie uns Christus durch sein blůt than hat. Derhalben alle gesetz, werck und gepot, die von uns gefordert werden, Got damit zů dienen, die sünd zů büssen, sind nichts aus got, unnd wer sie helt, der verleügnet Christum, als da sind fasten, feyren, beichten, walfarten, stifften |etc. Aber welche gesetz, werck und gepot von uns gefodert werden dem nechsten zů dienst, die sind gůtt, die sollen wir thůn.«[107]

VI »Ob man vor dem sterben fliehen möge« (1527)

Gibt es – wie in anderen Fragen – 1525 eine Wende in Luthers Denken über die Nächstenliebe? Nachdem man die Schrift »Ob man vor dem sterben fliehen möge« gelesen hat, ist man geneigt, eher negativ zu antworten: Die Nächstenliebe bleibt ein sehr wichtiges Kriterium – um nicht zu sagen, das Kriterium – für das ethische Handeln des Christen.

Die Schrift »Ob man vor dem sterben fliehen möge«[108] – verfasst im Sommer/Herbst 1527 – ist eine Antwort zu folgender Frage der Pfarrer der schlesischen Stadt Breslau, die von der Pest betroffen war: Darf ein Christ im Falle einer Seuche fliehen? Das Interessante in Luthers Antwort liegt in der Tatsache, dass er sich nicht begnügt, allgemeinerweise die Flucht vor dem Tod zu rechtfertigen: Er verurteilt ebenso die Tollkühnheit wie den Kleinmut und behauptet, dass das Verhalten des Christen nicht von starren Normen abhängig ist. Denn das Gute hänge von den Umständen ab, insbesonders von der Hilfe, die man seinem Nächsten leisten kann oder sogar soll. Die Flucht an sich ist nicht einfach zu verurteilen, und das Bleiben ist an sich nicht einfach zu empfehlen. So ermahnt Luther die Menschen, die eine kirchliche oder politische Verantwortung tragen, ihre Stadt nicht zu verlassen – Luther stützt sich dabei auf die Worte Jesu J 10, 11 f: »Der gute Hirte gibt sein Leben für seine Schafe« – es sei denn, dass sie Menschen finden, die ihre Aufgaben übernehmen können.[109] Der

---

107 WA 12, 157, 5-13.

108 WA 23, (323) 338-386.

109 Mehrmals betont Luther, dass wenn schon andere Leute dem Nächsten in der Not Hilfe leisten, der Christ frei ist, zu bleiben oder wegzugehen; derjenige, aber, der seinen Nächsten in der Not verlässt, gleicht einem Mörder, laut 1 J 3, 15; siehe WA 23, 351, 28 - 353, 17.

Reformator ermahnt also zwar nicht zu einer falschen Heldenhaftigkeit,[110] wohl aber zu einem ethischen Verhalten, das besonders auf die Bedürfnisse des Nächsten achtet.[111]

Auch wenn der Reformator die Pest als von Gott geschickt betrachtet, begnügt er sich nicht mit dem Topos der Strafe Gottes: Der Schöpfer will mit der Krankheit nicht nur strafen, aber auch den Glauben und die Liebe seiner Geschöpfe prüfen.[112]

Bemerkenswert ist es, dass Luther nicht nur Ratschläge zu diesem Thema gegeben hat, sondern er hat auch selber die Folgen aus diesen gezogen, indem er sich ständig geweigert hat, Wittenberg zu verlassen, wenn die Pest dort wütete. Auch als die Universität wegen einer Pestwelle nach Jena verlegt wurde, hielt er zu seinem Predigeramt und sorgte für die Kranken. In seinem Briefwechsel spottet er einer Seuche, die für ihn viel schlimmer als Pestausbrüche ist, nämlich die unbegründeten Gerüchte und die übertriebene Angst, die daraus entsteht und die Evangelischen zur Flucht und zur Zerstreuung zwingt.[113]

Man könnte Luthers Schrifttum weiter verfolgen. Diese Analyse würde aber unsere Ergebnisse bestätigen: Auch wenn der Reformator nicht so häufig und intensiv von den Werken der Nächstenliebe wie von der Rechtfertigung schreibt, durchziehen erstere wie ein roter Faden seine Theologie.[114] Man

110 »[…] sterben und tod zufliehen und das leben zurretten ist naturlich von Gott eingepflanzt und nicht verboten«; WA 23, 347, 6f.

111 »[…], wo es nicht widder Gott und den nehesten ist, […]«; WA 23, 347, 7f.

112 »Wo nu das sterben hinkomet, da sollen wir so do bleiben, uns rusten und trösten, sonderlich das wir aneinander verbunden sind (wie droben erzelet ist) das wir uns nicht lassen können noch fliehen von einander. Erstlich damit, das wirs gewis sind, Es sey Gottes straffe, uns zugeschickt, nicht alleine die sunde zu straffen, sondern auch unsern glauben und liebe zuversuchen. Den glauben, auff das wir sehen und erfaren, wie wir uns gegen Gott stellen wollen, Die liebe aber, auff das man sehe, wie wir uns gegen den nehesten stellen wollen. […] So ists doch gleichwol Gotts verhengnis und seine straffe, der wir uns mit gedult untergeben sollen, und unserm nehesten zu dienst also unser leben ynn die fahr setzen, wie S. Johannes leret und spricht: ›Hat Christus sein leben fur uns gegeben, so sollen wir auch fur die brüder unser leben lassen‹ [1 J 3, 16].«; WA 23, 355, 9-16. 19-23.

113 Siehe Matthieu ARNOLD: La correspondance de Luther: étude historique, littéraire et théologique. MZ 1996, 125-127.

114 Siehe, um nur einige wichtige Texte zu nennen: WA 26, 505, 11-15 ≙ StA 4, 250, 18-22 (»Vom

soll aber diese Liebe für den Nächsten nicht unabhängig von dem Glauben und von der Liebe für Gott betrachten: die Nächstenliebe geht aus dem Glauben und aus der Liebe für Gott hervor, und ist ihnen deswegen untergeordnet. So antwortet Luther am 24. Januar 1531 einem – verlorenen – Brief der Straßburgerin Katharina Zell (1497-1562), die ihn sehr wahrscheinlich in der Abendmahlsfrage zu Liebe gegen die Oberdeutschen ermahnt hatte: »[...] ihr wisset zu guter massen, das woll die lieb soll vber alles gehn vnd den forgang haben, ausgenomen Gott, der vber alles, auch vber die liebe, ist. Wo derselbige vnd sein wort furgeht, so soll Ja bey vns die liebe gewiß die oberhand haben nehest Gott.«[115]

VII Wirkung

Während Luthers Gegner – wie »Von den guten Werken« und »Von der Freiheit eines Christenmenschen« bezeugen – sein Drängen auf den Glauben angegriffen haben, indem sie behaupteten, er schaffe die guten Werke ab, haben schon seit Anfang der 1520er Jahre einfache Laien seine Botschaft der Nächstenliebe als Frucht des Glaubens sehr gut verstanden; und sie haben diese Botschaft verbreitet, wie die Flugschriften der Reformation es zeigen.[116]

Nicht nur Theologen wie Urbanus Rhegius (1489-1541) haben Luthers Vorstellung des Verhältnisses zwischen Werken und Glauben früh verstanden und verteidigt, und die Bilder – die Früchte des guten und des schlechten

Abendmahl Christi. Bekenntnis«, 1528): »Vber diese drey stifft und orden [die drei Stände] / ist nu der gemeine orden der Christlichen liebe / darynn man nicht allein den dreyen orden / sondern auch ynn gemein einem iglichen duerfftigen mit allerley wolthat dienet / als speisen die hungerigen / trencken die duerstigen (et)c(etera) vergeben den feynden / bitten fur alle menschen auff erden / leiden allerley boeses auff erden (et)c(etera).« – WA 36, 30, 12-15 (Predigt am 1. Januar 1532): »Aber das gemeine Gesetze, das uns Menschen alle betrifft, ist: ›Du solt deinen Nehesten lieben als dich selbs‹, jm in seiner not, wie sie nu furfelt, raten und helffen. Hungert jn, so speise jn, Ist er nacket, so bekleide jn, und was desgleichen mehr ist.« – WA 39 I, 318, 16f (»Zirkulardisputation de veste nuptiali«, 15. Juni 1537): »fides est ipsa forma [...] charitatis. Charitas autem est opus et fructus fidei.« – WA DB 7, 10, 9-12 ≙ StA 1, 394, 27-29 (Biblia, Vorrede zum Römerbrief, 1545): Der Glaube »fraget auch nicht / ob gutte werck zu thun sind / sondern ehe man fragt / hat er sie than / vnd ist ymer ym thun«.
115 WA Br 6, 27, 9-12 (1777).
116 Siehe Hohenberger: Lutherische Rechtfertigungslehre ...,367f.

Baumes nach Mt 7, 17-19 – sowie die Formulierungen des Freiheitstraktates aufgegriffen, wie »gůtte werck machen kain gůtten man / aber ain gůter man macht gůte werck«.[117] Auch Vertreter des »gemeinen Volkes«, also wenig gebildete Laien wie z. B. der Söldner und Zahlmeister der kaiserlichen Truppen in Augsburg Haug Marschalk (1489-1535) haben früh zur Ausbreitung von Luthers Lehre beigetragen. In seinem 1522 erschienenen »Spyegel der Blinden …«[118] beschreibt er das Verhâltnis zwischen Glauben und Liebe mit dem Bild des Früchte tragenden Baumes, und er entfaltet das »Doppelgebot der Liebe, das nur in der Nachfolge Christi zur Erfüllung gelangen kann«.[119]

Die Anhänger des Reformators haben recht verstanden, dass Luther die guten Werke der Nächstenliebe nicht abschafft, aber dass er die Zeitfolge umkehrt: Der Mensch ist nicht fähig, gute Werke gut zu tun, mit der Meinung, sie würden ihn vor Gott rechtfertigen; diese Werke sind vielmehr eine Folge des Heils, eine Folge der gnädigen Rechtfertigung, und zugleich eine Antwort des Menschen, die von der Echtheit seines Glaubens zeugt; sie gleichen den guten Früchten eines guten Baumes.

---

117 Hohenberger: Lutherische Rechtfertigungslehre …, 205. 207. Der Verfasser verweist auf die Flugschrift Urbanus RHEGIUS: Anzaygung, dasz die Romisch Bull merck‖lichen schaden in gewissin manicher men‖schen gebracht hab / vnd nit Doctor ‖ Luthers leer. Augsburg 1521, C 4ᵛ –FLUGSCHRIFTEN DES FRÜHEN 16. JAHRHUNDERTS / IDC / hrsg. von Hans-Joachim Köhler… Leiden, Fiche, 187: Nr. 524 ≙ VD 16 17 (1991), 179 (R 1725).

118 Haug MARSCHALK: Durch betrachtung vn‚d‹ ‖ Bekârung Der bôssen gebrech in ‖ schweren sünden / Jst Gemacht Dy=‖ser Spyegel Der Blinden. Augsburg 1522; VD16 13 (1988), 75 (M 1099); Zitat nach Hohenberger: Lutherische Rechtfertigungslehre …, 262f.

119 Hohenberger: Lutherische Rechtfertigungslehre …, 263. In den Ergebnissen seiner Studie schreibt Hohenberger sogar, dass die »Auseinandersetzung um das Verhältnis von Glaube und Werke bzw. Glaube und Liebe [sich] zu einem der wesentlichen Rezeptionssträge [verzwirnte], denen eine geschichtliche Funktion in der frühen Reformationszeit zukommt. [...]. Die Rezeption der Binnenstruktur des lutherischen sola fide, das auf die göttliche Heilszusage gerichtet ist (fides promissionis) und in personaler Zueignung ihres Inhalts rechtfertigt (Christus pro me), führte folgerichtig auch zu einer weiten Verbreitung der davon abgeleiteten Ethik, die aus Glauben handelt und kraft der Rechtfertigung vor Gott uneigennützige Liebe und gute Werke hervorbringt«; Hohenberger: Lutherische Rechtfertigungslehre …, 386; siehe auch ebd, 397. Auch einfache Leute haben Luther recht verstehen können, weil Luther eine »populäre Rechtfertigungstheologie« mit »gedanklich geschlossener Einheit« in den Jahren von 1518 bis 1522 entwickelt und bekannt gemacht hat; ebd, 140. 149.

Trotz Luthers Klärungen hat es – seit Anfang bis ins 20. Jahrhundert – Verfasser gegeben, die seine Konzeption karikiert und ihn als Gegner der guten Werke und als Anstifter des Libertinismus vorgestellt haben. Auch wenn Altgläubige ihn verstanden haben, hat seine Bekämpfung der Mitwirkung des Menschen an seinem Heil große Irritation hervorgerufen.

Was diese Luther Widersprechende anbelangt, möchte ich mich hier mit einigen Beispielen aus Frankreich begnügen.[120] Sie zeigen, wie Luther dauerhaft missverstanden wurde, obwohl sein Traktat über die Freiheit eines Christenmenschen früh auf französisch (1525) übersetzt wurde.[121]

Dass die Theologische Fakultät Paris Luthers Schriften früh verurteilt und zensiert hat, ist bekannt.[122] Weniger erforscht ist die Polemik des berühmten Dichters Pierre de Ronsard (1524/25-1585), einige Jahrzehnte später,

120 Für die Polemik gegen Luthers Auffassung der guten Werke siehe z. B. J(acobus) HOOGSTRAETEN: Epitome de fide et operibus, 1525; Ulrich HORST: Jacobus Hoogstraeten OP (ca. 1560-1527). In: Katholische Theologen der Reformationszeit. Bd. 4/ hrsg. von Erwin Iserloh. MS 1987, 14. Siehe auch die Kritik in Thomas MURNER: Von dem grossen Lutherischen Narren«, der Luthers Freiheitsverständnis karikierte und mit dem Verzichten auf gute Werke gleichsetzte; Marc LIENHARD: Thomas Murner et la Réformation. In: Ders.: Un temps, une ville, une Réforme: Studien zur Reformation in Strassburg. Aldershot 1990, 57; vgl. DERS.: Held oder Ungeheuer?: Luthers Gestalt und Tat im Lichte der zeitgenössischen Flugschriftenliteratur. LuJ 45 (1978), 56-79; David V. N. BAGCHI: Luther's earliest opponents: Catholic controversialists 1518-1525. MP 1991.

121 Martin LUTHER: Liure tresutile / de ‖ la vraye et par=‖faite subiection des chre=‖stiens / et ensemble de la ‖ sacrée franchise et li=‖berte quilz ont en ‖ Saint-Espre‖rit. [Strasbourg: Jean Schott pour Wolfgang Köpfel, 1525?]; Josef BENZING; Helmut CLAUS: Lutherbibliographie: Verzeichnis der gedruckten Schriften Martin Luthers bis zu dessen Tod. Bd. 2. Mit Anhang: Bibel und Bibelteile in Luthers Übersetzung 1522-1546. Baden-Baden 1994, 74 (766 a). Siehe Rodolphe PETER: La réception de Luther en France au XVIe siècle. RHPR 63 (1983), 67-89, bes. 73-82. Schon 1521 wurde Luther von der Sorbonne zensiert; siehe Francis HIGMAN: Censorship and the Sorbonne: a bibliographical study of books in French censured by the Faculty of Theology of the University of Paris, 1520-1551. Genève 1979, 83. – Vgl. William G. MOORE: La Réforme allemande et la littérature française Strasbourg 1930; Francis HIGMAN: Les traductions françaises de Luther, 1524-1550. In: Palaestra bibliographica/ hrsg. von Jean-François Gilmont. Aubel 1984, 11-56; DERS.: La diffusion de la Réforme en France 1520-1565. Genève 1992, 49-52; Bernd MOELLER: Luther in Europa: die Übersetzung seiner Schriften in nichtdeutsche Sprachen 1520-1546. In: Ders.: Luther-Rezeption: kirchenhistorische Aufsätze zur Reformationsgeschichte/ hrsg. von Johannes Schilling. GÖ 2001, 44 f.

122 Siehe Higman: Censorhip ...; James K. Farge: Orthodoxy and Reform in Early Reformation France: the Faculty of Theology of the University of Paris, 1500-1543. Leiden 1985.

am Anfang der Religionskriege in Frankreich. In langen Gedichten brandmarkt de Ronsard die Anhänger der Reformation als Aufrührer, bespottet ihre Uneinigkeit und empört sich über ihre Vernachlässigung der guten Werke:

>>Il faut pour rendre aussi les peuples estonnés
Discourir de Jacob & des predestinés,
Avoir S[aint] Paul en bouche, & le prendre à la lettre,
Aux femmes, aux enfans l'Evangille permettre,
Les œuvres mespriser, & haut loüer la foy,
Voylà tout le sçavoir de vostre belle loy.<< [123]

Im Jahrhundert der Aufklärung verfasste Voltaire (1694-1778), der doch mit dem >>Traité sur la tolérance à l'occasion de la mort de Jean Calas<< 1763 die Hugenotten gegen Intoleranz in Schutz genommen hatte, die polemische Schrift >>La Guerre civile de Genève<<. In diesem Buch, das wegen Voltaires Konflikt mit Jean-Jacques Rousseau (1712-1778) entstanden ist, greift der Philosoph die reformatorische – er nennt Calvin und seine Nachfolger – Auffassung an, dass die guten Werke des Menschen für sein Heil nutzlos sind:

>>C'est en ces lieux que maître Jean Calvin,
Savant Picard, opiniâtre et vain,
De Paul apôtre impudent interprête,
Disait aux gens que la vertu parfaite
Est inutile au salut du chrétien;
Que Dieu fait tout, et l'honnête homme rien.
Ses successeurs en foule s'attachèrent
A ce grand dogme, et très mal le prêchèrent.<< [124]

Einige Jahre nach dem Ersten Weltkrieg – in dem die französischen Protestanten versucht hatten, ihre Mitbürger zu überzeugen, dass sie auch gute Patrioten waren [125] – veröffentlichte der römisch-katholische Philosoph Jacques Maritain (1882-1973) ein Büchlein über >>Drei Reformatoren: Luther,

---

123 Pierre DE RONSARD: Remonstrance au peuple de France, 1563. In: Ders.: Discours. Derniers vers. P 2000 – 1. Aufl. 1979 –, 100, 205 - 101, 210. Siehe auch, über die Polemik von de Ronsard mit den Protestanten LA POLÉMIQUE PROTESTANTE CONTRE RONSARD/ hrsg. und eingel. von Jacques Pineaux. 2 Bde. P 1973.

124 François Marie Arouet VOLTAIRE: La guerre civile de Geneve, ou Les amours de Robert Covelle. Besançon 1768.

125 Laurent GAMBAROTTO: Foi et patrie: la prédication du protestantisme français pendant la Première Guerre mondiale. Genève 1996.

Descartes, Rousseau«.[126] Auf den Seiten, die er Luther widmete, vertrat Maritain die These, Luther bedeute die Ankunft des Individualismus – was Maritain negativ bewertete – in der Geschichte. In seinem Porträt Luthers erwähnt er auch dessen Verständnis der Rechtfertigung – und der Werke –, um diese Auffassung zurückzuweisen:

> »La justification est entièrement extérieure à nous, qui restons péché dans les moelles ; elle n'infuse en nous aucune vie nouvelle, elle nous couvre seulement comme d'un manteau. Pour être sauvés, nous n'avons rien à faire. [...] *Inutilité absolue des œuvres, salut par la foi seule*, c'est-à-dire par un élan de confiance. *Pecca fortiter, et crede firmius.* Tant plus tu pécheras, tant plus tu croiras, tant plus tu seras sauvé.«[127]

Auch wenn sie mit keinem Wort die Werke der Liebe, die aus dem Glauben fließen, erwähnt, darf die römisch-katholische Widerlegung – von de Ronsard bis zu Maritain – von Luthers Rechtfertigungsverständnis nicht nur als reine – und billige – Polemik interpretiert werden: Unsere Zitaten legen Zeugnis von der Gegensätzlichkeit zweier Denksystemen ab. Für die Altgläubigen – und ihre Nachfolger – bedeutet die Tatsache, dass der Mensch zu seinem Heil mit den guten Werken nicht mehr wirken kann eine Neuerung, die Angst erregt: Der Christ wird jetzt der willkürlichen Prädestination überlassen; dazu bedeutet die Rechtfertigung sola fide anscheinend das Ende des ethischen Wirkens des Menschen.[128] Im Gegensatz dazu ist die Botschaft, dass der Mensch nur aufgrund von Gottes Barmherzigkeit erlöst wird, für die Reformatoren – und ihre Anhänger – eine trostvolle Nachricht: Er braucht sich nicht mehr auf sein fehlbares Tun zu stützen; zugleich wird er frei[129] für ein ethisches Verhalten zugunsten seiner Mitmenschen.

---

126 Siehe dazu Richard STAUFFER: Le catholicisme à la découverte de Luther. Neuchâtel [Neuenburg] 1966, 34-38. Stauffer erwähnt aber nicht Maritains Kritik gegen Luthers Konzeption der Werke.

127 Jacques MARITAIN: Trois réformateurs: Luther, Descartes, Rousseau. P 1925, 12 f.

128 Siehe Daniel OLIVIER: La foi de Luther: la cause de l'Évangile dans l'Église. P 1978, 137: »Aujourd'hui encore, le catholique n'est pas prêt à renoncer à la conviction de la valeur méritoire des actions bonnes. [...]. Pour les catholiques du temps de Luther, dénier toute valeur salutaire aux œuvres était encourager le manque de zèle et le laisser-aller.«

129 Suda: Die Ethik Martin Luthers, 53, nennt Luthers Ethik eine Ethik der Befreiung: »Luther meint Befreiung von der Sünde, Befreiung von der Feindschaft gegen Gott und daher Befreiung zur Einheit mit Gott und mit den Mitmenschen durch die Nächstenliebe.«

Theologisch hat zwar die »Gemeinsame Erklärung zur Rechtfertigungslehre« 1999 in § 37 einen Konsens über die guten Werke – Folgen und Früchte der Rechtfertigung – ausgedrückt. Für die römisch-katholischen Christen wird aber der meritorische Charakter der guten Werke beibehalten, was von den Lutheranern nicht angenommen wird.[130] Wieder besteht hier eine Spannung zwischen einer Theologie, die fürchtet, dass der Mensch nicht verantwortlich handeln wird, und einer Theologie, die jedes menschliche Mitwirken an der sola gratia und sola fide ausschließt. Der Dialog muss natürlich weitergehen. Aber für beide, die römisch-katholischen und die lutherischen Theologen[131], sollte schon jetzt klar sein: Martin Luther ist ein gemeinsamer »Vater im Glauben« – wie es Peter Manns (1923-1991) formulierte – weil »seine Verteidigung des ›rechtfertigenden Glaubens‹ keinen Angriff auf die recht verstandene »Liebe« enthalten kann«.[132]

130 Vgl. André Birmelé: La communion ecclésiale: progrès oecuméniques et enjeux méthodologiques. P; Genève 2000, 171f.
131 Vgl. Peter Manns: Was macht Martin Luther zum »Vater im Glauben« für die eine Christenheit. In: Martin Luther »Reformator und Vater im Glauben«: Referate aus der Vortragsreihe des Instituts für Europäische Geschichte Mainz/ hrsg. von Peter Manns. S 1985, 14: »Ich bin mir der Tatsache bewußt, daß dem evangelischen Leser die hier vorgetragene Darstellung zunächst als fremd und vielleicht sogar als unannehmbar erscheint.«
132 Manns: Was macht Martin Luther zum »Vater im Glauben« …, 14.

Nachfolge Christi bei Erasmus und Luther

Von Christoph Burger

Dem Andenken von Cornelis Augustijn (1928-2008)

I »Nachfolge Christi« heißt nicht länger:
Dem armen, nackten Christus arm und nackt nachfolgen

Ich habe zwei Texte gewählt, in denen Erasmus und Luther meiner Ansicht nach auf ihre jeweils charakteristische Weise in ihren eigenen Worten darüber sprechen, wie einfache Christen »Nachfolge Christi« leben sollten.[1]

Beide, Erasmus und Luther, weichen von der wirkungsreichen Tradition innerhalb der christlichen Kirchengeschichte ab, die »Nachfolge« in der Weise versteht, dass sie durch bewussten Verzicht auf Reichtum und Macht nach Gleichförmigkeit mit Christus strebt. Schon Hieronymus hat in diesem Sinne vom »nackten Christus«[2] und vom »nackten Kreuz«

EASch Desiderius ERASMUS: Ausgewählte Schriften. Ausgabe in acht Bänden: lateinisch und deutsch/ hrsg. von Werner Welzig. DA 1968-1980.

Bd. 1: Epistola ad Paulum Volzium = Brief an Paul Volz. Enchiridion militis Christiani = Handbüchlein eines christlichen Streiters/ übers., eingel. und mit Anm. vers. von Werner Welzig, 1968. – 4., unv. Aufl., 2006.

Bd. 4: De libero arbitrio διατριβή sive collatio = Gespräch oder Unterredung über den freien Willen. Hyperaspistes diatribae adversus servum arbitrium Martini Lutheri, liber primus = Erstes Buch der Unterredung »Hyperaspistes« gegen den »Unfreien Willen« Martin Luthers/ übers., eingel. und mit Anm. vers. von Winfried Lesowsky, 1969. – 3., unv. Aufl., 2006.

1 Für beide, Erasmus wie Luther, ist der Jesus der Evangelien ganz selbstverständlich der Christus der christlichen Predigt. Deswegen werden »Jesus« und »Christus« im Folgenden ohne Bedeutungsunterschied verwendet.

2 Vgl. Giles CONSTABLE: Nudus nudum Christum sequi and parallel formulas in the twelfth century: a supplementary dossier. In: Continuity and discontinuity in church history: essays presented to George Huntston Williams …/ hrsg. von F. Forrester Church; Timothy George. Leiden 1979, 83-91, hier 86 bei Anm. 13: Hieronymus: Brief 125 und Homilie über das Lukasevangelium. Vgl. ferner Matthäus BERNARDS: Nudus nudum Christum sequi. Wissenschaft und Weisheit 14 (1951), 148-151.

gesprochen.[3] Johannes Klimakos († um 649?) schrieb in seiner »Scala paradisi«: »Wer den Herrn aufrichtig liebt, der folgt Christus, nackt in Beziehung auf diese [irdischen] Dinge, ohne Sorge und ohne Zögern.«[4] Die Formulierung »Nudus nudum Christum sequi« war besonders beliebt. Aus den Federn von 36 Verfassern vom vierten bis zum vierzehnten Jahrhundert konnten mehr als 50 Beispiele für ihre Verwendung nachgewiesen werden. In monastischer Hagiographie begegnete diese Formulierung nachweislich besonders oft.[5] Der Erfurter Augustiner Johannes von Paltz (1444/47-1511) zitierte beispielsweise ihre Verwendung in der Gründungslegende des Kartäuserordens.[6] Besonders oft verwendet wurde sie im 12. Jahrhundert.[7] Ihr Vorkommen in der »Imitatio Christi« ist bereits Gegenstand der Forschung gewesen.[8]

Eine Variante zu »nackt dem nackten Christus nachfolgen« ist »arm dem armen Christus folgen«. Gregor von Nyssa (um 335 - um 394) sagte in seiner ersten Predigt über die Seligpreisungen: »Der Herr wurde arm. Also fürchte dich nicht vor Armut. Aber Er, der um unseretwillen arm geworden ist, herrscht über die ganze Schöpfung. Wenn du also arm wirst, weil Er arm geworden ist, dann wirst auch du herrschen, weil Er herrscht.«[9] Die Formel »arm dem armen Christus folgen« findet sich beispielsweise bei Hildegard von Bingen (1098-1179) und bei Petrus Venerabilis (1092/94-1156).

Das Ziel dieser Formulierung des Aufrufs zur Nachfolge war es, nicht nur weltliche Güter zu relativieren, sondern auch andere weltliche Sorgen, unter anderem die um Ansehen in den Augen der Welt. »Nackt« und »arm« wurden ja als Gegenbegriffe nicht nur zu »reich«, sondern auch zu »mächtig« verwendet. Wer bereit war, »nackt« oder »arm« zu werden, der

---

3 Hieronymus: Briefe 52. 58; vgl. Constable: Nudus nudum Christum …, 86, bei Anm. 14.

4 Johannes CLIMACUS: Scala paradisi, II; MPL 88, 653 C; übersetzt nach Constable: Nudus nudum Christum …, 83.

5 Vgl. Constable: Nudus nudum Christum …, 84, bei Anm. 5 und 6.

6 JOHANNES VON PALTZ: De adventu domini ad iudicium. In: Ders.: Werke. Bd. 3: Opuscula/ hrsg. von Christoph Burger; Albert Czogalla … B; NY 1989, 381-408, hier 394, 22.

7 Vgl. zum folgenden Constable: Nudus nudum Christum …, 84-90.

8 Constable: AaO, 84, verweist auf Réginald GRÉGOIRE: L'adage ascétique »Nudus nudum Christum sequi«. In: Studi storici in onore de Ottorino Bertolini. Bd. 1. Pisa 1972, 395-409.

9 GREGOR VON NYSSA: The Lord's prayer. The beatitudes/ übers. von Hilda C. Graef. Westminster, Md.; LO 1954, 96. Hier übersetzt nach Constable: Nudus nudum Christum …, 83.

verzichtete auf Schutz und Macht. Die Begriffe »nudus, »pauper«, »egenus« und »humilis« waren in dieser Verwendung mehr oder weniger miteinander austauschbar.

Wie wenig realistisch ein Hinweis auf diesen Anspruch in manchen Fällen war, zeigt ein Brief des Bischofs Gilbert Foliot († 1187) an Thomas Becket (1118-1170) aus dem Jahre 1166. Gilbert Foliot behauptete darin, König Heinrich II. von England (1133-1189) verachte als Kreuzfahrer alles und folge als ein Nackter dem Herrn Jesus, der sein Kreuz trug. Der König betrachte die Armut, die dieser auf sich genommen hatte, und er gebe sich Mühe, in die Tat umzusetzen, was Jesus gelehrt habe.[10]

Dieser wirkmächtigen Tradition, »Nachfolge Christi« bedeute Verzicht auf Besitz, Sicherheit und Ansehen, schlossen sich Erasmus und Luther nicht an. Sie entwickelten vielmehr durchaus eigenständige Konzepte.

II »Nachfolge Christi« im »Enchiridion militis christiani« des Erasmus

1 Das Leben eines Christen als Kampf gegen die Fehler

Erasmus verfasste diese Schrift im Jahre 1501. Sie erschien 1503 im Druck, entfaltete aber erst seit der Ausgabe des Baseler Druckers Johann Froben (1460-1527) im Jahre 1518 breitere Wirkung. Bis zum Tode des Erasmus 1536 erschienen mehr als 50 Ausgaben und Übersetzungen.[11]

Das Wort »Enchiridion« ist mehrfach deutbar, als »Handbuch« und auch als »kleines Handschwert«.[12] Erasmus vertritt in dieser Schrift die Ansicht, ein Christ müsse sich in der Welt bewähren wie ein Soldat im Kriege.[13]

---

10 Constable: Nudus nudum Christum ..., 84, verweist dafür auf THE LETTERS AND CHARTERS OF GILBERT FOLIOT/ hrsg. von Adrian Morey; C. N. L. Brooke. Cambridge 1967, 241 (170).

11 Eine vorzügliche Darstellung des »Enchiridion militis christiani« und positiver wie negativer Reaktionen auf diese Schrift in ihrer Entstehungszeit bietet Cornelis AUGUSTIJN: Erasmus von Rotterdam: Leben – Werk – Wirkung. M 1986, 42-53 (Kap. V: Das Enchiridion)

12 Für die Deutung »kleines Handschwert« spricht nicht nur, dass Erasmus in dieser Schrift, die ja einem Geschützgießer gewidmet ist, das Leben des Christen durchgehend als einen Kampf beschreibt, sondern auch ganz besonders, dass er seine Schrift selbst so deutet: »Doch weil du so willst [...] habe ich dir ein ›Enchiridion‹, das ist: ein kleines Handschwert, geschmiedet [...]«; EASch 1, 98: »Enchiridion, id est pugiunculum [...].«

13 Zum Bild der »militia spiritualis« im »Enchiridion ...« des Erasmus vgl. die kenntnisreiche

Das Leben des Christen als einen Kampf anzusehen war ein beliebter Vergleich.[14] Die biblischen Belege stammen in erster Linie aus E 6, wo von der geistlichen Waffenrüstung eines Christen die Rede ist. Ganz besonders passend ist der Vergleich des Christenlebens mit dem eines Soldaten deswegen, weil Johannes Poppenreuter (um 1457 - vor 24. Jan. 1534), dem das »Enchiridion ...« ursprünglich gewidmet war, den Beruf eines Geschützgießers ausübte. An einer Stelle schreibt Erasmus ausdrücklich: In euren Kriegen hat man manchmal Ruhe – uns [Christen] ist das nicht möglich, solange wir in diesem irdischen Leibe streiten.[15] Mit dem »euren« spricht er den Adressaten Poppenreuter direkt an.

Im 15. Jahrhundert und zu Beginn des 16. Jahrhunderts wird die militärische Bildsprache für die christliche Existenz häufig verwendet.[16] Ich nenne nur fünf weniger bekannte Beispiele. In einer Liederhandschrift aus Kreisen der Devotio moderna in Zwolle findet sich das Lied: »Nach der Quelle des ewigen Lebens dürstet der Sinn, der nun dürre ist«. Die beiden letzten Strophen schildern die Existenz eines Christen als die eines Soldaten, der um den Siegespreis kämpft.[17] Der Erfurter Augustinerprofessor Johannes

Darstellung von Ernst-Wilhelm KOHLS: Die Theologie des Erasmus. Textbd. BL 1966, 72-93; Anmerkungsbd., 87, Anm. 19.

14 Zur Verwendung dieses Vergleichs bei Theologen der Frühen Kirche vgl. Franz Josef DÖLGER: Sacramentum militiae. Antike und Christentum 2 (1930), 268-280. Auch der Herausgeber der Schrift des Erasmus, Werner Welzig, bietet in seiner Einleitung einen kenntnisreichen Überblick; EASch 1, XIV-XXV.

15 EASch 1, 74: »In vestris bellis non raro licet interquiescere, vel cum hibernat hostis, vel cum intercedunt induciae. Nobis donec in hoc corpore militamus, ne digitum quidem, ut aiunt, transversum licet ab armis discedere.«

16 Vgl. zum Gebrauch dieser Bildsprache nach Erasmus auch die Übersicht von Welzig in seiner Einleitung; EASch 1, XXI-XXV.

17 »Ad perennis vitae fontem mens sitit nunc arida«:

19 »Christe, palma bellatorum, hoc in municipium
    introduc me post solutum militare cingulum,
    fac consortem donativi beatorum civium!

20 Praebe vires inexhausto laboranti praelio,
    ut quietem post praecinctum debeas emerito,
    teque merear potiri sine fine praemio!«

Nach der Fassung der Handschrift Zwolle, Historisch Centrum Overijssel, collectie Emmanuelshuizen, cat. VI; abgedruckt bei Ulrike HASCHER-BURGER: Singen für die Seligkeit: Studien zu einer Liedersammlung der Devotio moderna. Leiden 2007, 193-195

von Paltz spricht in seinem »Supplement zum Himmlischen Bergwerk« (1504) außerordentlich breit über höllische Heere, mit denen der Teufel gegen die Ablässe kämpfe, und vergleicht Hilfsmittel, gegen den Teufel zu kämpfen, mit verschiedenen zeitgenössischen Kanonentypen. Das liegt für Paltz deswegen vor der Hand, weil sein Vater ebenfalls Geschützgießer ist wie der Adressat der Schrift des Erasmus.[18] In einer Karmelitenkirche in Wien heißt es auf einem Spruchband, Maria möge doch der Schlachtreihe der Karmeliten beistehen.[19] Als im Jahre 1519 eine Disputation in Jüterbog gehalten wird mit dem Ziel, auseinanderstrebende Zweige des Franziskanerordens beieinander zu halten, sprechen die gastgebenden Franziskaner von dem eigenen Orden als von einer von Gott gegebenen neuen »militia«.[20] Der Kölner Karmelit Nikolaus Blanckaert († 1555?) schreibt 1551, als Glied der rechtgläubigen Kirche könne er des Sieges gewiss sein im Kampf gegen Calvin, der die Verehrung der Reliquien verächtlich zu machen versuchte.[21] Diese Beispiele mögen verdeutlichen, wie vertraut die Bildsprache, in der das Leben von Christen als Kampf betrachtet wurde, zu Beginn des 16. Jahrhunderts im deutschen Sprachraum war. Erasmus nimmt eine Redeweise auf, die seinen Lesern vertraut war.

(Edition). 260-264 (Faksimile). Die Aufnahme eines Liedes in eine Handschrift bedeutete, wie sich versteht, Zustimmung zu dessen Inhalt.

18 JOHANNES VON PALTZ: Werke. Bd. 2: Supplementum Coelifodinae/ hrsg. und bearb. von Berndt Hamm ... B; NY 1983, 3, 16 - 4, 2 zum Beruf des Vaters; 17, 29: »bombardae«; 19, 16: »›handbüchsen‹ vel ›hakenbüchsen‹«.

19 »Doctrix disciplinae dei / nostre assis aciei!«; abgebildet bei Franz-Bernard LICKTEIG: The German Carmelites at the medieval universities. Roma 1981, Abbildung nach 432.

20 »Prima propositio. Gratiose decrevit divina benignitas senescente mundo novam quandam ecclesiae suae militantis militiam demonstrare«; Gerhard HAMMER: Militia Franciscana seu militia Christi: das neugefundene Protokoll einer Disputation der sächsischen Franziskaner mit Vertretern der Wittenberger theologischen Fakultät am 3. und 4. Oktober 1519. ARG 69 (1978), 51-81; 70 (1979), 59-105; hier 69 (1978), 65.

21 »inter medios cives Christianae Reipublicae securus pugno«; Alexander Candidus (Nikolaus Blanckaert) O. Carm., Widmungsbrief der ersten von zwei zusammen gebundenen Schriftchen mit dem Titel »Iudicium« an den von 1529 bis 1563 amtierenden Abt des Zisterzienserklosters Camp, Johannes von Hüls, fol. A 4ᵛ; vgl. Christoph BURGER: Der Kölner Karmelit Nikolaus Blanckaert verteidigt die Verehrung der Reliquien gegen Calvin (1551). In: Auctoritas patrum II: neue Beiträge zur Rezeption der Kirchenväter im 15. und 16. Jahrhundert/ hrsg. von Leif Grane; Alfred Schindler; Markus Wriedt. MZ 1998, 27-49.

Einleitend formuliert Erasmus, der Adressat der Schrift habe ihn um eine kurzgefaßte Anleitung gebeten, wie er Christi würdig werden könne.[22] Schon damit wird völlig klar, dass Erasmus davon ausgeht, dass die Anstrengung seines Adressaten gefordert ist. Freilich beeilt er sich, hinzuzufügen, Gott selbst sei es, der diesen Wunsch in Poppenreuter wachgerufen habe und der diesen dabei fördern werde, ihn auch wirklich durchzuführen.[23] In äußerster Knappheit vertritt er hier im Jahre 1501 bereits denselben Standpunkt, den er dann 1524 in »De libero arbitrio διατριβή sive collatio« einnehmen wird: Gott gibt zwar sowohl den Anstoß zum Guten als auch die entscheidende Kraft zum Tun des Guten, aber vom Christen wird erwartet, dass er unter Gottes Führung selbst mitwirkt.[24] Erasmus will Poppenreuter Hilfestellung dabei leisten, auf diese Weise an seinem Heil mitzuwirken. Er fordert ihn auf, mit ihm gemeinsam zu Jesu Geist zu beten, damit er selbst Heilsames schreiben könne und damit es bei Poppenreuter wirke.[25] So lange Christen auf der Erde leben, fechten sie diesen Kampf aus. Mit tödlichem Hass müssen sie gegen die Fehler streiten.[26] Christus ist der Herzog, unter dessen Fahne es zu streiten gilt.[27] Gott selbst wird den loben, der im Kampf gegen die Fehler siegt.[28]

22 EASch 1, 56: »Efflagitasti [...], ut [...] quandam vivendi rationem praescriberem, [...] ad mentem Christo dignam pervenire.«

23 EASch 1, 56: »[...] gratulor tuo tam salutari proposito, quod spero vel citra nostram operam fortunabit provehetque ipse, qui dignatus est excitare.«

24 Der entschiedene Anhänger des antipelagianischen Augustinus Hugolin von Orvieto OESA (um 1300-1373) hat anderthalb Jahrhunderte eher für eine derartige Kooperation zwischen Gott und dem Menschen den Terminus geprägt, des Menschen Wille sei »halbe Teilmitursache« (semiconcausa partialis); vgl. dazu Christoph BURGER: Freiheit zur Liebe ist Geschenk Gottes: Hugolin von Orvieto als Schüler Augustins. In: AUGUSTINE, THE HARVEST, AND THEOLOGY (1300-1650): essays dedicated to Heiko Augustinus Oberman in honor of his sixtieth birthday/ hrsg. von Kenneth Hagen. Leiden; NY; København; Köln 1990, 21-40.

25 EASch 1, 56.

26 EASch 1, 60.

27 EASch 1, 62: »An nescis, o Christiane miles, iam tum, cum vivifici lavacri mysteriis initiabaris, nomen dedisse te duci Christo, [....]?« und: »Quantus pudor, [...], cum a duce principe deficit homo. Tu cur ludibrio habes Christum ducem tuum [...]?«. Dieses Reden des Erasmus von Christus als dem Herzog erinnert an das Sprechen Zwinglis von Christus als dem Hauptmann.

28 EASch 1, 66: »Collaudabit ille [deus] virtutem nostram, a quo probari suprema felicitas est.«

Christus hat den Feind bereits besiegt, und sein Sieg wird sich in den Christen wiederholen.[29] Die Christen haben also Teil an dem Sieg, den Christus bereits über den Teufel errungen hat. Unter Christi Führung wird der Teufel in ihnen erneut besiegt werden. Ein Christ muß lediglich dafür Sorge tragen, dass er zum Leibe Christi gehört. Dann wird er kraft des Hauptes, Christus, alles vermögen.[30] Der Sieg liegt in Gottes Hand und durch ihn auch in der Hand eines jeden Christen.[31] An Gottes Güte mangelt es nicht. Wohl aber kann es sein, dass ein Mensch im Streit gegen die Fehler nicht siegen will. Gott wird für den Christen streiten und diesem seine eigene Freigebigkeit als Verdienst anrechnen.[32] Es gilt jeden Sieg dem Helfer [Christus] zuzuschreiben, aber ohne eigenes Bemühen wird ein Sieg nicht gelingen.[33] Erasmus nennt Christus das Vorbild im Streit.[34]

Zusammenfassend wird man sagen können, dass Erasmus auf der einen Seite betont, dass Christus den Sieg über den Teufel bereits errungen hat und dass Gott es an seiner Güte nicht fehlen lässt. Auf dieser Vorgabe beruht die Nachfolge der Christen. Andererseits aber fordert Erasmus von jedem Christen, dass er sich unter Christi Leitung nach besten Kräften darum bemüht, den Fehlern Widerstand zu leisten.[35] Daraus wird bereits deutlich, dass Erasmus voraussetzt, dass ein Christ der ihm geschenkten

---

29 EASch 1, 72: »In mentem veniat non tibi cum integro hoste rem esse, sed cum eo, qui iam olim fractus, [...] atque adeo triumphatus sit *a nobis*, sed in Christo capite nostro, a quo procul dubio vicissim vincetur et *in nobis*.« [Hervorhebung von mir]

30 EASch 1, 72.

31 EASch 1, 72: »Proinde ne anceps quidem est nostri Martis exitus, propterea quod neutiquam a fortuna pendeat victoria, sed ea omnis in manu sita sit dei ac per eum nostris quoque in manibus.«

32 EASch 1, 72: »Pro te pugnabit et liberalitatem suam tibi pro merito imputabit.« Vgl. dazu Kohls: Die Theologie des Erasmus. Textbd., 77.

33 EASch 1, 72: »Victoriam omnem illi feras acceptam oportet, [...], verum ea tibi non sine tua continget industria.« Christus nennt er den »auxiliator«.

34 EASch 1, 72: »Ita demum per illum vincemus, si illius exemplo pugnabimus.«

35 Vgl. auch das Résumée von Kohls: Die Theologie des Erasmus. Textbd., 77: »Die Souveränität der göttlichen Gnade und die Verantwortung des Menschen schließen sich nicht aus, sondern korrespondieren miteinander. Der Wille und das Eigenvermögen des Christen werden ausschließlich als ermöglicht durch die vorgegebene Leistung Christi verstanden. Das Glaubensverhältnis zwischen Gott und Mensch setzt für Erasmus stets das primäre und vorgängige Wirken Gottes voraus.«

Gnade Gottes dankbar zustimmen und sich von Anfang bis Ende seines Lebensweges um wahre Frömmigkeit und eine ihr entsprechende Lebensgestaltung bemühen soll.

2 Aussagen über die Taufe, Versagen des Christen und Gottes Gnade im »Enchiridion militis christiani«

Erasmus betont die Rolle der Taufe im Leben eines Christen stark.[36] So spricht er beispielsweise von dem Bund, den ein Christ in der Taufe mit Gott schließe und den dieser nicht verletzen dürfe[37] oder von dem Bund, der »mit den heiligsten Zeremonien« geschlossen worden sei.[38] Christus hat dem Christen das Leben geschenkt und erneut gegeben,[39] er hat jeden Christen um den Preis seines Blutes [vom Teufel] losgekauft. Deswegen darf ein Christ ebensowenig zum Teufel überlaufen, wie ein Soldat desertieren darf.[40]

Einer Seele, die durch Vergehen gegen die Gebote geistlich gestorben ist, kann nur Gott durch seine Gnade wieder Leben verleihen. Freilich darf die Seele eines Menschen nicht geistlich tot sein, wenn sein leibliches Leben ein Ende findet.[41] Mit dieser Aussage stellt sich Erasmus in die theologische Tradition hinein, nach der ein Christ zum Zeitpunkt seines Todes mit Gott und seiner Kirche in Frieden leben muss, wenn er will hoffen dürfen, die ewige Seligkeit zu erlangen.

Die Folgen des Sündenfalls der ersten Menschen auf die Fähigkeit des Menschen, sein Leben nach Gottes Willen einzurichten, betont Erasmus im »Enchiridion …« nicht besonders stark. Folglich spornt er denn auch eher zur Nachfolge Christi an, als dass er betonte, was den Christenmenschen

36 Vgl. Kohls: Die Theologie des Erasmus. Textbd., 73-75: »Die Bedeutung der Taufe«.

37 EASch 1, 60: »Etenim qui cum vitiis pacem iniit, cum deo in baptismate percussum foedus violavit.«

38 EASch 1, 60 / 62: »sanctissimis caerimoniis ictum foedus«; 62: »cum vivifici lavacri mysteriis initiabaris«.

39 EASch 1, 62: »vitam […] donatam et restitutam«.

40 EASch, 62. In der »Paraclesis« wird Erasmus später formulieren: »Die Taufe ist der erste, allen Christen gemeinsame Ausdruck der christlichen Philosophie«; Kohls: Die Theologie des Erasmus. Textbd., 74 (deutsch); Anmerkungsbd., 88, Anm. 24 (lateinisch).

41 EASch, 70: »Animam vero mortuam non nisi singulari gratuitaque virtute resuscitat deus, ac ne resuscitat quidem, si mortua corpus reliquerit.«

an der Nachfolge Christi hindert. Als Folgen der Erbsünde, die auch nach der Taufe noch im Christen bleibe, nennt Erasmus in allererster Linie die »Blindheit« oder den »Nebel der Unwissenheit«, ferner das »Fleisch« und die »Schwäche« des Christenmenschen.[42] Er steht damit durchaus in der theologischen Tradition. Wurde doch die Unfähigkeit des Menschen, Gottes Geboten nachzuleben, in drei Schwächen differenziert: »Unkenntnis« dessen, was Gottes Gebot vom Menschen fordert, »Willensschwäche« und »Mangel an Kraft, das als gut Erkannte zu tun«.[43] Eine besonders wichtige Rolle spielte innerhalb der Tradition des Nachdenkens über diese Folgen des Sündenfalls Bernhard von Clairvaux (um 1090-1153).[44] Freilich kommt es dann, wenn man sich dieses geläufigen Ternars bedient, darauf an, auf welche der drei Unfähigkeiten man den Akzent legt. Erasmus betont ganz besonders die »Blindheit«. Dann liegt freilich die Gefahr nahe, dass die Unfähigkeit zum Tun des Gottgewollten einseitig in intellektueller Schwäche gesehen wird.[45] Wissen, behauptet er, sei unter den »mittleren

---

42 EASch 1, 148: »Nam etsi labem abstersit baptismus, tamen haeret adhuc quiddam veteris morbi relictum in nobis tum ad custodiam humilitatis tum materiam segetemque virtutis. Ea sunt caecitas, caro et infirmitas.« Vgl. Augustijn: Erasmus von Rotterdam, 50: »An vorderster Stelle steht die Blindheit, der Nebel der Unwissenheit, der die Einsicht der Vernunft verdunkelt. Das ist für Erasmus die weitaus größte Gefahr.«

43 Eine wichtige Rolle spielte die Exegese von 2 K 3, 5 – »non quod sufficientes simus cogitare aliquid a nobis, quasi ex nobis: sed sufficientia nostra ex Deo est [...]« – in Verbindung mit Ph 2, 13 – »Deus est enim, qui operatur in vobis et velle, et perficere pro bona voluntate«. Vgl. zur Argumentation des spätmittelalterlichen Augustinisten Gregor von Rimini OESA († 1358) Christoph Burger: Der Augustinschüler gegen die modernen Pelagianer: das »auxilium speciale dei« in der Gnadenlehre Gregors von Rimini. In: Gregor von Rimini: Werk und Wirkung bis zur Reformation/ hrsg. von Heiko A. Oberman, B; NY 1981, 195-240, hier 202, zu Gregor von Rimini: In secundum librum Sententiarum, dist. 26-28, qu. 1, art. 1; ders.: Lectura super primum et secundum Sententiarum/ hrsg. von Damasus Trapp; Venício Marcolino. Bd. 6: Super secundum (dist. 24-44). B; NY 1980, 24, 11-19. Gregor von Rimini zitiert ausgiebig aus Werken von Augustinus, so etwa aus De spiritu et littera 3, 5 (PL 44, 203; bei Gregor aaO, 49, 14-26).

44 Bernhard von Clairvaux: Tractatus de gratia et libero arbitrio, caput 14, 46; Sanctus Bernardus: Opera. Bd. 3: Tractatus et opuscula. Roma 1963, 199, 9-11: »Si ergo Deus tria haec, hoc est bonum cogitare, velle, perficere, operatur in nobis, primum profecto sine nobis, secundum nobiscum, tertium per nos facit.«

45 Darauf, dass Erasmus der Einsicht und dem Wissen eines Christen wesentliche Bedeutung zubilligt, weist der Herausgeber Welzig in seiner Einleitung hin; EASch 1, XXI.

Dingen« am wichtigsten.[46] Höher als diese »mittleren Dinge« stehen freilich das Wohlwollen gegenüber allen Menschen, Unterstützung der Freunde aus ehrenhaften Gründen, Hass der Fehler und Wohlgefallen an frommen Aussagen.[47]

Erasmus' Überzeugung, die Unfähigkeit des Christen zur Nachfolge Christi bestehe ganz besonders in einem Mangel daran, zu erkennen, was gut ist, lässt die Willensschwäche und den Mangel an Kraft, das als gut Erkannte auch wirklich zu tun, stärker zurücktreten als bei anderen Theologen, die diese drei Folgen der Erbsünde hervorhoben.

3 Das ungewohnte Paulusbild des Erasmus

Erasmus lässt den Apostel Paulus im »Enchiridion ...« häufig zu Wort kommen. Er gibt ihm den Ehrentitel »Bannerträger der christlichen Ritterschaft«[48] und schreibt, Paulus habe mit der Aussage, der Buchstabe töte, der Geist aber mache lebendig, seinen Meister Christus ergänzt.[49] Im »Enchiridion ...« zitiert er aus den Briefen des Paulus an die Galater, Korinther und Römer.[50] Freilich spitzt er die Aussagen des Apostels ganz anders zu, als dies beispielsweise Augustinus nach seiner Hinwendung zu einer neuen Sicht des Paulus getan hat: Nirgends bekommt der Leser den Eindruck, ein Christ sei vollkommen von Gottes Gnade abhängig.[51] Vielmehr unterstützen in der Darstellung des Erasmus auch die Pauluszitate die Gesamtaussage: Ein Christ soll unter Christi Leitung gegen die eigenen Fehler kämpfen. Setzt Erasmus doch das Reden des Paulus vom »inneren

46 EASch 1, 172: »Ergo scientia in mediis principatum obtinet; [...].«

47 EASch 1, 170.

48 EASch 1, 62: »Christianae militiae signifer«.

49 EASch 1, 90: »Neque audiunt [...], non Paulum magistro astruentem: [...].«

50 EASch 1, 126.

51 Vgl. zusammenfassend zur voll entwickelten Gnadenlehre des Augustinus Kurt FLASCH: Logik des Schreckens: Augustinus von Hippo: De diversis quaestionibus ad Simplicianum I 2/ Deutsche Erstübersetzung von Walter Schäfer; hrsg. und erklärt von Kurt Flasch. MZ 1990, 11: »Augustin entwickelte eine neue Gesamtsicht des Menschen, seiner Moral und seiner Geschichte: Alle Kinder Adams sind beladen mit Schuld, nicht also nur mit den Folgen einer Schuld.« und 122: »[...] Gott wirft den wenigen, die er errettet, die wirkliche Freiheit, nämlich die Freiheit von der Sünde, zu und führt sie so in sein Reich.« Weniger polemisch formuliert Volker Henning DRECOLL: Die Entstehung der Gnadenlehre Augustins. TÜ 1999.

Menschen« mit dem der Philosophen von der Vernunft gleich.[52] Obwohl er im Anschluss an den Apostel Paulus von »Fleisch« und von »Geist« spricht, setzt er beide einander nicht radikal entgegen. Sein Bild vom Menschen ist deswegen denn auch recht positiv: Wer sich um eine gute Gesinnung bemüht, der kommt zum Ziel.[53]

Erasmus orientierte sich eben nicht an derjenigen Paulusdeutung, die Augustinus nach seiner sogenannten zweiten Bekehrung vertreten hatte. Er bewunderte an Augustinus ebenso wie an Hieronymus deren Kenntnis der Heiligen Schrift, aber auch ihre literarische Bildung und ihren vortrefflichen Lebenswandel. Er schätzte Origenes und nächst diesem auch Hieronymus als Ausleger der Bibel hoch. Diese Wertschätzung beruhte vor allem auf der philologischen Kompetenz beider. Doch mit dieser Hochschätzung ihrer exegetischen Qualitäten verband sich bei ihm auch Zustimmung zu ihrer Gnadenlehre, die von derjenigen des Augustinus erheblich abwich. Erasmus stellte sich eher in die Tradition des griechischen Ostens als in die des lateinischen Westens. Verstanden die griechischen Väter doch die Gnade Gottes sowohl als vollkommen unverdiente Gabe als eben *auch* in einer Linie mit Schöpfung und Natur.[54] Hieronymus hat sich zwar durch eine Schrift gegen die Pelagianer von diesen abgegrenzt,[55] dennoch steht er in seiner Gnadenlehre den griechischen Vätern näher als Augustinus.

Wie weit diese Neigung des Erasmus in Bezug auf Hieronymus gehen konnte, hat Peter Bietenholz an einem Beispiel der Exegese des Erasmus aufgewiesen. Es geht dabei um die Kontroverse zwischen Petrus und Paulus, aufgezeichnet in G 2, 11-14, ob ein Heidenchrist wie ein Judenchrist leben müsse. Bietenholz fasst die Haltung des Erasmus so zusammen:

---

52 EASch 1, 126: »Quod philosophi rationem, id Paulus modo spiritum, modo interiorem hominem, modo legem mentis vocat.«

53 EASch 1, 166: »Nemo ad bonam mentem certo animo contendit, qui non pervenerit.«

54 Vgl. Jaroslav PELIKAN: Mary through the centuries: her place in the history of culture. New Haven; LO, 1996, 89: »Thinkers of the Eastern tradition [...] interpreted grace simultaneously as a totally unearned gift and as an affirmation of continuity with nature and creation – and therefore with freedom.« Vgl. ferner Alfred SCHINDLER: Gnade und Freiheit: zum Vergleich zwischen den griechischen und lateinischen Kirchenvätern. ZThK 62 (1965), 178-195.

55 Vgl. Sophronius Eusebius HIERONYMUS: Dialogus adversus Pelagianos/ cura et studio Claudio Moreschini. Turnhout 1990. (Corpus Christianorum: series latina; 80)

»Er [Erasmus] weiß, daß Hieronymus' Argument unhaltbar ist. Dennoch stellt er sich in jedem Punkt, in dem er das tun kann, auf dessen Seite. Er weiß, daß Augustin recht hat. Aber er kritisiert ihn, wo immer er kann.«[56] Erasmus billigte auch dem Apostel Paulus sehr im Unterschied zu Luther innerhalb des Neuen Testaments meistens keine hervorragende Rolle zu. Paulus – wird er in der Diatribe schreiben –, schärfe überall die Bedeutung der Gnade Gottes ein.[57] Das klingt eher referierend, als dass Erasmus bereit wäre, dem zuzustimmen. Mit seiner Vorliebe für Hieronymus war Erasmus in seiner Generation absolut kein Einzelfall, wie Berndt Hamm gezeigt hat.[58] Dessen Beliebtheit wird schon daran deutlich, dass damals in Nürnberg viele Eltern ihren Söhnen den Vornamen »Hieronymus« gaben.

Zusammenfassend kann man sagen, dass Erasmus Paulus im »Enchiridion militis christiani« zwar wiederholt zu Wort kommen lässt, dass er ihn aber nicht durch die Brille des späten Augustinus betrachtet.

4 Die Deutung, die Erasmus in seinem Brief an Hans Volz seiner Schrift selbst gibt

Erasmus deutete in der Frobenausgabe von 1518 die Absicht seiner Schrift selbst. Er tat das in einem Brief an Paul Volz (1480-1544), den Abt des Benediktinerklosters Hügshofen, das beim elsässischen Schlettstadt liegt. Er schrieb, ihm stünden Leser vor Augen, denen allein zusage, was nicht allein fromm, sondern eben auch intellektuell anspruchsvoll sei.[59] Andererseits

56 Peter BIETENHOLZ: »The patristic controversy about Galatians 2: 11-14 and the reaction of Erasmus of Rotterdam«. Theological studies 50 (Kwansei Gakuin University, Japan März 2003), 171-183, hier 180: »He [Erasmus] knows that Jerome's argument is untenable, but he still sides with him in every point he can. He knows that Augustine is right, but he finds fault with him wherever he can.«

57 EASch 4, 50: »Sanctus Augustinus et qui hunc sequuntur [...] propensiores sunt in favorem gratiae, quam ubique Paulus inculcat.« Vgl. dazu Christoph BURGER: Erasmus' Auseinandersetzung mit Augustin im Streit mit Luther. In: Auctoritas patrum: zur Rezeption der Kirchenväter im 15. und 16. Jahrhundert/ hrsg. von Leif Grane ... MZ 1993, 1-13, hier 2, bei Anm. 6.

58 Berndt HAMM: Hieronymus-Begeisterung und Augustinismus vor der Reformation: Beobachtungen zur Beziehung zwischen Humanismus und Frömmigkeitstheologie (am Beispiel Nürnbergs). In: Augustine, the harvest, and theology (1300-1650), 127-235.

59 EASch 1, 2: »[...], ut estis ipsi pia doctrina et docta pietate praediti, scio nihil probari, quod non iuxta pium sit atque eruditum, [...].«

aber erhebe er in dieser Schrift nicht den Anspruch auf die Art von Scharfsinn, die man bei skotistischen Theologen gewohnt sei.[60] In dieser Schrift habe er »Unterweisungen für ein rechtes Leben« gegeben.[61]

Zum Inhalt seiner Schrift schrieb er in diesem Widmungsbrief beispielsweise, man solle doch »wahre Frömmigkeit« – »vera pietas« – und wahre Religion – »vera religio« – nicht mit dem bloßen Anspruch darauf verwechseln.[62] Wenn man bedenkt, dass die Mönche sich als die »religiosi« schlechthin betrachteten und der Eintritt in einen Orden als der Eintritt »in religionem« bezeichnet wurde, dann wird deutlich, gegen wen sich diese Spitze richtet. Die Bedrohung der wahren Frömmigkeit komme von den »Fehlern« – »vitia«. Christus sei der gütigste Retter, der von Christen nichts weiter verlange als ein reines, einfältiges Leben.[63] Christus sei der Mittelpunkt,[64] um den sich in drei konzentrischen Kreisen die Priester, Herrscher und das einfache Christenvolk gruppierten. Alle Christen müssten im Maße ihrer Kräfte zu Christus streben, er gebe das Ziel vor.[65] Manche Christen seien Kindern zu vergleichen, andere alten Menschen, eine dritte Gruppe Menschen im Vollbesitz ihrer Kräfte.[66] Vollkommenheit, wie Christus sie fordere, liege in der Regung des Herzens, nicht in einer oder der anderen Lebensform – auch nicht in der der Mönche.[67]

Polemik gegen den Anspruch der Mönche, vollkommener zu sein als andere Christen, äußert Erasmus in dieser Schrift immer wieder. Wünschenswert wäre es, dass alle Christen dem Evangelium nachlebten, nicht

---

60 EASch 1, 4: »Nihil igitur me movent quorundam scommata, qui libellum hunc ceu parum eruditum aspernantur et qui vel ab elementario quovis scribi possit, quod nihil tractet Scoticarum quaestionum; […].«

61 EASch 1, 52: »recte vivendi praeceptiones«.

62 EASch 1, 50: »Nemo longius abest a vera religione, quam qui sibi valde videtur religiosus. Nec unquam peius agitur cum pietate Christiana, quam cum, […] hominum auctoritas divinae praefertur.«

63 EASch 1, 10: man hat es in Christus zu tun »cum clementissimo servatore, qui a nobis praeter puram simplicemque vitam nihil exigit«.

64 EASch 1, 20: »Maneat Christus id quod est, centrum, ambientibus circulis aliquot.«

65 EASch 1, 50: »ad Christi scopum omnibus praefixum enitamur«.

66 EASch 1, 26: »Habet enim et pietas suam infantiam, habet aetatis accessus, habet perfectum et vegetum robur. Omnibus tamen pro sua cuique portione ad Christum est enitendum.«

67 EASch 1, 28: »In affectibus est Christi perfectio, non in vitae genere; […].«

aber, dass manche meinten, als Benediktiner oder Franziskaner Gott wohlgefälliger zu sein.[68] Das sei nicht im Geiste der beiden Ordensstifter. Die Mönche wollten ursprünglich zu Christus zurückrufen, weiter nichts.[69] Ausführlich führt Erasmus dazu Hieronymus an.[70]

Wer Christus in seiner Taufe ein Gelöbnis getan hat und sich daran hält, braucht keines der drei Mönchsgelübde.[71] Die Taufe ist für Erasmus das eine vollgültige Gelöbnis, das durch weitere Gelübde nicht ergänzt, geschweige denn überboten werden kann.[72]

5 Das »Enchiridion militis christiani« des Erasmus, ein in sich stimmiger Entwurf christlicher Lebensgestaltung

Erasmus ist als Humanist *auch* Theologe. Er ist zwar unter Theologen besonders dafür bekannt, dass er als Philologe den Theologen seiner Zeit geholfen hat, die biblischen Texte adäquater zu verstehen als die gebräuchliche Exegese.[73] Doch bedeutet das nicht, dass er deswegen darauf verzichtet hätte, auch selbst Aussagen über den Inhalt des christlichen Glaubens und dessen ethische Konsequenzen zu machen. Es gilt denn auch, wenn man seine Aussagen adäquat verstehen will, Erasmus als einen eminenten Kenner des Neuen Testaments und der Kirchenväter zu würdigen, der – allein schon durch seine Tätigkeit als Editor – diese Texte hervorragend kannte. Nur dann wird man in der Lage sein, des Erasmus exegetische und deswegen dann auch dogmatische und ethische Entscheidungen zu verstehen und zu akzeptieren. Die wirkungskräftige zweisprachige Erasmusedition, die Werner Welzig

---

68 EASch 1, 42/44: »Ego certe sic optarim nec dubito, quin idem optent omnes vere pii, euangelicam religionem sic omnibus esse penitus cordi, ut hac contenti Benedictinam aut Franciscanam nullus ambiat; [...]«

69 EASch 1, 44.

70 EASch 1, 46.

71 EASch 1, 48.

72 EASch 1, 48: »[...] primum illud et unicum votum, quod in baptismo non homini, sed Christo nuncupavimus, [...].« Die Hochschätzung der Taufe ist Erasmus und Luther gemeinsam, vgl. Werner JETTER: Die Taufe beim jungen Luther. TÜ 1954.

73 Vgl. Cornelis AUGUSTIJN: Erasmus und seine Theologie: Hatte Luther recht? In: Ders.: Erasmus: der Humanist als Theologe und Kirchenreformer. Leiden; NY; Köln 1996, 293-310, hier 299: »Er wolle der Theologie den niedrigen Dienst des Schulmeisters besorgen, der sich darum kümmert, einfach den Text seinem Wortlaut nach zu verstehen und diese Kunst des Verstehens andere zu lehren.«

herausgegeben hat, enthält zwar wertvolle Nachweise von Klassikerzitaten, die viele Theologen wohl nicht ohne diese Nachweise erkannt hätten. Ein Theologe mit einer soliden Bibelkenntnis könnte jedoch andererseits viele Anspielungen auf Bibeltexte einfügen, die Welzig und seine Miteditoren nicht erkannt haben. Die Edition leitet ihren Benutzer also insofern irre, als sie Erasmus zu wenig als gründlichen Kenner der Bibel erkennen lässt.

Erst recht gilt das für Anspielungen auf Texte von Theologen des Hoch- und Spätmittelalters. Auch Erasmus ist ja nicht derartig originell, dass er ganz ohne die Tradition zu verstehen wäre, die sich vor ihm um das Verstehen von biblischen Texten bemühte. In seiner »De libero arbitrio διατριβή sive collatio« verrät er deutlich Kenntnis von Texten spätmittelalterlicher Theologen. Die Auffassung, die er bevorzugt, findet sich ganz ähnlich bei Hugolin von Orvieto (†1373).[74] Es tut der Bedeutung des Erasmus keinen Abbruch, wenn man auch darauf hinweist, was er der theologischen Tradition verdankt.

III Eine Predigt Luthers über »Nachfolge Christ« in der Kirchenpostille von 1522

In Überblicksdarstellungen der Theologie Luthers steht als Überschrift über einem einschlägigen Kapitel eher: »Ehe, Arbeit, Beruf und Wirtschaft«[75] als eben: »Nachfolge Christi«. Man bringt »Nachfolge Christi« weniger mit seinem Namen in Verbindung als mit denen des Thomas a Kempis (1379/80-1471) oder Dietrich Bonhoeffer (1906-1945). Und doch spricht auch Luther durchaus darüber. Einen ersten Eindruck über Aussagen Luthers zur Nachfolge Christi verschaffen die Register zur Hauptabteilung »Schriften« der Weimarer Ausgabe seiner Werke, und zwar sowohl über Aussagen in seinen lateinischen Schriften »Christiani Christum sequi studeant« als auch in seinen deutschen »Christus nachfolgen«.[76]

Luthers Auffassung von rechter Nachfolge bündelt eine Predigt in der Weihnachtspostille. Sie legt J 21, 19-24 aus und ist für den Tag des Evangelisten Johannes bestimmt, den 27. Dezember. Dort sagt Jesus ja zweimal

---

74 Vgl. Burger: Erasmus' Auseinandersetzung mit Augustin ..., 6-8.

75 Karl-Heinz ZUR MÜHLEN: Luther II: Theologie. Theol. Realenzyklopädie 21 (1991), 558, 1.

76 Lateinisch: WA 68, 162b f; deutsch: WA 71, 736b f.

zu Petrus: »Folge mir!« Die Hauptgedanken dieser Predigt hat Luther auch bereits in seiner im Jahre 1520 erschienenen Schrift »Von den guten Werken« formuliert.

Luther folgert daraus, dass Jesus die Frage des Petrus nach dem Geschick des Lieblingsjüngers abweist, dass ein Christ sich nicht in erster Linie nach der Lebensweise von Heiligen richten solle, die in der Kirche seiner Zeit so stark als Vorbilder hingestellt wurden. Ein Christ solle vielmehr seiner eigenen Berufung folgen. Nachfolge Christi müsse darin bestehen, dass ein Christ ihm glaubend vertraue und darauf achte, was Gott ihm an der Stelle zu tun gebiete, an die er ihn gestellt habe. Es gilt, zu tun, was Gott einem jeden befohlen hat.[77] Den »lieben Heiligen« nachzueifern, wozu zu Unrecht aufgerufen wird, lenkt davon nur ab. Obwohl im biblischen Text gleich zweimal vom Nachfolgen Jesu die Rede ist, beginnt Luther mit einer Warnung vor dem Schielen nach anderen. Jesus wolle ganz verschiedene Diener haben. Deren Aufgaben seien ganz verschieden.[78] Ein Christ soll folglich weder selbst ein Programm für sein Leben zusammenstellen noch Heilige nachahmen, sondern darauf warten, wie Gott ihn führen will.[79] Das Verb »warten« darf man in diesem Zusammenhang nicht als »rein passives Abwarten« missverstehen. Es geht vielmehr um ein aktives Achten auf Gottes Ruf im Sinne der lateinischen Formulierung »Dei vocationem attendere«.

Den möglichen Einwand, man selbst sei zu nichts berufen, lässt Luther nicht gelten. Jeder hat in seinem Stand genug zu tun. Hinter dem Bestreben, selbst erdachte vermeintlich heilige Werke zu verrichten, steckt der Teufel.[80] Gott aber will Gehorsam[81] gegenüber seinem Befehl,[82] nicht selbst

---

77 Luther: Kirchenpostille 1522, Predigt über J 21, 19-24; WA 10 I 1, 305-324, hier 306, 17f: »Unangesehen aller heyligen exempell unnd leben soll eyn iglicher wartten, was yhm befolhen ist, unnd warnhemen seynis beruffis.«

78 WA 10 I 1, 307, 11f: »Ich will mancherley diener habenn, sollen aber nitt alle eyniß werck seyn.«

79 WA 10 I 1, 308, 1-4: Christus »mag auch nit leyden der heyligen exempell, ßondern da ist er hyn gericht, das er warttet, wie yhn gott fure, was der von yhm haben will, wie der prophet ps. 24. sagt: Gott leret sie den weg, den er erwelet hatt.«

80 WA 10 I 1, 309, 19: »der boße geyst«.

81 WA 10 I 1, 310, 6-8: »O neyn, lieber mensch, es ist gott nit umb die werck zu thun, sondern umb den gehorsam, wie dasselb buch .1. Reg. 15. sagt: Gott will nit opffer, ßondern gehorsam haben.«

82 WA 10 I 1, 310, 9-11: »Daher kompts, das eyn frum magt, ßo sie ynn yhrem befelh hynngeht

erwählte Werke. Einen Strohhalm aufheben kann von Gott geboten sein,[83] das Auferwecken von Toten falsch.[84] Luther beruft sich dafür auf 1 K 7, 20: »Ein jeglicher bleibe in dem, darin er berufen ist«, und auf 1 P 4, 10: »Und dienet einander, ein jeglicher mit der Gabe, die er empfangen hat, als die guten Haushalter der mancherlei Gnade Gottes.«

Die Vorbildfunktion der »lieben Heiligen« wertet Luther erheblich um. Sie können lediglich dazu anleiten, auf Gottes Güte und Gnade zu vertrauen. Auch ihr Gehorsam kann zwar beispielhaft sein, nicht aber einzelne Werke.[85] Der Teufel versucht freilich Christen dahin zu bringen, dass sie Dienst an Gott ganz eingeschränkt auf als fromm geltende Werke wie etwa Gottesdienstbesuch und Almosengeben beziehen.[86]

Bündelnd fasst Luther zusammen: »Folge du mir – du! du! – und lass' andere ihre eigene Aufgabe erledigen!«[87] Dies sei die Botschaft des gesamten Johannesevangeliums. Lehre es doch nicht viel über den Glauben, sondern über die Nachfolge und über die Werke des Glaubens.[88]

Da es Luther am Herzen liegt, Neid als unter Christen verfehlt anzuprangern, interpretiert er J 21, 23 so, dass die Jünger neidlos erwartet hätten, dass der Lieblingsjünger am Leben bleiben werde, bis Christus wiederkomme. In der revidierten Bibelübersetzung von 1964 auf der Grundlage von Luthers Text heißt es: »Da ging die Rede aus unter den Brüdern: Dieser Jünger stirbt nicht.« Luther aber übersetzte hier in der Predigt folgendermaßen: »Eyn rede ist unter den brudern außkommen, sie haben (vornym: alle iunger und Christen) als bruder dauon geredt und yhm wol vorgonnet.«[89] Mehrere Zitate heidnischer Weiser und ein Hinweis auf die Alltagserfah-

unnd nach yhrem ampt den hoff keret oder mist außtregt, oder eyn knecht ynn gleycher meynung pflugt und fehret, stracks tzu gen hymel geht, auf der richtigen straß, [...].«

83 Zum »Befehl Gottes« vgl. auch WA 10 I 1, 312, 15-18: »Sihe, alßo leßen wyr ynn der schrifft, das gott wollt nit haben von Dauid eyn kirchen gepawett, obs wol Dauid yhm furnahm; denn es war keyn befehl da zuuor geweßen. Aber von Salomon wolt erß haben, dem gab er auch eyn befelh druber.«

84 WA 10 I 1, 310, 18-21.

85 WA 10 I 1, 311, 14-18.

86 WA 10 I 1, 311, 21 - 312, 5.

87 WA 10 I 1, 312, 24 - 313, 2: »Folge du myr – du, du –, laß andere yhrs dings wartten, wart du deyniß, sie werden woll kommen.«

88 WA 10 I 1, 313, 4-6.

89 WA 10 I 1, 313, 16-18.

rung, dass nur der Träger eines eleganten Schuhs merke, dass er drückt, sollen als Erfahrungsweisheiten belegen, dass Neid vollkommen sinnlos ist.[90] Nützlich und nötig ist Glaube, der sich dessen gewiss ist, dass Gott seine Gaben mit höchster Gerechtigkeit austeilt.[91] Aus solchem Glauben folgen Gotteslob, Liebe zu Gott und Dankbarkeit ihm gegenüber.[92]

Überdruss und Unzufriedenheit sind Zeichen dafür, daß Gott dem bösen Geist erlaubt, einen Christen anzufechten. Sie besagen aber nicht, dass ein Christ dort, wohin Gott ihn gestellt hat, nicht an seinem Platz ist. Im Gegenteil, gerade dann, wenn ein Christ Überdruss empfindet, dann soll er das als Zeichen dafür ansehen, dass der Teufel ihn an seiner gottgewollten Aufgabe irremachen will.[93]

Luther will nicht wie Augustinus in Johannes die vita contemplativa sehen und in Petrus die vita activa.[94] In einem längeren Argumentationsgang erklärt er, rechte Gottesschau geschehe im Glauben. Wer glaubt, der findet Ruhe bei Christus, wie der Lieblingsjünger im Johannesevangelium an Christi Brust ruht.[95] Der Glaube verschafft dem Glaubenden alle Güter Christi und rechte Einsicht, wie er es ja bereits in einer früheren Predigt dargelegt habe.[96] Wer glaubt, braucht nichts zu fürchten und ist ein Herr aller Dinge, wenn auch noch nicht offenkundig, sondern eben zunächst nur im Glauben.[97] Wer glaubt, kann zudem über alles adäquat urteilen.[98] Wer dagegen Lehre, Lebensweise und Werke hervorhebt statt des Glaubens, der verrät Gottes Gnade.[99] Dem Glauben ist kein Werk in besonderer Weise zuzuordnen.[100]

90 WA 10 I 1, 313, 21 - 314, 4: »[…], das auch der Heyde spricht: Wie geht es tzu, das ynn eynß andern fellt altzeyt besser frucht und des nachpawrß vihe mehr milch gibt, denn das unßer? Item: Wie geht es, das yhm niemand an seynem weßen benugen lest, eyn iglicher meynt, des andern weßen sey besser denn seyniß?« Zu diesen und weiteren Ausführungen weisen 314, Anm. 1 Zitate bei Ovid und Horaz; 315, Anm. 1 ein Zitat bei Herodot nach.
91 WA 10 I 1, 315, 18-21.
92 WA 10 I 1, 316, 6; hier negativ formuliert im Falle von Glaubensmangel.
93 WA 10 I 1, 317, 12-16.
94 WA 10 I 1, 318, 7 - 319, 6.
95 WA 10 I 1, 319, 7-13.=
96 WA 10 I 1, 319, 13-20.
97 WA 10 I 1, 320, 1-6.
98 WA 10 I 1, 320, 20-22.
99 WA 10 I 1, 322, 5-8.
100 WA 10 I 1, 323, 10 f.

IV Charakteristika des Redens von »Nachfolge Christi« bei Erasmus und Luther

Bei einem Vergleich des Redens von »Nachfolge Christi« in den beiden kurz vorgestellten Quellen empfiehlt es sich, ganz besonders auf die Weise zu achten, in der von »Nachfolge Christi« gesprochen wird, auf den »modus loquendi theologicus«.[101]

Wie Erasmus im »Enchiridion …« von »Nachfolge Christi« redet, ist auf den ersten Blick sehr plausibel. Er entwirft das Bild eines aussichtsreichen Lebenskampfes. In der Taufe hat sich ein Christ dazu verpflichtet, als Soldat seines Herzogs Christus zu kämpfen.

Wer Befehle nicht ausführt, wird seinem Fahneneid untreu. Dem Sonderweg des Mönchtums verweigert Erasmus Anerkennung. Ein Christ, der sich bemüht, wird auch ehrenvoll kämpfen und seinen verdienten Lohn erhalten. Was Christen daran hindert, Christus in dieser Weise nachzufolgen, leuchtet ebenfalls ein: Es sind die »vitia«. Die drei von Erasmus angeprangerten Mängel lassen sich im Alltag christlichen Lebens vielfach aufweisen: Unfähigkeit, zu erkennen, was getan werden muß – Erasmus redet von »Blindheit« –, Mangel an Willenskraft – »Fleisch« – und Unfähigkeit, wirklich zu tun, was nötig wäre – »Schwäche«.[102]

Bei genauerem Hinsehen aber birgt der Gebrauch der Vokabel »vitia«, zumal weil Erasmus von »vitia« im Plural spricht, die Gefahr in sich, dass das Problem, weswegen Christen denn nun nach der Taufe in aller Regel keineswegs Christus nachfolgen, nicht in den Blick gerät. Was Christen trotz guten Willens an der Nachfolge Christi hindern kann, wird nicht recht deutlich. Wenn man »vitia« mit »Fehler« übersetzt, so ist das zwar anschaulich, aber Verstöße werden verharmlost. Übersetzt man »vitia« mit »Laster«, so assoziiert der moderne Leser allzu leicht eine Verfallenheit an Trunksucht, übermäßigen Nikotingenuss oder Drogengebrauch.

Auch dann, wenn Erasmus für den »Mischmasch der Fehler« den Sammelbegriff »Schlechtigkeit« – »malitia« – gebraucht, spricht er weder von einer gemeinsamen Wurzel aller Vergehen noch bringt er sie auf andere

---

101 Vgl. dazu Leif GRANE: Modus loquendi theologicus: Luthers Kampf um die Erneuerung der Theologie (1515-1518). Leiden 1975.

102 Siehe oben Seite 99 bei Anm. 45.

Weise auf einen Begriff, der die Wurzel menschlicher Bosheit aufweisen könnte.[103] Das zutiefst Teuflische in manchen Verbrechen, die Mensch einander antun können, bleibt in den Reden des Erasmus von »vitia« und »malitia« verborgen. Warum auch Christen gottwidrig handeln, wird nicht wirklich deutlich. Erasmus' Betonung der Taufe ist meiner Meinung nach geeignet, hinter seiner Ausdrucksweise ein tieferes theologisches Verständnis aufzuspüren, als der eher verharmlosende Gegensatz »Fehler« – »vitia « –, zusammengefasst als »Schlechtigkeit« – »malitia« –, und »wahre Frömmigkeit« – »vera pietas« – nahe zu legen scheint. Doch ist die Taufe für ihn nicht von so zentraler Bedeutung, dass ein Christ sich jederzeit erneut auf sie berufen könnte. Die Kehrseite der Verständlichkeit, mit der Erasmus spricht, zeigt sich darin, dass Erlösung und neues Leben nicht den Charakter eines Neuanfangs haben.

Luthers Predigt über den Ruf Jesu Christi in die Nachfolge läuft darauf hinaus, dass ein Christ den Platz ausfüllen solle, an den Gott ihn gestellt hat. Der biblische Text, der seiner Predigt zugrunde liegt, bietet ihm keinen Anlass, ausführlich darüber zu sprechen, was im Menschen diese Nachfolge erschwert. Luther betont in seiner Predigt vor allem, jeder Christ solle Jesu Wort an Petrus: »Folge mir nach!« so verstehen, dass er gewiss sein könne, von Gott selbst an den Ort gestellt zu sein, an dem er sich befindet. Er soll sich also nicht irremachen lassen von der Botschaft, es gelte in einen Orden einzutreten, auf Wallfahrt zu gehen oder andere vermeintlich religiöse außerordentliche Leistungen zu vollbringen. Vielmehr muss jeder darauf achten, auf welchen Weg der Nachfolge Christi Gott gerade ihn berufen hat. Auf diesem nur vermeintlich alltäglichen Weg wird er mehr als genug zu tun bekommen, wenn er Gottes Befehl gehorsam befolgt.

Wer glaubend vertraut, der braucht andere Christen nicht zu beneiden. Haben doch auch die Jünger den Johannes nicht beneidet, weil Jesus ihn lieb hatte. Jeder Stand, der nicht als solcher sündig ist, ist gottgefällig, selbst dann nicht, wenn ein Christ durch Sünde in diesen Stand geraten ist.[104] Zu

---

103 EASch 1, 100: »Atque ex omnium vitiorum genere contracta colluvies a Stoicis, fortissimis assertoribus virtutis, stultitia vocatur, in nostris litteris malitia dicitur.«

104 WA 10 I 1, 317, 3-8: »Wenn denn nu deyn weßen ist eyn stand, der an yhm selb nicht sund ist, ob du gleich durch sund und torheytt dreyn kommen werist, wird darumb dasselb weßen odder stand gott nit deste ungefelliger, denn gott gefallenn alle ding woll, sagt

den Angehörigen der sündhaften Stände rechnet Luther gerade Geistliche und Ordensleute, sofern sie weder predigen noch Predigten hören.[105] Wenn sie stattdessen ihre eigenen Lehren verkündigen und vermeintlich fromme Werke anpreisen, dann üben sie Verrat an Gottes Wort.[106] Was dagegen wirklich Dauer hat und mit Recht »kontemplatives Leben« genannt zu werden verdient, ist Glaube.[107]

In Luthers Predigt spielt die Polemik gegen den Papst, die Bischöfe und Ordensangehörigen eine noch erheblich größere Rolle als im »Enchiridion ...«. Erheben sie doch seiner Überzeugung nach zu Unrecht ihre selbst erdachten kirchlich empfohlenen Werke und Lebensformen über die gottgebotene Erfüllung der von Gott befohlenen Pflichten, die jedem Christen tagtäglich aufgetragen sind. Wer mit Luthers Schriften des Jahres 1520 vertraut ist, erkennt zahlreiche vertraute Argumente.

Erasmus wie Luther haben dem in der Geschichte der christlichen Kirchen oft propagierten Ideal der Nachfolge Christi durch Verzicht auf Besitz und Geltung, dem zufolge ganz besonders Ordensangehörige die vollkommensten Christen zu sein schienen, zwei voneinander verschiedene

Moses Gen[esis] 1., on die sund; drumb, wo du ynn eynem stand bist, der nit sund ist an yhm selbs, ßo bistu gewißlich von gott beschickt und ynn dem weßen, das gott wolgefellt; sihe nur tzu und sundige nit drynnen.«

105 WA 10 I 1, 317, 21-24: »Sundlichen stand heyß ich reuberey, wucherhandell, offentlicher frawen weßen unnd als itzt sind Bapst, Cardinal, Bischoff, Priester, Munch, Nonnen stend, die nitt predigen odder predigen horen.«

106 WA 10 I 1, 321, 6-9: »Judas, der vorrether, ist eyn figur geweßen des Bapsts, Bischoff und aller geystlichen, die das gottis wortt lassen und furen yhr eygen lere und werck, damit sie die Christliche warheyt vortilgen.« .

107 WA 10 I 1, 318, 7-19: »An dießen tzwo leren lassenn wyr uns itzt benugen. S. Augustinus aber spaciert alhie und deuttet durch diße tzween Apostell Petrum und Johannem tzweyerley leben; durch S. Peter das wircklich, durch S. Johannes das beschewlich leben, spricht: darumb ßo müße das wircklich leben Christo folgen und sterben, aber das beschewliche leben bleybe ewiglich. Wilchs feyn und leycht ist, on das etlich von denselben tzweyen leben ßo viel geschrieben, das sie es gar vortunckelet haben, wissen nit mehr, was wircklich oder schawlich leben ist. Ich aber nach meynem groben vorstandt far alßo, das das wircklich leben muß nit alleyn aufhoren und leyplich, ßondernn auch geystlich sterben, das ist: es muß fur der welt furworffen werden, das der mensch nit auff seyne werck sich vorlasse, wiewol sie doch gutt sind und geschehen mussen, ßondern alleyn durch seynen glawben lebe und auff Christum sich vorlasse, das ist denn der iunger, den Christus lieb hatt.«

Entwürfe von Nachfolge entgegengestellt: Erasmus das des christlichen Streiters, der sich mit Gottes Hilfe um »wahre Frömmigkeit« bemüht, Luther das des Christen, der vertrauensvoll glaubt. Dazu gehört für Luther auch die Überzeugung, ein Christ könne Christus eigentlich nur dadurch so nachfolgen, wie es Gottes Wille entspreche, dass er Gottes Befehlen an dem Ort, an den Gott selbst ihn gestellt habe, gehorche.

Martin Luthers Beten für Freunde und gegen Feinde[1]

Von Günther Wartenberg

Beten für Freunde, beten für und gegen Feinde, so sollte vielleicht der Titel dieses Beitrages erweitert werden. Gebet gegen Feinde lässt aufhorchen. Steht das nicht in Spannung zu dem biblischen Gebot, die Feinde zu lieben? Unbestritten ist die Aufgabe, Freunde wie Feinde in das Gebet, in unser Gespräch mit Gott, einzuschließen. Mehrfach finden wir in den Texten Luthers, in seinen Auslegungen, seinen Predigten, seinen Briefen und seinen Tischreden, die eindeutige Aufforderung zum Gebet gegen einen anderen. So schrieb Luther 1542 in Bezug auf Kardinal Albrecht (1490, 1518-1545), Erzbischof von Mainz und Magdeburg, an Justus Jonas, der seit 1541 in Halle ander Saale die Reformation voranbrachte: »Aber ich hoffe, dass er durch Tränen und Gebete der Gottesfürchtigen bald zu töten ist.«[2] In einer Tischrede, die in das Frühjahr 1542 – den Höhepunkt der »Wurzener Fehde« – datiert wird, lesen wir: »Diß jar mussen wir hertzog Moritzen todt beten, mussen in todt schlagen mit vnserm gebet, denn es wirt ein boser mensch werden, […][3] Das sind starke und sehr befremdliche Worte, die uns Mühe machen können und möglicherweise altgläubige Vorurteile gegen den Wittenberger Reformator bestätigen. Sind es Grenzfälle, die je ihren eigenen, auch landespolitisch innerwettinischen Kontext haben und

1 Vorgetragen am 13. Mai 2006 auf dem von der Luther-Gesellschaft in Leipzig veranstalteten Luther-Seminar »Gott danken, loben und bitten bei Martin Luther«. Die übrigen Beiträge dieses Seminars sind bereits LuJ 74 (2007), 11-112, veröffentlicht worden. Der unerwartete Tod von Professor Dr. Dr. Dr. h.c. Günther Wartenberg hat verhindert, dass er seinen Vortrag noch für den Druck bearbeiten konnte, ja dass das Manuskript für die Veröffentlichung im LuJ 2007 zur Verfügung stand. Es konnte erst später aufgefunden werden. Frau Gisela Völkel gebührt Dank für die Übertragung der handschriftlichen Vorlage. Anmerkungen fehlten noch. Es wurden nur Quellennachweise ergänzt.
2 WA Br 10, 141, 10 f (3788), Luther an Justus Jonas am 3. September 1542 aus [Wittenberg].
3 WA TR 5, 144, 17-19 (5428 a), 11. April bis 14. Juni 1542.

deshalb eher zu einer politischen Theologie gehören? Sind es Zeichen von Hass oder intensiver Feindschaft, Zeugnisse verbaler Entgleisungen und polemischer Überhöhungen? Zumindest sind es keine Einzelfälle, sie begleiten das Reformationswerk seit dem Wittenberger Aufbruch von 1521/22. Es stellt sich vielmehr die Frage, ob diese durchaus öffentlichkeitswirksamen Aussagen, die sich nicht nur in Privatbriefen oder Tischreden finden, in Luthers allgemeinen Anschauungen über das Gebet zu verorten sind, ob sie sich durch ihre markante Spezifik eignen, zu den theologischen Grundlagen von Luther als Beter vorzustoßen?

Ich werde versuchen, im 1. Teil einen Überblick zu den Gebeten gegen Feinde zu erhalten. Dem schließt sich 2. der Versuch an, diese Antigebete im Zusammenhang mit Luthers Gebetsverständnis zu verstehen, ehe die Frage der Gebete für Freunde erörtert wird. Ein Resümee wird meine Überlegungen abschließen.

1 Luthers Gebete für und gegen Feinde

Besonders reiches Material fließt zu Herzog Georg von Sachsen (1471, 1500-1539), der in Dresden regierte. Die Leipziger Disputation von 1519 mit Luthers Parteinahme für Jan Hus (um 1370-1415) bildeten den Ausgangspunkt für eine klare und mit allen Mitteln praktizierte Ablehnung der Wittenberger Reformation durch die Albertiner. Luther berief sich immer wieder auf die Verfolgung des Evangeliums durch den Herzog. Auf der Rückkehr von der Wartburg nach Wittenberg schrieb Luther am 5. März 1522 aus Borna an Kurfürst Friedrich seinen berühmten Brief, in dem jener sich auch zu Herzog Georg äußerte: Für ihn habe er nicht nur einmal gebetet und geweint, »daß ihn Gott wollt erleuchten. Ich will auch noch einmal bitten und weinen, darnach nimmermehr.«[4] Aus dem Gebet für die Gegner wird das Gebet gegen die Feinde. Ähnlich äußerte sich der Wittenberger Ende 1525 gegenüber Georg selbst. Er warnte den Herzog geradezu vor der Kraft seines Gebetes, was er tun müsse, wenn der Herzog weiter das Evangelium und dessen Prediger verfolge. Der Erfolg würde nicht ausbleiben, da Christus seine Zusage halte. Luther formuliert selbstbewusst: »Ich halte meyn vnd

---

4 WA Br 2, 455, 68-70 (455), Luther an Kurfürst Friedrich den Weisen am 5. März 1522 aus Borna.

der meynen gebeth [für] stergker dan den teufel selbst, [...].«[5] Das Gebet gegen Georg kann der Erfüllung gewiss sein. Sein Vorgehen gegen Ausweitung des Evangeliums, die Mandate gegen den Abendmahlsempfang unter beiderlei Gestalt, das Druckverbot für Lutherschriften, das Vorgehen gegen reformatorische Predigt stehen in Beziehung zu den Werken des Teufels, den das Gebet überwindet. Der Magdeburger Superintendent Nikolaus von Amsdorf (1483-1565) soll mit seiner Gemeinde Christus darum bitten, Georg als das »ruhelose und fürchterlich schädliche Werkzeug des Satans niederzuwerfen und zu beseitigen.«[6] Anfang 1528 rief Luther mit Johannes Bugenhagen (1485-1558) in einem Brief an Georg Spalatin (1484-1545) aus: »Lieber Gott, will denn der tolle Kopf nicht einmal aufhören? Ist er zu bekehren, mein Herr Jesu Christe, so bekehre ihn doch! Wo nicht, so wehre ihm doch bald! Was soll er die Deinen, dein Wort und Werk so lange hindern und lästern? Amen, Amen, lieber Herr.«[7] Hier verwendete Luther die Formel »bekehre – wehre«, die er in der Auslegung der ersten Bitte des Vaterunsers in seiner Trostschrift an Peter Beskendorf (Balbier) »Eine einfältige Weise zu beten für einen guten Freund« 1535 wieder aufnahm: »Lieber Herr Gott, hie bekere und wehre, Bekere die, so noch sollen bekeret werden, das sie mit uns und wir mit jnen deinen namen heiligen und preisen, beide, mit rechter reiner leere und gutem heiligen leben. Wehre aber denen, die sich nicht bekehren wöllen, das sie auff hören müssen, deinen heiligen namen zu misbrauchen, schenden und entehren und die armen Leute zu verführen. Amen.«[8] In die gleiche Richtung weist das »Wehre« bei der 2. und 3. Bitte. Gott möge denen wehren, die nicht aufhören, mit ihrer Macht und Kraft Gottes Reich zu zerstören, damit sie vom Stuhl gestürzt und gedemütigt ihr Tun aufgeben müssen. Damit sein Wille geschehe, möge Gott denen wehren, die ihr Wüten, Toben, Hassen, Drohen und ihren bösen Willen, Schaden zu tun, nicht aufgeben. Er zerstöre ihre Absicht, ihre bösen Pläne

---

5 WA Br 3, 643, 65-77 (954), Luther an Herzog Georg von Sachsen am 21. Dezember 1525 aus [Wittenberg].

6 WA Br 4, 628, 13-15 (1368), Luther an Nikolaus von Amsdorf am 30. Dezember 1528 aus Schweinitz.

7 WA Br 4, 341, 48-51 (1201), Luther und Johannes Bugenhagen an Georg Spalatin am 5. Januar 1528 aus [Wittenberg].

8 WA 38, 360, 23-28.

und schlauen Vorhaben.⁹ Luther berief sich ausdrücklich auf Psalm 7, in dem Gott als Richter über die Völker angerufen wird, um Recht zu schaffen, das heißt, sich gegen die Feinde des Beters zu erheben.¹⁰

Die inhaltliche Ausgestaltung von »bekehre und wehre« kann als Gebet für und gegen Feinde gelten, vor allem gegen die Feinde, die Macht und Einfluss haben und diese Macht gegen Gottes Reich und den rechten Glauben einsetzen. Luther versuchte, die massiven Bedrohungen im Fortgang der Reformation zu verarbeiten und bedrohte Evangelische – wie durch Herzog Georg in Leipzig und Mittweida –, zu trösten. Bereits 1529 benutzte Luther bewusst Psalm 7 als öffentliches Gebet gegen seinen Verfolger Georg von Sachsen. In der durch die Packschen Händel aufgeheizten Auseinandersetzung war Georg in den Besitz eines Briefes aus Wittenberg an Wenzeslaus Linck (1483-1547) in Nürnberg gelangt, in dem Luther den Albertiner ungewöhnlich scharf angriff.¹¹ Georg nutzte umgehend die Situation, veröffentlichte die aggressive Polemik Luthers mit entsprechenden Kommentaren.¹² Dieses erfuhr Luther so rechtzeitig, dass er lediglich zu Georgs Publikation seine Entgegnung »Von heimlichen und gestohlenen Briefen, samt einem Psalm (7) ausgelegt« veröffentlichte. Ohne auf Einzelheiten dieser nicht zuletzt rhetorisch bemerkenswerten Kontroversschrift einzugehen, interessiert uns der Text im Zusammenhang der Gebete für und gegen Feinde. Für Luther war die Situation klar: Herzog Georg ist der unruhige Teufel und Tyrann, der mit allen Mitteln gegen das Evangelium vorgeht, das aber durch Gebete der frommen Christen behütet wird. Georg ist mit seinem moabitischen Stolz und Hochmut der Feind des Evangeliums, der gemeinsam mit dem Teufel auch Luther vernichten will. Tobt er gegen Gottes Wort, so tobt er gegen Gott selbst und seine Christen. Wenn er dieses tut, dann ist er vom Teufel besessen und zu allem fähig.

---

9 WA 38, 361, 3-5. 17-20.

10 Siehe bes. Ps 7, 7-12.

11 WA Br 4, 483, 4 - 484, 13 (1285), Luther an Wenzeslaus Linck am 14. Juni 1528 aus [Wittenberg].

12 Welcher gestalt wir Georg von gots gnaden Hertzog zu Sachssen Landtgraff in Duringen vnd Marggraff zu Meyssen von Martino Luther, des getichten Bündtnüß halben inn schriefften vnerfindtlich angegeben. Vnd darauff vnnssere antwort. Dreßden: Wolfgang Stöckel, [1528]; VD16 (S 770), drei Nachdrucke noch 1528 siehe VD16 (S 769. 771; ZV 20989).

Luther verwahrt sich gegen den Vorwurf, er habe mit seinem Gebet gegen Georg den Herzog verflucht, ein Vorwurf, dem die Aussage vom Totbeten unterstreichen könnte. Diese Behauptung könne nur eine Erfindung des Teufels sein, da für Luther nur Gott den Herzog strafen kann. Außerdem blieb Georg trotz seiner Feindschaft für Luther Obrigkeit, für die man beten soll. Sein Urteil beziehe sich auf das Unrecht und das gottlose Wesen. Es sei sein Amt, so zu handeln. Auch Gottes Wort klage Georg an. Luther ist sich der Problematik des Gebets gegen die Feinde durchaus bewusst, es ist Teil seines Handelns als Theologe und Reformator. So sieht Luther keinen anderen Weg, da gegen Herzog Georg und seine Hofschranzen weder Demut, Fehden, noch Bereitschaft zur Verständigung noch rechtliches Handeln helfen, sein Gebet, dass er bisher für sie getan, wider sie zu wenden, wie Mose beim Aufruhr der Rotte Korach.[13]

Eindrucksvoll schließt Luther eine auf die Auseinandersetzung bezogene Auslegung von Ps. 7 an, die sich als Gebet in ungerechter Verfolgung versteht. Nur Gott kann ihm helfen, auf ihm traut er allein: »[...], hilff mir, mein Herr und mein Gott, von solchen thyrannen und verfolgern, die wol wissen das sie mich felschlich beliegen und selbs eitel bluthunde und mörder sind [...].« Gott habe ihn in sein Amt gesetzt, wir aber sind nur sein Werkzeug.[14]

Nicht Herzog Georg, sondern Gott war für Luther der eigentliche Richter in seiner Konfrontation mit dem albertinischen Herzog. Luthers Gebete gegen seine Feinde sind in diesem Kontext zu sehen, dabei kann seine Auseinandersetzung mit Herzog Georg von Sachsen nicht nur durch die Intensität, sondern auch durch seine Schärfe als Paradigma gelten, wobei nicht verschwiegen werden darf, dass die Schärfe und Klarheit der Schrift gegen Georg auch manche Vertraute Luthers, wie Melanchthon, verunsicherten. Luther blieb bei seiner theologischen Grundlinie, Georgs Handeln gegen die Reformation und ihre Anliegen als Toben und Wüten gegen Gott zu verstehen. Folgerichtig musste er den Tod der Söhne Georgs 1537 und 1539 und Georgs eigenen Tod als Gottesgericht sehen. Obwohl er mehr Plagen als der Pharao erlitten habe, schmachte Georg im höllischen Feuer, wenn nicht, könne das Evangelium nicht wahr sein. Fast wie eine

13 Nu 16, 15.
14 WA 30 II, 25-48; bes. 43, 27 - 44, 7; 44, 17-20.

Überhöhung klingt im Zusammenhang mit der Wurzener Fehde dann die Zuspitzung: »Gott mag es wenden! Bett ir nur fleissig, Got wirt es wenden. Philippe, bete du, vnd ir andern auch. Ich hab den hertzog Georgen zcu tode gepett, wir wollen Carlewitz vnd Pistorius in einem jar zcu tode beten, vnd Got gebe, das es des spiels anfengern gehe, wie es Judas gingk und Achitophel.«[15]

Das Nachdenken über die Undankbarkeit der Welt und das gottlose Wesen der Feinde, des Papstes, Ferdinands I. (1503-1564), Herzog Georgs und Ulrich Zwinglis (1484-1531) – wie Luther Anfang 1532 in einer Tischrede gestand – würde sein Herz entflammen und zum Gebet reizen, falls er zu müde zum Beten wäre.[16] Die existenzielle Auseinandersetzung mit Gegnern der Wittenberger Reformation wühlte sein Herz auf.

Das Gebet gegen die Feinde galt nicht allein dem Urgegner Herzog Georg, es erweiterte sich nicht nur auf dessen Räte Georg von Karlowitz (um 1480-1550) und den langjährigen Dresdner Kanzler Simon Pistoris (1489-1562), vielmehr auch auf den Papst, Ferdinand I. und Ulrich Zwingli, was für die Interpretation des vermeintlichen Fluchgebets nicht unwichtig ist. Zu den Betroffenen zählten neben Kardinal Albrecht von Mainz auch der Kurfürst Joachim I. von Brandenburg (1484, 1499-1535) und später Herzog Heinrich II., d. J. von Braunschweig-Wolfenbüttel (1489, 1514-1542, 1568). In der Auseinandersetzung um das Wittenberger Allerheiligenstift ließ Luther im Juli 1523 die Kanoniker wissen, er werde hinfort wider sie beten, wie er bisher für sie gebetet habe.[17] 1528 warnte der Reformator den brandenburgischen Kurfürsten vor dem Gebet der Wittenberger gegen ihn. Wenn sie damit anfingen, »sol vnser gebet erhoret werden, vnd E. K. F. G. deste tieffer ynn Jamer komen«.[18] Bei erneuten Auseinandersetzungen mit Albrecht von Mainz 1542 um die Reformation in Halle meinte Luther gegenüber Kurfürst Johann Friedrich (1503, 1532-1547, 1554): »Ja, mit dem Vater

15 WA TR 5, 135, 2-6 (5428), 11. April 1542. Ahitofel, ein Ratgeber Davids, schloss sich Absalom an. Als er das Scheitern von dessen Aufstand kommen sah, erhängte er sich; 2 Sam 17, 23.

16 WA TR 2, 442, 15-20 (2387 b), 1. bis 9. Januar 1532.

17 WA Br 3, 112, 37 f (634), Luther an die Kanoniker des Allerheiligenstifts zu Wittenberg am 11. Juli 1523 aus [Wittenberg].

18 WA Br 4, 513, 33-38 (1304), Luther an Kurfürst Joachim I. von Brandenburg am 8. August 1528 aus Wittenberg.

unser wollen wir getrost nach yhm schlagen, ob wir den spruch ym psalter kondten uber yhn bringen: ›die blutgyrigen und falschen bringen yhr thun nicht zur helfft‹, Amen.«[19]

Nach dieser Übersicht von Gebeten gegen Feinde und dem punktuellen Versuch, Verstehenswege zu bahnen, möchte ich im 2. Abschnitt von Grundzügen in der Gebetstheologie her, eine Gesamtinterpretation wagen.

II Das Gebet bei Luther und seine Gebete gegen Feinde

Der mir gesteckte Rahmen erlaubt lediglich, nur einzelne Schwerpunkte in Luthers Gebetstheologie anzusprechen, die m. E. im engen Zusammenhang zu meinem Thema stehen und vieles in den bisherigen Vorträge[20] Gehörte ergänzen.

1 Die Bedeutung der Gebete

Nächst dem Predigtamt ist das Gebet das höchste Amt in der Christenheit. Im Predigtamt spricht Gott mit uns, im Gebet spreche ich mit ihm. Das Gebet – oratio – ist nach dem Wort Gottes – verbum dei – und der Predigt – praedicatio – die wichtigste Aufgabe. Es kann geradezu zum Beruf des wahren Christen werden, ernsthaft zu beten.

Luther setzte unbedingtes Vertrauen in das Gebet. Was auch immer geschieht, es ereignet sich durch Gebet. Das Gebet ist die einzige allmächtige Königin in menschlichen Angelegenheiten. Durch das Gebet werden wir alles bewirken, Ordnungen bewahren, Irrtümer korrigieren, Unkorrigierbares erdulden, alle Übel besiegen, alles Gute bewahren. Diese Kraft des Gebetes, die Luther und seine Freunde erfahren haben, kennen nach Luther die Anhänger des Papstes nicht.[21] Dahinter steht die Neubestimmung des Gebetes als Aufgabe aller Christen, während das öffentliche Reden und Predigen nur einigen zukommt.

19 WA Br 10, 145, 37-39 (3790), Luther an Kurfürst Johann Friedrich am 4. September 1542 aus [Wittenberg] Ps 55, 24 lautet in der Lutherbibel von 1984: »Die Blutgierigen und Falschen werden ihr Leben nicht bis zur Hälfte bringen.«

20 Auf dem Luther-Seminar 2006 in Leipzig; siehe oben Anm. 1.

21 WA Br 9, 89, 12-17 (3461), Luther an Philipp Melanchthon am [8. April 1540 aus Wittenberg]. Luther schrieb an Melanchthon Lateinisch, darum verwendete er zu »oratio« das feminine Substantiv »imperatrix«.

2 Gewissheit der Erhörung

Konstitutiv für Luthers Beten ist die Gewissheit im Gebet, bei Gott erhört zu werden. Die Gewissheit ergibt aus der reformatorischer Sicht der Verbindung von Gebet und Glauben, eines Glaubens, der sich der Erhörung des Gebetes gewiss ist. Gott wird uns das Erbetene geben. Die Erhörung ist als gewiss zugesagt. Durch diese Zuversicht ergibt sich in den Auseinandersetzungen um das Evangelium die Gewissheit, auf Gottes Seite zu stehen und im Gebet gegen die Feinde der Unterstützung Gottes sicher zu sein. Das Gebet vieler entspricht einer eiserner Mauer, die das Evangelium schützt. Aus der Gewissheit der Erhörung entwickelte sich das Selbstbewusstsein, mit dem Luther Herzog Georg, Kardinal Albrecht, oder Joachim I. entgegentrat. Im Gebet geben wir Gott Raum zum Handeln. Das Gebet ist daher stärker als der Teufel selbst.[22]

3 Gebet und Welt

Für Luther richtet sich unser Gebet gegen unseren Hauptfeind, den Teufel. Wir sind Teil des Kampfes Gottes gegen diesen Hauptfeind, in dessen Namen auch die Feinde und Verfolger des Evangeliums auftreten. Der Fortgang der Reformation ist so in diese immerwährende Auseinandersetzung eingebettet. Jedes Gebet schadet dem Teufel. Daher ist das Gebet die eigentliche Waffe der Christen gegen den Teufel. Schutz und Schirm sind allein durch Gebet zu erreichen. Für Vorhaben der Feinde Gottes und Christen kann nicht gebetet werden, nur zu ihrer Behebung oder gegen sie – bekehre und wehre –. Jeder kann dem Gottlosen im Gebet widerstehen. Gegen Gewalt hilft nach Luther nur das Gebet. So findet in Luthers Betbüchlein Psalm 79 Aufnahme mit der Überschrift »Widder der Christlichen gemeyne und des Euangeli feynde«.[23] Die Gebete gegen Fürsten sind ein Sonderfall der Gebete gegen die Feinde der christlichen Gemeinde und des Evangeliums. Wie ein roter Faden zieht sich dabei die Inanspruchnahme alttestamentlicher Psalmen als Gebete der Kirche Christi gegen ihre Feinde, ihre falschen Brüder und Lehrer sowie Ketzer durch die Texte. Da nach Aufblühen des Evangeliums Christi der Satan die Kirche mehr und mehr mit Rotten und Sekten umringt, bittet Luther, den Psalm 119 »mit

---

22 WA Br 3, 643, 76 f (954), Luther an Herzog Georg am 21. Dezember 1525 aus [Wittenberg].
23 WA 10 II, 418, 5 / 19.

einmütigem, ernstem hertzen disen Psalmen auch betten wider unsere Sacramentirer, Bildstürmer, Widertauffer und hymelgeystischen lesterer des götlichen worts«. Die Christen werden schuldig, wenn sie das Gebet vernachlässigen und dem Satan Unkraut in der Kirche säen lassen.[24] Das Gebet macht uns zu Mitstreitern Gottes. Durch das Beten gelingt es, in dieser Welt Raum zu schaffen, in der so Leben und Arbeit möglich sind. Gott und das Gebet gewinnen gleichsam Freiräume, in denen nicht allein der Teufel herrscht. Nehmen wir diese Erkenntnis ernst, so kann und muss es ein Gebet gegen Feinde geben, über dessen Intensität wir nicht überrascht sein dürfen. Grundrichtig kann aber nur das »bekehre oder wehre« sein aus Luthers Erläuterung zu den ersten drei Bitten des Vaterunsers in »Eine einfältige Weise zu beten für einen guten Freund«.

III Gebet für Freunde

Die totale Rückbindung des Gebetes an Gott und die Gewissheit der Erhörung geben dem Gebet für Freunde neue Intensität und Dynamik. Das gilt auch für die Fürbitte. Das trifft besonders bei Krankheitsfällen zu, wobei Luther nicht nur die Erkrankten bedrängte, wieder Lebensmut zu fassen, sondern auch Gott im Gebet bestürmte. Das beharrliche und ungeduldige Gebet gehört zur Existenz im Angesicht Gottes. Gott müsse man zuweilen geradezu stören und aufwecken, damit er hilft.

Eine besonders reiche Quelle sind die Briefe, die uns die Allgegenwart des Gebetes bezeugen. Es wird auf den Gebrauch des Wortes »Amen« verwiesen. Anliegen des Glaubens und Fragen der Welt verbinden sich in erstaunlicher Weise. Im Gebet, das uns ohne Umwege auf Gott zurückführt, ja zurückwirft, verbindet sich alles, was Leben enthält, was Leben bedeutet. Dabei geht es nicht nur um unser Leben. Beten verbindet, überwindet Isolation. Gebet kann keine Privatsache sein. Deutlich zeigt sich die Rolle der Fürbitte in den Briefen, in der Bitte Luthers um Fürbitte für sich, aber ebenso in der Zusage, für andere zu beten. Das Gebet hat seine Grundlage, in der Zuwendung Gottes gerade an den einzelnen Menschen, die Predigt, als die gemeinschaftliche Ansprache, wird zum Privatgebet. Das Verbindende im Gebet, der Zwang zur Gemeinschaft zeigt sich nicht

---

24 WA 31 I, 29, 15-38, bes. 28-30.

zuletzt in den immer wieder deutlichen Sistieren Luthers auf »gemein-schaftsbildende Texte« als Basis und Rahmen für das Gespräch mit Gott: das Vaterunser, die Zehn Gebote, Glaubensbekenntnis, Psalmen, bestimmte Bibeltexte. Bereits in seiner ersten gedruckten »Auslegung deutsch des Va-terunsers für die einfältigen Laien ...« (1519) schrieb Luther: Christus lässt nicht zu, dass jeder für sich allein bittet, sondern für die ganze Sammlung aller Menschen. Denn er lehret uns nicht zu sagen »M e i n Vater«, sondern »Vater u n s e r«. »Das gebet ist ein geistlich gemein gut, darumb sall man niemant des berauben, auch nit die feinde. Dan so er unser aller vater ist, will er, das wir under einander bruder sein sollen, freuntlich liben und fuer einander bittenn gleych wie fuer uns selbst.«25 Da der Satan sich mit vereinten Kräften und allen seinen Truppen die Wittenberger verfolgt, sind Hände und Herzen im leidenschaftlichen Gebet zu verbinden, »damit der Herr den Satan unter unseren Füßen vernichtet«.26

Zwei Beispiele massiver Einsätze für Freunde seien erwähnt. An erster Stelle ist Melanchthon zu nennen. Im Briefwechsel zwischen Coburg und Augsburg 1530 wird oft die starke Rolle des Gebetes Luthers als Fürbitte und damit als Stärkung für die Augsburger übersehen. Wir wissen vom intensiven Gebet des in Coburg zurückgebliebenen Luthers, sein Ringen um gerechte Beurteilung, auch im Gebet. Er versicherte nach Augsburg: »Auch tragt ihr die Sache nicht allein. Ich bin sicher treulich bei Euch mit Seufzen und Beten, [...].« »Ich bete für Dich, ich habe für dich gebetet und werde für dich beten, und ich zweifle nicht, dass ich erhört worden bin. Denn ich fühle das ›Amen‹ in meinem Herzen.«27 Oder an Melanchthon: »Christus helfe dir, darum bete ich heiß und beständig, Amen.«28 Als im Juli 1541 Melanchthon erschöpft und zerschlagen auf der Rückkehr von der Trauung des Landgrafen Philipp von Hessen (1504, 1518-1567) mit Margarete von der Sale im Rotenburger Schloss in Weimar schwer erkrankte, eilte Luther an das Totenbett und rang um das Leben des Mitreformators. »Allda

25 WA 2, 86, 7-13.
26 WA Br 4, 582, 7-11 (1335), Luther an Johannes Heß am 14. Oktober 1528 aus [Wittenberg].
27 WA Br 5, 413, 29f. 60f (1611), Luther an Georg Spalatin am 30. Juni 1530 von der [Co-burg].
28 WA Br 5, 407, 77f (1609), Luther an Philipp Melanchthon am 29. Juni 1530 von der Co-burg.

mußte mir unser Herrgott herhalten, denn ich warf ihm den Sack vor die Tür und rieb ihm die Ohren mit allen seinen Verheißungen von der Erhörung des Gebets, die ich in der Heiligen Schrift zu erzählen [aufzuzählen] wußte, daß er mich mußte erhören, wo ich anders seinen Verheißungen trauen sollte.«[29]

Ähnlich entschlossen schrieb Luther an den kranken Friedrich Myconius (1490-1546): »Der Herr lasse mich nicht hören, solange ich lebe, dass Du gestorben bist, sondern er mache, dass Du mich überlebst. Das bitte ich, das will ich, und mein Wille soll geschehen, Amen.«[30]

IV Zusammenfassung

Schwerpunkt meiner Aufreihungen war das Gebet gegen Feinde, aber nicht zu sehr in allgemeiner Hinsicht das gegen die theologischen Gegner, die Schwärmer, die Sakramentierer, die Wiedertäufer – auch die Türken blieben ausgeklammert –, sondern die klar, bestimmt und zielgerichtet vorgebrachten Gebete gegen die Inhaber politischer Gewalt, gegen Fürsten, die sich der Reformation entgegenstellten, aus unterschiedlichen Gründen, auch aus Überzeugung wie Herzog Georg von Sachsen. Diese Gebete waren keine Fluchgebete, dafür hatte Luthers Gebetsverständnis keinen Platz. Es waren keine Entgleisungen, sie ordneten sich vielmehr in die Auseinandersetzung mit dem Teufel und dessen Handlungen ein, zu denen Luther alle zählte, die das Evangelium aktiv verfolgten, wie der Papst und sein »gewurm und geschwurm«.[31]

Die Gebete gegen reformationsfeindliche Fürsten sind durch ihre Sonderform, ihre spezifische Öffentlichkeitsform besonders geeignet, um zu den Grundlagen von Luthers Beten zu führen. Wir dürfen sie nicht entschärfen oder gar entschuldigen. Sie sind reale und besonders realistische Zeugen des Ringens um die von Wittenberg angestrengte Erneuerung von

---

29 Martin BRECHT: Martin Luther. Bd. 3: Die Erhaltung der Kirche: 1532-1546. S 1987, 210 f; DIE HANDSCHRIFTLICHE GESCHICHTE RATZEBERGER'S ÜBER LUTHER UND SEINE ZEIT/ mit literarischen, kritischen und historischen Anmerkungen zum ersten Mal hrsg. von Ch[ristian] Gotth[old] Neudecker. Jena 1850, 102-105.

30 WA Br 9, 303, 34-36 (3566), Luther an Friedrich Myconius am 9. Januar 1541 aus [Wittenberg]. Myconius starb am 7. April 1546.

31 WA 6, 417, 24-26; 432, 25-27 ≙ StA 2, 7-9; 127, 8-10; WA 8, 684, 3-6.

Theologie, Glauben, Kirche und Gesellschaft. Sie sind politische Gebete, die uns in politische, religionspolitische, theologische Auseinandersetzungen hineinführen, sie nehmen die reale Wirklichkeit in der Welt auf. Sie stellen die Frage, wie die Geschichte Luthers Beten beeinflusst hat. Sie geben uns aber auch einen Einblick in die Wirkungen des großen politischen und theologischen Streites um die Reformation, einen neuen Blick auf Luther und seine Wittenberger Freunde. Sie sind eine unersetzbare Quelle für das Zusammenwirken von theologischen und politischen Komponenten in den Veränderungen des frühen 16. Jahrhunderts, das mit »Glauben und Macht« umschrieben werden kann.

Die Frömmigkeit der Wettiner und die Anfänge der Reformation

Von Armin Kohnle

Über kaum ein anderes Problem der frühen Reformationsgeschichte wurde mehr geschrieben als über die Frage, aus welchen Gründen Kurfürst Friedrich der Weise von Sachsen (1463, 1486-1525) den unbequemen Mönch in Wittenberg, Martin Luther, nicht an den Papst auslieferte und ihn auch dem Kaiser nicht übergab, nachdem er 1521 in die Reichsacht erklärt worden war.[1] Die Forschungsmeinungen, die sich seit über 100 Jahren über dieser Frage geradezu auftürmen,[2] müssen hier nicht ausgebreitet werden. Es genügt die Feststellung, dass ein Konsens weit und breit nicht in Sicht ist. Die Motive des Kurfürsten bleiben ein Rätsel, vielleicht das größte Rätsel der Reformationsgeschichte. Wenngleich dieses Rätsel auch hier nicht gelöst werden kann, soll doch der Versuch unternommen werden, einen Weg aufzuzeigen, auf dem einer Lösung näherzukommen ist. Den Schlüssel liefert die Frömmigkeit. Für Friedrich den Weisen wie für die anderen wettinischen Fürsten war die Stellung zu Luther nicht in erster Linie eine politische Frage, sondern hing primär mit ihrer Frömmigkeit zusammen.

1 Der am 2. November 2007 in Leipzig vorgetragene Text wurde für den Druck überarbeitet und mit Belegen versehen, der Vortragsstil wurde jedoch beibehalten. Die folgenden Ausführungen verstehen sich als Fortführung früherer Überlegungen des Verfassers zur Frömmigkeitshaltung der wettinischen Fürsten; vgl. Armin KOHNLE: Zur Heiligsprechung des Bischofs Benno von Meißen (1523). In: Papstgeschichte und Landesgeschichte: Festschrift für Hermann Jakobs zum 65. Geburtstag/ hrsg. von Joachim Dahlhaus; Armin Kohnle. Köln; Weimar; W 1995, 555-572.

2 Neuere zusammenfassende Erörterungen der Frage bei Wilhelm BORTH: Die Luthersache (Causa Lutheri) 1517-1524: die Anfänge der Reformation als Frage von Politik und Recht. Lübeck; HH 1970, bes. 88-99; am ausführlichsten und mit Nennung der älteren Literatur Bernd STEPHAN: Beiträge zu einer Biographie Kurfürst Friedrichs III. von Sachsen, des Weisen (1463-1525). 3 Bde. Leipzig 1980 – Leipzig, Univ., Theol. Fak., Diss. 1980 –, bes. 8-13. 273-277, Anm. 18-40 (maschinenschriftlich); Ingetraut LUDOLPHY: Friedrich der Weise: Kurfürst von Sachsen; (1463-1525). Neudruck der Ausgabe GÖ 1984. GÖ 2006, bes. 383-486.

I Deutungsansätze

Überblickt man das in der Literatur dargebotene Spektrum an Erklärungsversuchen, so lassen sich drei gelegentlich durchaus in einer Mischung vorliegende Deutungsansätze unterscheiden:
1. ein individual-psychologischer,
2. ein politisch-pragmatischer,
3. ein frömmigkeitsgeschichtlicher.

Zur ersten Kategorie sind etwa Argumente zu rechnen, die auf Friedrichs eigensinnigen Charakter,[3] seine Gegnerschaft gegen die Habsburger wegen der letztlich gescheiterten habsburgisch-wettinischen Heiratsprojekte,[4] Verärgerung über den Verlust der Bischofssitze Magdeburg, Halberstadt und Mainz an die Hohenzollern[5] oder sein durch das römische Verfahren gegen Luther gekränktes Gerechtigkeitsgefühl[6] abheben. Kaum tiefer schürft die politisch-pragmatische Argumentation, derzufolge es Friedrich hauptsächlich um die Aufrechterhaltung seines landesherrlichen Herrschaftsanspruchs gegenüber dem Kaiser[7] oder um den Schutz seiner jungen Universität Wittenberg[8] gegangen sei. In kaum einer biographischen

3 Die folgenden Argumente begegnen einzeln oder in Kombination in fast allen Arbeiten zu den Wettinern der Reformationszeit und müssen hier nicht im Detail nachgewiesen werden. An biographischen Skizzen neueren Datums sei hingewiesen auf den Katalog GLAUBE UND MACHT: Sachsen im Europa der Reformationszeit/ hrsg. von Harald Marx; Eckhard Kluth. 2 Bde. [Katalog und Aufsätze]. Dresden 2004; sowie Uwe SCHIRMER: Die ernestinischen Kurfürsten bis zum Verlust der Kurwürde 1485-1547. In: Die Herrscher Sachsens: Markgrafen, Kurfürsten, Könige 1089-1918/ hrsg. von Frank-Lothar Kroll. M 2007, 55-75; Enno BÜNZ; Christoph VOLKMAR: Die albertinischen Herzöge bis zur Übernahme der Kurwürde 1485-1547. In: Ebd, 76-89; Reiner GROSS: Die Wettiner. S 2007.

4 Vgl. Schirmer: Die ernestinischen Kurfürsten ..., 68.

5 So mutmaßte schon der Herzog Heinrich d. J. von Braunschweig-Wolfenbüttel (1489, 1514-1568) 1540; vgl. das Zitat bei Paul KIRN: Friedrich der Weise und die Kirche: seine Kirchenpolitik vor und nach Luthers Hervortreten im Jahre 1517. L; B 1926, 164.

6 So vor allem Kirn: Friedrich der Weise ..., 7f. 163.

7 Zugespitzt vertrat dynastisch-territorialstaatliches Machtstreben als vorherrschendes Motiv Friedrichs Günter MÜHLPFORDT in Besprechung von Borth: Die Luthersache ... Deutsche Literaturzeitung für Kritik der internationalen Wissenschaft 95 (1974), 897-905.

8 Vgl. Theodor KOLDE: Friedrich der Weise und die Anfänge der Reformation. Erlangen 1881, 16. 18. 25. Zu dieser Auffassung, kombiniert mit dem angeblich verletzten Gerechtigkeitsgefühl, tendiert auch Borth: Die Luthersache ..., 91.

Skizze oder Handbuch fehlt schließlich der Hinweis auf Friedrichs Frömmigkeit als Erklärung für seine Politik nach 1517. Bei genauerem Hinsehen zeigt sich jedoch schnell, dass bei vielen Autoren allzu einseitige oder nur verschwommene Vorstellungen darüber herrschen, was die Frömmigkeit Friedrichs des Weisen denn auszeichnete. Den Kurfürsten zu einem Lutheranhänger der ersten Stunde zu stempeln,[9] ist eine simplifizierende Erklärung, die Friedrichs lange aufrechterhaltene Weigerung ignoriert, gerade dort Konsequenzen aus der reformatorischen Lehre zu ziehen, wo seine Frömmigkeitspraxis tangiert war. Wenn Friedrichs Frömmigkeit überhaupt eine Erklärung liefern sollte für seine Haltung zur Reformation – so die Ausgangsüberlegung für das Folgende – dann müssten sich auch in den Frömmigkeitsmustern der anderen Wettiner der Reformationszeit für deren Haltung zu Luther Erklärungen finden lassen. In dieser Hinsicht repräsentieren die wettinischen Fürsten ein denkbar breites Spektrum:

- strikte Ablehnung Luthers und seiner Lehre bei Herzog Georg dem Bärtigen von Sachsen (1471, 1500-1539);[10]
- deutliche und früh erkennbare Anhängerschaft bei Friedrichs Bruder Johann (1468, 1525-1532);[11]
- schon im jugendlichen Alter erkennbare Zustimmung bei Johann Friedrich (1503, 1532-1547, 1554);[12]

9 Für diese Auffassung steht vor allem Paul KALKOFF: Friedrich der Weise und Luther. HZ 132 (1925), 29-42. Als Apologetin der Kalkoffschen Thesen betätigte sich Anni KOCH: Die Kontroverse über die Stellung Friedrichs des Weisen zur Reformation. ARG 23 (1926), 213-260.

10 Die Forschungslage zu Herzog Georg ist vergleichsweise gut, nicht zuletzt aufgrund der Edition eines erheblichen Teils seiner Akten: AKTEN UND BRIEFE ZUR KIRCHENPOLITIK HERZOG GEORGS VON SACHSEN/ hrsg. von Felician Geß. Bd. 1: (1517-1524). L 1905; Bd. 2: (1525-1527). L, B 1917. Die letzten beiden Bände sollen 2009-2012 erscheinen. Vgl. zu Georg zuletzt Christoph VOLKMAR: Reform statt Reformation: die Kirchenpolitik Herzog Georgs von Sachsen 1488-1525. TÜ 2008.

11 Eine modernen Ansprüchen genügende Biographie Johanns fehlt. Vgl. vorläufig Thomas KLEIN: Johann der Beständige. Neue Deutsche Biographie. Bd. 10: Hufeland-Kaffsack. B 1974, 522-524; Helmar JUNGHANS: Johann von Sachsen (1468-1532). TRE 17 (1988), 103-106; Michael BEYER: Johann der Beständige. Die Religion in Geschichte und Gegenwart. 4. Aufl. Bd. 4 (2001), 512f.

12 Noch immer grundlegend Georg MENTZ: Johann Friedrich der Grossmüthige 1503-1554. 3 Bde. Jena 1903-1908; vgl. auch Günther WARTENBERG: Johann Friedrich von Sachsen

– erst späte, im besten Mannesalter erfolgte Hinwendung zur Reformation bei Georgs Bruder Heinrich (1473, 1539-1541).[13]
Eine Generationenfrage, so das erste Ergebnis dieses Überblicks, war die Haltung zu Luther im wettinischen Haus demnach nicht.

II Spätmittelalterliche Frömmigkeit

Wenn vorreformatorische Frömmigkeitsprägungen eine Rolle für die Haltung zur Reformation gespielt haben sollen, dann ist zuerst nach den Kennzeichen spätmittelalterlicher Frömmigkeit zu fragen, bevor in einem zweiten Schritt der Versuch unternommen werden soll, die Frömmigkeitsprofile der wettinischen Fürsten zu konturieren und miteinander zu vergleichen. Die Aufgabe ist allerdings nicht einfach, weil die Forschung mit Ausnahme Friedrichs des Weisen dieser Frage bisher wenig Beachtung geschenkt hat. Für Heinrich, dem die Tradition den Beinamen »der Fromme«gegeben hat, liegen gar keine Studien vor, die seine religiöse Praxis thematisieren, bevor er sich unter dem Einfluss seiner Frau Katharina[14] dem Luthertum zuwandte und das Herzogtum Sachsen für die Reformation öffnete. Damals, um 1537, war er aber bereits ein Mann von 64 Jahren.

(1503-1554). TRE 17 (1988), 97-103; Michael Beyer: Johann Friedrich der Großmütige. Die Religion in Geschichte und Gegenwart. 4. Aufl. Bd. 4: I-K. TÜ 2001, 513; Johann Friedrich I.: der lutherische Kurfürst/ hrsg. von Volker Leppin; Georg Schmidt; Sabine Wefers. GÜ 2006, konzentriert sich auf die Regierungsjahre Johann Friedrichs.

13 Zu Herzog Heinrich dem Frommen von Sachsen vgl. Elisabeth Werl: Heinrich der Fromme. Neue Deutsche Biographie. Bd. 8: Hartmann-Heske. B 1969, 391-393; Simon Issleib: Herzog Heinrich als evangelischer Fürst 1537-1541. Beiträge zur sächsischen Kirchengeschichte 19 (1906), 143-215; Herzog Heinrich der Fromme (1473-1541)/ hrsg. von Yves Hoffmann; Uwe Richter. Beucha 2007, darin vor allem Uwe Schirmer: Herzog Heinrich von Sachsen (1473-1541): ein Fürstenleben zwischen spätmittelalterlicher Frömmigkeit und lutherischer Reformation, 21-42; Heiko Jadatz, Herzog Heinrich von Sachsen als Förderer der Wittenberger Reformation und als evangelischer Landesherr, 75-93.

14 Vgl. Werl: Heinrich der Fromme ..., 391; Zu Herzogin Katharina als Förderin der Reformation vgl. Siegfried Bräuer: »Teufelsköpfin« und »Klette an Christus«: Katharina – evangelische Landesherrin in Sachsen. In: Frauen fo(e)rdern Reformation/ hrsg. von Peter Freybe. Lutherstadt Wittenberg 2004, 29-57 (Wittenberger Sonntagsvorlesungen); ders.: Katharina – evangelische Landesherrin in Sachsen (1487-1561). In: Herzog Heinrich der Fromme ..., 107-130.

Wenn die Forschungen zur spätmittelalterlichen Frömmigkeit und speziell zur Laienfrömmigkeit[15] ein Ergebnis erzielt haben, dann die Offenlegung ihres doppelgesichtigen Charakters. Versteht man unter Frömmigkeit sowohl die religiösen Handlungen eines Menschen als auch den dahinterstehenden religiösen Sinn,[16] eröffnet sich ein weites Feld an spätmittelalterlicher Glaubenspraxis und Spiritualität, das mit den Begriffen »meditatio, oratio, tentatio, sacramenta« und »caritas« umrissen werden kann. Vertiefung in die Bibel, Meditation über dem Bild des Gekreuzigten, Gebet zu Gott und zu den Heiligen – am besten an den heiligen Stätten selbst und unter Betrachtung oder Berührung der Reliquien –, innerer Kampf gegen Anfechtungen und Glaubenszweifel, Verehrung der Sakramente, vor allem des Altarsakraments, und Taten der Nächstenliebe standen im Mittelpunkt.

Die klassische Charakterisierung spätmittelalterlicher Frömmigkeit, wie sie sich in Jan Huizingas (1872-1945) »Herbst des Mittelalters« findet,[17] konstatiert auf der einen Seite eine ganz mit Religion durchtränkte Gesellschaft, in der der Glaube etwas Selbstverständliches und die Fähigkeit zu religiöser Inbrunst ausgeprägt waren, eine Gesellschaft, die auf der anderen Seite aber zu einer Überwucherung der Religion mit Äußerlichkeiten, zur Vulgarisation des Heiligen, zu Übertreibung, Naivität und Ehrfurchtslosigkeit im Umgang mit Religion und Kirche neigte. Andere Studien betonen

---

15 Die jüngsten Skizzen spätmittelalterlicher Frömmigkeit bieten Volker LEPPIN: Frömmigkeit im späten Mittelalter. In: Ökumenische Kirchengeschichte. Bd. 2: Vom Hochmittelalter bis zur frühen Neuzeit/ hrsg. von Thomas Kaufmann; Raymund Kottje. DA 2008, 192-215; Gottfried SEEBASS: Geschichte des Christentums. Bd. 3: Spätmittelalter – Reformation – Konfessionalisierung. S 2006, 50-69. Grundlegend Arnold ANGENENDT: Geschichte der Religiosität im Mittelalter. 2. Aufl. DA 2000, bes. 68-87; vgl. auch DERS ˙ Grundformen der Frömmigkeit im Mittelalter. 2. Aufl. M 2004; Berndt HAMM: Frömmigkeitstheologie am Anfang des 16. Jahrhunderts: Studien zu Johannes von Paltz und seinem Umkreis. TÜ 1994; DERS.: The Reformation of faith in the context of late medieval theology and piety. Leiden; Boston 2004; Frömmigkeit – Theologie – Frömmigkeitstheologie: contributions to European church history; Festschrift für Berndt Hamm/ hrsg. von Gudrun Liz; Heidrun Munzert; Roland Liebenberg. Leiden; Boston 2005; LAIENFRÖMMIGKEIT IM SPÄTEN MITTELALTER/ hrsg. von Klaus Schreiner. M 1992.

16 Hans-Jürgen GRESCHAT: Frömmigkeit I: Religionsgeschichtlich. 11 (1983), 671-674.

17 Johan HUIZINGA: Herbst des Mittelalters: Studien über Lebens- und Geistesformen des 14. und 15. Jahrhunderts in Frankreich und in den Niederlanden/ hrsg. von Kurt Köster. 11. Aufl. S 1975, bes. 246-284.

weniger den »herbstlichen«, den absterbenden Charakter spätmittelalter-licher Frömmigkeit,[18] als vielmehr die in ihr angelegten Potentiale wie die nahezu geschlossene Kirchlichkeit, die gesteigerte Heilssehnsucht und Heilsangst, die Tendenz zur Verinnerlichung, aber auf der anderen Seite auch den Zug ins Massenhafte und die Neigung zur Simplifizierung des Heiligen.[19] Wie die spätmittelalterliche Theologie sich als Frömmigkeits-theologie in den Dienst des religiösen Lebens des Volkes stellte, hat Berndt Hamm dargelegt.[20] Die These Arnold Angenendts vom 15. Jahrhundert als »der frömmsten Zeit deutscher Kirchengeschichte«[21] dürfte heute überwie-gend auf Zustimmung stoßen. Die Reformation war in dieser Perspektive nicht in erster Linie eine Reaktion auf Defizite spätmittelalterlicher Fröm-migkeit, Theologie und Kirche, sondern vor allem die für viele Menschen überzeugende Antwort auf ihre Heilssehnsucht.

III Gemeinwettinische Frömmigkeit

Individuelle Frömmigkeitsprofile der wettinischen Fürsten zu erstellen ist grundsätzlich nicht nur durch den Umstand erschwert, dass das Alltägliche, das Selbstverständliche und das Innerste selten den Weg in die Quellen finden, sondern auch durch den desolaten Stand der Quelleneditionen. Le-diglich für Herzog Georg liegt – obwohl Fragment geblieben – eine stattliche Sammlung vor;[22] für die anderen Wettiner gibt es nichts Vergleichbares, weshalb wir auf Einzelbeobachtungen angewiesen sind.

Fragt man nach den Bildungsvoraussetzungen, so wird man auf die Ausnahmestellung Herzog Georgs unter den Wettinern zuerst hinweisen müssen. Von seiner Mutter Herzogin Sidonia (1449-1510) – einer Tochter des

18 Zur Auseinandersetzung mit Huizingas Spätmittelalterbild vgl. den Sammelband »HERBST DES MITTELALTERS«?: Fragen zur Bewertung des 14. und 15. Jahrhunderts/ hrsg. von Jan A. Aertsen; Martin Pickavé. B; NY 2004.

19 Bernd MOELLER: Frömmigkeit in Deutschland um 1500. (1965). In: Ders.: Die Reformation und das Mittelalter: kirchenhistorische Aufsätze/ hrsg. von Johannes Schilling. GÖ 1991, 73-85.

20 Vgl. die oben in Anm. 15 genannten Arbeiten.

21 Vgl. Angenendt: Geschichte der Religiosität …, 75; Moeller: Frömmigkeit …, 81, bezeich-net das späte 15. Jahrhundert als »eine der kirchenfrömmsten Zeiten des Mittelalters«.

22 Vgl. oben Anm. 10.

im päpstlichen Bann gestorbenen böhmischen Königs Georg von Podiebrad und Kunštát (1420, 1458-1471) – dem geistlichen Stand geweiht, erhielt Georg die Erziehung eines Klerikers, bis er im Alter von 17 Jahren vom Vater als Stellvertreter in der Regierung installiert wurde. Das Gelübde der Mutter, die ihre Söhne im Sinne einer strengen, romverbundenen Frömmigkeit erzog, erfüllte an seiner Stelle der jüngere Bruder Friedrich (1474-1510), der es 1498 bis zum Hochmeister des Deutschen Ordens brachte.[23] Infolgedessen war Georg derjenige unter den wettinischen Fürsten, der nicht nur Latein am besten beherrschte, sondern der eine theologische Schulung erhielt, die ihn in die Lage versetzte, sich mit Luther inhaltlich auseinanderzusetzen. Die durch Hauslehrer vermittelten Kenntnisse der anderen Wettiner waren hingegen rudimentär, eine theologische Bildung, die über die Lektüre spätmittelalterlicher Andachtsliteratur hinausging, war nicht vorhanden. Wenn Friedrich der Weise seine Politik in der Luthersache immer wieder damit begründete, dass er ein Laie sei und sich kein theologisches Urteil anmaße,[24] dann war dies nicht nur Ausrede, sondern entsprach weitgehend den Tatsachen.

In den vorreformatorischen Jahrzehnten wirkte sich der theologische Bildungsvorsprung Herzog Georgs noch nicht erkennbar aus. Vielmehr ergibt sich das Bild einer bei allen politischen Differenzen in der Frömmigkeit weitgehend einhelligen Dynastie, die von den Möglichkeiten der Heilsgewinnung, die die spätmittelalterliche Kirche anzubieten hatte, ähnlichen und intensiven Gebrauch machte. Albertiner und Ernestiner zogen im ausgehenden 15. Jahrhundert auf Wallfahrten nach Jerusalem, Rom oder Santiago de Compostela,[25] wofür man eine Mischung aus echter Frömmig-

---

23 Zum Einfluss der Mutter auf Georg vgl. Elisabeth WERL: Herzogin Sidonia von Sachsen und ihr ältester Sohn Herzog Georg: HCh 2 (1959), 8-19; Ingetraut LUDOLPHY: Die Ursachen der Gegnerschaft zwischen Luther und Herzog Georg von Sachsen. LuJ 32 (1965), 28-44; Volkmar: Reform statt Reformation, 76-88.

24 So die vom Kurfürsten im Verlauf des römischen Prozesses vorgetragene Argumentation; vgl. Armin KOHNLE: Reichstag und Reformation. kaiserliche und ständische Religionspolitik von den Anfängen der Causa Lutheri bis zum Nürnberger Religionsfrieden. GÜ 2001, 43.

25 Pilgerreisen ins Heilige Land unternahmen Herzog Albrecht der Beherzte (1443, 1485-1500) 1476, Friedrich der Weise 1493 und Herzog Heinrich der Fromme 1498. Kurfürst Ernst (1441, 1464-1486) reiste 1480 nach Rom. Die Reise Heinrichs des Frommen nach Santiago de

keit und Abenteuerlust unterstellen darf. Der nahezu tägliche Besuch der Messe und die damit verbundenen Almosen und Opfer (caritas) lassen sich über die unscheinbaren, aber doch sehr aussagekräftigen Ausgabebücher nachweisen, die neben z. B. den Verlusten eines Fürsten im Kartenspiel auch minutiös dessen milde Gaben verzeichnen.[26] Auch hier wird kein großer Unterschied zwischen den Wettinern bestanden haben. Zum familiären Frömmigkeitsprofil zu rechnen ist weiter eine tief verwurzelte Passions- und Sakramentsfrömmigkeit (meditatio und sacramenta). Diese Form der Frömmigkeit wurde den Fürsten offenbar schon in jungen Jahren vermittelt: Von Johann Friedrich wissen wir, dass zu seiner im Rahmen der Prinzen- erziehung verabreichten Lektüre neben der unvermeidlichen »Institutio principis christiani« des Erasmus von Rotterdam (1466/69-1536) vor allem Erbauliches gehörte, Passionen und Heiligenlegenden.[27] Sein Interesse an Luther lag nach Ausweis seines Bücherinventars von 1519 zumindest auch bei Schriften, die zu seinem Frömmigkeitshintergrund passten: Er besaß unter anderem Luthers »Ein Sermon von der Betrachtung des heiligen Leidens Christi« und » Ein Sermon von dem hochwürdigen Sakrament des heiligen wahren Leichnams Christi und von den Bruderschaften«.[28] Die Betrachtung der Wunden Christi empfahl auch der Erfurter Theologe und Prediger Johann von Paltz (1444/47-1511) in »Die himmlische Fundgrube« als besonderes Andachtsmittel. Friedrich und Johann waren von einer Predigt des Augustinereremiten so ergriffen gewesen, dass sie den Druck dieser kleinen Predigtsammlung angeregt hatten,[29] der weit verbreitet war.

Compostela wird bei Volkmar: Reform statt Reformation, 84, Anm. 46, jetzt auf Winter 1502/03 datiert. Hier auch die Angaben zu den übrigen Pilgerreisen der Wettiner mit älterer Literatur.

26 Zum Nachweis des täglichen Gottesdienstbesuchs aus den Ausgabebüchern vgl. Kirn: Friedrich der Weise ..., 22. Reiche Beispiele liefert das von dem kursächsischen Landvogt Hans Hundt (†1509) geführte Ausgabebuch HANS HUNDTS RECHNUNGSBUCH (1493-1494)/ hrsg. und erl. von Reinhold Röhricht; Heinrich Meissner. Neues Archiv für sächsische Geschichte 4 (1883), 37-100.

27 Vgl. Mentz: Johann Friedrich ...1, 9 f.; Joachim BAUER: Kurfürst Johann Friedrich I. von Sachsen und die Bücher. In: Johann Friedrich I.: der lutherische Kurfürst, 175 f.

28 Vgl. Mentz: Johann Friedrich ... 1, 30 f; Bauer: Kurfürst Johann Friedrich ..., 175, Anm. 30.

29 Vgl. Kirn: Friedrich der Weise ..., 23; Ludolphy: Friedrich der Weise, 339-342; JOHANNES VON PALTZ: Die himmlische Fundgrube/ hrsg. von Horst Laubner; Wolfgang Urban ...

Gemeinsame Züge lassen sich auch in der vorreformatorischen Kirchenpolitik konstatieren, das Feld, auf dem die Wettiner vielleicht am besten untersucht worden sind.[30] Weil die regierenden Fürsten Friedrich, Georg und Johann in ihren jeweiligen Herrschaftsbereichen vor ähnliche Probleme gestellt waren und ähnliche Interessen verfolgten, weist auch ihre Politik gegenüber der landsässigen Kirche und den Klöstern nur graduelle Unterschiede auf. Allerdings griff Georg sehr viel stärker als Friedrich auch in die inneren Belange der Kirche ein, nahm Konflikte mit dem Papst in Kauf und unterstützte auf Reichsebene die Gravamina-Bewegung. Friedrich agierte vorsichtiger und respektvoller als sein stärker zupackender Vetter. Von den monastischen Orden begünstigten die Wettiner in der Regel die strengere Observanz, der man den größeren religiösen Ernst zuschrieb.[31] Die Klosterreform war den wettinischen Fürsten durchweg ein Anliegen. Friedrich der Weise wählte in seinem Testament von 1493 das Kloster Reinhardsbrunn als Begräbnisstätte, wo die Mönche ihm ein ewiges Gedächtnis halten sollten – gebunden an die Bedingung der Reform des Klosters[32]: Je reiner das Leben der Mönche, desto wirksamer ihr Arme-Seelen-Dienst.

Die übereinstimmende Hochschätzung des Monastischen kommt auch in der Wahl von Beichtvätern aus dem Mönchtum zum Ausdruck: Friedrich der Weise und Johann griffen auf den Franziskaner-, Herzog Georg auf den Augustinereremitenorden zurück.[33] Gemeinsam war den Fürsten auch der Kampf gegen die geistliche Gerichtsbarkeit, die das landesherrliche

In: Ders.: Werke. Bd. 3: Opuscula/ hrsg. und bearb. von Christoph Burger ... B; NY 1989, 202-236.

30 Diese Feststellung gilt für Herzog Georg und Kurfürst Friedrich, deren Kirchenpolitik von Kirn: Friedrich der Weise ..., beziehungsweise Volkmar: Reform statt Reformation, untersucht worden ist, nicht aber für Johann und Johann Friedrich. Die Untersuchung der Kirchenpolitik Georgs nach 1525 steht im Anschluss an Volkmar jedoch noch aus.

31 Zur Klosterpolitik Friedrichs des Weisen vgl. Kirn: Friedrich der Weise ..., 71-106, zur seiner Stellung zur Observanz 88 f; Ludolphy: Friedrich der Weise, 378-382, her. 380, dei Vergleich Friedrichs des Weisen mit Georg. Zu Georg vgl. Volkmar: Reform statt Reformation, 251-263, mit der dort genannten älteren Literatur.

32 Vgl. Kirn: Friedrich der Weise ..., 105.

33 Zur Friedrichs des Weisen und Johanns Beichtvätern aus dem Franziskanerorden vgl. Kirn: Friedrich der Weise ..., 25 f; zu Georgs Beichtvater – dem Augustinereremiten Andreas Proles (1429-1503) – Volkmar: Reform statt Reformation, 81.

Kirchenregiment bedrohte;[34] gemeinsam war ihnen das Bestreben, fremde Ablässe aus dem Land möglichst auszuschließen und statt dessen für die inländischen Kirchen möglichst reiche Ablässe zu erwerben.[35] So sehr hier wirtschaftliche Interessen mit hineinspielten, waren die Wettiner – wenngleich in unterschiedlichem Maße – doch von der Kraft und dem Nutzen der Ablässe überzeugt, ebenso vom Nutzen der Gebete der Mönche für die Seelen der Verstorbenen. Herzog Georg war zwar bis zu Luthers Ablassthesen selbst ein Kritiker des Ablasshandels und pflichtete Luther zunächst bei,[36] mit einer Distanzierung von der spätmittelalterlichen Ablasstheologie und -frömmigkeit ist dies jedoch nicht zu verwechseln.[37]

IV Unterschiede zwischen den wettinischen Fürsten

Wendet man sich von der gemeinwettinischen Frömmigkeit zu den eher individuellen Zügen, die sich in der nötigen Schärfe nur für Friedrich den Weisen und Georg den Bärtigen erkennen lassen, dann fällt der von Moeller konstatierte Zug ins Massenhafte als Kennzeichen der Frömmigkeit vor allem Friedrichs des Weisen zuerst ins Auge. Was die spätmittelalterliche Kirche zu bieten hatte, nahm er willig und im Übermaß an. Nicht nur nach Jerusalem wallfahrte er, sondern auch zum Heiligen Blut nach Wilsnack,[38] gemeinsam mit seinem Bruder Johann besuchte er regelmäßig Wallfahrtsorte in der näheren Umgebung: Altenburg, St. Wolfgang bei Meißen, St. Sebastian zu Großenhain, Marienkirche in Eicha.[39] Die Tendenz zum Massenhaften ist selbst in den Testamenten Friedrichs wiederzufin-

34 Vgl. Kirn: Friedrich der Weise ..., 36-71; Volkmar: Reform statt Reformation, 226-250.
35 Vgl. Kirn: Friedrich der Weise ..., 122f.
36 Vgl. Günther WARTENBERG: Luthers Beziehungen zu den sächsischen Fürsten. In: Leben und Werk Martin Luthers von 1526 bis 1546: Festgabe zu seinem 500. Geburtstag/ im Auftrag des Theologischen Arbeitskreises für Reformationsgeschichtliche Forschung hrsg. von Helmar Junghans. Bd. 1. B; GÖ 1983, 549-571, bes. 563.
37 Vgl. auch unten Anm. 59.
38 Vgl. Kirn: Friedrich der Weise ..., 166; zur Wilsnackfahrt im ausgehenden Mittelalter vgl. DIE WILSNACKFAHRT: ein Wallfahrts- und Kommunikationszentrum Nord- und Mitteleuropas im Spätmittelalter/ hrsg. von Felix Escher; Hartmut Kühne. Frankfurt a. M 2006.
39 Vgl. Ludolphy: Friedrich der Weise, 351; die Wallfahrten fielen wohl alle in die Zeit vor seiner Pilgerreise in das Heilige Land.

den: Nach seinem Testament von 1517 wollte er sich zwar nicht mehr im Kloster, sondern in der Wittenberger Schlosskirche bestatten lassen, aber Seelenmessen sollten nun nicht mehr nur in einem, sondern gleich in fünfzig Klöstern für ihn gelesen werden;[40] fast identisch hatte Johann im Jahr zuvor in seinem Testament verfügt.[41] Massenhaftigkeit als Kennzeichen wird man vor allem im Zusammenhang mit Friedrichs Sammelleidenschaft für Reliquien und mit dem Ausbau des Wittenberger Stifts assoziieren.[42] 9 000 Messen jährlich, bei denen Kerzen von 35 570 Pfund Wachs verbrannt wurden, sollen dort gehalten worden sein.[43] Kam das 1509 gedruckte Wittenberger Heiltumsbuch[44] noch auf eine Summe von 5 005 Partikeln, für deren Betrachtung je 100 Tage Ablass zu erlangen waren, wuchs die Zahl der Reliquien durch systematischen Ankauf, Geschenke oder Tausch bis 1520 auf rund 19 000 Stücke.[45] Unsummen flossen in die dekorative Ausgestaltung des Wittenberger Allerheiligenstifts, aber auch in die Pflege geistlicher Musik. Spenden für Chorschüler gehörten zu den regelmäßigen Ausgaben des Kurfürsten.[46]

Unter den im wettinischen Haus verehrten Heiligen standen Maria und Anna bei Friedrich besonders hoch im Kurs; das Fest Annas (27. Juli) wurde seit 1496 auf seine Veranlassung im Kurfürstentum gefeiert.[47] Auch Herzog Georg war ein großer Annenverehrer, wie seine zahlreichen Bemühungen um eine Förderung des Kultes in Annaberg belegen.[48] Ein eher individueller

40 Vgl. Kirn: Friedrich der Weise …, 105.

41 Vgl. Kirn: Friedrich der Weise …, 106.

42 Die Literatur zur Wittenberger Reliquiensammlung ist umfangreich; eine neuere Studie, in der die ältere Literatur genannt ist, bietet Stefan LAUBE: Zwischen Hybris und Hybridität: Kurfürst Friedrich der Weise und seine Reliquiensammlung. In: »Ich armer sundiger mensch«: Heiligen- und Reliquienkult am Übergang zum konfessionellen Zeitalter/ hrsg. von Andreas Tacke. GÖ 2006, 170-207.

43 Vgl. Ludolphy: Friedrich der Weise, 345.

44 Vgl. Livia CÁRDENAS: Friedrich der Weise und das Wittenberger Heiltumsbuch: mediale Repräsentation zwischen Mittelalter und Neuzeit. B 2002; Faksimileausgabe Lukas CRANACH [D. Ä.]: Wittenberger Heiltumsbuch. Faksimile-Neudruck der Ausgabe Wittenberg 1509. Unterschneidheim 1969.

45 Vgl. Ludolphy: Friedrich der Weise, 356 f.

46 Vgl. Ludolphy: Friedrich der Weise, 346-350.

47 Vgl. Kirn: Friedrich der Weise, 166; Ludolphy: Friedrich der Weise, 359 f.

48 Anders Christoph VOLKMAR: Zwischen landesherrlicher Förderung und persönlicher

Zug bei Friedrich ist aber die Hochschätzung des Apostels Bartholomäus, mit dem er sich zweimal von Lukas Cranach d. Ä. (1572-1553) in andächtiger Pose malen ließ.[49] Den Heiligen Christophorus schätze er, weil er vor dem bösen, schnellen Tod bewahrte.[50] Friedrichs Bruder Johann verehrte den heiligen Jakob besonders.[51] Ein weiterer individueller Zug Friedrichs, auf den noch zurückzukommen sein wird, war seine Hochschätzung der Bibel, vor allem des Neuen Testaments. 1507 ließ er sich ein aufwendiges Buch von Evangelien- und Epistelperikopen auf der Grundlage des Vulgata-Textes herstellen.[52] Luther selbst bezeugte die Bibelfestigkeit des Kurfürsten 1521, als er in seiner Widmungsvorrede zu den »Enarrationes epistolarum et euangeliorum, quas postillas vocant« anmerkte, dass Friedrich mit seinen Fragen selbst Theologen zu schaffen machen könne.[53]

Anders als bei den ernestinischen Vettern lässt sich bei Herzog Georg von Sachsen die Tendenz zur Vermassung nicht in demselben Maß feststellen. Im Vergleich mit der 1520 von Georg Spalatin (1484-1545) für Wittenberg berechneten Ablasssumme von 1,9 Millionen Jahren und ebenso vielen Quadragenen nahm sich der am Grab des Bischofs Benno (1010, 1066-1106) in Meißen 1523 zu erwerbende Ablass von sieben Jahren und sieben Quadragenen geradezu bescheiden aus.[54] Das von Georg über 25 Jahre mit großem

Distanz: Herzog Georg von Sachsen und das Annaberger Heiltum. In: »Ich armer sundiger mensch«, 100-124, der gegen die ältere Forschung die Meinung vertritt, Georg habe weder Anna noch Benno eine »besondere persönliche Verehrung« entgegengebracht; Volkmar: Reform statt Reformation, 86. Wie aber sollte man die Verehrung von Heiligen anders messen können als an der nach außen erkennbaren intensiven Förderung ihres Kultes? Sollte Georg den Annen- und Bennokult gefördert haben, ohne diese Heiligen persönlich zu verehren? Vgl. auch unten Anm. 59.

49 Vgl. Kirn: Friedrich der Weise, 166; Ludolphy: Friedrich der Weise, 359, mit dem Hinweis auf die Bartholomäusreliquien der Wittenberger Stiftskirche und die Bedeutung des Märtyrers als Patron des Bergbaus.

50 Vgl. Stephan: Beiträge zu einer Biographie ..., 78 f.

51 Vgl. Kirn: Friedrich der Weise ..., 167.

52 Ludolphy: Friedrich der Weise, 364; Das Fest-Epistolar Friedrichs des Weisen: Handschrift MS. EL. F. 2 aus dem Bestand der Universitätsbibliothek Jena/ hrsg. von Rainer Berends; Kommentare von Irmgard Kratsch; Rainer Behrends. L 1983..

53 WA 7, 465, 5-10.

54 Die Heiligsprechung Bennos von Meißen ist in den vergangenen Jahren von verschiedener Seite intensiv erforscht worden. Außer Kohnle: Zur Heiligsprechung des Bischofs

Nachdruck beförderte Projekt der Erhebung des Bischofs Bennos zur Ehre der Altäre hatte offensichtlich ein anderes Ziel als einen möglichst großen Ablass: Die Heiligsprechung sollte die Volksfrömmigkeit, die mit Benno schon lange zahlreiche Wunder in Verbindung brachte, bestärken und intensivieren. Die frommen Motive des Herzogs anzuerkennen, schließt nun aber nicht aus, dass Georg sich von der Heiligsprechung Bennos auch eine integrierende Wirkung für sein Territorium erhoffte und dass er ein Gegengewicht schaffen wollte gegen Wittenberg und Halle.[55] Offenbar setzte Georg aber nicht auf eine Masse von Reliquien und Gnaden, sondern auf einen in der Bevölkerung seit langem verwurzelten Kult. Dass Georg selbst an die Heiligkeit und die Wunder Bennos glaubte und dass er den Heiligen generell die Fähigkeit zuschrieb, zu erkennen, was den Menschen an Seele und Leib gebricht und Gott um Hilfe zu bitten, die Gott auch gewährt, steht zweifelsfrei fest, auch wenn ein dem Herzog persönlich zugeschriebenes Lied von dem Heiligen Benno doch nicht aus seiner Feder stammen sollte.[56]

Im Unterschied zu den anderen wettinischen Fürsten der frühen Reformationszeit hat sich Herzog Georg mehrfach öffentlich zu Fragen von Theologie und Frömmigkeit geäußert. In seiner Vorrede zu Hieronymus

Benno von Meißen (1523) vgl. die zusammenfassende Studie von Christoph VOLKMAR: Die Heiligenerhebung Bennos von Meißen (1523/24): spätmittelalterliche Frömmigkeit, landesherrliche Kirchenpolitik und reformatorische Kritik im albertinischen Sachsen in der frühen Reformationszeit. MS 2002. Die Höhe des am Bennograb zu erwerbenden Ablasses nennt die Bestätigungsurkunde Papst Hadrians VI. vom 31. Mai 1523; CODEX DIPLOMATICUS SAXONIAE REGIAE. Hauptteil 2: Urkundenbuch des Hochstifts Meißen. Bd. 3: 1423-1581/ hrsg. von Ephraim Gotthelf. L 1864, 341 f (1379).

55 Volkmar: Die Heiligenerhebung Bennos von Meißen …, 140-156, bestreitet sowohl die These, Benno habe zum Landesheiligen aufgebaut werden sollen, als auch die Annahme, der Bennokult in Meißen habe den Heiltümern in Halle und Wittenberg Konkurrenz machen sollen. Volkmar nennt unter den Motiven des Herzogs außer der persönlichen Verehrung des Heiligen durch Georg und seine Familie (vgl. aber oben Anm. 48!) das Motiv der Förderung der Frömmigkeit im Rahmen eines größeren Reformprogramms. Doch ist die Motivation des Herzogs wirklich so fein zu differenzieren, wie Volkmar suggeriert, und waren die unterschiedlichen Motive und Ziele nicht durchaus kompatibel?

56 Die Frage der Verfasserschaft des Liedes vom Heiligen Benno diskutiert Hans BECKER: Herzog Georg von Sachsen als kirchlicher und theologischer Schriftsteller. ARG 24 (1927), 161-269; Becker kommt zu dem Schluss, dass das Lied vermutlich nicht vom Herzog stamme (168).

Emsers (1478-1527) Übersetzung des Neuen Testaments von Mitte 1527 betonte Georg, dass er niemals das Evangelium habe unterdrücken wollen, aber gegen Luthers ketzerische Übersetzung wegen ihrer Wirkung auf das einfache Volk habe vorgehen müssen. Luther habe zunächst vorgespiegelt, eine Reformation der Missbräuche anzustreben, tatsächlich habe er aber die Sachen nie bessern, sondern umstoßen wollen. Luther ist nach Georgs Meinung buchstäblich nichts heilig. Alles zerstört er: Die Kirche, den Glauben, die lieben Heiligen, die alten Kirchenlehrer, Heiligenbilder, Kruzifixe, die guten Werke wie jungfräuliche Keuschheit, Fasten, Beten, Feiern, Kirchgehen, Prozessionen, Kreuzgänge, Litanei, Vesper, Messe, die Stundengebete, Vigilien, Seelenmessen, Begängnisse, den dreißigsten Tag, den Jahrestag und alles, was zugunsten der lieben verstorbenen Seelen von der Kirche bereitgehalten wird. Darüber hinaus tasten sie die Sakramente selbst an: Firmung, heilige Ölung, Priesterweihe und Beichte wollen sie für gar keine Sakramente halten. Die anderen Sakramente wie die Taufe und die Ehe verkehren und verändern sie gegen den Brauch der Kirche. Die Messe halten sie für ein Gräuel, und dann wörtlich:

> Aber uber die maß unchristlich und manicherley weys handeln und zerstucken sie das hochwirdig sacrament des zarten fronleychnams und bluts unsers lieben herren Jesu Christi, wölchs etzlich wider die örterung (Entscheidung] der heyligen christlichen kirchen under zweyen, etzlich under garkeyner gestalt haben wollen, etzlich aleyn für das fleysch und blut Christi halten und nicht für Christum selber, etzlich sagen, es sey wol Christus do, aber aleyn als eyn mensch und nicht als eyn gott. Etzlich sprechen, das brot und weyn samt dem fleysch und blut beysamen, etzlich, das es aleyn brot und weyn und eyn schlecht [schlichtes] zeychen sey, wie ein sigill an eym brife, gleich als ob wir gott nit trauen noch gleuben solten one brief und sigel.«[57]

Man könnte das Zitat fortsetzen mit der Klage über die fehlende Ehrfurcht vor dem Sakrament, dem man den Rücken zukehrt, vor dem man sich nicht verneigt, das man in die Hände nimmt, das man isst und trinkt als sei es irgendeine Speise oder Trank, ja, das man sogar in der Hosentasche mit sich herumträgt. Selten bietet sich ein ähnlich vollständiges Panorama spätmittelalterlicher frommer Praxis in einem einzigen Text, selten erhält man so deutlich vor Augen geführt, welche Verletzungen die Reformation für einen an dieser Praxis festhaltenden Menschen bedeuten konnte.

57 Akten und Briefe ... 2, 777, 29-39 (1467).

Besonders die reformatorische Sakramentenlehre rief die Empörung des Herzogs hervor. Er hielt sie für hussitisch. Im selben Jahr 1527 verteidigte er in einer kurzen, auch im Druck veröffentlichten Schrift die Reichung des Abendmahls unter nur einer Gestalt[58] und zeigte ein erhebliches Maß an Belesenheit in Bibel, Kirchenvätern, Kirchengeschichte und kanonischem Recht. Auch wenn Georg der evangelischen Lehre weder hier noch sonst auch nur annähernd gerecht wurde, war er doch derjenige Wettiner, der in spätmittelalterlichen Frömmigkeitsformen nicht nur lebte, sondern diese theologisch reflektierte und gegen die Reformation öffentlich verteidigte.

V Zusammenfassung / Ergebnis

Folgende abschließenden vier Beobachtungen sollen die eingangs gestellte Problematik noch einmal aufgreifen:

1. Im Vergleich der Frömmigkeitsprofile der wettinischen Fürsten erscheinen Friedrich der Weise und Johann als die »typischeren« spätmittelalterlichen Christen, weil sich bei ihnen vieles von dem wiederfindet, was die Forschung an allgemeinen Charakteristika spätmittelalterlicher Frömmigkeit herausgearbeitet hat. Herzog Georg hingegen repräsentiert bei allen Gemeinsamkeiten mit seinen ernestinischen Vettern einen intellektuelleren, die Glaubenspraxis stärker theologisch reflektierenden Typus.[59]

2. Was die Stellung der Wettiner zur frühen Reformation angeht, so bietet – auch wenn die Bedeutung individual-psychologischer und politisch-pragmatischer Aspekte nicht geleugnet werden soll – der frömmigkeits-

---

58 Vgl. Akten und Briefe ... 2, 818-836 (1508).

59 Der These Christoph Volkmars, Georg sei trotz äußerlicher Förderung gegenüber dem spätmittelalterlichen Ablasswesen eher skeptisch eingestellt gewesen – Reform statt Reformation ..., 84. 373-384, und vor allem ders.: Zwischen landesherrlicher Förderung und persönlicher Distanz, bes. 114-124 – kann nicht zugestimmt werden. Es mag zwar sein, dass Georgs persönliches Interesse an Ablassgnaden geringer war als bei anderen Wettinern, vor allem als bei Friedrich dem Weisen, aber Georg trat lediglich gegen den Handel mit dem Ablass und gegen fremde Ablässe auf, von einer grundsätzlichen Kritik des Herzogs am Ablass kann jedoch keine Rede sein. Die von Volkmar geforderte »gedankliche Trennung« zwischen den »persönlichen Glaubensäußerungen und Präferenzen eines Fürsten und seinem Herrschaftshandeln« (119) erscheint als zu künstlich und zu modern gedacht. Den Herzog gar zum »Gegner des Heiligenkultes« (122) zu stempeln, wird durch die Quellen nicht gedeckt und stellt die Dinge geradezu auf den Kopf.

geschichtliche Zugang den besten Indikator für Nähe oder Ferne. Diese Beobachtung bestätigt die alte Erkenntnis, dass die Entscheidung für oder gegen die Reformation in den Territorien des Reichs nur angemessen erklärt werden kann, wenn die Gewissensmotive der fürstlichen Verantwortungsträger ernstgenommen werden.

3. Dabei beobachten wir eine gegenläufige Entwicklung: Herzog Georg entfernte sich nach anfänglichem Prüfen in dem Maße von Luther, in dem er erkannte, welche Konsequenzen Luthers Theologie für die spätmittelalterliche Frömmigkeitspraxis hatte. Bei den Ernestinern scheint es genau umgekehrt zu sein: Sie näherten sich an Luther an, weil ihre Frömmigkeit eine Brücke lieferte. Für Johann Friedrich gibt es einige Indizien, die dafür sprechen, dass die Hochschätzung Luthers als Frömmigkeitsautor der Zustimmung zu seiner Lehre vorausging.[60] Die chronologische Abfolge könnte durchaus auch eine kausale sein.

4. Was Friedrich den Weisen angeht, von dem hier ausgegangen wurde, so war er weder der erste Jünger Luthers noch der bis zu seinem Tod unbeeindruckt bleibende spätmittelalterliche Christ. Es verhielt sich im Gegenteil so, wie Georg Spalatin es formulierte: Friedrich näherte sich dem Evangelium langsam, aber stetig an.[61] Ein zuverlässiger Indikator ist nach meiner Auffassung die Veränderung der Frömmigkeitspraxis des Kurfürsten: Erst endeten die Reliquienkäufe, dann ihre Zurschaustellung in Wittenberg; von der Heiligsprechung Bennos, die er anfangs – wenn auch lustlos – mitgetragen hatte, distanzierte er sich.[62] Friedrichs spätmittelalterliche Frömmigkeit, in der vieles angelegt war, was auch Luther wichtig war, lieferte die Brücke. Von der Christusfrömmigkeit führte ein Weg der Annäherung an Luther; Friedrichs ohnehin vorhandene Hochschätzung der Bibel erhielt nun stärkeres Gewicht.

60 Vgl. oben bei Anm. 27 f.
61 So die vorsichtige, aber durchaus zutreffende Formulierung; Georg Spalatin: Friedrichs des Weisen Leben und Zeitgeschichte/ aus den Originalhandschriften hrsg. von Christian Gotth[old] Neudecker; Ludwig Preller. Jena 1851, 28: »Und da das Evangelion war wiederum angangen, kam s. Churf. G. je länger je mehr näher und baß daran, wie wol säuberlich und mit Mußen«; vgl. auch Stephan: Beiträge zu einer Biographie ..., 418.
62 Vgl. zu dieser Entwicklung Kohnle: Zur Heiligsprechung Bennos ..., 571 f.

»Erhalt uns, Herr, bei deinem Wort und steur des Papsts und Türken Mord ...«

Ein Kinderlied Luthers im Medienereignis Reformation[*]

Von Harry Oelke

Gottfried Maron zum 80. Geburtstag am 5. März 2008

> »Fröhliche Kirchengesänge haben am Donnerstag zu einem Eklat im Frauendom geführt. Vier evangelische Pastoren aus Niedersachsen hatten in der katholischen Kirche einen Kanon angestimmt. Der Aufseher schmiss die Sänger daraufhin hinaus, berichtete der evangelische schaumburglippische Superintendent Joachim Liebig. ›Seid's verrückt, plärrt's im Hofbräuhaus, nicht hier!‹, habe der Aufseher gerufen. Die katholische Kirche in München bemühte sich am Freitag um Schadensbegrenzung: Dompfarrer Lorenz Kastenhofer lud die vier Theologen zu einer persönlichen Domführung ein.«[1]

Das bekannte Lied Luthers »Erhalt uns, Herr, bei Deinem Wort« gehört heute zu den Klassikern des protestantischen Gemeindegesangs. Es entstand am Anfang der 40er Jahre des 16. Jahrhunderts in einer unter reformationsgeschichtlichen Gesichtspunkten heiklen Phase der sich konstituierenden evangelischen Christenheit. Die Beliebtheit dieses Liedes dürfte in einem hohen Maß seiner identitätsstiftenden Wirkung geschuldet sein, die es im Laufe seiner Geschichte im Bereich evangelischer Kirchlichkeit erzielt hat und die es bis in die Gegenwart freizusetzen vermag.

Zu den Besonderheiten dieses Liedes gehört auch, dass es in dem heute allgemein gültigen Wortlaut von der ursprünglichen Form, die ihm Luther gab, abweicht: Singt die Gemeinde heute in der zweiten Zeile der ersten Strophe »und steure deiner Feinde Mord«, so war Luther an dieser Stelle direkter und machte daraus kein Geheimnis, wen er für die Feinde Gottes hielt; denn bei ihm hieß es »Und steur des Bapsts und Türcken Mord«[2]

---

[*] Probevortrag an der Ludwig-Maximilians-Universität München am 13. Januar 2001.

[1] Süddeutsche Zeitung 57 (13. Januar 2001) Nr. 10, 47.

[2] Der ursprüngliche Liedtext Luthers (1541/42) lautet:
»Ein Kinderlied, Zu singen wider die zween Ertzfeinde Christi und seiner heiligen Kirchen, den Bapst und Türcken, etc.«

Die Bedeutung, die dem Lied als Medium der Reformation zugewachsen ist, war aber gerade ganz eng an diese so heutigentags nicht mehr gesungene Zeile geknüpft.

Im Folgenden wird eine Annäherung an das Lied Luthers im Hinblick auf dessen Eigenschaft als Medium der Reformationszeit unternommen. Die Medien der Reformationsepoche bildeten einen markanten Schwerpunkt in der kirchenhistorischen Arbeit der zurückliegenden zwei bis drei Jahrzehnte. Im Zuge dieser Forschungsbemühungen sind neben den bekannten Druckmedien, vor allem Flugschriften und Bibelübersetzungen, weitere Medien ins Blickfeld gerückt: die illustrierten Flugblätter, die Druckgrafik oder auch Aktionsformen, die als Medium begriffen werden.[3] Einsichten

>>Erhalt uns, HErr, bey deinem Wort
Und steur des Bapsts und Türcken Mord,
[EG 193: und steure deiner Feinde Mord]
Die Jhesum Christum, deinen Son
Wolten stürtzen von deinem Thron.

Beweis dein Macht, HERR Jhesu Christ,
Der du HErr aller HErren bist,
Beschirm dein arme Christenheit,
Das sie dich lob in ewigkeit.

Gott heilger Geist, du Tröster werd,
Gib deim Volck einrley Sinn auf Erd.
Sthe bei uns in der letzen Not,
Gleit uns ins Leben aus dem Tod<<;

LUTHERS GEISTLICHE LIEDER UND KIRCHENGESÄNGE: vollständige Neuedition in Ergänzung zu Band 35 der Weimarer Ausgabe/ bearb. von Markus Jenny. K; W 1985, 304f (Nr. 38) (AWA; 4).

3 Aus der umfangreich vorliegenden interdisziplinär verantworteten Forschungsliteratur sei hier nur verwiesen auf Johannes BURKHARDT: Das Reformationsjahrhundert: deutsche Geschichte zwischen Medienrevolution und Institutionalisierung 1517-1617. S 2002; Werner FAULSTICH: Mediengeschichte von den Anfängen bis 1700. GÖ 2006, 143-149; DERS.: Medien zwischen Herrschaft und Revolte: die Medienkultur der Frühen Neuzeit (1400-1700). GÖ 1998; Michael GIESECKE: Der Buchdruck in der Frühen Neuzeit: eine historische Fallstudie über die Durchsetzung neuer Informations- und Kommunikationstechnologien. F 1991; Michael SCHILLING: Bildpublizistik der frühen Neuzeit. Aufgaben und Leistungen des illustrierten Flugblatts in Deutschland bis um 1700. TÜ 1990. Alle Titel genannten bieten detaillierte Hinweise auf weitere Forschungsliteratur.

in die komplexen Kommunikationszusammenhänge der Reformationszeit und die sich darin manifestierende spezifische Form von »Öffentlichkeit« sind gewachsen. Wegen der grundlegenden Bedeutung, die man für die Medien bei der Durchsetzung der reformatorischen Anliegen zu ermitteln vermochte, hat man die Reformation insgesamt schließlich als »Kommunikationsprozess« (Moeller) und »Medienereignis« (Hamm) beschrieben.[4]

Es besteht heute kein Zweifel, dass diese zurückliegenden Forschungsbemühungen den Blick auf die Genese der reformatorischen Bewegung, auf die Etablierung konfessioneller Kirchentypen und auf die den kirchlichen und weltlichen Bereich gleichermaßen umfassenden Prozess der Konfessionalisierung nachhaltig geschärft haben. Handlungstragende Personen und Gruppen der Reformation und ihrer Gegner sind als Teil dieses kommunikativen Geschehens profiliert hervorgetreten und meinungsbildende Prozesse und deren mediale Strukturen haben sich in einem komplexen Feld kommunikativer Interdependenzen mit ihren religiösen, konfessionellen und politischen Implikationen eindeutiger fassen lassen. Ungeachtet dieser innovativen Entwicklungen sind andererseits auch mindestens zwei tendenzielle Engführungen im skizzierten Forschungszeitraum auszumachen: Nach wie vor sind es die Drucksachen, die das vorrangige Interesse der Forschung genießen, wohingegen die kommunikative Bedeutung von Bildern und die vielfältigen Formen mündlicher Kommunikation – wenngleich längst eingefordert[5] – nach wie vor nur ansatzweise ausgelotet sind. Daneben gilt: Angezogen von der Publikationslawine der Jahre 1522-1525 hat man sich überwiegend auf die Bedeutung der Medien in der frühen Phase der Reformation konzentriert. Die langen drei Jahrzehnte vom Ende des Bauernkrieges bis zur reformationsgeschichtlichen Makrozäsur des

---

4 Bernd MOELLER: Die frühe Reformation als Kommunikationsprozess. In: Kirche und Gesellschaft im Heiligen Römischen Reich des 15. und 16. Jahrhunderts/ hrsg. von Hartmut Boockmann. GÖ 1994, 148-164; Berndt HAMM: Die Reformation als Medienereignis. Jahrbuch für biblische Theologie 11 (1996), 137-166.

5 Vgl. dazu beispielsweise HISTORISCHE BILDERKUNDE: Probleme – Wege – Beispiele/ hrsg. von Brigitte Tolkemitt; Rainer Wohlfeil. B 1991; darin bes. die Beiträge von DEMS.: Methodische Reflexionen zur Historischen Bilderkunde, 17-25; Robert W. SCRIBNER: Reformatorische Bildpropaganda, 83-106; Michael SCHILLING: Illustrierte Flugblätter der frühen Neuzeit als historische Bildquelllen, 83-106; vgl. zum Ganzen auch Moeller: Die frühe Reformation ...; und Hamm: Die Reformation als Medienereignis.

Augsburger Religionsfriedens von 1555 blieben im Forschungsaufkommen eher unterrepräsentiert.[6] Dieser Sachverhalt mag in der quantitativen Abnahme der gedruckten Medien nach 1525 begründet sein. Zudem scheint der stärker obrigkeitlich gesteuerte Kommunikationszusammenhang der späteren Reformationsjahre auf die Forschung eine vergleichsweise schwache Faszinationskraft auszuüben. Festzuhalten bleibt: Spricht man in der kirchenhistorischen Forschung von der »Reformation als Medienereignis«, so ist dieses Paradigma bis heute eher für die frühe Phase der Reformation durch entsprechende Ergebnisse plausibel beschrieben und begründet. Für die »spätere« Phase der Reformation bis 1555 und erst recht für die zweite Hälfte des 16. Jahrhunderts besteht im Hinblick auf die Leitkategorien »Medien« und »Kommunikation« weiterhin ein nicht geringer Forschungsbedarf. Das zur Diskussion stehende Lutherlied bietet Möglichkeiten, weitere Einsichten in die beschriebenen defizitären Forschungsbereiche zu gewinnen.

Das Gemeindelied ist, anders als die gedruckten Publikationsmittel, zuerst ein Medium der mündlichen Kommunikationsform. Vom Gemeindegesang aus der frühen Reformationszeit ist bekannt, dass er maßgeblich zur Durchsetzung der Reformation beigetragen hat.[7] Das zur Diskussion stehende Lied Luthers entstand gegenüber diesen vitalen Anfangsjahren der Reformation unter veränderten historischen Voraussetzungen: Der

6 Einen erfreulich gegenläufigen Akzent setzte Thomas KAUFMANN: Das Ende der Reformation: Magdeburgs »Herrgotts Kanzlei« (1548-1551/2). TÜ 2002. Eine gewisse Ausnahme bildeten schon lange die Religionsgespräche dieser Zeit, die auch unter medialen Gesichtspunkten von Interesse waren; vgl. beispielsweise Georg KUHAUPT: Veröffentlichte Kirchenpolitik: Kirche im publizistischen Streit zur Zeit der Religionsgespräche (1538-1541). GÖ 1998.

7 Vgl. dazu die instruktive Studie von Inge MAGER: Lied und Reformation: Beobachtungen zur reformatorischen Singbewegung in norddeutschen Städten. In: Das protestantische Kirchenlied im 16. und 17. Jahrhundert: text-, musik- und theologiegeschichtliche Probleme/ hrsg. von Alfred Dürr; Walther Killy. Wiesbaden 1986, 25-38; und auch Patrice VEIT: Das Kirchenlied in der Reformation Martin Luthers: eine thematische und semantische Untersuchung. Wiesbaden 1986.; DERS.: Entre violence, résistance et affirmation identitaire: a propos du cantique de Luther »Erhalt uns Herr bei deinem Wort«. In: Religion und Gewalt: Konflikte, Rituale, Deutungen (1500-1800)/ hrsg. von Kaspar von Greyerz; Kim Siebenhüner. GÖ 2006, 267-303; und Markus JENNY: Kirchenlied. I: Historisch (bis 1900). TRE 18 (1989), 602-629.

Reformationsprozess war inzwischen weit fortgeschritten, und die zwischenzeitlich erreichte Konsolidierung der Reformation drohte durch die politisch brisante Lage im Reich seit Mitte der 40er Jahre in Frage gestellt zu werden. Die Reformation hatte sich zu behaupten, gegen das »Augsburger Interim« des Kaisers und auch gegen das in Trient tagende Konzil.

Im Folgenden wird nach der Rolle gefragt, die Luthers Lied als Medium im Kommunikationszusammenhang jener protestantischen Krisensituation in den 40er Jahren spielte. Dabei wird zu untersuchen sein, welche Verbindungen zu anderen Medien das Lied angesichts der vorherrschenden Kommunikationsstruktur eingehen konnte. Welche kommunikativen Prozesse vermochte das Lied auf diese Weise auszulösen? Und welche Form von Öffentlichkeit konstituierte es in diesem Geschehen mit? Bei der Beantwortung dieser Fragen wird zunächst die Quelle ins Zentrum des Interesses rücken, um den theologischen Gehalt des Liedes und seinen historischen Entstehungskontext zu bestimmen. Sodann werden die grundlegenden Strukturen der reformatorischen Kommunikationssituation rekonstruiert, um in einem dritten Schritt das Lied in seiner medialen Funktion im Kommunikationszusammenhang von Interim und Konzilsbeginn auszuloten. Dabei werden im einzelnen drei Phasen voneinander zu unterscheiden sein.

I Das Lied und sein historischer Entstehungskontext

Die heute älteste erhaltene Quelle des Lutherliedes »Erhalt und Herr« ist das berühmte Joseph Klugsche Gesangbuch aus Wittenberg in der Auflage von 1543. Es kann als gesichert gelten, dass die hierhin präsentierte dreistrophige Fassung und die Anordnung der Strophen die authentische ist.[8]

Die drei Strophen des Liedes gliedern die Lieddichtung in einer trinitarischen Form. Die erste Strophe ist zunächst ein Hilferuf an Gott, die Christenheit bei ihrem Fundament, dem Wort Gottes, zu erhalten. Das

8 Vgl. zum Textbestand und seiner Überlieferung AWA 4, 118f; HANDBUCH ZUM EVANGELISCHEN KIRCHENGESANGBUCH. Bd. 3 I: Liederkunde. Erster Teil: Lied 1 bis 175/ hrsg. von Eberhard Weismann … GÖ 1970, 501-504 (Nr. 142); Wilhelm LUCKE: Erhalt uns, Herr, bei deinem Wort. WA 35, 235-248; Uwe CZUBATYNSKI: Erhalt uns Herr bei deinem Wort: Predigt über ein Lutherlied. Lu 71 (2000), 43-45; Otto SCHLISSKE: Handbuch der Lutherlieder. GÖ 1948, 124-136.

durch die Anfangsstellung betonte Wort Gottes nimmt das »Sola scriptura« Luthers auf und exponiert sogleich das Hauptanliegen der Reformation. Es folgt die brisante zweite Zeile: »Und steur des Bapsts und Türcken Mord«. Die Bedeutung von »steurn« im Frühneuhochdeutschen ist – in Verbindung mit einem Akkusativ der Sache, der hier durch das Objekt »Mord« gegeben ist – im Wortfeld von »beschränken«, Einhalt tun« oder »mäßigen« zu suchen. Luther richtet demnach in dieser Zeile die Bitte an Gott, dem vermeintlichen Morden des Papstes und der Türken Einhalt zu gebieten bzw. das grausame Vorgehen einzuschränken. Das eigentliche Motiv für den Liederdichter, Gott um Hilfe zu bitten, ist das dem Papst und Türken zugeschriebene Vorgehen gegen Jesus Christus. Luther bittet um ein Eingreifen Gottes, weil die Hoheit Gottes durch das Betreiben der Gottesgegner auf dem Spiel steht.

In der zweiten Strophe wird angesichts der zuvor benannten Bedrohungssituation ein Machterweis Christi erbeten. Dieser Machterweis wird von Luther nicht als aggressiver Akt gegen die Feinde Gottes, sondern als ein eher defensives Eingreifen Christi erwartet: »Beschirm dein arme Christenheit«. Die dritte Strophe ist an den Heiligen Geist, den Tröster, gerichtet. Das durch ihn erbetene einheitsstiftende Wirken in der Christenheit – »Gib deim Volck einrley sinn auff Erd« – kann als Bitte um Eintracht innerhalb der Christenheit verstanden werden. Der Streit zwischen den Religionsparteien belastete gegen Ende der 1530er Jahre zunehmend die politische Lage im Reich. Auch das vor der Abfassung des Liedes im Sommer 1541 beendete Regensburger Religionsgespräch hatte in der strittigen Religionsfrage einen Konsens nicht herstellen können.[9] Der Liedvers gibt für Luther ungeachtet des verhärteten Religionsstreits ein kirchliches Einheitsbewusstsein zu erkennen. Es scheint kennzeichnend für diese Phase der Konfessionsbildung, dass genau diese Textsequenz bei der Rezeption des Liedes keinen erkennbaren Anknüpfungspunkt darstellte. Die das Lied abschließende Bitte um Beistand im Sterben mag Luther vom dritten Glaubensartikel vorgegeben gewesen sein.[10] Womöglich standen Luther auch die Todesgefahren einer kriegerischen Auseinandersetzung

9 Vgl. dazu das Wormser Religionsgespräch 1540/41/ hrsg. von Karl Heinz zur Mühlen; Klaus Ganzer. GÖ 2002.

10 Vgl. Handbuch zum Evangelischen Kirchengesangbuch 3 I, 501-504.

vor Augen. Mit der hier erwählten Formulierung: »Gleit uns ins Leben aus dem Tod« bringt Luther seine Glaubensüberzeugungen in eine pointierte sprachliche Gestalt.

Die Entstehung des Liedes lässt sich trotz erheblicher Bemühungen durch die Liedforschung bis heute nicht eindeutig aufklären. Mit viel philologischem Scharfsinn haben Hymnologen seit dem 19. Jahrhundert die unterschiedlichsten Spuren verfolgt, die die überlieferten Quellen im Hinblick auf die Genese des Liedes zu erkennen geben.[11] Nach einer umsichtigen Sondierung aller Einzelergebnisse zog Wilhelm Lucke bereits 1923 folgendes Fazit, das bis heute Gültigkeit beanspruchen kann: »Ein festes Datum für die Entstehung von ›Erhalt uns Herr bei deinem Wort‹ lässt sich nicht geben, jedoch wird die Begrenzung von Ende 1541 bis Frühjahr 1542 das Richtige treffen.«[12] Dieses Ergebnis basiert im Wesentlichen auf zwei Hinweisen zur frühesten Verbreitung des Liedes: ein Hinweis auf das Lied in der Schönburgschen Kirchenordnung, die im Oktober 1542 abgeschlossen wurde, sowie der Beleg über eine handschriftliche Notiz zu einem Einzeldruck des Liedes aus dem Jahr 1542, vermutlich aus den ersten Monaten dieses Jahres.[13]

Genaueres lässt sich über den Zusammenhang des Liedes mit der politischen Situation jener Zeit sagen. Die im Lied anklingende Bedrohung der Christenheit steht in Zusammenhang mit jener politischen Lage, wie sie sich seit dem Hochsommer 1541 in Form einer erneuten Türkenkrise von Südosten her entwickelte. Als jetzt die von König Ferdinand (1503, 1526-1564), dem Bruder Kaiser Karls V. (1500, 1519-1558), geführten Truppen bei Ofen/Budapest eine vernichtende Niederlage erlitten und die Gefahr für Wien und Österreich schlagartig zunahm, ließ das in Deutschland die seit der Belagerung Wiens 1529 virulenten Ängste erneut aufleben. Der sächsische Kurfürst Johann Friedrich (1503, 1532-1547, 1554) setzte Luther und Johannes Bugenhagen (1485-1558) über die politischen Vorgänge in Kenntnis.[14]

---

11 Vgl. dazu die detaillierten Nachweise bei Lucke: Erhalt uns Herr ..., 235-248.

12 Lucke: Erhalt uns Herr ..., 243, zum Ganzen ebd, 235-243.

13 Der Druck wird sehr genau beschrieben, ist aber nicht mehr erhalten; vgl. Lucke: Erhalt uns Herr ..., 235f., hier auch die Nachweise.

14 WA Br 9, 513, 1-24 (3666), Kurfürst Johann Friedrich an Luther und Bugenhagen am [8.? September aus Torgau?]; vgl. auch Lucke: Erhalt uns Herr ..., 241.

In dieser Krisensituation, die in den Wintermonaten 1541/42 an Schärfe zunahm,[15] das kann als sicher gelten, lag für Luther das zentrale Motiv für die Abfassung des Liedes.

Bezeichnenderweise stellt Luther seine literarische Produktion in dieser Zeit stark auf die Auseinandersetzung mit den Türken und ihrer Religion ab. Die im 16. Jahrhundert weit verbreitete Gattung der »Türkenschriften« war, wie Winfried Schulze gezeigt hat, eine literarische Reaktion auf die als akute Bedrohung wahrgenommene türkische Expansion.[16] Luther hat sich in dieser Zeit in Form von Gelegenheitsschriften, Briefen und Tischreden dem Thema gewidmet.[17] Seine theologische Deutung der Geschehnisse, wie er sie vor allem in seiner Schrift »Vermahnung zum Gebet wider den Türken«[18] von 1541 vornahm, vollzog sich noch, wie die anderer Verfasser

15 Im November 1541 erreichte Wittenberg eine weitere Katastrophenmeldung: Nahezu die gesamte Flotte des Kaisers, so hieß es, sei vor Algier einem Orkan zum Opfer gefallen. Das Schicksal des Kaisers war unbekannt. In Wittenberg wurde am 18. Dezember über das Ereignis informiert und für den Kaiser gebetet. Auf dem im Februar 1542 stattfindenden Reichstag zu Speyer wurde dann ein Feldzug gegen die türkischen Truppen beschlossen, wenige Wochen später – im Frühjahr 1542 – begannen auch in Wittenberg, Gerüchte von neuen Angriffsplänen der Türken zu kursieren; vgl. dazu Lucke: Erhalt uns Herr ..., 241; HANDBUCH ZUM EVANGELISCHEN KIRCHENGESANGBUCH. Bd. I II: Die biblischen Quellen der Lieder/ hrsg. von Rudolf Köhler. GÖ 1965, 245 f; und neuerdings Thomas KAUFMANN: Türckenbüchlein: zur christlichen Wahrnehmung »türkischer Religion« in Spätmittelalter und Reformation. GÖ 2008.

16 Vgl. Winfried SCHULZE: Reich und Türckengefahr im späten 16. Jahrhundert, M 1978, 21-66; und auch Bernd MOELLER: Deutschland im Zeitalter der Reformation. 2. Aufl. GÖ 1981, 138 u. ö.

17 Im Februar 1542 bekam Luther erstmals eine lateinische Übersetzung des Korans zu Gesicht. Nachdem er sie studiert hatte, gab er eine von ihm selbst angefertigte deutsche Übersetzung einer bedeutenden mittelalterlichern Korankritik heraus. Im Herbst 1542 verwendete er seinen Namen, um beim Basler Rat den Druck der vom Zürcher Theologen Theodor Bibliander (1504/09-1564) erstellten ersten wissenschaftlich besorgten deutschen Übersetzung des Korans zu erreichen. In seinem Vorwort zu dieser Koranausgabe unterstrich Luther die grundsätzliche Notwendigkeit, sich mit dem Koran zu beschäftigen: Erst die Kenntnis vom Koran versetze in die Lage, denselben zu widerlegen; WA 53, 561-572. Der Druck der Übersetzung war zunächst vom Basler Rat vereitelt worden. Das änderte sich durch das Eingreifen Luthers: Der Druck wurde vom Rat zugelassen, allerdings durfte das Buch in Basel selbst nicht verbreitet werden; vgl. dazu Martin BRECHT: Martin Luther. Bd. 3: Die Erhaltung der Kirche: 1532-1542. S 1987, 349 f.

18 WA 51, 577-625.

auch im Kontext mittelalterlicher Geschichtsdeutung: In der Bedrohung durch die türkischen Truppen sah er ein Strafgericht Gottes, das zu Buße und neuem Leben anleiten wollte.[19] In der insgesamt skeptischen Grundhaltung Luthers findet auch die Frage eine Antwort, warum er seine Lieddichtung in Anlehnung an Ps 8,3[20] in einer vorangestellten Zeile als »Kinderlied« apostrophierte. Nur vom Gebet der Kinder versprach er sich in dieser bedrohlichen Situation eine Verbesserung der Lage. Das Lied »Erhalt uns Herr …« von den Kindern singen zu lassen, kann im Sinne dieser letzten Hoffnung verstanden werden, die Luther mit dem Gebet der Kinder verband.[21]

Ähnlich wie in den Türken erkannte Luther auch im Papst ein Zeichen der Endzeit. Diesen hatte er bereits früh als Antichristen identifiziert und damit zum Hauptgegner der wahren Christenheit stilisiert. Aus der Sicht Luthers verließen sich zwar beide, Türken und Papst, nicht auf das Wort Gottes, sondern auf konstruierte und überbewertete Traditionen. Für Luther war ein Sieg über Mohammed (um 570-632), der äußere Feind der Christenheit, an eine Distanzierung von ihm und an die umfassende Buße gekoppelt.[22] Konkrete Geschehnisse um 1541 könnten Luther in seinen

---

19 In der »Vermahnung zum Gebet wider den Türken« nennt Luther als Hauptgründe für diese Strafe Gottes: Erstens das antireformatorische Vorgehen der Altgläubigen; zweitens evangelischen Undank und schließlich drittens die unter ethischen Gesichtspunkten prekäre Situation unter den Deutschen. Luthers Ressentiments gegenüber den Türken waren in der Auffassung begründet, sie destruierten mit ihrem diabolischen Vorgehen das die Welt tragende christliche Ordnungsgefüge. Die kriegerischen Auseinandersetzungen mit dem türkischen Militär bewertete er auf der Linie seiner sog. Zweiregimentenlehre konsequent als innerweltliches Unterfangen, deren religiöse Überhöhung als Kreuzzug lehnte er nachdrücklich ab; vgl. WA 51, (577) 585-625; dazu Herbert BLÖCHLE: Luthers Stellung zum Heidentum im Spannungsfeld von Tradition, Humanismus und Reformation. F 1995, 151-192; komprimierter Brecht: Martin Luther. 3, 346-351.

20 »Aus dem Mund der jungen Kinder und Säuglinge hast du eine Macht zugerichtet um der Feinde willen, dass du vertilgst den Feind und den Rachgierigen.«

21 Luther kann im Rahmen eines Tischgesprächs zwischen 11. April und 14. Juni 1542 sagen: »Betet! Quia non est spes amplius in armis, sed in Deo. Wen dem Turcken imant soll [Widerstand] thun, so werdens die armen kindrichen [Kinderlein] thun, die beten das Vatter vnser etc.«; WA TR 5, 127, 1-3 (5389); zum Ganzen vgl. Handbuch zum evangelischen Kirchengesangbuch 3 II, 502 f.

22 Vgl. dazu Brecht: Luther 3, 349. 351-361.

Befürchtungen im Hinblick auf den Papst weiter bestärkt haben. Als 1540 und im folgenden Jahr in der Mitte Deutschlands eine Serie verheerender Großfeuer Angst und Schrecken verbreiteten, kursierten auch in Wittenberg Flugschriften, die den Papst und seine Kreise als »Mordbrenner«[23] beschuldigten.[24] Martin Brecht hat darauf hingewiesen, dass die vollständige Einbeziehung des Papstes in Luthers Alternative »Gott oder Teufel« für den »alten« Luther keine Differenzierungen und Relativierungen mehr zuließ.[25] Im letzten Lebensabschnitt Luthers, in den auch die Abfassung des Liedes fällt, nahm die Polemik gegenüber dem Papsttum bekanntlich nochmals zu. Unsere Liedzeile fällt in seiner Brisanz verglichen mit anderen Äußerungen dieser späten Lebensphase zwar noch vergleichsweise moderat aus: Provokant indes war der Umstand, dass Luther seine Polemik in einem Gemeindelied plaziert hatte. Das konnte nicht ohne Wirkung bleiben.

II Die Kommunikationsstruktur der frühen Reformation

Will man die Geschichtswirksamkeit der Reformation erklären, wird man den Blick auf einen umfassenderen Begründungszusammenhang zu richten haben. In der Reformationsforschung geschieht dies schon einige Zeit auf viel versprechende Weise, indem auf die neuen Kommunikationszusammenhänge jenes Zeitalters verwiesen wird.[26] Was war das Neue an diesen

---

23 Erasmus ALBERUS: Newe zeittung von ‖ Rom / Woher das ‖ Mordbrennen ‖ kome ?‖[Ein new Te De=‖um laudamus / Vom Bapst ‖ Paulo dem dritten / Welchs ‖ zu Rom in Lateinischer ‖ Sprach gesungen haben / Pasquillus ‖ vnd Marsorius / ein Gesetz vmbs ‖ ander. Verdeudscht durch ‖ Bepstlicher Heiligkeit ‖ guten Freund /‖ [Wittenberg: Georg Rhau], 1541; VD16 I (1983), 211 (A 1509); vgl. zum Ganzen Lucke: Erhalt uns Herr ..., 242.

24 Auch hinter dem Streit, der in dieser Zeit zwischen protestantischen Fürsten und dem Herzog Heinrich d. J. von Braunschweig-Wolfenbüttel (1489, 1514-1542, 1568) ausbrach und im Sommer 1542 in der sog. Goslarschen Fehde eskalierte, sah Luther den Papst als Drahtzieher. Der »Mordbrenner aus Wolfenbüttel« war nach der Überzeugung Luthers ein Werkzeug des Teufels und des Papstes; vgl. Lucke: Erhalt uns Herr..., 242; dazu insgesamt Martin LUTHER: Wider Hans Worst, 1541: WA 51, (461) 469-572. Insgesamt nimmt die Polemik in den 1540er Jahren bekanntlich noch einmal signifikant zu; vgl. dazu Harry OELKE: Die Konfessionsbildung des 16. Jahrhunderts im Spiegel illustrierter Flugblätter. B; NY 1992, 284-289.

25 Vgl. Brecht: Martin Luther 3, 351-361.

26 Vgl. dazu wie oben Anm. 2f.

Kommunikationsverhältnissen? Das Neue war zunächst einmal – ausgelöst von Johann Gutenbergs (1394/99-1468) Erfindung beweglicher Buchdrucklettern, der eine »Revolution des Buchwesens« (Moeller) folgte – der Einsatz neuer Medien. Unter einem Medium soll im Folgenden eine komplexe, Kommunikation organisierende und regulierende Vermittlungseinrichtung verstanden werden, »die nach unterschiedlichen Gesetzmäßigkeiten und konkreten Sinnvorgaben beeinflussen und permanenter Veränderung unterliegen«.[27] Die vernetzte Anwendung einzelner Medien, die der Verständigung dient, soll als Kommunikationsprozess verstanden werden. Nun wird man zu bedenken haben: Nicht nur theologisches Wissen konnte jetzt durch die neuen Medien der Reformationszeit weitervermittelt und potentiell jedem zugänglich gemacht werden, sondern erstmals war es möglich, Mitteilungen, ja Meinungen zu transportieren und Stimmungen zu erzeugen – dies in der medialen Vermittlung von Text und Bild.[28]

Diese neuen Kommunikationsverhältnisse der Reformationsepoche hat man mit der Kategorie der »reformatorischen Öffentlichkeit«[29] beschrieben. Spätestens seit dem Wormser Reichstag 1521, auf dem Luther sich bekanntlich vor Kaiser Karl V. zu verantworten hatte, kannte Deutschland erstmals in seiner Geschichte ein einziges öffentliches Thema: Die Causa Lutheri war buchstäblich in aller Munde. Diese überregionale Form der Öffentlichkeit zeichnete sich dadurch aus, dass sie Schichten und Stände übergreifend war. Neben dem gedruckten Wort hatten eine Vielzahl von Medien in dieser besonderen reformatorischen Kommunikationssituation ihren eigenen Platz. Im wesentlichen war das kommunikative Geschehen in der Reformation von drei grundlegenden Kommunikationsformen bestimmt: die mündliche und die visuelle Kommunikationsform sowie die Aktion.[30] Die Idee vom »Priestertum aller Gläubigen« war in ihr tragend. Flugschriften und illustrierte Flugblätter bildeten ein wichtiges Forum dieser Form von Öffentlichkeit.

27 Faulstich: Mediengeschichte ..., 8.
28 Vgl. Moeller, Die frühe Reformation ..., 156 f.
29 Vgl. Rainer WOHLFEIL: »Reformatorische Öffentlichkeit«. In: Literatur und Laienbildung im Spätmittelalter und in der Reformationszeit: Symposium Wolfenbüttel 1981/ hrsg. von Ludger Grenzmann; Karl Stackmann. S 1984, 41-52; DERS.: Einführung in die Geschichte der deutschen Reformation. M 1982, 123-133.
30 Vgl. zum Folgenden Oelke: Die Konfessionsbildung ..., 131-138.

1 Die mündliche Kommunikationsform

Die mündliche Informationsübermittlung, von Angesicht zu Angesicht, war für einen Großteil der Bevölkerung ein gewohnheitsmäßig wichtiger Kommunikationsbereich. Auch der Meinungsaustausch und die soziale und religiöse Verständigung vollzogen sich in erster Linie über das gesprochene Wort. Die Predigt im Gottesdienst, das Gespräch auf dem Kirchplatz, öffentliche Bekanntmachungen durch Gemeindeboten, das Gerücht auf der Straße bis zum Lied im Wirtshaus waren eingespielte Mitteilungsrituale, die dem Bedürfnis der Bevölkerung, das Wort zu hören, entgegenkamen. Diese personale Kommunikation, die jeweils im gleichen Raum und zu gleicher Zeit stattfand, bot dem einzelnen immer die Möglichkeit, direkt auf das Gehörte zu reagieren. Für die Ausbreitung reformatorischer Inhalte in alle gesellschaftlichen Schichten war die Predigt sicher ein zentrales Medium. Die Lieder der Reformationszeit basierten ebenfalls auf der mündlichen Kommunikationsform. Als kämpferisch vorgetragene Hymne dienten Lieder nicht selten zur Einführung der Reformation »von unten«, bisweilen sogar gegen das eigene – noch – altgläubige Pfarrpersonal.[31]

Die gedruckten Medien wie Bücher, Flugschriften und Flugblätter wollen auch in diesem mündlichen Kommunikationszusammenhang verstanden werden. Denn sie dienten noch nicht dem individualisierten Lesen, sondern wurden durch das gesprochene Wort, durch »Lesung« im Sinne von Vorlesen rezipiert und auf diese Weise breiten Bevölkerungskreisen zugänglich gemacht.[32]

2 Die visuelle Kommunikation

Die visuelle Kommunikation unterschied sich von der mündlichen Kommunikation darin, dass sie eine medial vermittelte, das heißt eine durch technische Reproduktion hergestellte, indirekte Kommunikation war.[33] Auch die Gesellschaft des 16. Jahrhunderts war wie schon vorher die mit-

---

31 Beispiele bei Mager: Lied und Reformation; vgl. darüber hinaus wie oben Anm. 6.

32 Vgl. dazu Robert W. SCRIBNER: Flugblatt und Analphabetentum. Wie kam der gemeine Mann zu reformatorischen Ideen? In: Flugschriften als Massenmedium der Reformationszeit: Beiträge zum Tübinger Symposion 1980/ hrsg. von Hans-Joachim Köhler. S 1981, 65-76.

33 Vgl. Hamm: Die Reformation als Medienereignis, 138.

Die Kommunikationsverhältnisse in der Reformationszeit waren ein komplexes Geschehen, basierend auf mündlichen, bildlichen und handlungsorientierten Kommunikationsformen. Erst das Zusammenspiel und die wechselseitige Verklammerung von Flugschrift, Flugblatt, Predigt, Gesang, Prozessionen, Szenenspiel, Drama, Disputationen und andere Aktionsformen lassen in den 20er Jahren des 16. Jahrhundert eine Form von Öffentlichkeit entstehen, die es vor der Reformation noch nicht gegeben hatte. Alle drei skizzierten Kommunikationsformen wirkten dabei auf komplexe Weise zusammen und korrespondierten mit der Vielfalt zeitgenössischer Medien.[40]

IV »Erhalt uns Herr ...« im Kommunikationszusammenhang vom »Augsburger Interim« und Konzilsbeginn

1 Die frühe Verbreitung (1542-1545)

Das Lied Luthers avancierte unmittelbar nach seinem Bekanntwerden zu einem der beliebtesten Gemeindegesänge in den Reformationskirchen. Die theologisch profilierte und ausdrucksstarke Lieddichtung traf exakt die angespannte Stimmung jener Zeit. Die Türkenkrise und der sich dann ankündigende Schmalkaldische Krieg verdunkelten die Aussichten der entstehenden lutherschen Kirchen. Luthers Lied bündelte die protestantischen Sorgen um die sich unvorteilhaft entwickelnde politische Situation. Gleichzeitig eröffnete es eine hoffnungsstiftende Perspektive.

Für seine Verbreitung war das Medium »Kirchenlied« auf die Verbindung mit den Druckmedien jener Zeit angewiesen. Das waren zunächst einmal die Liedflugblätter.[41] Dabei handelte es sich um Einblattdrucke, die den Liedtext meist mitsamt Melodieführung darboten. Wie der eingangs erwähnte Beleg für einen Einzeldruck des Liedes aus den frühen Monaten

---

40 Von Scribner in der Metapher der »Partitur« anschaulich erfaßt; vgl. ders.: Flugblatt und Analphabetentum ..., 73 f.

41 Vgl. Rolf Wilhelm BREDNICH: Die Liedpublizistik im Flugblatt des 15. bis 17. Jahrhunderts. 2 Bde. Baden-Baden 1974/75, bes. anschaulich MARTIN LUTHER UND DIE REFORMATION IN DEUTSCHLAND: Ausstellung zum 500. Geburtstag Martin Luthers; veranstaltet vom Germanischen Nationalmuseum Nürnberg in Zsarb. mit dem Verein für Reformationsgeschichte/ hrsg. von Gerhard Bott. Nürnberg 1983, 293-322.

des Jahres 1542 zeigt, war auch Luthers »Erhalt uns Herr …« zunächst über dieses Medium verbreitet worden. Über ein eingespieltes Distributionssystem konnte ein Liedflugblatt mittels »fliegender Händler«, den Kolporteuren, innerhalb weniger Tage in jeden Winkel des Reiches gelangen. In Kirchhöfen und auf Vorplätzen postierte Verkäufer offerierten den Kirchgängern ihre Produkte durch Vorsingen der neuen geistlichen Lieder, zeitgenössisch »platschieren« genannt.[42]

War das Lied auf diese Weise in Kirchengemeinden bekannt geworden, konnte es bei positiver Aufnahme schon bald Eingang in die lokalen Gesangbücher finden. Auch in dieser Hinsicht entwickelten sich die Dinge im Fall von »Erhalt uns Herr …« offenbar äußerst zügig. Luthers Lieddichtung findet sich 1543 neben dem bereits erwähnten Wittenberger Gesangbuch von Joseph Klug († 1552) auch in zwei Magdeburger Liederbücher, hier in niederdeutscher Fassung.[43] Die hohe Wertschätzung des neuen Lutherliedes dokumentiert auch der Sachverhalt, dass das Lied ebenfalls ein Jahr nach seiner Entstehung bereits im Babstschen Kleinen Katechismus[44] und im agendarischen Anhang von Gottesdienstordnungen auftaucht.[45] Zusammenfassend wird man demnach feststellen können, dass mittels der Unterstützung durch die Druckmedien der Reformationszeit, Luthers Lieddichtung von 1541/42 in Jahresfrist zu großer Popularität gelangte. Durch die Verankerung des Liedes in der liturgischen und katechetischen Literatur seiner Zeit avancierte das Lied in Windeseile zu einem festen Bestandteil protestantischer Frömmigkeit.

2 Protestmedium (1548-1550)

Eine brisante politische Situation stellte sich ein, als der Schmalkaldische Krieg im Frühjahr 1547 verloren ging. Das seit Juni 1548 reichsrechtlich verbindliche »Augsburger Interim« Karls V. schien die Reformation aufs Ganze zu gefährden. Zugespitzt formuliert: Nach den Vorstellungen des

---

42 Brednich: Die Liedpublizistik … 1, 299.

43 Gedruckt bei Hans WALTHER: Geystlike leder vnd Psalmen, vppet nye gebetet. Mart. Luther. […]; Nachweis bei Karl E. Philipp WACKERNAGEL: Bibliographie zur Geschichte des deutschen Kirchenliedes im XVI. Jahrhundert. F 1855, 183 (454).

44 Vgl. WA 30 I, 684f.

45 So unter dem Titel »Erholdt uns Herre by dynem worde« in der Agende zur ersten mecklenburgischen Kirchenordnung von 1540, die allerdings erst 1545 in Druck gegangen ist, in Naumburg vermutlich 1543/44; vgl. Lucke: Erhalt uns Herr …, 237-239.

Kaisers sollte die Einheit der Kirche einstweilen – das heißt bis zu einem Konzilsentscheid – wiederhergestellt werden, indem die protestantische Seite auf alle reformatorischen Neuerungen verzichtete, bis auf Priesterehe und Laienkelch.[46] Entsprechend stark war der Sturm der Entrüstung, der jetzt in den protestantischen Gebieten, vor allem aber in den Städten – allen voran Magdeburg – ausbrach.[47]

Das Lutherlied erwies sich angesichts der akuten Bedrohungssituation als das geeignete Medium, um dem protestantischen Unmut Ausdruck zu verleihen. Gleich die erste Liedzeile – »Erhalt uns, Herr, bei deinem Wort« – brachte ja die Hoffnung auf die Bestandswahrung der Reformation in ihrem zentralen Anliegen zum Ausdruck. Die antipäpstliche Spitze der zweiten Liedzeile verstand sich aus protestantischer Sicht als schroffe Zurückweisung des als römisch empfundenen Interimsglaubens von Karl V. Darüber hinaus wird in dieser prekären Situation der Hoffnung auf den Schutz Gottes Ausdruck verliehen – »Beschirm dein arme Christenheit« –. Selbst die Melodieführung bot eine ideale Voraussetzung zur Funktionalisierung des Liedes als Protestmedium. Denn Luther hatte an die Stelle der symmetrischen Anlagen des alten ambrosianischen Hymnus eine »volksliedhafte Dynamik« treten lassen.[48]

Der evangelische Gemeindegesang leistete in dieser historischen Situation – ähnlich wie in der frühen Phase der Reformation – einen konstitutiven Beitrag zur Bildung einer reformatorischen Öffentlichkeit. Im Gemeindelied fügten sich erneut Lehre, Erbauung und Kraft zusammen und wurde in eine komprimierte, einprägsame und stimulierende Form gebracht. Das Kirchenlied verband dabei den Protest evangelischer Christen an verschiedenen Orten. Zudem bot es auch weiten Kreisen unterer sozialer

---

46 Zum Textbestand vgl. Das Augsburger Interim: nach den Reichstagsakten deutsch und lateinisch/ hrsg. von Joachim Mehlhausen. 2. Aufl. NK 1996.

47 Zu dem sich nach regionalen und soziopolitischen Gesichtspunkten differenzierenden Protest im Reich vgl. die Beiträge in Das Interim 1548/50; Herrschaftskrise und Glaubenskonflikt/ hrsg. von Luise Schorn-Schütte. GÜ 2005, 127-273; speziell zu Magdeburg grundlegend Kaufmann: Das Ende der Reformation …, bes. 41-207.

48 Luthers Lied basiert auf dem ambrosianischen Hymnus »Veni redemptor gentium«; vgl. »Verleih uns Frieden gnädiglich, …«; vgl. dazu Luthers geistliche Lieder und Kirchengesänge, 118 f; zu Luthers Melodieführung Handbuch zum Evangelischen Kirchengesangbuch. Bd. 3 I, 503.

Schichten die Möglichkeit, sich am Interimskampf zu beteiligen. Im Sinne von Luthers Äußerungen zum allgemeinen Priestertum verbanden sich im Medium des Gemeindegesangs darüber hinaus die verschiedenen Schichten und Stände zu einer umfassenden laikalen »Singgemeinschaft«.

Angesichts des massiven Protests, der im Medium des Lutherliedes allerorten intoniert wurde, und mit dem sich andere Protestformen verbinden konnten – öffentliches Absingen auf Plätzen, in bikonfessionellen Reichsstädten: Störungen von Prozessionen etc. –, fand das Lied Luthers die Aufmerksamkeit der obrigkeitlichen Instanzen, zunächst von den protestantisch gesinnten. Aus Sorge vor überschäumenden Reaktionen schritt man ein, wenn es die politische Situation erforderlich zu machen schien.

Erste behördliche Maßnahmen gegen das Lied sind für das Jahr 1547 bezeugt. Der traditionell vorsichtig agierende Rat der Freien Reichsstadt Nürnberg fasste am 6. März – wenige Wochen vor Ende des Schmalkaldischen Krieges – den Beschluss, angesichts eines bevorstehenden Aufenthaltes des Kaisers in der Stadt das Absingen des Liedes in den Nürnberger Kirchen einzuschränken. Dies geschah gegen den erklärten Willen der Nürnberger Bevölkerung. Der Rat der Stadt hätte in dieser heiklen Situation wohl lieber ganz auf das Lied verzichtet. Das Ergebnis wird man daher als eine Art Kompromiss zu bewerten haben: Gemäß dem Erlass durfte das Lied nicht länger, wie bis dahin in Nürnberg üblich, in allen drei Gottesdiensten des Tages gesungen werden, sondern nur noch einmal, und zwar im unpopulären Frühgottesdienst.[49] Das Lied war durch das öffentliche Eingreifen des Rates erstmals aktenkundig zu einem Stein des Anstoßes geworden.

49 Das Vorgehen begründete man mit dem offenkundig fadenscheinigen Hinweis, dass das Lied durch den häufigen Gebrauch »in Verachtung kommen« sei. Zutreffender dürfte da schon der zweite genannte Grund gewesen sein, das Lied könnte beim Kaiser und seinem altgläubigen Begleittross Anstoß erregen. Die entsprechende Sequenz lautet: »Dweil das gesang [Erhallt uns herr bey deinem wort ...] bisher teglich in den kirchen 3.mal gesungen worden, darausz aber ervolgt das es zu verachtung komen, und dann auch der Kay. Mt jetziger herunft allerley verweiss und nachred beim frembden gesind dorauf ervolgen möchte, ist erlassen, das man furan solch gesang in allen kirchen nur einmal im tag, nemlich morgens zur frue mess singen ...«; abgedruckt bei Theodor KOLDE: Erhalt uns Herr bei deinem Wort: eine hymnologische Studie. Neue Kirchliche Zeitschrift 19 (1908), 751-777, bes. 767. Obrigkeitliche Eingriffe dieser Art dürften die Beliebtheit des Liedes eher gesteigert haben, da man sich dann dazu genötigt sah, das Lutherlied auch gegen den Willen der Obrigkeit zu bewahren; vgl. ebd, 767f.

Insbesondere in den Reichsstädten, die der kaiserlichen Gewalt unterstanden, war die Obrigkeit der Interimszeit darum bemüht, Proteste und Widerstandsbekundungen möglichst zu unterbinden. Häufig ging es darum, den zumeist unweit vor der Stadt lagernden kaiserlichen Truppen keinen Vorwand für ein Eingreifen zu liefern.[50] So ist es zu erklären, dass jetzt erstmals die provozierende zweite Textzeile der ersten Strophe verändert wurde. Erneut in Nürnberg wurde in diesem Zusammenhang 1548 per Erlass verordnet, künftig zu singen: »Erhalt uns herr bey deinem wort und wehr des Sathans list und mort«.[51] Es ist das erste nachweisbare Vorgehen gegen den zweiten Vers des Lutherliedes. Cyriakus Spangenberg (1528-1604) – zur Zeit des Interims Prediger in Eisleben – weist darauf hin, dass Eingriffe in den ursprünglichen Textbestand des Liedes oder sogar das Verbot, es überhaupt zu singen, keine Einzelfälle waren.[52] Verbote, das Lied zu singen, sind etwa auch für Ansbach, Straßburg und Magdeburg, dem Zentrum des Interimskampfes, belegt.[53]

Obrigkeitliche Erlasse, die nicht selten durch einen Stadtbediensteten öffentlich verkündet wurden, können ebenso als ein Medium der Aktion verstanden werden, wie andererseits auch die darauf reagierenden massenwirksamen Proteste der Interimsgegner. Unser Liedbeispiel vermittelt einen Eindruck von der Kommunikationssituation dieser Zeit, die – zumal in den Reichsstädten – vielfach an die frühreformatorischen Verhältnisse erinnert: Eine auf innerstädtische Ruhe bedachte ratsherrliche Obrigkeit sieht sich einer aufgebrachten reformatorischen Bürgerbewegung kon-

50 Vgl. Paul WARMBRUNN: Zwei Konfessionen in einer Stadt: das Zusammenleben von Katholiken und Protestanten in den paritätischen Reichsstädten Augsburg, Biberach, Ravensburg und Dinkelsbühl von 1548-1648. Wiesbaden 1983; Wolf-Dieter HAUSCHILD: Zum Kampf gegen das Augsburger Interim in norddeutschen Reichsstädten. ZKG 84 (1973), 60-81; Heinz SCHILLING: Stadtrepublikanismus und Interimskrise. In: Interim/ hrsg. von Schorn-Schütte, 205-232.

51 Kolde: Erhalt uns Herr ..., 774.

52 Cyriacus SPANGENBERG: Von der Musica und den Meistersängen/ hrsg. von Adelbert von Keller. S 1861, 154; vgl. auch die Hinweise bei Michael SCHILLING: Kommentar. In: Deutsche illustrierte Flugblätter des 16. und 17. Jahrhunderts/ hrsg. von Wolfgang Harms. Bd. 2. M 1980, 12 (6).

53 Vgl. E[rnst]. HOPP: Zur Geschichte des Liedes »Erhalt uns Herr bei deinem Wort«. BBKG 8 (1902), 79-87; Schilling: Kommentar, 12; zu Magdeburg Kaufmann: Das Ende der Reformation ...

frontiert. Der mediale Einsatz des Lutherliedes macht deutlich, wie stark die einzelnen Medien, aber auch der Medieneinsatz durch konkurrierende Interessensgruppen in ihrer Wirkung ineinander griffen. Ob diese teilweise vehement auftretende bürgerliche Protestbewegung in der Tradition eines auf stadtbürgerliche Autonomie und auf ein Freiheitsstreben bedachten »alteuropäischen Stadtrepublikanimus« zu deuten ist, bleibt noch abschließend zu bewerten, wobei offenkundig einzelne Indizien diese Deutung stützen.[54]

In diesem Zusammenhang darf nicht übersehen werden, dass auch das von der altgläubigen Seite angestrebte Konzil die Aufmerksamkeit der Protestanten in dieser Phase herausforderte. Seit 1545 versammelte sich das Konzil unter päpstlicher Leitung in Trient, zum Verdruss der Protestanten, die eine Beschickung vorrangig aus kirchenrechtlichen Gründen verweigert hatten. Die von dort eintreffenden Nachrichten über den Konzilverlauf verstärkten in den Kreisen der Protestanten das Gefühl der Bedrohung.[55] Wie sehr man andersherum vonseiten der Konzilsleitung die Vorgänge im Reich beobachtete, zeigt der Sachverhalt, dass man hier auf den durch den gewonnenen Schmalkaldischen Krieg erzielten Machtgewinn des Kaisers und dessen kompromissorientierte Konzilskonzeption mit einer temporären Verlagerung des Konzils vom äußersten Zipfel des Reiches in Trient nach Bologna reagierte, das zum Kirchenstaat zählte. Das Konzil und die Interimspolitik des Kaisers waren makrohistorisch vernetzt, es kann daher nicht überraschen, dass auch die Protestanten ihrerseits die konziliaren Vorgänge argwöhnisch registrierten.

Vor diesem Hintergrund darf es als wahrscheinlich gelten, dass sich ein illustriertes Flugblatt, das vermutlich erstmals 1548 in Magdeburg erschien, gegen beide Ereignisse, »Augsburger Interim« und Trienter Konzil, wendet. Der fein gearbeitete Holzschnitt, der wohl aus der Cranach-Schule hervorgegangen sein dürfte, thematisiert das Lutherlied, dem hier noch zwei Strophen von Justus Jonas (1493-1555) angefügt sind. Zudem bietet das

---

54 Vgl Schilling: Stadtrepublikanismus und Interimskrise.
55 Vgl. Gerhard MÜLLER: Tridentinum. Die Religion in Geschichte und Gegenwart. 3. Aufl. Bd. 6: Sh-Z. TÜ 1962, 1012-1017, bes. 1014; zudem Hubert JEDIN: Katholische Reform und Gegenreformation. In: Handbuch der Kirchengeschichte. Bd. 4: Erwin Iserloh; Josef Glazik; Hubert Jedin: Reformation, Katholische Reform und Gegenreformation. FR; BL; W 1967, 447-604.

Blatt in der vorliegenden Fassung ein dreiteiliges Gebet, das ebenfalls in trinitarischer Form die drei vorausgegangenen Liedstrophen Luthers mit ausgeprägtem Zeibezug auslegt.[56]

Das Bild ist kompositionell in eine obere, himmlische und untere, irdische Ebene geordnet, die jeweils eine Dreiteilung aufweist. Auf der oberen Hälfte werden zentral Christus als Weltenrichter und links nebengeordnet Gott mit den Insignien des Weltenlenkers sowie rechter Hand der Heilige Geist gezeigt. Auf der irdischen Ebene finden sich links auf einem Hügel eine Gruppe mit Reformatoren und protestantischen Herrschern. Im Vordergrund steht Luther, der auf Christus zeigt. Neben ihm findet sich Jan Hus (um 1370-1415), Melanchthon,[57] Johann Friedrich von Sachsen und mit großer Wahrscheinlichkeit auch Landgraf Philipp von Hessen (1504, 1518-1567)[58]. Auf der gegenüberliegenden Seite des Bildes stehen auf einer Anhöhe zu einer Gruppe geordnet fürsorgliche Frauen. In Ihrer Mitte knien bezeichnender Weise zwei betende Kinder, womöglich auf Luthers »Kinderlied«[59]

56 Das Blatt ist in zwei Varianten überliefert: eine längere Fassung mit insgesamt fünf Liedstrophen und dreiteiligem Gebet – DEUTSCHE ILLUSTRIERTE FLUGBLÄTTER DES 16. UND 17. JAHRHUNDERTS. Bd. 2: Die Sammlung der Herzog-August-Bibliothek in Wolfenbüttel. Historica/ hrsg. von Wolfgang Harms. M 1980, 12 f (6) –; eine zweite, jüngere Fassung mit den Liedstrophen, aber ohne das im Titulus angekündigte Gebet – ILLUSTRIERTE FLUGBLÄTTER AUS DEN JAHRHUNDERTEN DER REFORMATION UND DER GLAUBENSKÄMPFE/ bearb. von Beate Rattay/ hrsg. von Wolfgang Harms. Coburg 1983, 21 (Nr. 10) –; vgl. dazu und zur Datierung Kaufmann: Das Ende der Reformation ..., 412-414, Anm. 892; und in der Datierung abweichend Schilling: Kommentar, 12.

57 Dessen Aufnahme in das Bild darauf verweist, dass das Magdeburger Blatt vor den durch Melanchthons Gutachten ausgelösten interimistischen Streitigkeiten gefertigt wurde.

58 Die links neben Melanchthon stehende Figur ist kaum zu identifizieren. Kaufmanns Votum gegen Georg Spalatin (1484-1545) und für Caspar Cruciger (1504-1548) ist bedenkenswert; Kaufmann: Das Ende der Reformation ..., 416.

59 Zum generationen- und ständeübergreifenden Gemeindebezug des Blattes vgl. Kaufmann: Das Ende der Reformation..., 415-418; allerdings ist die Präsentation der evangelischen Gemeinde motivisch überlagert vom landesherrlichen Kirchenregiment; vgl. Oelke: Die Konfessionsbildung ..., 299-303. Intentional ist die Darstellung als ein »Hoffnungsbild des in einer Existenz elementar bedrohten Protestantismus« – so Kaufmann: Das Ende der Reformation ..., 417 – zu deuten, wirkungsgeschichtlich musste diese Form der propagandistischen Bildpublizistik hingegen einen »Konfessionalisierungsdruck« auslösen und auf evangelischer Seite mittelfristig zu einer »Steigerung des Kirchenbewusstseins« führen; Oelke: Die Konfessionsbildung ..., 306.

Ein Liedt/Erhalt vns Herr bey deinem Wort/etc. Sampt Eim schön andechtich Gebet/ Der heiligen Christlichen Kirchen Zu der hohen Ehrwirdigen vnd heiligen Drey Faltikeit/Got dem Vater/ Gott dem Son/vnd Gott dem heiligen Geist/vmb erhaltung bey dem wort der warheit vnd der Selikeit/vnd vmb schutz widder die feinde des Worts/ als Türcken vnd Babst gestellet durch M. Leon[hardum] Jacobi Northusianum. Caplan zu Calbe.

ERhalt vns HERr bey deinem Wort/vnd steur des Bapsts vñ Türcken mort/die Jhesum Christum deinen Son/wöllen stürtzen von deinem Thron.

Beweis deine macht Herr Jhesu Christ/der du Herr aller herren bist/ Beschirm dein Arme Christenheit/ das sie dich lobe in ewigkeit.

Gott Heiliger Geist du Tröster werd/gib deinem Volck einerley syn auff Erd/stehe bey vns yn der letzten not/gleyd vns ins leben aus dem tod

Jhr anschleg HERr zu nichten mach/las sie treffen die böse sach/vñ stürtze sie jnn die gruben ein/ Die sie machen den Christen dein.

So werden sie erkennen doch/ das du vnser Got lebest noch/vnnd hilffst gewaltig deiner schar/ Di sich auff dich Vorlessen gar.

Zu Gott dem Vater.

ACh lieber Vater/du Got alles trostes/ aller gnaden vnd barmhertzikeit/der du bist im himel/ vñ sihest/Wie die gewaltigen auff erden/als der türck vnnd der Bapst/sich vnterstehen/Deinen lieben Son Jhesum Christum vnsern Hern/wilchen du vns/O gütiger Vater/aus grundeloser barmhertzikeit geschencket vnd gegeben hast/den bittern tod am Stam des Creutzs fur vns zu leiden/sein heiliges teures blut vmb vnser sünde willen zuvergiessen/Vnd vom Teufel vnd ewigem verdamnis zu erlösen/ Von deiner rechten wilchs sein ewiger thron ist/zustürtzen/Deine liebe Kirchen zu ... vñ dein heiliges Wort auszurotten/wir bitten dich ... er Got/Der du zu nicht machest/allen rath/allen ge... gotlosen vnd mechtigen auff erden/Du wollest irem ... en greulichen furnemen steuren/vnd wehren/deine ... heit/vnter dem schatten deiner flügel beschützen vñ bey deinem heiligen vñ allein seligmachende ... halten/Durch Christum Jhesum deinen lie... en/AMEN.

Zu Gott dem Son.

O HErr Jhesu Christe/du Son des allerhögesten/vñ Heiland der gantzen welt/du Got aller herscharen/Der du fur vns durch dein heiliges leben vñ sterben/den ewigen Tod vberwunden/den teufel gefangen/die hell gestürmet/Die sünde ausgeleschet/ Vñ durch deine heilige aufferstehung vnd himelfart Die ewige selikeit vnd das ewige leben erworben vñ vns geschencket hast/Wir bitten dich von gantzem hertzen/Dieweil du sihest/Wie sich deine abgesagete feinde/Der Türcke vnd ... Bapst/so mutwillig widder dich aufflehnē/Vñ deine liebe Kirchen/Die du durch dein blut erworben hast/so greulich verfolgen/Du wollest dich nachmals/wie du den zuvor vñ allezeit gethan hast beweysen/irem Blutdürstigen tyrannischen mutwillen wehren/vñ fürkomen sie stürtzen/vnd deine werde Christenheit befrieden/auff das sie dich lobe/vnd dir dancken/der du lebest vnd regierest mit Got dem Vater in einikeit de... iligen geists in ewigkeit/AMEN

Zu Gott dem Heiligen Geist.

O Heiliger Geist/du werder Tröster/du ewiger glantz erleucht vnser hertzen/vnd zunde sie an mit deiner gnade/ Das liebe Evangelium/Das ewige Wort/wilchs vns allein selig macht/zubekennen/ Das wir dabei mögen bestedig bleibē/weiche so nit du einiger tröster jn allerlei not vñ anfechtung/son vns mit deiner Almechtigen inwendigen krafft/ D für keinerley Tyrannei Des Türcken vnd des Bapst noch entsetzen mögen/ Verleihe vns einē ritterliche des Glaubens widder alle/vnsere feinde zukempffen bey Vnnd hilff vns durch CHRistum Jhesum Vns HERRN/Wilchem sey Lob EHR Vnd Preiss in AMEN.

Durch Pancratius Kempff

[Cranach-Schule?]: Erhalt uns, Herr, bei deinem Wort. [Magdeburg]: Pancratius Kempff, [1548]
Holzschnitt, 27 x 34,5 cm (Kunstsammlungen der Veste Coburg)

ein ikonografischer Reflex. Zwischen diesen beiden Gruppen stürzen nun der Papst (Tiara) und seine Geistlichkeit gemeinsam mit einem Türken (Turban) als die »feinde des Worts« in die geöffnete Höllengrube, aus der teuflische Figuren und Flammen aufsteigen.

Auch wenn der Kaiser – wohl aus diplomatischen Gründen – im Bild von der Höllenfahrt hier verschont blieb,[60] erhielt das Flugblatt für die zeitgenössischen Betrachter seine eindeutige Zuordnung zum widerständischen Kampf gegen das kaiserliche Interim durch das vom Text dargebotene Lutherlied.[61] Was man auf evangelischer Seite von der Kirche hielt, zu der der Kaiser die Reformationskirche mittels Interim zurückführen wollte, legt das Bild mit dem eschatologisch bestimmten Motiv des Christus iudex und der unter dem Gerichtsvollzug in die Verdammnis stürzenden römische Klerushierarchie schonungslos offen. Auf diese Weise inszeniert das Bild eindrücklich den im Lutherlied erbetenen Erhalt beim Wort Gottes. Der darin manifest werdende Anspruch der Protestanten, die schutzbedürftige »arme Christenheit«, das wahre »Volck Gottes« zu sein, wird durch ein ikonografisches Legitimationsverfahren untermauert: Die Evangelischen erscheinen zu zwei geschlossenen Gruppen formiert und sind durch ihre erhöhte Anordnung in die Gottesnähe gerückt. Dagegen gewinnen die päpstlichen und heidnischen Gegner Zusammengehörigkeit einzig durch ihre gemeinsame Höllenfahrt. Auch die miteinander korrespondierenden Gesten Christi und Luthers sowie von der Wolkencorona ausgehende Blitze unterstreichen den Anspruch der Evangelischen auf den wahen Glauben gegenüber dem Unglauben des Papstes.[62]

Die beiden Zusatzstrophen von Justus Jonas verbinden die ablehnende Haltung gegenüber dem Interim mit einer kräftigen Kritik, die sich möglicherweise gegen das Trienter Konzil gerichtet verstehen lässt. Jonas spricht von einem »anschleg« der Feinde Gottes, worunter sowohl das »Augsburger

---

60 Zu einem Blatt, das die Interimskritik in Gestalt vom helmbedeckten Kopf des Kaisers ins Bild setzt vgl. Oelke, Die Konfessionsbildung …, 297.

61 Vgl. Veit: Entre violence …, 277-286.

62 Die grundsätzlich positiv konnotierte Baumbegrünung weist hier indes von den Protestanten weg, die verdorrte Seite ist ihnen überraschenderweise zugewandt; vgl. dazu insgesamt die instruktive Studie Wolfgang HARMS: Feindbilder im illustrierten Flugblatt der Frühen Neuzeit. In: Feindbilder: die Darstellung des Gegners in der politischen Publizistik des Mittelalters und der Neuzeit. Köln; Weimar; W 1992, 141-177.

Interim« als auch das Konzil verstanden werden kann. In Anlehnung an das Sprichwort »Wer anderen eine Grube gräbt, fällt selbst hinein« erbittet er dafür den Sturz der römischen Kirche in die Höllengrube.

Das angefügte Gebet atmet ganz den Geist der Verfolgungszeit und übertrifft die Liedstrophen noch in seiner unverblümten Direktheit und in der Schärfe der hier angeschlagenen Polemik. So etwa, wenn die »Tyrannei Des Türcken vnd des Baps[t]« angeprangert werden und Gottes Beistand im Kampf gegen deren »Blutdürstigen tyrannischen mutwillen« erbeten wird.

Das in Magdeburg, in der »Herrgotts Kanzlei« publizierte Flugblatt dokumentiert in anschaulicher Weise, wie sich das Lutherlied »Erhalt uns Herr …« nach nur etwa sechs Jahren zu einem vielseitigen verwendbaren Medium protestantischen Protests, in Magdeburg sogar des evangelischen Widerstands entwickelt hatte. Seine nachhaltige Wirkung erzielte das Lied dabei nicht auf sich allein gestellt, sondern erst im komplexen Verbund mit den anderen Medien jener Zeit.

V Ausblick: Die weitere mediale Wirkungsgeschichte im Zeichen der Konfessionalisierung (1555-1648)

Die politische Bedrohung, die dem Einsatz des Lutherliedes als protestantische Protest- und Bekenntnishymne zugrunde gelegen hatte, durfte mit dem sog. Fürstenaufstand von 1552 und erst recht mit dem drei Jahre später verabschiedeten Augsburger Religionsfrieden als überwunden gelten. Anders als bei den eher kurzlebigen Druckmedien erwies sich der Gemeindegesang als ein Popularisierungsmedium von anhaltender Wirkung. Gerade Luthers Lied »Erhalt uns Herr …« war in der Zeit des Interimiskampfes zu einem fortdauernden Bestandteil einer protestantischen Konfessionskultur avanciert. Text, Melodieführung und die aktuelle religionspolitische Situation verbanden sich im Lied zu einem Fanal des Protests. In lokalen konfessionellen Auseinandersetzungen hatte das Lied fortan seinen Platz.

Von altgläubiger Seite war das Lied einige Zeit unbeachtet geblieben. Erst als protestantische Behörden gegen das Lied eingeschritten waren, wurde der Hymnus auch der altgläubigen Seite zum Stein des Anstoßes. In München wagten evangelisch gesinnte Bürger im Sommer 1558 mit dem

Lied einschließlich seiner ursprünglichen zweiten Zeile einmal bei den Augustinern die Messfeier zu unterbrechen.[63] Theodor Kolde (1850-1913) bemerkt, dass es wohl das erste und letzte mal war, dass das Lutherlied in seiner echten Form in München gesungen wurde.[64]

Das Lied erhielt im Verlauf der zweiten Hälfte des 16. Jahrhunderts schließlich einen hohen Symbolwert für die von lutherischer Seite in Anspruch genommene Überlegenheit gegenüber den konfessionellen Gegnern, insbesondere gegenüber der römisch-katholischen Kirche. Mit dieser Absicht, gekoppelt mit der Hoffnung auf Bewahrung der Kirche in den protestantischerseits wahrgenommenen endzeitlichen Wirren, konnte es 1600 beispielsweise in der pommerschen Kirche als Schlussgebet im feierlichen Gottesdienst anlässlich des Jahrhundertwechsels fungieren.[65] Zu den Gegnern zählen nunmehr auch die Calvinisten. Die Reformierten setzten erheblichen Widerspruch der Lutheraner frei: Einmal finden sich in einer solchen anticalvinistischen Fassung sage und schreibe 79 Liedstrophen.[66]

Zahlreiche Quellen belegen die prominente Rolle, die das Lied für das Luthertum im Zusammenhang mit den Dreißigjährigen Krieg spielte.[67] So wollte etwa der Rat der Reichsstadt Windsheim während der Anwesenheit des kaiserlichen Heeres zu Beginn des Jahres 1629 den Gesang des Liedes eingestellt wissen, was der lutherische Pfarrer der Stadt durch ein umfangreiches Memorandum zu verhindern wusste. Die Preisgabe des Lutherliedes wird als Resignation vor der anderen Seite begriffen: »Wenn man nu in der Evangelischen Kirchen das Erhalt vns Herr etc. wollte einstellen, was wehre es anders als den feinden des Evangelii sich selbst vnterwürffig machen, das sie all ihr list ond Gewalt frey wider vns vben

63 Vgl. F[riedrich] ROTH: Eine lutherische Demonstration in der Augustinerkirche zu München im Jahre 1558. BBKG 6 (1900), 97-109, bes. 101f.

64 Kolde: Erhalt uns Herr …, 776.

65 Vgl. Thomas KAUFMANN: 1600 – Deutungen der Jahrhundertwende im deutschen Luthertum. In: Jahrhundertwenden. Endzeit- und Zukunftsvorstellungen vom 15. bis zum 20. Jahrhundert/ hrsg. von Manfred Jakubowski-Tiessen … GÖ 1999, 73-128, bes. 117.

66 Vgl. Hopp: Zur Geschichte des Liedes …, 85. Im weiteren Verlauf des 16. Jahrhunderts werden zudem zahlreiche Paraphrasen des Liedes und Übersetzungen ins Lateinische angefertigt.

67 Vgl. Lucke: Erhalt uns Herr .., 248; Kolde: Erhalt uns Herr …, 761; vgl. auch Hopp: Geschichte des Liedes …, 80-87..

mögten?« Der wehrhafte Charakter, der dem Lied längst beigemessen wird, wird angesichts der bedrängten Lage beschworen: »Die Kirche auf Erden heißet Ecclesia militans, eine streitende Kirche, was wehren aber das für Kriegsleute, welche ihre Rüstung wollten an die wand hengen, wenn sie sehen den feind kommen?«[68] Das Lied avancierte im Zusammenhang mit den Religionsstreitigkeiten des Dreißigjährigen Krieges zum festen Ausdruck einer dezidiert protestantischen Identität.

Zudem hatte der Hymnus inzwischen seinen festen Platz im Bereich auch der häuslichen Frömmigkeit. 1631 bekennt der sächsische Oberhofprediger Matthias Hoe von Hoehenegg (1580,-1645) in seiner Schlusspredigt des Leipziger Konvents: »In meinen Hause lasse ich alle Tage etlich mal Weib / Kind unnd Gesind / mit unnd neben mir / zum Beschluß des Geistreichen Gesanges / Erhalt und Herr bey deinem Wort / unnd stewr des Papsts unnd Türcken Mord / also laut und deutlich beten [...]«.[69] Das gibt das Lied als festen Bestandteil häuslicher Andacht zu erkennen. Das Medium Kirchenlied leistete auf diese Weise einen wesentlichen Beitrag zur Verschränkung der Sphären von privater und öffentlicher, bzw. häuslicher und kirchlicher Frömmigkeit. Luthers Lied »Erhalt uns Herr« erschien für diesen Zweck besonders geeignet. Das Medium Kirchenlied bietet insofern ein aussagekräftiges Beispiel lutherischer Frömmigkeitskultur im konfessionellen Zeitalter.

Das Kriegsende 1648 markiert im Miteinander der Konfessionen eine Zäsur. Das Konfessionelle Zeitalter mit seiner Polemik zwischen den Konfessionen klang aus. Es überrascht daher kaum, dass der nachfolgend an Bedeutung gewinnende Pietismus die heute gängige Umformung der zweiten Textzeile bekannt machte. In Halle wurde das Lied im Gesangbuch von 1703 sogar ausgelassen, was in orthodoxen Kreisen Anstoß erregte. Später wurde es wieder aufgenommen, aber man sang jetzt hier und anderswo: »und steur der Feinde Christi Mord«. Viele Anzeichen sprechen dafür, dass sich unter dem Einfluss des Pietismus der heutige Wortlaut der zweiten Textzeile durchgesetzt hat. Obwohl sich bis ins 19. Jahrhundert hinein Befürworter der alten Form finden lassen, hat im Laufe der Zeit kein Gesangbuch die Zeile im originalen Wortlaut bewahrt.

68 Zitiert bei Hopp: Zur Geschichte des Liedes ..., 85.
69 Zitiert bei Thomas KAUFMANN: Dreißigjähriger Krieg und Westfälischer Friede: kirchengeschichtliche Studien zur lutherischen Konfessionskultur. TÜ 1998, 52, Anm. 138.

VI Ergebnisse in Thesenform

(1) Das Lutherlied gewinnt seine Bedeutung als Medium der Reformationszeit angesichts der akuten politischen Krisensituation in den 40er Jahren des 16. Jahrhunderts im Zeichen der Behauptung reformatorischer Errungenschaften.

(2) Die Popularität des Lutherliedes und seine exponierte Rolle im kommunikativen Geschehen jener Jahre verdankt sich dem Umstand, dass der Text Luthers die protestantische Bedrohungssituation aufgreift, die Verursacher personalisiert und der Krise eine hoffnungsstiftende Botschaft im Sinne reformatorischer Theologie entgegensetzt.

(3) Das Lutherlied trägt durch die Verbindung mit anderen zeittypischen Medien zum Entstehen eines reformatorischen Kommunikationsprozesses in der Krisensituation der 40er Jahre bei. Unser Beispiel macht dabei anschaulich, dass die verschiedenen Medien nicht nur zusammenwirken und sich ergänzen, sondern sich in ihrer Wirkung gegenseitig verstärken konnten.

(4) Das Lied Luthers und seine mediale Rezeption in Form des Gemeindegesangs, durch Flugblätter oder massenwirksame Aktionen leistet einen maßgeblichen Beitrag für die Neuauflage jener überregionalen sowie Stände- und Schichten übergreifenden reformatorischen Öffentlichkeit, wie sie für die frühen Jahre der Reformation kennzeichnend gewesen war. Diese Form der Öffentlichkeit hat ihren theologischen Ermöglichungsgrund im frühreformatorischen Topos vom Allgemeinen Priestertum. Angesichts der Erfahrung akuter Bedrohung entfaltet er erneut in Ansätzen seine emanzipatorische Kraft. Auf diese Weise entwickelt sich das Lied Luthers schließlich seit 1547 zum Ausdruck des widerständischen Protests der evangelischen Seite gegen das Interim des Kaisers und auch gegen das päpstliche Konzil in Trient.

(5) Unser Beispiel verweist auf die grundlegende Bedeutung, die der mündlichen Kommunikationsform im Reformationsprozess zukommt. In traditionell eingespielter Weise bestimmte die mündliche, die face-to-face Verständigung die konkrete Situation vor Ort. Diese vielfältigen lokalen und regionalen Kommunikationsvorgänge generieren letztlich die dynamische Entfaltung der Reformation. Die Rekonstruktion des reformatorischen

Prozesses wird sich daher nicht einseitig an den Druckmedien orientieren können, sondern darf in stärkerem Maße weiter den Facettenreichtum der zeitgenössischen Kommunikationssituation ins Kalkül ziehen.

(6) Die mit dem Medium unseres Lutherliedes »Erhalt uns Herr …« verbundene anhaltende Wirkungsgeschichte im Zeitalter der Konfessionalisierung macht darauf aufmerksam, dass Gemeindelieder – neben Bibelübersetzungen, Gesangsbüchern und Katechismen – Medien von vergleichsweise dauerhafter Wirkung waren. Die Bedeutung von Flugschriften und Flugblätter waren dagegen tendenziell eher situationsbezogen und kurzlebig und ließ nach der Publikationslawine von 1522-1525 stark nach.

(7) Auch der von uns ins Auge gefasste historische Abschnitt der späteren Reformation kann als ein »Medienereignis« angemessen gedeutet werden, weil sich die Reformation vor allen durch die nachhaltige Wirkung bestimmter Mitteilungsweisen und -formen behaupten konnte.

(8) Aber auch die andere Seite will bedacht sein: Erst die Überzeugungskraft der reformatorischen Theologie ermöglicht auch in dieser reformationsgeschichtlichen Phase das Medienereignis.

(9) Das Lied Luthers entwickelt sich nach der aus evangelischer Sicht überstandenen Interimskrise vor allem im Zusammenhang mit den Auseinandersetzungen des Dreißigjährigen Krieges zu einem Kristallisationspunkt konfessioneller Identität im Protestantismus. Auch wenn der zweite Vers der ersten Strophe in seiner aufreizenden Form längst nicht mehr gesungen wird, bezieht das Lied seine integrative Kraft und Dynamik bis heute aus seiner historisch gewachsenen identitätsstiftenden Bedeutung.

Von der Lutherstatue bis zum Lutherfilm

Ein Vierteljahrhundert Lutherrezeption in Ungarn (1983-2008)

Von Zoltán Csepregi

I Vor dem politischen Umbruch: 1983-1988

1917 entstand in Ungarn erstmals eine Kommission, die für die Aufstellung einer Lutherstatue zuständig war, ihre Pläne wurden allerdings durch den Krieg zunichte gemacht; die dafür gesammelte Summe verlor durch die hereinbrechende Inflation und Wirtschaftskrise ihren Wert. Die Angelegenheit der Lutherstatue wurde bis auf weiteres verschoben. Die lutherische Synode nahm die Frage später erneut auf die Tagesordnung. Als neue Frist wurde 1946 festgesetzt, als sich Luthers Todestag zum 400. Mal jährte. 1938 wurde eine Sammelaktion gestartet und die Ausschreibung veröffentlicht. Allerdings war die Jury mit den eingereichten Entwürfen nicht zufrieden und erteilte keinen Preis, statt dessen wurden vier Künstler 1939 durch eine zweite Ausschreibung gezielt angesprochen. Den Zuschlag erhielt Elek Lux (1884-1941), Professor für Bildhauerei an der Akademie für Angewandte Künste. Die fünf Meter hohe Steinskulptur mit Luthers Abbild wurde aber nicht vollständig fertiggestellt, da Elek Lux 1941 unerwartet verstarb. 1957, nach dem Zweiten Weltkrieg und der ungarischen Revolution, nahm sich die Budapester Kirchengemeinde am Deákplatz der erhaltenen Teile der Komposition an: der halbfertige obere Abschnitt der Statue wurde auf dem Hof ausgestellt. Ein erneuter Vorschlag zur Fertigstellung der Statue wurde im Zeichen der Vorbereitungen auf die Vollversammlung des Lutherischen Weltbundes im Jahre 1984 unterbreitet, wodurch die kommunistische Partei und Regierung auf außenpolitische und wirtschaftliche Vorteile hofften und daher bereit waren, internationalen kirchlichen Organisationen durch formale Gesten entgegenzukommen. Die aktuelle Frist, 1983, fiel mit dem 500. Geburtstag Luthers zusammen, allerdings war der ursprünglich vorgeschlagene öffentliche Standort, der Platz vor der evang.-lutherischen

Hauptkirche an einem wichtigen Verkehrsknotenpunkt, zu diesem Zeitpunkt aus ideologischen Gründen undenkbar. Mit der Fertigstellung der Skulptur wurde der Bildhauer Barna Buza (* 1910) beauftragt. Kurze Zeit später wurde Ungarns größte und schicksalsträchtigste Lutherstatue zum Reformationstag 1983 auf kirchlichem Boden – im Garten der Theologischen Akademie – tatsächlich eingeweiht. Auf einem etwa 60 cm hohen Sockel, den Elek Lux mit Reliefszenen zu schmücken plante, erhebt sich die etwa 5 m hohe Sandsteinfigur.[1] Mit dem Wegfall der ideologischen Einschränkungen würde heute nichts dagegen sprechen, die Lutherstatue in ihrer vollständigen Größe auf einem offenen Platz aufzustellen, aber rechts und links vom versteinerten Reformator sind in der Zwischenzeit zwei Gebäude mit jeweils vier Stockwerken emporgewachsen, und zwischen sie eingequetscht ist die Statue heute isolierter und unsichtbarer denn je.

Was hatte in Ungarn aus dem Lutherjahr 1983 über die monumentale Statue hinaus noch Bestand? Es sind zahlreiche Jubiläumsschriften, Veröffentlichungen und Festreden von Autoren mit teils mehr, teils weniger fundierten Kenntnissen entstanden – einige von den letzteren wurden erst 1984 gedruckt. Die »Lutherbibliographie 1987« zählt diese – um 30 Titel – präzis auf, dennoch waren sie größtenteils nichtssagende, kurzlebige Gedankenäußerungen. Auch soll erwähnt werden, dass die ideologische Zeitschrift »Világosság (Licht)« einem Ereignis des Lutherjahres, der marxistisch-christlichen Dialogsitzung der staatlichen Volkshochschule TIT – abgehalten am 24. und 25. Oktober 1983 – eine eigene Sondernummer widmete.[2]

Auch die Herausgabe der beliebten Luthermonographie Richard Friedenthals (1896-1979) in dritter ungarischer Auflage zählt nicht als Meilenstein.[3] Dass das Jubiläumsjahr der Lutherforschung und -rezeption in

1 Otto KAMMER: Reformationsdenkmäler des 19. und 20. Jahrhunderts: eine Bestandsaufnahme im Auftrag der Stiftung Luthergedenkstätten in Sachsen-Anhalt. Leipzig 2004, 289 f: Ill. (323), gibt unzutreffende Maße an.

2 Világosság 49 (1984) Nr. 1 mit Beiträgen von János Barta, István Bitskey, Tibor Fabiny, Elemér Kocsis, István Kónya, József Lukács, József Poór, Károly Prőhle, Márton Tarnóc; vgl. LuB 1987, Nr. 824. 881. 1132. 1275. 1331. 1454. 1457. 1473. 1652. Von diesen neun Vorträgen wurde der von Károly Prőhle »A Luther-kép a múltban és a jelenben (Das Lutherbild in Vergangenheit und Gegenwart)« – LuB 1987, Nr. 881 – nachgedruckt LP 61 (1986), 518-530.

3 Richard FRIEDENTHAL: Luther élete és kora (Luther: sein Leben und seine Zeit ⟨ungar.⟩)/ übers. von István Terényi. 3. Aufl. BP: Gondolat, 1983. 658 S.

Elek Lux; Barnabas Buza: Martin Luther, Sandstein, 1983
Budapest, Theologische Akademie

Ungarn dennoch einen kräftigen Anschub gegeben hat, war vor allem vier Ereignissen zu verdanken, die vier Bereiche besonders angestoßen haben: Quellenedition, Übersetzungen, Ausstellungen und wissenschaftliche Konferenzen.

1 Quellenedition

Die aus 1542 stammende originale, eigenhändige Testamentsurkunde Luthers gelangte 1815 durch eine Auktion nach Ungarn und wird heute im Zentralarchiv der Evang.-Lutherischen Kirche in Ungarn (ELKU) in Budapest aufbewahrt.[4] Sie wurde bereits 1881 als Faksimile herausgegeben und hat auch in die Weimarana Eingang gefunden.[5] Aber der 500. Geburtstag des Reformators sollte auch als Anlass dienen, ein anspruchsvolles Werk in Originaltext und moderner Übersetzung, mit ausführlichen historischen Erklärungen und Bildanhängen für die Allgemeinheit in Ungarisch, Deutsch und Englisch zugänglich zu machen. Diese Aufgabe übernahm Tibor Fabiny (1924-2007).[6]

An Stelle eines Nekrologs für den unlängst – am 4. Dezember 2007 – verstorbenen Kirchenhistoriker Tibor Fabiny ist hier zu erwähnen, dass er zuerst an der Péter-Pázmány-Universität in Budapest Rechtswissenschaften studierte und 1946 zum Dr. rer. pol. promovierte. Er widmete sich aber später dem Studium der evangelischen Theologie an der Fakultät in Ödenburg/Sopron. Es folgte eine Laufbahn als geistlicher Amtsträger der ELKU, ehe er 1967 als Dozent für Kirchengeschichte an die Evang.-Lutherische Theologische Akademie nach Budapest berufen wurde. 1972 holte er die

---

4 Darüber Tibor FABINY: Martin Luthers handschriftliche Testamentsurkunde in Ungarn: In: Luther und Luthertum in Osteuropa. Selbstdarstellungen aus der Diaspora und Beiträge zur theologischen Diskussion/ hrsg. von Gerhard Bassarak, Günther Wirth. B: EVA, 1983, 292-302; Béla VETŐ: Martin Luthers Testament in Ungarn. Luth. Kirche in der Welt 31 (1984), 161-166; vgl. LuB 1985, Nr. 18. 37.

5 WA Br 9, 571-574 (3699).

6 Tibor FABINY: Luther Márton végrendelete (Martin Luthers letzter Wille). BP: Corvina, 1982. 63 S.: 38 Ill.; DERS.: Martin Luthers letzter Wille: das Testament des Reformators und seine Geschichte. BP: Corvina; B: Union; Bielefeld: Luther, 1983. 73 S.: 38 Ill.; DERS.: Martin Luther's last will and testament: a facsimile of the original document with an account of its origins composition and subsequent history. BP: Corvina; Dublin: Ussher. 1982. 51 S.: 24 Taf.: Ill.; vgl. LuB 1984, Nr. 38 f; 1987, Nr. 30.

Promotion zum Dr. theol. mit einer Arbeit über die Religionspolitik des Fürsten Franz Rákóczi II. (1676-1735) nach und wirkte 31 Jahre lang (1968-1999) als Professor für Kirchengeschichte und Kirchenrecht in Budapest. Als Kirchenhistoriker war er federführend an der Gründung des Evang.-Lutherischen Landesmuseums in Budapest im Jahre 1973 beteiligt, dessen Dauerausstellung 1979 im Zentrum der Stadt eröffnet wurde. Das Museum stand bis 2002 unter seiner Leitung.

Fabinys Veröffentlichungen sind nicht nur auf Ungarisch, sondern auch auf Englisch und Deutsch erschienen. Hervorzuheben ist neben der erwähnten Testamentsedition seine reich bebilderte, mehrfach aufgelegte Geschichte der ELKU (»Bewährte Hoffnung«).[7] Seit der Reformation gibt es ja einen regen Austausch zwischen der ungarischen und der deutschen evangelischen Theologie. Fabiny war immer bereit, diesbezügliche Archivalien auszuwerten. Ein Schwerpunkt seiner Arbeiten lag in der Reformationsgeschichte. Wiederholt hat er den Einfluss Luthers auf den ostmitteleuropäischen Raum dargestellt.[8] Von 1978 bis 2002 hat er die ungarischen Titel zur »Lutherbibliographie« beigetragen. Ein besonderes Interesse fand er an der Geschichte des Pietismus, der gerade in Ungarn eine ganz besondere Rolle gespielt hat.[9]

7 Diese Geschichte des Luthertums in Ungarn ist auch der LWB-Vollversammlung in Budapest 1984 zu verdanken; Tibor FABINY: Bewährte Hoffnung: die Evangelisch-Lutherische Kirche Ungarns in vier Jahrhunderten. Erlangen: Martin Luther, 1984. 106 S.: Ill.; vgl. LuB 1985, Nr. 1456; 2. Aufl. Erlangen 1997; DERS.: Hope preserved: the past and present of Hungarian Lutheranism. BP: MEES, 1984. 119 S.: Ill.

8 Hier und in den unten folgenden Anmerkungen versuche ich nur einen repräsentativen Überblick zu bieten: Tibor FABINY: Luthers Beziehungen zu Ungarn und Siebenbürgen. In: Leben und Werk Martin Luthers von 1526 bis 1546: Festgabe zu seinem 500. Geburtstag/ hrsg. von Helmar Junghans. 2 Bde. B: EVA; GÖ: V&R, 1983, 641-646. 954-956; DERS.: Luthers Wirkungen in Südosteuropa. Luth. Kirche in der Welt 30 (1983), 94-106; vgl. LuB 1984, Nr. 1498 f.

9 Tibor FABINY: Ungarns Lutheraner im Spannungsfeld der Orthodoxen und Pietisten. In: Der Pietismus in seiner europäischen und außereuropäischen Ausstrahlung/ hrsg. von Johannes Wallmann; Pentti Laasonen. Helsinki: Suomen Kirkkohistoriallinen Seura, 1992, 129-141; DERS.: Kirchengeschichtliche Beziehungen zwischen Halle und Ungarn zur Zeit des Rákóczi-Aufstandes (1703-1711). In: Halle und Osteuropa: zur europäischen Ausstrahlung des hallischen Pietismus/ hrsg. von Johannes Wallmann; Udo Sträter. Halle: Verlag der Franckeschen Stiftung im Niemeyer-Verlag Tübingen, 1998, 263-273.

Fabiny wirkte auch in der Kirchenhistorischen Kommission der Ungarischen Akademie der Wissenschaften, im wissenschaftlichen Beirat der Franckeschen Stiftungen Halle/Saale und im Vorstand des Instituts für Protestantische Kirchengeschichte Wien mit. Noch wenige Wochen vor seinem Tode war er Opponent einer Promotionsschrift über den Baseler Reformator Simon Grynäus (1493-1541) an der Gáspár-Károli-Reformierten-Universität in Budapest.

2 Übersetzungen

Der Budapester Helikon-Verlag, der für seine anspruchsvollen belletristischen Reihen und bibliophile Ausgaben bekannt war, bot eine Auswahl aus Luthers Tischreden, in der äußerst erfinderischen und stilistisch meisterhaften Übersetzung des Dichters László Márton (* 1959) und mit seinen hervorragenden Erläuterungen. Die Ausgabe basierte zwar auf der Zusammenstellung Johann Aurifabers (1519-1575) von 1566 – deren Blattzählung er beibehielt –, aber der Übersetzer und Lektor arbeitete auf der Grundlage der Texte der Weimarer Lutherausgabe. Die notwendigen redaktionellen Kürzungen und Ergänzungen sind korrekt verzeichnet. Diese Übersetzung ist jedoch nicht wegen ihrer philologischen Verdienste, sondern ihrer literarischen Qualität zum Bestseller des damaligen Buchmarktes geworden.[10]

Die Pressestelle der ELKU feierte das Lutherjahr 1983 mit dem Band »Martin Luthers vier Glaubensbekenntnisse«, der vier Werke Luthers enthielt: »Von der Freiheit eines Christenmenschen«, Kleiner Katechismus, Großer Katechismus und »Schmalkaldische Artikel« in einer neuen Übersetzung und mit einer Einleitung von Károly Prőhle (1911-2005).[11] Natürlich standen diese Texte hier nicht zum ersten Mal auf Ungarisch zur Verfügung, sie alle kamen nämlich in der von Endre Masznyik (1857-1927) herausgegebenen sechsbändigen Lutherausgabe[12] vor, zudem hatten sich für die auch

---

10 Martin LUTHER: Asztali beszélgetések (Tischreden ⟨ungar.⟩)/ ausgew., zsgest., übers. und mit Anm. vers. von László Márton. BP: Helikon, 1983. 238 S.; vgl. LuB 1987, Nr. 40.

11 LUTHER MÁRTON NÉGY HITVALLÁSA (Martin Luthers vier Glaubensbekenntnisse [Von der Freiheit eines Christenmenschen, Kleiner Katechismus, Großer Katechismus, Schmalkaldische Artikel] ⟨ungar.⟩)/ eingel. und übers. von Károly Prőhle. BP: MEES, 1983. 323 S.; 2. Aufl. ebd im anderen Lutherjahr, 1996; vgl. LuB 1987, Nr. 36; 2000, Nr. 66.

12 D. LUTHER MÁRTON MŰVEI (Dr. Martin Luthers Werke)/ hrsg. im Auftrag der ungarischen Luther-Gesellschaft von Endre Masznyik. Bde. 1-6. BP; Pozsony: Wigand, 1904-1917.

im Konkordienbuch enthaltenen drei Glaubensbekenntnisse bereits früher Übersetzer und Verleger gefunden, allem voran natürlich für den Kleinen Katechismus. Die Ausgabe Prőhles zeigte sich vor allem richtungweisend, indem sie bewies, dass eine Neuübersetzung und Neuinterpretation der für weite Kreise bekannten Luthertexte nicht nur aufgrund der neueren sprachlichen Entwicklungen eine Daseinsberechtigung haben. Sie war vor allem ein Beispiel dafür, dass Schriften, die in jedem Pfarrhaus auf verstaubten Regalen stehen, plötzlich ein großes Interesse des Publikums bewirken und eine Wirkung auf die Theologie ausüben können.

Natürlich wurden die wissenschaftlichen Fertigkeiten des damals bereits seit Jahrzehnten als Theologieprofessor wirkenden Prőhles nicht angezweifelt, und auch der philologische Anspruch der Übersetzungen, die mit der Seitennummerierung der WA sowie erklärenden Anmerkungen versehen sind, wurde geschätzt. Aber es löste eine Diskussion in Fachkreisen aus, dass der Systematiker Prőhle seine Übersetzungen durch häufige – auf jeder Seiten zwei- bis dreimal vorkommende –, stark interpretierende, im Geiste der traditionellen Marginalien formulierten Zwischentitel gliederte. Das Inhaltsverzeichnis des Buches füllt ganze 13 Seiten! Diese typografische Lösung erleichterte dem Leser die Orientierung und sogar die Rezeption ungemein, sie determinierte die Interpretation nach den theologischen Grundlagen des Übersetzers jedoch in starkem Maße. Zwar gab Prőhle in seinen Einleitungen korrekt an, wann die Untertitel dem Originaltext entstammen und wann nicht, dennoch war es für den Leser schwierig, sich dem Einfluss der halbfett gedruckten Überschriften zu entziehen.

Die erste der vier Übersetzungen – Luthers Freiheitsschrift – erhielt dadurch eine zusätzliche Bedeutung, dass Prőhle nicht vom primären deutschen Text ausging,[13] wie es Endre Masznyik zu Beginn des Jahrhunderts – vollkommen richtig – tat, sondern von der eigenständigen lateinischsprachigen, von der deutschen Version abweichenden Fassung Luthers, was

---

13 Vgl. Wilhelm MAURER: Von der Freiheit eines Christenmenschen: zwei Untersuchungen zu Luthers Reformationsschriften 1520/21. GÖ: V&R, 1949, 64-78; Birgit STOLT: Studien zu Luthers Freiheitstraktat mit besonderer Rücksicht auf das Verhältnis der lateinischen und der deutschen Fassung zu einander und die Stilmittel der Rhetorik. SH: Almqvist & Wiksell, 1969. 152 S.; Reinhold RIEGER: Von der Freiheit eines Christenmenschen. De libertate christiana. TÜ: Mohr (Siebeck), 2007. X, 373 S. (Kommentare zu Schriften Luthers; 1).

nicht nur stilistische, sondern auch theologische Neuigkeiten barg. Ein einziges Beispiel: Masznyik interpretierte den Begriff »fromm«[14] bei Luther nach dessen moderner Bedeutung und verstand ihn somit theologisch falsch, Prőhle hingegen war durch die dafür verwendeten lateinischen Begriffe »bonus«, »iustus« und »iustificatus« automatisch auf der richtigen Spur.

3 Ausstellungen

1983 wurden in Budapest drei Ausstellungen geboten, die einen Bezug zu Luther hatten: im einstigen Kultur- und Informationszentrum der DDR,[15] die 1979 eröffnete Dauerausstellung des Evang.-Lutherischen Landesmuseums unter dem Motto »Luthertum in der ungarischen Kultur«[16] sowie eine Sonderausstellung des Museums für Schöne Künste mit dem Titel »Martin Luther zum Gedenken: Schriftdenkmale der lutherischen Reformation in Ungarn aus dem 16. und 17. Jahrhundert«.[17] Die dritte Ausstellung baute auf Lutherdrucke, andere Flugblätter und Kupferstiche aus der Reformationszeit

14 Vgl. Hugo MOSER: »Fromm« bei Luther und Melanchthon: ein Beitrag zur Wortgeschichte in der Reformationszeit. Zeitschrift für deutsche Philologie 86 (1967), 161-182; Ernst Erhard MÜLLER: Das mittelalterliche und das reformatorische »Fromm«. Beiträge zur Geschichte der deutschen Sprache und Literatur (TÜ) 95 (1973), 333-357; Heide WUNDER: »iustitia, Teutonice fromkeyt«: theologische Rechtfertigung und bürgerliche Rechtschaffenheit; ein Beitrag zur Sozialgeschichte eines theologischen Konzepts. In: Die frühe Reformation in Deutschland als Umbruch/ hrsg. von Bernd Moeller. GÜ: GVH, 1998, 307-332.

15 LUTHER MÁRTON KIÁLLÍTÁS, 1983: katalógus (Martin-Luther-Ausstellung, 1983: Katalog)/ BP: Kultur- und Informationszentrum der DDR, 1983. 15 S.: Ill.; vgl. LuB 1987, Nr. 144.

16 Tibor FABINY: Evangélikusság a magyar kultúrában: vezető az állandó kiállításhoz = Luthertum in der ungarischen Kultur: Führer durch die Dauerausstellung = Lutheranism in Hungarian culture: guide to the permanent exhibition = Evanjelíctvo v madarskej kultúre: sprievodca k stálej vistave. BP: Evangélikus Országos Múzeum, [1980]. 63 S.: 48 Ill.; 2., verb. Aufl. ebd 1997; DERS.: Luterilaisuus Unkarin kultuurissa: pysyvän näyttelyn esite (Luthertum in der ungarischen Kultur: Führer durch die Dauerausstellung ⟨finn.⟩)/ BP: Evangélikus Országos Múzeum, 1979. 42 S.: 48 Ill.; 2. Aufl. ebd 1981; vgl. LuB 1984, Nr. 177-179; 1987, Nr. 126. 145.

17 LUTHER MÁRTON EMLÉKEZETE: a lutheri reformáció emlékei Magyarországon a XVI-XVII. századból; Kiállítás a reformátor születésének 500. évfordulójára (Martin Luther zum Gedenken: Schriftdenkmale der luth. Reformation in Ungarn aus dem 16. und 17. Jahrhundert; Ausstellung anläßlich des 500. Geburtstages des Reformators)/ Katalogbearb.: Tibor Fabiny; Magdolna Papp; Márta Péter. BP: Szépművészeti Múzeum, 1983. 49 S.; vgl. LuB 1987, Nr. 143.

sowie auf alte Drucke und eigenhändige Briefe ungarischer Reformatoren, angeordnet in zehn thematische Einheiten, im Zeichen einer rezeptions-historischen Betrachtung, die für die ungarische Forschung traditionell charakteristisch ist. Obwohl alle drei Ausstellungen durch einen Ausstellungsführer begleitet wurden, die Ausstellung des Evang.-Lutherischen Landesmuseums sogar in fünf Sprachen – Ungarisch, Deutsch, Englisch, Slowakisch und Finnisch –, kann man von einem wissenschaftlichen Katalog mit Anspruch auf Vollständigkeit nur im Falle der Ausstellung des Museums für Schöne Künste sprechen, die unter Mitwirkung von Tibor Fabiny, der Bibliothekarin Magdolna Papp (1922-1989) und der Kunsthistorikerin Márta Péter (1940-1991) entstand – die selben Wissenschaftler haben übrigens schon die Ausstellung des Evang.-Lutherischen Landesmuseums konzipiert. Auch wenn der Katalog mit bescheidenen drucktechnischen Mitteln – mit Offset-Verfahren – und fast gänzlich ohne Fotos – mit Ausnahme einer Titelblattillustration – entstand, so enthält er doch 584 fachgerechte und detaillierte Beschreibungen von Ausstellungsgegenständen aus 30 Sammlungen in Ungarn und ist daher zu Recht Bestandteil der ungarischsprachigen Fachliteratur der Reformationsgeschichte geworden. Obwohl seit den 90er Jahren mehrere Wanderausstellungen in Budapest zu Gast waren, die einen Bezug zu Luther enthielten, wie 1999 »Philipp Melanchthon – Briefe für Europa«[18], 2006 »Martin Luther, der Reformator«[19] sowie »Nationalschätze aus Deutschland: von Luther zum Bauhaus«[20], wei-

---

18 PHILIPP MELANCHTHON – BRIEFE FÜR EUROPA: internationale Wanderausstellung zum 500. Geburtstag Philipp Melanchthons = LEVELEK EURÓPÁNAK: Nemzetközi vándorkiállítás Melanchthon Fülöp születésének 500. évfordulója alkalmából/ hrsg. vom Melanchthonhaus Bretten; Texte von Stefan Rhein; Péter Szentpétery; Katalin Keveházi. BP: MEES, [1999]. VIII, 74 S.: Ill.; vgl. LuB 2000, Nr. 90.

19 Martin TREU: Luther Márton, a reformátor: kiállításvezető (Martin Luther – the reformer: a companion to the exhibit ⟨ungar.⟩)/ übers. von Márta Gáncs; Marianne Szentpétery. BP: Luther, 2006. 76 S.: Ill.; vgl. LuB 2007, Nr. 881.

20 NEMZETI KINCSEK NÉMETORSZÁGBÓL. Luthertől a Bauhausig, a Magyar Nemzeti Galéria és a Konferenz Nationaler Kultureinrichtungen kiállítása [2006. július 25. - október 15.] (Nationalschätze aus Deutschland: von Luther zum Bauhaus; eine Ausstellung der Ungarischen Nationalgalerie und der Konferenz Nationaler Kultureinrichtungen 25. Juli - 15. Oktober 2006 ⟨ungar.⟩)/ hrsg. von Lóránd Bereczky; Jutta Penndorf; Hartmut Dorgerloh. [BP]: Magyar Nemzeti Galéria, 2006. 143 S.: Ill. (A Magyar Nemzeti Galéria kiadványai; 2006 III); vgl. LuB 2007, Nr. 71.

ter die vergleichbaren internationalen Ausstellungen mit einem Ursprung in Ungarn »Blaues Blut, schwarze Tinte«[21] und »Maria von Ungarn, die Witwe von Mohács«[22] bestimmte dennoch das Museum für Schöne Künste das Lutherbild der Museumsbesucher für mehr als zwei Jahrzehnte.

4 Wissenschafliche Konferenzen

Die 1983 in Ungarn entstandene Luther-Gedenkkommission koordinierte neben den bereits erwähnten Veröffentlichungen und Veranstaltungen auch wissenschaftliche Tagungen und Preisausschreibungen, von denen die wohl bedeutendste die im Kongresssaal der Ungarischen Akademie der Wissenschaften am 15. Dezember 1983 veranstaltete Tagung war. An ihr waren vorwiegend Historiker und Literaturwissenschaftler beteiligt. Basierend auf diesen Vorträgen sowie auf den schriftlich eingereichten Arbeiten wurde von Tibor Fabiny, Sekretär der Gedenkkommission, 1984 ein Band zusammengestellt und herausgegeben, der den wissenschaftlichen Stand des Lutherjahres bestens repräsentiert.[23] Es ist keine Übertreibung zu behaupten, dass diese Veröffentlichung – bzw. die in ihr vertretenen Veranstaltungen – eine Epoche in der ungarischen Forschung der Reformationsgeschichte ankündigte. Diese Wende, die sich mit der damaligen politischen Situation einfach erklären lässt – die kommunistische Ideologie geriet allmählich in den Hintergrund –, kann kurz dadurch charakterisiert werden, dass die Mitarbeiter der kirchlichen und weltlichen Zentren, die

21 KÉK VÉR, FEKETE TINTA: Arisztokrata könyvgyűjtemények 1500-1700: nemzetközi vándorkiállítás Zagreb, Bratislava, Martin, Budapest, Burg Forchtenstein, 2005 ősz - 2007 ősz (Blaues Blut, schwarze Tinte: Buchsammlungen von Aristokraten 1500-1700: internationale Wanderausstellung Zagreb, Bratislava, Martin, Budapest, Burg Forchtenstein, Herbst 2005 - Herbst 2007)/ hrsg. und eingel. von István Monok. BP: Országos Széchényi Könyvtár, 2005. 179 S.: Ill.; vgl. LuB 2007, Nr. 65.
22 MARY OF HUNGARY: the queen and her court 1521-1531/ hrsg. von Orsolya Réthelyi ... BP: Budapest History Museum, 2005. 308 S.: Ill.; vgl. LuB 2007, Nr. 867.
23 TANULMÁNYOK A LUTHERI REFORMÁCIÓ TÖRTÉNETÉBŐL: Luther Márton születésének 500. évfordulójára (Studien zur Geschichte der luth. Reformation: zum 500. Geburtstag Martin Luthers)/ hrsg. von Tibor Fabiny. BP: MEES, 1984. 357 S.; vgl. LuB 1987, Nr. 083. 563. 616. 709. 722 f. 937 f. 985. 1040. 1157. 1226. 1280. 1293. 1301. 1319. 1327-1330. 143., 1482. Bedauerlicher Weise fehlt aus dieser Sammlung der am 15. Dezember 1983 gehaltene Eröffnungsvortrag von Károly Prőhle »Luther teológiája és hatása (Luthers Theologie und Einfluss)«, der erst zwei Jahre nach dem Studienband erschienen ist: LP 61 (1986), 199-212.

bis dahin systematisch und institutionell voneinander isoliert gehalten wurden – wie z. B. das Institut für Literaturwissenschaft an der Ungarischen Akademie der Wissenschaften, wo die Zeitschriften »Irodalomtörténeti közlemények (Literaturgeschichtliche Mitteilungen)« und »Magyar könyvszemle (Ungarischer Bücherschau)« sowie die Monographienreihe »Humanizmus és Reformáció *(Humanismus und Reformation)*« redigiert wurden, die Alte-Drucke-in-Ungarn-Redaktion in der Széchényi-Nationalbibliothek oder die Arbeitsgruppe der an der Universität Szeged herausgegebenen Quellenreihe »Materialien zur Geschichte der Geistesströmungen des 16.-18. Jahrhunderts in Ungarn« – siehe unten Anhänge 3-4 – sich endlich versammeln und ihre Ergebnisse präsentieren konnten – z. B. betreffs der ungarischen Nationalbibliographie oder der Peregrinationsforschung. Solche Kontakte galten früher als Ausnahme und waren nur gelegentlich möglich; auf jeden Fall entbehrten sie den Einschluss der Öffentlichkeit.

In dem durch Fabiny herausgegebenen Band – ein schönes Beispiel für Interdisziplinarität – sind theologische wie historische Fragestellungen in einem fein ausbalancierten Verhältnis vertreten, auch unter hymnologischen, wissenschaftsgeschichtlichen, ethnographischen und literarischen Aspekten. Es lohnt sich, die Themen kurz aufzulisten: die Rolle des Alten Testamentes bei Luther; Luthers Antichristbegriff; reformatorische Frömmigkeit in Ungarn; Luthers »Ein feste Burg« in Ungarn; der Einfluss der lutherischen Liturgie auf Ungarn; Widerstandrecht in Ungarn; hussitisches Erbe in Ungarn; Conrad Cordatus in Buda; Melanchthonautografen in Ungarn; reformatorische Wissenschaftsanschauung; medizinische Ikonografie; ungarische Luthersagen; Klosterauflösungen in Ungarn; ungarische Promovierte in Wittenberg; Schulgeschichte in Westungarn; ein ungarischer Hochadliger in Wittenberg; Abendmahlstreit in Ungarn; Luther und Heinrich Bullinger; Luther und Franz Davidis; Luther und István Werbőczi; Luther und Lev Tolstoi.

Die oben erwähnte wissenschaftliche Wende kann an der wissenschaftlichen Laufbahn einer Autorin dieses Bandes besonders gut demonstriert werden: Die Historikerin Katalin Péter (*1937) war in diesem Band zum ersten Mal mit einem Beitrag zur Reformationsgeschichte vertreten, kurze Zeit später – 1985 – erschien ihre bis heute häufig zitierte und diskutierte Veröffentlichung zur Reformationstheorie, der weitere grundlegende Studien auf demselben Gebiet folgten, während sie heute als eine symbolische Figur der ungarischen Reformationsforschung zählt, um die sich eine ganze Schule schart.[24]

II Arbeit und Interesse an Luthertexten: 1989-1999

Die Wirkung der 1989 erfolgten politischen Öffnung wurde auch in der Lutherrezeption rasant deutlich. Die Zeit der durch kirchliche und weltliche Institutionen monopolisierten, an Jubiläen gebundenen, ideologisch stark kontrollierten Beschäftigungen mit Luther war vorbei. Der lutherische Pfarrer János Takács (* 1911), der bereits 1937 eine Heftreihe mit eigenen Lutherübersetzungen initiiert hatte,[25] gab 1989 zu den Nachdrucken der alten Hefte[26] im Selbstverlag die Übersetzung der Magnificat-Auslegung[27] heraus.

24 Katalin PÉTER: Az alattvalók ellenállási joga Magyarországon a reformáció után (Das Widerstandrecht der Untertanen in der Folge der Reformation in Ungarn). In: Tanulmányok a lutheri reformáció történetéből [wie oben Anm. 23], 66-71; DIES.: A bibliaolvasás mindenkinek szóló programja Magyarországon a 16. században. Századok 119 (BP 1985), 1006-1028 ≙ DIES.: Bibellesen: ein Programm für jedermann in Ungarn des 16. Jahrhunderts. In: Iter Germanicum: Deutschland und die Reformierte Kirche in Ungarn im 16-17. Jahrhundert/ hrsg. von András Szabó. BP: Kálvin, 1999, 7-38; DIES.: Die Reformation in Ungarn. In: European intellectual trends and Hungary/ hrsg. von Ferenc Glatz. BP: The Institute of History of the Hungarian Academy of Sciences, 1990, 39-52. (Etudes Historiques Hongroises; 4); DIES.: Tolerance and intolerance in sixteenth-century Hungary. In: Tolerance and intolerance in the European Reformation/ hrsg. von Ole Grell; Bob Scribner. Cambridge: Cambridge University, 1996, 249-261; DIES.: A felekezetek felett álló Magyarország a reformáció után (Das überkonfessionelle Ungarn nach der Reformation). In: Felekezetek és identitás Közép-Európában az újkorban/ hrsg. von Pál Attila Illés. Piliscsaba; BP: Pázmány Péter Katolikus Egyetem Bölcsészettudományi Kar; Magyar Egyháztörténeti Enciklopédia Munkaközösség, 1999, 9 25. (Sentire cum ecclesia; 1); DIES.: The way from the church of the priest to the church of the congregation. In: Frontiers of faith: religious exchange and the constitution of religious identities 1400-1750/ hrsg. von Eszter Andor; István György Tóth. BP: Central European University, 2001, 9-19; vgl. LuB 1987, Nr. 563. 1998. 1096; 2001, Nr. 313; 2006, Nr. 1076.

25 Erschienen sind auf Ungarisch Luthers 95 Thesen und »Von den guten Werken«.

26 Márton LUTHER: A jó cselekedetekről (Von den guten Werken ⟨ungar.⟩)/ übers. von János Takács. 2. Aufl. Hódmezővásárhely: [Selbstverlag], 1992. 95 S. Die Neuauflage der 95 Thesen konnte leider nicht eingesehen werden, beide fehlen in der LuB.

27 DR. LUTHER MÁRTON: Magnificat, Mária éneke (Das Magnificat verdeutscht und ausgelegt ⟨ungar.⟩)/ übers. von János Takács. Szeged: [Selbstverlag], 1989. 59 S. In zwei nacheinander folgenden Auflagen, fehlt in der LuB.

1 Ordass Lajos Baráti Kör (Freundeskreis Lajos Ordass)

Dank dem Ende 1988 entstandenen lutherischen Ordass Lajos Baráti Kör
(Freundeskreis Lajos Ordass), der sich die Reformierung des Kirchenlebens
zum Ziel setzte, wurde das Angebot der ungarischsprachigen Lutherlektüren durch zwei wichtige Nachdrucke bereichert: erstens durch eine
biografische Sammlung von Lutherdokumenten,[28] hauptsächlich aus den
Tischreden, die von Jenő Virág (1905-1981) 1937 zusammengestellt worden waren, und zweitens durch eine erstmals 1942 des gleichen Autors erschienene
Übersetzung der »Tessaradecas consolatoria pro laborantibus et oneratis«.[29]
Durch diese ersten fünf Veröffentlichungen waren die wichtigsten Züge
der ungarischen Lutherrenaissance bereits vorgezeichnet: 1. Verbreitung
von Schätzen aus Schreibtischschubladen und alten Bücherregalen; 2. die
Veröffentlichung von erbaulichen und exegetischen statt polemischen
oder dogmatischen Schriften.[30] Der letztere Aspekt war nicht zuletzt aus
dem Grunde wichtig, dass die maßgebliche ungarische Lutherausgabe von
Masznyik – die heute als echte Rarität gilt – seinerzeit hauptsächlich auf
einem romkritischen, kulturprotestantischen und kirchenreformatorischen
Konzept aufbaute.

2 Magyarországi Luther Szövetség (Martin-Luther-Bund in Ungarn, MLSz)

1991 entstand in Budapest der »Magyarországi Luther Szövetség (Martin-
Luther-Bund in Ungarn, MLSz)« –, unter anderem mit dem Zweck, popu-
lärwissenschaftliche und wissenschaftliche Werke zu veröffentlichen sowie
Vortragsreihen, Konferenzen und Lesefreizeiten zu Luthers Werken zu
organisieren. Der Bund trat in die Rechtsnachfolge der 1884 entstandenen
Luther-Gesellschaft und des 1920 gegründeten Luther-Bundes.

28 Jenő VIRÁG: Dr. Luther Márton önmagáról (Dr. Martin Luther über sich selbst). 2. Aufl.
noch 1942; 3. Aufl. BP: Ordass Lajos Baráti Kör, 1991. 190 S.; zuletzt 7. Aufl. ebd 2006; vgl.
LuB 1997, Nr. 5/8.

29 DR. LUTHER MÁRTON: Tizennégy vigasztaló kép (Tessaradecas consolatoria pro laborantibus et oneratis ⟨ungar.⟩)/ eingel. und übers. von Jenő Virág. 2. Aufl. BP: Ordass Lajos
Baráti Kör, 1994. 97 S.: Ill.; fehlt in LuB.

30 Vgl. Zoltán CSEPREGI: Luther-reneszánsz a bibliakutatásban: 80 éve született Muntag Andor professzor (Lutherrenaissance in der Bibelforschung: vor 80 Jahren wurde Prof. Andor
Muntag geboren). LP 78 (2003), 257 f; vgl. LuB 2006, Nr. 1241.

Wer die 1992 entstandenen Notizen des Verlagskommitees des MLSz kennt, muss sich zwischen Zweifel und Begeisterung entscheiden. Das dort skizzierte groß angelegte Programm war einerseits beflügelnd, weil es die Herausgabe von lange fehlenden Werken plante und auch von solchen Herausforderungen wie die Übersetzung von »De servo arbitrio« nicht zurückschreckte, andererseits musste ernsthaft hinterfragt werden, ob dem MLSz genügend finanzielle und geistliche Ressourcen zur Verwirklichung dieses Programms zur Verfügung stehen bzw. ob eine ausreichende Leserschaft bzw. die Möglichkeit einer institutionellen Unterstützung vorhanden ist. Nicht zuletzt deswegen ist die von Anfang an vorhandene Nüchternheit des Bundes besonders zu schätzen, dass er nicht die Herausgabe eines neuen Luther-Gesamtwerkes anstrebte, sondern eine Heft- und eine Buchreihe gründete: »Ungarische Lutherhefte (MLF)« bzw. »Ungarische Lutherbücher (MLK)«, siehe unten Anhänge 1-2. So war nicht zu befürchten, dass der zu groß gesteckte Rahmen mit kurzfristig angefertigten und hastig lektorierten Übersetzungen und Abhandlungen gefüllt wird. Beide Reihen, die Tibor Fabiny Jr. (* 1955) betreut, waren sowohl für Lutherübersetzungen als auch für Schriften über Luther offen. Erstere erhielten einen dunkelroten, letztere einen gelben Einband. Nach anderthalb Jahrzehnten ist es möglich, eine zuverlässige Übersicht und Bewertung dieser beiden anfangs schwungvollen, später mit Ermüdungszeichen kämpfenden Reihen zu geben, die nicht das einzige, aber wohl das bemerkenswerteste und vielleicht einflussreichste Ergebnis der Tätigkeit des MLSz bleiben.

2.1 Ungarische Lutherhefte (MLF)

Von den neun Heften der Reihe MLF sind sieben dunkelrot, sie beinhalten also Luthertexte, und zwei gelb, d. h. sie enthalten Texte über Luther. Diese Statistik ist jedoch etwas irreführend, da in dem neunten – dunkelroten – Heft trotzdem ein Text von William Tyndale (1490/95-1536), dem »englischen Luther«, in englisch-ungarischer Ausgabe veröffentlicht wird: »A pathway into the Holy Scripture« (1531), was tatsächlich durch Luther inspiriert wurde und worin aus allen Ecken Luther widerhallt.[31]

---

31 William TYNDALE: A Szentíráshoz vezető ösvény (A pathway into the Holy Scripture (1531) (engl. und ungar.))/ eingel. von Tibor Fabiny, Jr.; übers. von Ágnes Ecsedy. BP: Magyarországi Luther Szövetség, 2005. 85 S. (Magyar Luther Füzetek; 9); vgl. LuB 2007, 871.

Beginnen wir mit den *gelben* Heften. Das erste gelbe Heft enthält Dokumente aus den ersten zwei Jahren des MLSz sowie Vorträge, die auf den ersten Sitzungen des Vereins vorgetragen wurden und auf Lutherlektüren beruhen. Das zweite gelbe Heft ist das siebte in der Reihe, dies ist ein Nachdruck einer erstmals 1983 veröffentlichen populärwissenschaftlichen Broschüre der ungarischen Volkshochschule von dem Literaturwissenschaftler István Bitskey.[32]

Die Schnellbilanz der *dunkelrot* eingebundenen sechs Lutherhefte ist äußerst positiv: Vier von ihnen enthalten ganz oder teilweise neue, in den 1990er Jahren entstandene Übersetzungen – 2: »Ein Sendbrief vom Dolmetschen und Fürbitte der Heiligen«, 3: Invokavitpredigten, 5: »Ein kleiner Unterricht, was man in den Evangelien suchen und erwarten soll«. »Eine Unterrichtung, wie sich die Christen in Moses sollen schicken«, 6: »Ein Sermon von der Betrachtung des heiligen Leidens Christi«, 8: »Disputatio Heidelbergae habita«. Ferner finden wir auch Manuskripte aus Schubladen, die fast 50 Jahre unveröffentlicht blieben – 4: »Ein Sermon vom Sakrament der Busse«. »Ein Sermon von dem heiligen hochwürdigen Sakrament der Taufe«. »Ein Sermon von dem hochwürdigen Sakrament des heiligen wahren Leichnams Christi und von den Bruderschaften«. Die Reihe enthält lediglich einen Nachdruck – 6: »Eine Einfältige Weise zu beten für einen guten Freund« – aufgrund eines ursprünglich 1944 veröffentlichten Heftes.[33]

---

32 ÚJRAKEZDÉS: dokumentumok a Magyarországi Luther Szövetség életéből 1991-1993 (Neuer Anfang: Dokumente aus dem Leben des Martin-Luther-Bundes in Ungarn). BP: Magyarországi Luther Szövetség, 1993. 74 S.: Ill. (Magyar Luther Füzetek; 1]; István BITSKEY: Hitvita és hitújítás Luther életművében (Glaubensstreit und Reformation im Lebenswerk von Luther). BP: Magyarországi Luther Szövetség, 1998. 50 S. (Magyar Luther Füzetek; 7]; vgl. LuB 1987, Nr. 232; 2003, Nr. 514.

33 Márton LUTHER: Nyílt levél a fordításról 1530 (Ein Sendbrief D. M. Luthers vom Dolmetschen und Fürbitte der Heiligen ⟨ungar.⟩)/ übers. von Olympia Gesztes; Szilvia Szita. BP: Magyarországi Luther Szövetség, 1993. 20 S. (Magyar Luther Füzetek; 2]; Márton LUTHER: Nyolc böjti prédikáció Wittenberg népének 1522. márc. 9 16. (Acht Sermone D. M. Luthers von ihm gepredigt zu Wittenberg in der Fasten ⟨ungar.⟩)/ eingel. von András Csepregi; Károly Vajda; übers. von Zsófia Szebik. BP: Magyarországi Luther Szövetség, 1994. 38 S. (Magyar Luther Füzetek; 3]; Márton LUTHER: Bűnbánat, keresztség, úrvacsora: három sermo a szentségekről, 1519 (Ein Sermon vom Sakrament der Buße. Ein Sermon von dem heiligen hochwürdigen Sakrament der Taufe. Ein Sermon von dem hochwürdigen Sakrament des heiligen wahren Leichnams Christi ⟨ungar.⟩)/ übers. von Aladár

Unter den Übersetzern finden wir ältere und jüngere; während erstere für eine langjährige Erfahrung standen, ließen letztere die Kontinuität der Arbeit erhoffen. Die Hefte vertreten zwar unterschiedliche Stile, Übersetzungsprinzipien, Interessen und wissenschaftliche Grundlagen – theologisch bzw. philologisch –, aber alle sind sorgfältig redigierte, hervorragende Texte mit informativen Vorworten. Die obige Inhaltsübersicht lässt bereits vermuten, dass in der Sammlung ein besonderes Gewicht auf den »jungen« Luther, den lehrenden Prediger und beliebten Exegeten fällt. Obwohl die Genre der Heftreihe meistens an eine breitere Leserschaft gerichtet ist, weisen die reich annotierte Heidelberger Disputation oder Heft 3 mit Hinweisen auf die komplexe Textüberlieferung der Invokavitpredigten weit über diesen Rezeptionskreis hinaus.

2.2 Ungarische Lutherbücher (MLK)

Es ist schwieriger, über die Buchreihe, die zwar ähnliche redaktionelle Vorstellungen befolgt, jedoch umfangreicheren Texten vorbehalten ist, eine einfache und positive Wertung zu geben. Es zeichnet sich folgende Tendenz ab: schwungvoller Anfang, akzeptable Fortsetzung, enttäuschendes Ende. Das Überwiegen der gelben Einbände allein wäre noch kein Problem, es ist eher die hohe Rate der Nachdrucke, die den Kritiker missmutig stimmt.

Wenn wir der Beschreibung wieder die oben vorgestellte farbliche Einteilung zugrunde legen, startete die Reihe 1993 mit der Monographie (MLK 1) des international bekannten Lutherforschers Vilmos Vajta (1918-1998), die eine überarbeitete und erweiterte Auflage der ursprünglich im

Gáncs; Éva Mária Kozma; Andor Muntag. BP: Magyarországi Luther Szövetség, 1994 44 S. (Magyar Luther Füzetek; 4); Márton LUTHER: Mi az evangélium? A keresztények és Mózes (Ein kleiner Unterricht, was man in den Evangelien suchen und gewarten soll. Eine Unterrichtung, wie sich die Christen in Moses sollen schicken ⟨ungar.⟩)/ übers. von Zoltán Csepregi. BP: Magyarországi Luther Szövetség, 1995. 26 S. (Magyar Luther Füzetek; 5); Márton LUTHER: Hogyan szemléljük Krisztus szenvedését? Így imádkozzál! (Ein Sermon von der Betrachtung des heiligen Leidens Christi. Eine einfältige Weise zu beten für einen guten Freund ⟨ungar.⟩)/ übers. von Antal Véghelyi; Zoltán Balikó. BP: Magyarországi Luther Szövetség, 1997. 46 S. (Magyar Luther Füzetek; 6); Márton LUTHER: Heidelbergi Disputáció (Disputatio Heidelbergae habita ⟨ungar.⟩)/ eingel., übers. und mit Anm. vers. von Vilmos Nagybocskai. BP: Magyarországi Luther Szövetség, 1999. 59 S. (Magyar Luther Füzetek; 8(; vgl. LuB 1996, Nr. 28. 35. 47; 2003, Nr. 33. 35. 38.

»Lutherjahrbuch«[34] erschienenen Studie ist.[35] Vajtas Werk füllte in der ungarischen theologischen Literatur eine lange vorhandene Lücke und stieß bei seinen Lesern auf wohlverdientes Interesse. In gelbem Einband folgten 1996 zwei Nachdrucke: die kirchenhistorischen Doktorarbeiten von Dezső Wiczián (1901-1961)[36] und Jenő Sólyom (1904-1976)[37] von 1930 und 1933; letzere Arbeit wird bis heute benutzt und zitiert. Ihr Nachdruck leistete daher einen wertvollen Dienst, während erstere etwas überholt, aber für populärwissenschaftliche oder Unterrichtszwecke noch brauchbar ist.

Die Reihe erreichte m. E. ihren Höhepunkt 1997, als die klassische Einführung Gerhard Ebelings (1912-2001) in der äußerst anspruchsvollen Übersetzung von Szilvia Szita (* 1971) erschien (MLK 6).[38] In der ungarischen Variante wurden nach Möglichkeit alle Lutherzitate in den verfügbaren ungarischen Übersetzungen nachgewiesen, um den ungarischen Leser zum Studieren der Quellen zu bewegen. 2000 folgte eine ebenfalls weit verbreitete Einführung, die Übersetzung des Handbuches von Eric W. Gritsch (MLK 7).[39] Noch im selben Jahr kam die Übersetzung eines alten Klassikers, »Luthers Theologia crucis« von Walther von Loewenich (1903-1992), heraus.[40] Dass ich von einem Verfall der Reihe spreche, bedeutet nicht, dass ich gegenüber

34 Vilmos Vajta: Die Kirche als geistlich-sakramentale Communio mit Christus und seinen Heiligen in der Theologie Luthers. LuJ 51 (1984), 10-62; vgl. LuB 1985, Nr. 503.

35 Vilmos Vajta: Communio: Krisztus és a szentek közössége Luther teológiájában (Communio: die Gemeinschaft Christi und der Heiligen in Luthers Theologie). BP: Magyarországi Luther Szövetség, 1993. 100 S. (Magyar Luther Könyvek; 1); vgl. LuB 1996, Nr. 174.

36 Dezső Wiczián: Luther mint professzor (Luther als Professor). Nachdruck der Ausgabe BP, 1930. BP: Magyarországi Luther Szövetség, 1996. III S. (Magyar Luther Könyvek; 3); vgl. LuB 1997, Nr. 521.

37 Jenő Sólyom: Luther és Magyarország (Luther und Ungarn). Nachdruck der Ausgabe BP, 1933. BP: Magyarországi Luther Szövetség, 1996. 194 S. (Magyar Luther Könyvek; 4); vgl. LuB 1997, Nr. 908.

38 Gerhard Ebeling: Luther: bevezetés a reformátor gondolkodásába (Luther: Einführung in sein Denken ⟨ungar.⟩)/ übers. von Szilvia Szita. BP: Magyarországi Luther Szövetség, 1997. 210 S. (Magyar Luther Könyvek; 6); fehlt in der LuB.

39 Eric W. Gritsch: Lutheranizmus. Bevezetés az evangélikusság történetébe és tanításába (Fortress Introduction to Lutheranism ⟨ungar.⟩)/ übers. von Enikő Böröcz. BP: Magyarországi Luther Szövetség, 2000. 172 S.: Ill. (Magyar Luther Könyvek; 7); vgl. LuB 2003, Nr. 877.

40 Walther von Loewenich: Theologia crucis: a kereszt teológiája Luthernél (Luthers theologia crucis ⟨ungar.⟩)/ eingel. von Antal Véghelyi; übers. von Katalin Mády. BP: Magyarországi Luther Szövetség, 2000. 162 S. (Magyar Luther Könyvek; 8); vgl. LuB 2003, Nr. 172.

dem Verfasser oder diesem Werk Vorbehalte hätte, ich möchte lediglich anmerken, dass sowohl der Apparat der ungarischen Übersetzung als auch die typografische Gestaltung des Bandes hinter dem Niveau der früheren Bände zurückbleibt. Die Veröffentlichung hatte auch deswegen nicht die durchbrechende Wirkung einer Neuerscheinung, weil diese Monografie des Lutherforschers von Loewenich als Schreibmaschinenübersetzung bereits seit Jahrzehnten von Pfarrhaus zu Pfarrhaus wanderte. Auch wenn die neue Übersetzung das Original an vielen Stellen genauer und vollständiger wiedergab, wurde die einer Offenbarung gleichkommende Botschaft des Werkes durch viele Leser dennoch mit der alten Samisdatlektüre assoziiert. Die Auffrischung der Gedanken des von Loewenich trug dennoch Früchte, da sie eine Preisausschreibung über theologische Arbeiten inspirierte, dessen preisgekrönten Schriften 2002 in Band 9 der MLK-Reihe abgedruckt wurden.[41] Der letzte gelbe Band enthält Gerhard O. Fordes (1927-2005) Interpretationen der Heidelberger Disputation auf Ungarisch, womit das Niveau der früheren Übersetzungen leider in keiner Hinsicht erreicht werden konnte.[42]

Wenn wir uns den Luthertexten in *dunkelrotem* Einband zuwenden, stoßen wir auf das weitaus wertvollste Stück der Reihe, auf die Übersetzung der Lutherschen Bibelvorreden, die sich an der Zusammenstellung Heinrich Bornkamms (1901-1977) von 1967 orientiert (MLK 2).[43] Die Übersetzerin Szilvia Szita setzte sich nach eigenen Angaben die Tischreden László Mártons zum Ausgangspunkt und zum stilistischen Vorbild, und dadurch gelang es ihr einerseits, ein genießbaren Text mit literarischen Ansprüchen zu schaffen, andererseits spricht sie ihre Leser in einer – leicht archaisierenden, stillvoll erzählenden – Sprache, die diese bereits früher als Luthers ungarische Sprache kennen lernen konnten.

41 Sándor PERCZE; Tamás SZAKÁCS; József TUBÁN: A kereszt teológiája és a lelkigondozó szolgálata (Die Theologie des Kreuzes und der Dienst des Seelsorgers). BP: Magyarországi Luther Szövetség, 2002. 142 S. (Magyar Luther Könyvek; 9); vgl. LuB 2003, Nr. 270.

42 Gerhard O. FORDE: Ki a kereszt teológusa: gondolatok Luther Heidelbergi disputációjáról (On being a theologian of cross: reflections on Luther's Heidelberg disputation 1518 ⟨ungar.⟩)/ übers. von Tibor Fabiny Jr.; Sára Tóth. BP: Magyarországi Luther Szövetség, 2005. 125 S. (Magyar Luther Könyvek; 10); vgl. LuB 2006, Nr. 223.

43 Márton LUTHER: Előszók a Szentírás könyveihez (Deutsche Bibel: Vorreden [Bornkamm-Ausgabe] ⟨ungar.⟩)/ übers. von Szilvia Szita. BP: Magyarországi Luther Szövetség, 1995. 170 S. (Magyar Luther Könyvek; 2); vgl. LuB 1997, Nr. 69.

Für die Vorstellung des biblischen Luthers war der Inhalt des nächsten dunkelroten Buches von 1996 ebenfalls eine glückliche Wahl: darin veröffentlicht wurden »Vier tröstliche Psalmen an die Königin zu Ungarn« (MLK 5).[44] Dieses Werk spielt für die ungarische Lutherrezeption zweifellos eine herausragende Rolle, auch wenn es bis dahin in ungarischer Übersetzung nicht erschienen war. Zwei Vorworte – ein theologisch und ein historisch orientiertes – erläuterten den Luthertext aus der Perspektive des heutigen ungarischen Lesers.[45] Dennoch löste der Text keine ernst zu nehmenden Reaktionen aus, abgesehen von der Zufriedenheit darüber, dass er nun auch in Ungarisch zugänglich ist. Offensichtlich wurde der Text – abgesehen von der berühmten Empfehlung an die Königin Maria »das E[wer] K[önigliche] M[ajestät] dem Euangelio geneigt were« – bisher nicht allzu häufig zitiert. Der letzte dunkelrote Band schließlich (MLK 11), die zweite, verbesserte Auflage der zehn Jahre zuvor erschienenen Schrift »De servo arbitrio«,[46] gehört ebenfalls zu den Nachdrucken und leitet zu unserem nächsten Thema über.

2.3 *Übersetzung von Martin Luthers »De servo arbitrio«*

Nach zahllosen Anläufen erschien 1996 endlich die ungarische Übersetzung von »De servo arbitrio«.[47] Diese wichtige Schrift wurde in die sechsbändige Ausgabe von Endre Masznyik nämlich nicht aufgenommen. Dank der

---

44 Márton LUTHER: Négy vigasztaló zsoltár Mária magyar királynéhoz 1526 (Vier tröstliche Psalmen an die Königin zu Ungarn 1526 ⟨ungar.⟩)/ hrsg. von Tibor Fabiny, Jr.; übers. von Enikő Böröcz. BP: Magyarországi Luther Szövetség, 1996. 104 S. (Magyar Luther Könyvek; 5); vgl. LuB 2003, Nr. 033. 39.

45 Jutta HAUSMANN: Egyeseknek vigasz – másoknak szitok?: Luther magyarázata a 109. zsoltárhoz (Manchen Trost – andern Spott?: Luthers Auslegung zum Psalm 109); Enikő Böröcz: Luther Márton négy vigasztaló zsoltára Mária magyar királynéhoz (Martin Luthers vier tröstliche Psalmen an die Königin Maria zu Ungarn). In: Márton Luther: Négy vigasztaló zsoltár [wie oben Anm. 43], 5-13. 14-27; vgl. LuB 2003, Nr. 376. 404.

46 Márton LUTHER: A szolgai akarat (De servo arbitrio ⟨ungar.⟩)/ eingel. von András Reuss; übers. von Eszter Jakab-Csizmazia; Ödön Weltler; Sándor Weltler. 2., verb. Aufl. BP: Magyarországi Luther Szövetség, 2006. 270 S. (Magyar Luther Könyvek; 11; vgl. LuB 2007, Nr. 24.

47 [Martin] LUTHER: A szolgai akarat (De servo arbitrio ⟨ungar.⟩)/ übers. von Eszter Jakab-Csizmazia; Ödön Weltler; Sándor Weltler. Sopron: Evang. Lyceum Berzsenyi, 1996. 269 S.; vgl. LuB 1997, Nr. 29.

hervorragenden Übersetzung hält der Leser einen flüssigen und stilistisch wertvollen Text in der Hand, der den überwältigenden Schwung und die Leidenschaft der Argumentationen des Originals getreu wiedergibt. Der bei Luther ununterbrochen strömende Text wurde von den Übersetzern durch 21 – von Bruno Jordahn[48] übernommenen – Überschriften gegliedert und zudem durch Luthermottos aus dem jeweiligen Kapitel ergänzt. Dies erleichtert die Orientierung und das Lesen ungemein – ebenso die Hervorhebung der Bibel- und Erasmuszitate oder die Angabe der Seitenzahlen nach EA und WA –, ruft jedoch durch die eigenwillige Behandlung des Textes gleichzeitig eine berechtigte Kritik hervor – dieses uralte, wohl seit der Geburt der Philologie bestehende hermeneutische Dilemma wurde weiter oben im Zusammenhang mit der 1983er Prőhleübersetzung bereits erwähnt. Was »De servo arbitrio« betrifft, muss jedoch betont werden, dass das Problem der Gliederung und der Hervorhebung einzelner Mottos viel weniger wiegt, als die Tatsache, dass das Werk endlich und erstmals auch auf Ungarisch verfügbar wurde. Zugleich sind Übersetzer als primäre Interpreten eines Werkes m. E. durchaus berechtigt, typografische Mittel zur Verdeutlichung ihrer eigenen Lesart, die als ihr geistiges Eigentum betrachtet werden kann, zu verwenden.

Leider wurden Bibelstellen in der ungarischen Übersetzung nur dort angegeben, wo sie auch von Luther gekennzeichnet sind – obwohl weitere Stellen aus jeder beliebigen modernen Ausgabe bequem hätten übernommen werden können. Noch stiefmütterlicher wurden die antiken Dichter behandelt: die von ihnen – hauptsächlich von Horaz (65-8) und Vergil (70-19) – stammenden Zitate wurden ohne Stellennachweis und in Prosa wiedergegeben, statt die vorhandenen literarischen Übersetzungen einfach aufzuschlagen. Diese Mängel wurden in der zweiten Auflage von 2006 weit gehend behoben. Am wenigsten zufriedenstellend waren die erklärenden Notizen, die vom Herausgeber der zweiten Auflage – sehr weise – vollständig weggelassen wurden.

Während bei einigen früheren Bänden erwähnt werden musste, dass sie augenscheinlich keine Reflexionen ausgelöst haben, trifft auf die ungarische Übersetzung von »De servo arbitrio« das Gegenteil zu, was allein schon durch das Erscheinen der zweiten Auflage signalisiert wird. Im Ungarn der

48 Mü³ Erg 1 (1954).

188

90er Jahre kam das Lesen von Lutherwerken in Mode, sogar eigene Freizeiten wurden dazu organisiert, und daran hatte die ungarische Fassung von »De servo arbitrio« einen nicht unerheblichen Anteil. Dabei spielte auch die Terminierung der Erscheinung – in den Luther- und Melanchthon-Jubiläumsjahren 1996 und 1997 – sicherlich eine wichtige Rolle.

Zum wichtigsten Forum der durch die frischen Lutherlektüren inspirierten Lutherdeutungen wurde die neue Folge der kritischen Rundschau »Keresztyén igazság (Christliche Wahrheit)«, besonders in den Studien von Gábor Ittzés (1932-2007)[49] und die an Pastoren gerichtete Fachzeitschrift »Lelkipásztor (Seelenhirt)«, ferner eine selbst von der »Lutherbibliographie« unbemerkt gebliebene Festschrift »Tanítványok (Jünger)«.[50] Wenn wir uns – unbeachtet der Übersetzungen, Nachdrucke, Gedenkreden und Rezensionen – auf die damals vor Ort entstandenen Originalstudien konzentrieren, so fällt als erstes ein Artikel von András Reuss (*1938) zur lutherischen Hermeneutik auf: »A Szentírás közepe (Die Mitte der Heiligen Schrift)«.[51] Zwei der Festschriftautoren machten die Jonainterpretation Luthers zu ihrem Ausgangspunkt,[52] zwei andere verfassten Studien, die bereits zum Kreis der De-servo-arbitrio-Interpretationen gehören.[53]

49 Gábor Ittzés: A béke dimenziói: a lutheri két birodalomról szóló tanítás (Dimensionen des Friedens: Luthers Zwei-Reiche-Lehre). Keresztyén igazság (BP 2000) Nr. 47, 5-11; ders.: Ordass Lajos és a lutheri két birodalomról szóló tanítás (Lajos Ordass und Luthers Zwei-Reiche-Lehre). Keresztyén igazság (BP 2001) Nr. 50, 3-7; ders.: A két birodalomról szóló lutheri tanítás gyökerei Werner Elert Paulus und Nero c. tanulmányában (Die Wurzeln von Luthers Zwei-Reiche-Lehre in Werner Elerts Studie »Paulus und Nero«). Keresztyén igazság (BP 2007) Nr. 73, 30-39; vgl. LuB 2006, Nr. 414. 1192.

50 Tanítványok: Tanítványai köszöntik a 85 éves Prőhle Károly professzort, aki – velünk együtt – maga is Tanítvány (Jünger: seine Jünger gratulieren Prof. Károly Prőhle zum 85. Geburtstag, weil er selbst – mit uns – ein Jünger ist)/ hrsg. von Tamás Fabiny. BP: Evangélikus Teológiai Akadémia, 1996. 280 S.: Ill.

51 András Reuss: A szentírás közepe (Die Mitte der Heiligen Schrift). LP 67 (1992), 398-401; fehlt in der LuB.

52 Andor Muntag: Luther Jónása (Luthers Jonaauslegung). In: Tanítványok [wie oben Anm. 50], 61-68; Tamás Béres: »Így játszik az értelem vaktehenet Istennel«: a tapasztalat szerepe a keresztény életben (»So spielt die Vernunft Blindekuh mit Gott«: Lebenserfahrung zwischen Vernunft und Glaube). In: Tanítványok [wie oben Anm. 50], 215-220.

53 Antal Véghelyi: Luther istenképe a De servo arbitrio tükrében (Luthers Gottesbild im Spiegel von De servo arbitrio). In: Tanítványok [wie oben Anm. 50], 177-185; Sándor Weltler: Luther törvényértelmezése a De servo arbitrio című munkájában (Luthers

Das wichtigste Ergebnis der De-servo-arbitrio-Rezeption entstand dennoch nicht auf den Lesefreizeiten, in Pastoralkollegien oder Zeitschriften lutherischer Institutionen, sondern auf dem Schreibtisch des römisch-katholischen Theologen Zoltán Rokay (* 1947), der vom Erfolg der ungarischen Übersetzung des Lutherwerkes veranlasst wurde, die bis dahin auf Ungarisch nur in Teilen existierende »De libero arbitrio διατριβή« zu übersetzen und in Begleitung einer monographischen Studie zu veröffentlichen.[54] Glücklicherweise zeigte sich, dass Rokays Interesse an Luther nicht nur vorübergehend war,[55] sodass in seiner Person Ungarn nun endlich auch einen römisch-katholischen Lutherexperten aufweisen kann, der auch auf seine Schüler zu wirken vermag – ein Beweis dafür ist die Doktorarbeit von Emerencia Kék.[56]

2.4 Literaturgeschichtliche und historische Forschungen

Die Lutherrezeption hat aber auch noch weitere Aspekte, die von Kirche und Theologie noch weiter entfernt sind: diese Spuren lassen sich in erster Linie in der ungarischen Literaturgeschichte, aber auch in der buchwissenschaftlichen und geschichtswissenschaftlichen Forschung entdecken. In Ungarn widmen sich Literaturwissenschaftler der reformatorischen Literatur des 16. Jahrhunderts mit besonders großem Interesse und hoher Kompetenz. Am Ende des 20. Jahrhunderts erhielt die Forschung neue Impulse durch

Gesetzesverständnis in seinem De servo arbitrio). In: Tanítványok [wie oben Anm. 50], 169-176. Hier sind auch die folgenden Titel zu erwähnen: Sándor WELTLER: Luther De servo arbitriojának aktuális üzenete (Die aktuelle Botschaft von Luthers De servo arbitrio). LP 71 (1996), 87-91; vgl. LuB 1997, Nr. 1229; Tamás BÉRES: Luther és Erasmus vitája Luther szolga akaratról szóló művében (Der Streit zwischen Luther und Erasmus in Luthers Schrift vom unfreien Willen). Credo 3 (BP 1997) Heft 3/4, 38-43; DERS.. Az arisztotelészi filozófia helye a lutheri teológiában (Die Stellung der aristotelianischen Philosophie in Luthers Theologie). LP 78 (2003), 302-309; vgl. LuB 2006, Nr. 655.

54 Rotterdami ERASMUS: A szabad döntésről (De libero arbitrio ⟨ungar.⟩)/ eingel. und übers. von Zoltán Rokay. BP: Jel, 2004. 178 S.; vgl. LuB 2006, Nr. 799.

55 Zoltán ROKAY: Heidegger Sein und Zeit-ja és Luther hattyúdala (Heideggers Sein und Zeit und Luthers Schwanengesang). In: »Akik az igazságra oktattak sokakat ...«: Festschrift Huba Rózsa/ hrsg. von György Fodor, Béla Tarjányi. BP: Szent István Társulat, 2005, 258-282; vgl. LuB 2006, Nr. 1211.

56 Emerencia KÉK: Luther erkölcsi tanítása (Die ethische Lehre von Luther). BP: Jel, 2005. 153 S. (Erkölcsteológiai Könyvtár; 2); vgl. LuB 2006, Nr. 417.

die in Ungarn überaus stark vertretene Peregrinationsforschung,[57] die Türkenproblematik,[58] die retrospektive Bibliographie[59] sowie die Erforschung

57 András SZABÓ: Die soziale Struktur der Universitätsstudenten im Spiegel der ungarischen Studenten in Wittenberg. In: Sozialgeschichtliche Fragestellungen in der Renaissanceforschung/ hrsg. von August Buck. Wiesbaden: Harrassowitz, 1992, 41-48; György SZÉKELY: Von der Wittenberger Peregrination zu den protestantischen Schul- und Hochschulgründungen in Ungarn im 16. und 17. Jahrhundert. In: Luther und Melanchthon im Bildungsdenken Mittel- und Osteuropa/ hrsg. von Reinhard Golz; Wolfgang Mayrhofer. MS: Lit, 1996, 161-171; ITER GERMANICUM: Deutschland und die Reformierte Kirche in Ungarn im 16.-17. Jahrhundert/ hrsg. von András Szabó. BP: Kálvin, 1999. 243 S.; Péter ÖTVÖS: Aus Wittenberg heimgekehrt: Möglichkeiten und Grenzen der Aktivität in der Heimat. In: Deutschland und Ungarn in ihren Bildungs- und Wissenschaftsbeziehungen während der Renaissance/ hrsg. von Wilhelm Kühlmann; Anton Schindling. S: Steiner, 2004, 199-206; vgl. LuB 1998, Nr. 1103; 2000, Nr. 954; 2001; Nr. 033. 821. 829. 831; 2006, Nr. 998.
58 Sándor ŐZE: »Bűneiért bünteti Isten a magyar népet«: egy bibliai párhuzam vizsgálata a XVI. századi nyomtatott egyházi irodalom alapján (»Der Sünden wegen straft Gott das ungarische Volk«: Untersuchung einer biblischen Parallele anhand der gedruckten kirchlichen Literatur im 16. Jahrhundert). BP: Magyar Nemzeti Múzeum, 1991. 161 S. (Bibliotheca Humanitatis Historica a Museo Nationali Hungarico Digesta; 2); DERS.: A határ és a határtalan: identitáselemek vizsgálata a 16. századi magyar ütközőzóna népességénél (Die Grenze und das Grenzenlose: eine Untersuchung der Identitätselemente bei der Bevölkerung der ungarischen Pufferzone im 16. Jahrhundert). BP: METEM, 2006. 365 S. (METEM Könyvek; 54); Mihály IMRE: »Magyarország panasza«: a Querela Hungariae toposz a XVI-XVII. század irodalmában (Der Topos »Querela Hungariae« in der Literatur des 16.-17. Jahrhunderts). Debrecen: Kossuth, 1995. 332 S. (Csokonai Universitas Könyvtár; 5); DERS.: Arbor Haereseon: a wittenbergi történetszemlélet ikonográfiai ábrázolása Szegedi Kis István Speculum pontificum Romanorum című művének 1592-es kiadásában (Eine ikonographische Darstellung der Wittenberger Geschichtsauffassung in der 1592 Ausgabe von István Szegedi Kis' Speculum pontificum Romanorum). In: Egyház és művelődés: fejezetek a reformátusság és a művelődés XVI–XIX. századi történetéből/ hrsg. von Botond G. Szabó; Csaba Fekete; Lajos Bereczki. Debrecen: Református Nagykönyvtár, 2000, 53-81; András SZABÓ: Die Türkenfrage in der Geschichtsauffassung der ungarischen Reformation. In: Europa und die Türken in der Renaissance/ hrsg. von Bodo Guthmüller; Wilhelm Kühlmann. TÜ: Niemeyer, 2000, 275-281; J. János VARGA: Europa und die »Vormauer des Christentums«: die Entwicklungsgeschichte eines geflügelten Wortes. In: Europa und die Türken in der Renaissance/ hrsg. von Bodo Guthmüller; Wilhelm Kühlmann. TÜ: Niemeyer, 2000, 55-63; Pál FODOR: The Ottomans and their Christians in Hungary. In: Frontiers of faith: religious exchange and the constitution of religious identities 1400-1750/ hrsg. von Eszter Andor; István György Tóth. BP: Central European University 2001, 137-147; vgl. LuB 1994, Nr. 666; 2001, Nr. 741 f.
59 Judit ECSEDY: Alte ungarische Bücher mit falschen deutschen Druckorten 1561-1800.

der Lesekultur.[60] Es ist bezeichnend, dass die »Lutherbibliographie« aus der 1990 erschienenen Klaniczay-Festschrift[61] nicht weniger als sechs Studien erfasst hat. Der Literaturwissenschaftler Tibor Klaniczay (1923-1992) war eine einflussreiche Persönlichkeit in der Erforschung der älteren ungarischen Literatur und somit der Reformationsforschung.

Zwei Bereiche aus der Forschung der älteren ungarischen Literatur erleben heute eine Blütezeit, nämlich die Poetik/Hymnologie[62] und die Ideen-/Rezeptionsgeschichte.[63] Es muss vor Augen gehalten werden, dass die

BP: Borda, 1999. 244 S.: Ill.; RÉGI MAGYARORSZÁGI NYOMTATVÁNYOK (Alte ungarische Drucke)/ hrsg. von der Ungarischen Akademie der Wissenschaften; Nationalbibliothek Széchényi; bearb. von Gedeon Borsa … Bd. 2: 1601-1635. BP: Akadémiai Kiadó, 1983. 855 S.: 36 Tafeln; Bd. 3: 1636-1655. BP: Akadémiai Kiadó, 2000. 1117 S.: 80 Tafeln; Ilona PAVERCSIK: Evangélikus, református vagy protestáns? (Evangelisch, reformiert oder protestantisch?). In: Fejezetek 17. századi nyomdászatunkból/ hrsg. von Judit P. Vásárhelyi. BP: Nationalbibliothek Széchényi, Osiris, 2001, 95-122. (Libri de libris); vgl. LuB 2003, Nr. 2. 10. 865.

60 LESESTOFFE IN WESTUNGARN/ hrsg. von Tibor Grüll … Bd. 1: Sopron (Ödenburg) 1535-1721. Szeged: Scriptum, 1994. XI, 578 S.; Bd. 2: Kőszeg (Güns), Ruszt (Rust), Eisenstadt (Kismarton), Forchenstein (Fraknó) 1535-1740. Szeged: Scriptum, 1996. 312 S. (Materialien zur Geschichte der Geistesströmungen des 16.-18. Jahrhunderts in Ungarn; 18 I-II; vgl. LuB 1999, 949 f; siehe auch Anhang 4.

61 COLLECTANEA TIBURTIANA: Tanulmányok Klaniczay Tibor tiszteletére (Studien zu Ehren von Tibor Klaniczay)/ hrsg. von Bálint Keserű. Szeged: JATE, 1990. 468 S.: 19 Taf. (Materialien zur Geschichte der Geistesströmungen des 16.-18. Jahrhunderts in Ungarn; 10; vgl. LuB 1994, Nr. 09, 320. 543. 547. 644. 740. 925.

62 Gál HUSZÁR: A keresztyéni gyülekezetben való isteni dicséretek (Gotteslob für die christliche Gemeinde). Faksimileausgabe. Kassa; Óvár; Debrecen 1560-1561/ hrsg. von Gedeon Borsa; Gabriella H. Hubert. BP: Akadémiai Kiadó, 1983. [368] [80] S. (Bibliotheca Hungarica antiqua; 13); Gabriella H. HUBERT: A régi magyar gyülekezeti ének (Der alte ungarische Kirchengesang). BP: Universitas, 2004. 542 S. (Historia Litteraria; 17); vgl. LuB 1994, Nr. 655; 2006, Nr. 550.

63 Pál ÁCS: »Az idő ósága«: történetiség és történetszemlélet a régi magyar irodalomban (»Die Altertümlichkeit der Zeit« Geschichtlichkeit und Geschichtsauffassung in der alten ungarischen Literatur). BP: Osiris, 2001. 337 S.; DERS.: »Elváltozott idők«: irányváltások a régi magyar irodalomban (»Veränderte Zeiten«: Richtungswechsel in der alten ungarischen Literatur). BP: Balassi, 2006. 200 S. (Régi Magyar Könyvtár: tanulmányok; 6); Mihály BALÁZS: Teológia és irodalom: az Erdélyen kívüli antitrinitarizmus kezdetei (Theologie und Literatur: Anfänge des Antitrinitarismus außerhalb Siebenbürgens)/ hrsg. von József Jankovics. BP: Balassi, 1998. 242 S. (Humanizmus és Reformáció; 25); LuB 2003, Nr. 848.

Lutherrezeption im 16. Jahrhundert über die Vermittlung von Melanchthon geschah, entsprechend ist die jeweilige Literatur unter Melanchthons Namen aufgelistet.[64]

Zwei Theologen aus der älteren Generation, die aufgrund der zwingenden politischen Umständen zu Literaturwissenschaftlern wurden, trugen zur Reformationsforschung im breiteren Sinne – Druckgeschichte, Wirkungsgeschichte – bei: Tibor Schulek (1904-1989), vor allem im Bereich der Hymnologie, und István Botta (1918-1999). Schulek tat sich auch als Monograf des Reformators Péter Bosnemisza (1535-1584) hervor. Botta erforschte mit besonderem Interesse die Trennung der Wittenberger und helvetischer Richtung in Ungarn und war imstande, ein profiliertes theologisches Ur-

---

64 András VARGA: Molnár Gergely, Melanchthon magyar tanítványa (Gergely Molnár, ein ungarischer Schüler Melanchthons). Szeged, JATE, 1983. 74 S. (Dissertationes ex Bibliotheca Universitatis de Attila József Nominatae; 7); Katalin KEVEHÁZI: Melanchthon és a Wittenbergben tanult magyarok az 1550-es évektől 1587-ig (Melanchthon und die ungarischen Studenten in Wittenberg von den 1550-er Jahren bis 1587). Szeged: JATE, 1986. 81 S. (Dissertationes ex Bibliotheca Universitatis de Attila József Nominatae; 10); Ágnes RITOÓK-SZALAY: Erasmus und die ungarischen Intellektuellen des XVI. Jahrhunderts. In: Erasmus und Europa: Vorträge./ hrsg. von August Buck. Wiesbaden: Harrassowitz, 1988, 111-128 ≙ DIES.: Erasmus és a XVI. századi magyarországi értelmiség (Erasmus und die ungarischen Intellektuellen des XVI. Jahrhunderts). In: »Nympha super ripam Danubii«: tanulmányok a XV-XVI. századi magyarországi művelődés köréből. BP: Balassi, 2002, 161-174. (Humanizmus és Reformáció; 28); DIES.: Dévai Mátyás egy ismeretlen levele? (Ein unbekannter Brief von Mátyás Dévai?) Diakonia 6 (BP 1984) Heft 1, 17-23 ≙ DIES.: Ein unbekannter Brief von Mátyás Dévai? Luth. Kirche in der Welt 39 (1992), 71-82; DIES.: Miért Melanchthon? (Warum Melanchthon?) In: Művelődési törekvések a korai újkorban: tanulmányok Keserű Bálint tiszteletére/ hrsg. von Mihály Balázs ... Szeged: JATE, 1997, 497-505. (Materialien zur Geschichte der Geistesströmungen des 16.-18. Jahrhunderts in Ungarn; 35) ≙ DIES.: Warum Melanchthon?: Über die Wirkung Melanchthons im ehemaligen Ungarn. In: Melanchthon und Europa. Teilbd. 1: Skandinavien und Mittelosteuropa/ hrsg. von Günter Frank; Martin Treu. S: Thorbecke, 2001, 273-284; DIES.: »Enarrat Electram Sophoclis.« In: Dona Melanchtoniana: Festgabe für Heinz Scheible zum 70. Geburtstag/ hrsg. von Johanna Loehr. S Bad Cannstatt: Frommann Holzboog, 2001, 314-327 ≙ DIES.: Melanchthon Szophoklész-kollégiuma (Die Sophokles-Vorlesung von Melanchthon). LP 79 (2004), 259-263; Pál FÓNYAD: Die Melanchthonforschung in Ungarn im Lichte der Orthodoxie- und Pietismusforschung: Bemerkungen zur Forschungsgeschichte. In: Melanchthonbild und Melanchthonrezeption in der Lutherischen Orthodoxie und im Pietismus/ hrsg. von Udo Sträter. Wittenberg: Lufft, 1999, 127-134; vgl. LuB 1987, Nr. 1318. 1994. 669; 2002, Nr. 633; 2003, Nr. 658. 1173; 2006, Nr. 761. 811.

teil über solche strittigen Fragen und Grenzfälle auszusprechen, wie die Einschätzung der Lehre von Matthias Dévai (um 1500-1545), Gallus Huszár († 1575) oder Mihály Sztárai (†1575?).[65]

Im untersuchten Zeitraum versuchte zuerst der Historiker Ferenc Szakály (1942-1999), ein hervorragender Kenner des türkischen Eroberungsgebiets, eine Synthese in der ungarischen Reformationsgeschichte zu schaffen – die Frage der Reformation unter der Türkenherrschaft hat die Reformationshistoriker schon seit Melanchthon und Matthias Flacius Illyricus (1520-1575) beschäftigt. Szakály proklamierte nicht eine nagelneue Konzeption, sondern untermauerte die Theorie von László Makkai (1914-1989) und Tibor Klaniczay mit seinen eigenen Forschungen.[66] Die These von Szakály, das Bürgertum in den Marktflecken sei die Basis, die bestimmende und formende Kraft der ungarischen Reformation gewesen, löste eine rege Diskussion und Kritik aus und gab Titel und Thema einer literaturhistorischen Konferenz im Jahre 2001.[67] Einen viel dünneren Band – nach der Gattung ein Essay – veröffentlichte Katalin Péter im Jahre 2004. Während die Verfasserin mehrere überholte Ansichten – wie die einer Fürstenreformation in Ungarn – in die Rumpelkammer verbannte, betonte sie hinsichtlich der Religionsausübung die bewusste, begründete, meistens frei, ohne äußeren

---

65 István Botta: Huszár Gál élete, művei és kora 1512?-1575 (Leben, Werke und Zeit des Gallus Huszár 1512?-1575). BP: Akadémiai Kiadó, 1991. 498 S. (Humanizmus és Reformáció; 18); vgl. LuB 1994, Nr. 643; ders.: Dévai Mátyás, a magyar Luther: Dévai helvét irányba hajlásának problémája (Mátyás Dévai, der ungarischer Luther: das Problem von Dévais helvetischer Abweichung). BP: Ordass Lajos Baráti Kör, 1990. 78 S. Bottas Notizen zur geplanten Sztárai-Monografie wurden von seinem Kollegen, László Keveházi, ausgewertet: László Keveházi: »A kereszt igéjét hirdetni kezdtem«: Sztárai Mihály élete és szolgálata (»Ich habe angefangen, das Wort des Kreuzes zu verkündigen«: Leben und Dienst von Mihály Sztárai). BP: Luther, 2005. 316 S.

66 Ferenc Szakály: Türkenherrschaft und Reformation in Ungarn um die Mitte des 16. Jahrhunderts. In: Etudes historiques hongroises 1985/ hrsg. von Domokos Kosáry ... Bd. 2. BP: Akadémiai, 1985, 437-459; ders.: Mezőváros és reformáció: tanulmányok a korai magyar polgárosodás kérdéséhez (Marktflecken und Reformation: Studien zur Frage der frühen Verbürgerlichung in Ungarn). BP: Balassi, 1995. 468 S. (Humanizmus és Reformáció; 23).

67 Mezőváros, reformáció és irodalom (16-18. század) (Marktflecken, Reformation und Literatur, 16.-18. Jahrhundert)/ hrsg. von András Szabó. BP: Universitas, 2005. 236 S. (Historia Litteraria; 18); vgl. LuB 2006, Nr. 055. 961. 965. 974. 995. 1001.

Zwang getroffene Entscheidung des gemeinen Mannes. Diese Entscheidung konnte in Ungarn des 16. Jahrhunderts genauso für wie gegen die Reformation getroffen werden.[68] Ein positives Echo dieser Gedanken zeigt sich in sechs Beiträgen der Festschrift für Katalin Péter 2007.[69]

Zieht man eine nüchterne Bilanz über die durch die ELKU und den Martin-Luther-Bund in Ungarn organisierte und motivierte Verlagstätigkeit sowie das Leserinteresse, so muss festgestellt werden, dass diese bis zum Zeitpunkt der Jahrtausendwende an Schwung, Ambition und Ansprüchen verloren haben, entsprechend verringerte sich ihr Einfluss allmählich und sprach einen immer kleineren Kreis an. Als dauerhaft und kontinuierlich erwiesen sich jedoch das fachliche Interesse und die wissenschaftliche Kompetenz auf dem Gebiet der Ideengeschichte des frühneuzeitlichen Europa – und insbesondere der Ausstrahlung der wittenbergischen Theologie nach Ungarn –, die von Jubiläumsjahren unabhängig fungierten und mit langfristigen Forschungsprojekten oder für Jahrzehnte angelegten verlegerischen Vorhaben verbunden waren. Sieht man die ungarischen Einträge der LuB durch, so zeigt sich, dass sie in den 2000er Jahren mehrheitlich nicht mehr aus dem Bereich der Theologie, sondern der Kulturgeschichte stammen. Bei der Untersuchung derjenigen Sammelbände, denen die ungarische Reformationsforschung und Lutherrezeption den reichsten Ertrag zu verdanken hat, springen neben den Vorträgen der erwähnten literaturwissenschaftlichen Konferenz von 2001 zunächst die einer Historikerkonferenz im Jahre 2005[70]

---

68 Katalin PÉTER: A reformáció: kényszer vagy választás? (Die Reformation: Zwang oder Wahl?) BP: Nemzeti Tankönyvkiadó, 2004. 127 S. (Európai iskola); vgl. LuB 2006, Nr. 1002.

69 MINDENNAPI VÁLASZTÁSOK: Tanulmányok Péter Katalin 70. születésnapjára (Wahlen des Alltags: Festschrift Katalin Péter zum 70. Geburtstag)/ hrsg. von Gabriella Erdélyi; Péter Tusor. Történelmi Szemle 49 (BP 2007), 1051 S: CD-Beilage zu Heft 2.

70 MARIA VON UNGARN (1505-1558) – EINE RENAISSANCEFÜRSTIN/ hrsg. von Martina Fuchs; Orsolya Réthelyi. MS: Aschendorff, 2007. 416 S. Hier muss man auch den Ertrag des vorhergehenden Jubiläums von Kaiser Ferdinand I. (1503-1564) in der ungarischen Lutherforschung erwähnen: Zoltán CSEPREGI: Konfessionsbildung und Einheitsbestrebungen im Königreich Ungarn zur Regierungszeit Ferdinands I. ARG 94 (2003), 243-275; Péter E. KOVÁCS: Erzherzog Ferdinand und Ungarn (1521-1526). In: Kaiser Ferdinand I.: ein mitteleuropäischer Herrscher/ hrsg. von Martina Fuchs; Teréz Oborni; Gábor Ujváry. MS: Aschendorff, 2005, 57-78 ≙ DERS.: Ferdinánd főherceg és Magyarország: 1521-1526 (Erzherzog Ferdinand und Ungarn). Történelmi Szemle 45 (BP 2003), 25-44; vgl. LuB 2004, Nr. 1145; 2006, Nr. 985.

ins Auge, gefolgt von fünf Aufsätzen eines Studienbandes,[71] inspiriert durch die retrospektive Bibliografie Ungarns, und schließlich die besagten sechs Beiträge aus der Festschrift für die Historikerin Katalin Péter.

Ein Gleichgewicht entsteht nur scheinbar, nämlich durch einige Nachdrucke auf der theologischen Seite wie der der hundertjährigen Masznyik-Ausgabe, oder die gesammelte Ausgabe der Aufsätze von Jenő Sólyom,[72] die mittlerweile ein halbes Jahrhundert alt sind. Noch bezeichnender für die Akzentverschiebung ist, dass in diesen Jahren lediglich eine neue Lutherübersetzung erscheint, nämlich gerade die der Äsopischen Fabeln.[73]

III Luther: thematisiert, mediatisiert, symbolisiert: 2000-2008

In den vorigen Absätzen wurden auch Werke aus dem dritten Jahrtausend erwähnt, die in den Zwischentiteln stehenden Jahreszahlen – bis 1999 und seit 2000 – sind jedoch wohlbegründet. Ein schwerwiegendes Argument ist für sie die Erfahrung, dass das letzte mit Rang und Klang begangene Reformationsjubiläum das Katharina-von-Bora-Gedenkjahr 1999 war,[74]

71 »TENGER AZ IGAZ HITRÜL VALÓ EGYENETLENSÉGEK VITATÁSÁNAK ELÁRADOTT ÖZÖNE …«: tanulmányok XVI-XIX. századi hitvitáinkról (»Als Meer flutet der Streit über die Unterschiede im wahren Glauben«: Untersuchungen über die Glaubensstreiten im 16.-19. Jahrhundert)/ hrsg. von János Heltai; Réka Tasi. Miskolc: Miskolci Egyetem BTK Régi Magyar Irodalomtörténeti Tanszék, 2005. 316 S.; vgl. LuB 2007, Nr. 084. 875. 879. 906. 972. 1003.

72 Márton LUTHER: A római pápaságról: egyházreformáló iratok (Von dem Papsttum zu Rom: Schriften zur Kirchenreform)/ eingel. und übers. von Endre Masznyik. Felsőörs: Aeternitas, 2004. 166 S.: Ill.; Márton LUTHER: Az egyház babiloni fogságáról (De captivitate Babylonica ⟨ungar.⟩)/ eingel. und übers. von Endre Masznyik. Felsőörs: Aeternitas, 2005. 128 S.: Ill.; TANULJUNK ÚJRA LUTHERTŐL! DR. SÓLYOM JENŐ (1904-1976) VÁLOGATOTT ÍRÁSAI (Lernen wir wieder von Luther!: ausgewählte Schriften von Dr. Jeno Solyom)/ hrsg. von Jenő Sólyom Jr. BP: Luther, 2004. 435 S.; vgl. LuB 2006, Nr. 047. 066. 20.

73 LUTHER MÁRTON ÉS AZ AISZÓPOSZI FABULA (Etliche Fabeln aus Aesop ⟨ungar.⟩)/ eingel. und übers. von Szilárd Vakarcs. In: Emlékkönyv a Teleki Téka alapításának 200. évfordulójára: 1802-2002/ hrsg. von Anikó Deé Nagy; Mihály Sebestyén-Spielmann; Szilárd Vakarcs. Marosvásárhely: Mentor, 2002, 467-483. 583; vgl. LuB 2006, Nr. 23.

74 Ursula KOCH: Rózsák a hóban: Bóra Katalin, Luther felesége – egy bátor asszony élete (Rosen im Schnee: Katharina Luther, geborene von Bora – eine Frau wagt ihr Leben ⟨ungar.⟩)/ übers. von Katalin Fabiny. BP: MEES, 1999. 191 S.; vgl. LuB 1996, Nr. 961; Katalin FABINY: 500 éve született Bóra Katalin (Vor 500 Jahren ist Katharina von Bora geboren). LP 74 (1999), 139-142; DIES.: Észrevétlen, de nélkülözhetetlen: 450 éve halt meg Bóra

und dass die weiteren runden Jubiläen – wie das von Karl V. oder das der Universitätsgründung in Wittenberg – 2000 und 2002 – nur das Interesse eines engeren Fachpublikums erregten.

Die letzten Jahre des hier untersuchten Vierteljahrhunderts wurden zweifellos durch den 2003 von Eric Till gedrehten Lutherfilm und seine Begleiterscheinungen am stärksten beeinflusst, der in Ungarn 2005 in die Kinos kam. Der Vertrieb des Films wurde zwar von einem angesehenen Kinounternehmen, von Budapestfilm, übernommen – es war zugleich Verleger der ungarisch synchronisierten DVD –, es ist jedoch bemerkenswert, mit welchen Fäden die viertgrößte Kirche in Ungarn, die unter dem Namen »Glaubensgemeinde« bekannte charismatische Richtung, mit der Werbekampagne um den Film verbunden war und auf welche Weise sie von den darauf aufbauenden Unternehmen profitierte. Es war die mit der »Glaubensgemeinde« verknüpfte Superbook Stiftung, die den Roman von Guido Dieckmann auf Ungarisch herausgab,[75] nebst einer Werbebroschüre für vorwiegend junge Kinobesucher.[76] Es waren nicht die Schulen der ELKU, sondern die der »Glaubensgemeinde«, die für die Schüler des Landes ein Luther-Quiz zusammenstellten. Aber welches Interesse verfolgt diese charismatische Freikirche, wenn sie in Ungarn für Luther wirbt? Erstens verfügt die »Glaubensgemeinde«, die auf nordamerikanische Muster aufbaut und im Ansprechen junger Menschen überaus erfolgreich ist, über viel ausgefeiltere und sensiblere Methoden in der Verwendung der Massenmedien, als die traditionellen Kirchen. Es ist hier aber auch eine kämpferische antirömische Absicht deutlich zu erkennen. Dies wird auch dadurch unterstützt, dass ein anderer mit Freikirchen assoziierter Verlag, Aeternitas, sich vorgenommen hat, die bereits mehrfach erwähnte, alte, nach kulturprotestantischer Tradition konzipierte sechsbändige Luther-

Katalin (Unauffällig aber unentbehrlich: vor 450 Jahren ist Katharina von Bora gestorben). Keresztyén igazság (BP 2002) Nr. 56, 33-38; vgl. LuB 2006, Nr. 129 f.

75 Guido DIECKMANN: Luther ⟨ungar.⟩/ übers. von Viktória Paulinusz; Gábor Kövér; Klára Benczédi. [BP]: Superbook Alapítvány, 2005. 304 S.; vgl. LuB 2007, Nr. 1292; 2005, Nr. 1181.

76 LUTHER, AKI MEGVÁLTOZTATTA A VILÁGOT!: tanulmányfüzet; javaslatok a téma feldolgozására a film alapján (Luther, der die Welt verändert hat: Studienheft; Vorschläge zur Verarbeitung des Themas anhand des Films)/ hrsg. von Árpád Kulcsár. BP: Superbook Alapítvány, [2005]. 37 S.; vgl. LuB 2006, Nr. 144.

ausgabe unverändert, lediglich in ihrer Rechtschreibung modernisiert nachzudrucken. Entsprechend den aktuellen antirömischen Zielsetzungen erschienen bisher »Von dem Papsttum zu Rom wider den hochberühmten Romanisten zu Leipzig«, die Adelsschrift und »De captivitate Babylonica ecclesiae praeludium« erneut. Hier steht wohl mehr im Hintergrund als das Mitlaufen mit der Mode und der Wunsch, eine geschätzte Nachfrage befriedigen zu wollen. So ist aus dem Wittenberger Reformator, dargestellt durch Joseph Fiennes, ein moderner Held, ein Vorbild für Gymnasiasten und eine Symbolfigur geworden, die am Handeln sowie dem gesellschaftlichen und politischen Einfluss der in Ungarn mehrheitlichen römisch-katholischen Kirche Kritik übt – zumindest wenn sich die Hoffnungen derjenigen erfüllen, die den heutigen Erfolg des Films und den ehemaligen Erfolg der vom Staub befreiten Lutherübersetzungen ausbeuten wollen.

Luther erschien in Ungarn sowohl 1983 als auch 2005 als eine monumentale Gestalt. Dennoch ist der Sprung riesig von dem Material der hinter einem Zaun eingeschlossenen Steinskulptur zu dem an die Leinwand projizierten Zelluloidband einerseits, sowie von der damals von Abertausenden besuchten Ausstellung im Budapester Museum der Schönen Künste zu den in die Kinopaläste strömenden Massen der Teenager andererseits. Der Geschmack, die bevorzugten Gattungen und die Kommunikationsmöglichkeiten sind abhängig von der jeweiligen Epoche und verändern sich auch ständig. In Ungarn erwiesen sich Monumentalität und Heroismus in Verbindung mit Luthers Person auf eigenartige Weise als dauerhaft – siehe z. B. die Lutherlegenden[77]. Anscheinend kann dieses Bild auch durch die direkte Auseinandersetzung mit Luthertexten und dem mittlerweile verfügbaren soliden wissenschaftlichen Hintergrund nicht verändert werden. Am Ende des 20. Jahrhunderts bestand die Möglichkeit, dass der unerschütterliche Stein-Luther zu einer Person gemildert wird, die man aus seinen Texten kennen lernen kann, mit dem man über Lektüren eine Beziehung herstellen kann, der nicht nur einen auf die Heilige Schrift gerichtete stumme Zeigefinger hat, sondern auch eine interessante und vielschichtige Nachricht zu vermitteln vermag, dessen aufregende und zu lösende Geheimnis die Frage ist, warum und wie er auch die Bewohner Ungarns im 16. Jahrhundert

77 Ákos Dömötör: Hazai Luther-mondáink (Die Luthersagen Ungarns). In: Tanulmányok a lutheri reformáció történetéből [wie oben Anm. 23], 324-340; vgl. LuB 1987, Nr. 1293.

mitreißen und zu seinen Jüngern machen konnte – diese Chance ist heute verblasst, die Monumentalität waltet wieder, und Luther ist zu einem Aktionsfilmheld, zu einem Kinowerbeplakat erstarrt.

Ungarn steht nun, da das Gedenkjahr 2017 naht, vor einer neuen Herausforderung: Wird es eine moderne Lutherausgabe geben, oder folgen nur weitere Neuauflagen? Entsteht eine neue Monografie über die ungarische Lutherrezeption im 16. Jahrhundert, oder erlebt die 1933 verteidigte – nebenbei hervorragende – Dissertation Jenő Sólyoms ihre dritte Auflage? Und selbst wenn es noch Übersetzer, Herausgeber und Interpreten für Luther und seine Werke geben sollte, wird er noch Leser finden?

Anhang

1 »*Magyar Luther Füzetek*« *(Ungarische Lutherhefte)/ hrsg. von Tibor Fabiny, Jr.*
BP: Magyarországi Luther Szövetség, 1993-2005.

Nr. 1: Újrakezdés: Dokumentumok a Magyarországi Luther Szövetség életéből 1991-1993 (Neuer Anfang: Dokumente aus dem Leben des Martin-Luther-Bundes in Ungarn 1991-1993). 1993. 74 S.: Ill.

Nr. 2: Márton Luther: Nyílt levél a fordításról 1530 (Ein Sendbrief D. M. Luthers vom Dolmetschen und Fürbitte der Heiligen 1530 〈ungar.〉)/ übers. von Olympia Gesztes; Szilvia Szita. 1993. 20 S.

Nr. 3: Márton Luther: Nyolc bőjti prédikáció Wittenberg népének 1522. márc. 9–16. (Acht Sermone D. M. Luthers von ihm gepredigt zu Wittenberg in der Fasten 1522 〈ungar.〉)/ übers. von Zsófia Szebik; eingel. von András Csepregi; Károly Vajda. 1994. 38 S.

Nr. 4: Márton Luther: Bűnbánat, keresztség, úrvacsora: Három sermo a szentségekről, 1519 (Ein Sermon vom Sakrament der Buße. Ein Sermon von dem heiligen hochwürdigen Sakrament der Taufe. Ein Sermon von dem hochwürdigen Sakrament des heiligen wahren Leichnams Christi 〈ungar.〉)/ übers. von Aladár Gáncs; Éva Mária Kozma; Andor Muntag. 1994. 44 S.

Nr. 5: Márton Luther: Mi az evangélium? A keresztények és Mózes (Ein kleiner Unterricht, was man in den Evangelien suchen und gewarten soll. Eine Unterrichtung, wie sich die Christen in Moses sollen schicken 〈ungar.〉)/ übers. von Zoltán Csepregi. 1995. 26 S.

Nr. 6: Márton Luther: Hogyan szemléljük Krisztus szenvedését? Így imádkozzál! (Ein Sermon von der Betrachtung des heiligen Leidens Christi. Eine einfältige Weise zu beten für einen guten Freund 〈ungar.〉)/ übers. von Antal Véghelyi, Zoltán Balikó. 1997. 46 S.

Nr. 7: István Bitskey: Hitvita és hitújítás Luther életművében (Glaubensstreit und Reformation im Lebenswerk von Luther)/ Nachdruck der Ausgabe BP 1983. 1998. 50 S.

Nr. 8: Márton Luther: Heidelbergi Disputáció (Disputatio Heidelbergae habita 〈ungar.〉)/ übers., eingel. und mit Anm. vers. von Vilmos Nagybocskai. 1999. 59 S.

Nr. 9: William Tyndale: A Szentíráshoz vezető ösvény (A pathway into the Holy Scripture, 1531 ⟨engl. und ungar.⟩)/ übers. von Ágnes Ecsedy; eingel. von Tibor Fabiny, Jr. 2005. 85. S.

2 »Magyar Luther Könyvek" (Ungarische Lutherbücher)/ hrsg. von Tibor Fabiny, Jr.

BP: Magyarországi Luther Szövetség, 1993-2006

Bd. 1: Vilmos Vajta: Communio: Krisztus és a szentek közössége Luther teológiájában (Communio: die Gemeinschaft Christi und der Heiligen in Luthers Theologie). 1993. 100 S.

Bd. 2: Márton Luther: Előszók a Szentírás könyveihez (Deutsche Bibel: Vorreden [Bornkamm-Ausgabe] ⟨ungar.⟩)/ übers. von Szilvia Szita. 1995. 170 S.

Bd. 3: Dezső Wiczián: Luther mint professzor (Luther als Professor)/ Nachdruck der Ausgabe BP, 1930. 1996. 111 S.

Bd. 4: Jenő Sólyom: Luther és Magyarország (Luther und Ungarn)/ Nachdruck der Ausgabe BP, 1933. 1996. 194 S.

Bd. 5: Márton Luther: Négy vigasztaló zsoltár Mária magyar királynéhoz 1526 (Vier tröstliche Psalmen an die Königin zu Ungarn 1526 ⟨ungar.⟩)/ übers. von Enikő Böröcz; eingel. von Jutta Hausmann; Enikő Böröcz. 1996. 104 S.: Ill.

Bd. 6: Gerhard Ebeling: Luther: bevezetés a reformátor gondolkodásába (Luther: Einführung in sein Denken ⟨ungar.⟩)/ übers. von Szilvia Szita. 1997. 210 S.

Bd. 7: Eric W. Gritsch: Lutheranizmus: bevezetés az evangélikusság történetébe és tanításába (Fortress introduction to Lutheranism ⟨ungar.⟩)/ übers. von Enikő Böröcz. 2000. 172 S.: Ill.

Bd. 8: Walther von Loewenich: Theologia crucis: a kereszt teológiája Luthernél (Luthers theologia crucis ⟨ungar.⟩)/ übers. von Katalin Mády. 2000. 162 S.

Bd. 9: Sándor Percze; Tamás Szakács; József Tubán: A kereszt teológiája és a lelkigondozó szolgálata (Die Theologie des Kreuzes und der Dienst des Seelsorgers). 2002. 142 S.

Bd. 10: Gerhard O. Forde: Ki a kereszt teológusa: gondolatok Luther Heidelbergi disputációjáról (On being a theologian of cross: reflections on Luther's Heidelberg Disputation 1518 ⟨ungar.⟩)/ übers. von Tibor Fabiny Jr.; Sára Tóth. 2005. 125 S.

Bd. 11: Márton Luther: A szolgai akarat (De servo arbitrio ⟨ungar.⟩)/ übers. von Eszter Jakab-Csizmazia; Ödön Weltler; Sándor Weltler. 2., verb. Aufl. 2006. 270 S.

3 Reihe »Humanizmus és Reformáció« (Humanismus und Reformation)/ hrsg. von Tibor Klaniczay (seit 1992 József Jankovics).

BP: Akadémiai Kiadó (seit 1992: BP: Balassi), 1973 ff.

Monographien mit Bezug auf Lutherrezeption und Reformationsgeschichte ab 1983:

Bd. 12: P. Judit Vásárhelyi: Eszmei áramlatok és politika Szenci Molnár Albert életművében (Geistesströmungen und Politik im Lebenswerk von Albert Szenci Molnár). 1985. 142 S.

Bd. 14: Mihály Balázs: Az erdélyi antitrinitarizmus az 1560-as évek végén (Antitrinitarismus in Siebenbürgen am Ende der 1560er Jahre). 1988. 257 S.

Bd. 18: István Botta: Huszár Gál élete, művei és kora 1512?-1575 (Leben, Werke und Zeit des Gallus Huszár). 1991. 498 S.

Bd. 21: János Heltai: Alvinczi Péter és heidelbergi peregrinusok (Péter Alvinczi und die Peregrinen in Heidelberg). 1994. 194 S.

Bd. 23: Ferenc Szakály: Mezőváros és reformáció: tanulmányok a korai magyar polgárosodás kérdéséhez (Marktflecken und Reformation: Studien zur Frage der frühen Verbürgerlichung in Ungarn). 1995. 468 S.

Bd. 25: Mihály Balázs: Teológia és irodalom: az Erdélyen kívüli antitrinitarizmus kezdetei (Theologie und Literatur: Anfänge des Antitrinitarismus außerhalb Siebenbürgens). 1998. 242 S.

Bd. 28: Ágnes Ritoók-Szalay: »Nympha super ripam Danubii«: tanulmányok a XV-XVI. századi magyarországi művelődés köréből (»Nympha super ripam Danubii«: Studien über die ungarländische Bildung im XV.-XVI. Jahrhundert). 2002. 266 S.: Ill.

4 Adattár XVI–XVIII. századi szellemi mozgalmaink történetéhez = Materialien zur Geschichte der Geistesströmungen des 16.–18. Jahrhunderts in Ungarn/ gegr. und hrsg. von Bálint Keserű. Szeged: JATE (seit 1991: Szeged: Scriptum), 1965 ff

Quellensammlungen mit Bezug auf Lutherrezeption und Reformationsgeschichte ab 1983:

Bd. 10: Collectanea Tiburtiana: tanulmányok Klaniczay Tibor tiszteletére (Studien zu Ehren von Tibor Klaniczay)/ hrsg. von Bálint Keserű. 1990. 468 S.: 19 Taf.

Bd. 11: A magyar könyvkultúra múltjából: Iványi Béla (1878-1964) cikkei és anyaggyűjtése (Über die Geschichte der ungarischen Bücher und des Lesens: ausgewählte Aufsätze und Forschungsangaben von Béla Iványi)/ hrsg. von János Herner; István Monok. 1983. 645 S.

Bd. 12: A Dernschwam-könyvtár: egy magyarországi humanista könyvjegyzéke (Die Bibliothek Dernschwam: Bücherinventar eines Humanisten in Ungarn)/ hrsg. von Jenő Berlász. 1984. 343 S.: Ill.

Bd. 13 I: Magyarországi magánkönyvtárak I. 1533–1657. (Privatbibliotheken in Ungarn)/ hrsg. von András Varga. 1986. IX, 259 S.

Bd. 13 II: Magyarországi magánkönyvtárak II. 1588–1721. (Privatbibliotheken in Ungarn)/ hrsg. von Gábor Farkas … 1992. XIII, 374 S.

Bd. 14: Partiumi könyvesházak 1623-1730: Sárospatak, Debrecen, Szatmár, Nagybánya, Zilah (Bibliotheken in Partium Regni Hungariae)/ hrsg. von István Monok; András Varga. 1988. 588 S.

Bd. 15: Kassa város olvasmányai, 1562–1731 (Lesestoffe der Stadt Kaschau)/ hrsg. von Hedvig Gácsi … 1990. 226 S.

Bd. 16 I: Erdélyi könyvesházak I: Az első kolozsvári egyetemi könyvtár története és állományának rekonstrukciója 1579–1604 (Bibliotheken in Siebenbürgen I: Die Geschichte der ersten Universitätsbibliothek in Klausenburg und die Rekonstruktion ihres Bestandes)/ hrsg. von Klára Jakó. 1991. 171 S.

Bd. 16 II: Erdélyi könyvesházak II: Kolozsvár, Marosvásárhely, Nagyenyed, Szászváros, Székelyudvarhely (Bibliotheken in Siebenbürgen II)/ hrsg. von István Monok ... 1991. X, 246 S.

Bd. 16 III: Erdélyi könyvesházak III: 1563-1757; a Bethlen-család és környezete. Az Apafi-család és környezete. A Teleki-család és környezete. Vegyes források (Bibliotheken in Sieben-bürgen III: 1563-1757 die Familie Bethlen, Apafi, Teleki und ihr Alumnenkreis. Übrige Quellen)/ hrsg. von István Monok ... 1994. 375 S.

Bd. 18 I-II: Lesestoffe in Westungarn/ hrsg. von Tibor Grüll ... Bd. 1: Sopron (Ödenburg) 1535–1721. 1994. XI, 578 S.; Bd. 2: Kőszeg (Güns), Ruszt (Rust), Eisenstadt (Kismarton), Forchen-stein (Frakno) 1535-1740. 1996. XXII, 325 S.

Bd. 19 I: Katolikus intézményi könyvtárak Magyarországon, 1526-1726: Jegyzékszerű források (Katholische institutionelle Bibliotheken in Ungarn, 1526-1726: Verzeichnisse)/ hrsg. von Edina Zvara. 2001. 499 S.

Bd. 22: Johann Jacob Grynaeus magyar kapcsolatai (Johann Jacob Grynaeus' ungarische Beziehungen)/ hrsg. von András Szabó. 1989. 191 S.

Bd. 29 I: A körmendi Batthyány-levéltár reformációra vonatkozó oklevelei, 1527-1625: Iványi Béla anyaggyűjtése (Urkunden bezüglich der Reformation aus dem Batthyány-Archiv in Körmend 1527-1625: Béla Iványis Forschungsangaben)/ hrsg. von László Szilasi. Bd. 1. 1990. XIII, 345 S.

Bd. 35: Művelődési törekvések a korai újkorban: tanulmányok Keserű Bálint tiszteletére (Kulturelle Bestrebungen in der frühen Neuzeit: Studien zu Ehren von Bálint Keserű)/ hrsg. von Mihály Balázs ... 1997. 695 S.

Bd. 36: Zoltán Csepregi: Magyar pietizmus 1700–1756: tanulmány és forrásgyűjtemény a dunántúli pietizmus történetéhez (Ungarischer Pietismus 1700-1756: Untersuchung und 100 Dokumente zur Geschichte des Pietismus in Transdanubien). BP: Teológiai Irodalmi Egyesület, 2000. 321 S.

Überlegungen zu »Gottes Nähe unmittelbar erfahren: Mystik im Mittelalter und bei Martin Luther/ hrsg. von Berndt Hamm; Volker Leppin. Tübingen 2007«[*]

Von Peter Zimmerling

Das vorliegende Buch markiert eine Revolution in der deutschen Lutherforschung: Luther wird darin ganz wesentlich als von der Mystik geprägter Theologe interpretiert. Die folgenden Überlegungen stellen keine Rezension im traditionellen Sinne dar. Stattdessen möchte ich Hinweise auf Ausführungen der Autoren des vorliegenden Werkes geben, die für Forscher und Freunde christlicher Mystik von besonderem Interesse sind. Wie von den beiden Herausgebern im Vorwort festgehalten, ist das Buch aus einer Sozietät hervorgegangen, die während des Sommersemesters 2005 in Erlangen und Jena stattfand. Dabei war das Thema breit angelegt: Es ging um die Veränderungsdynamik der abendländischen Mystik im Zeitraum vom 12. bis zum 16. Jahrhundert. Dass diese Thematik nicht in extenso traktiert werden konnte, liegt auf der Hand. Notwendigerweise ergaben sich thematische Schwerpunkte, die auch das vorliegende Buch bestimmen.

Ein erster Schwerpunkt liegt auf dem 15. Jahrhundert. Dieses der Reformation unmittelbar vorausgehende Zeitalter erweist sich als Periode einer äußerst lebendigen Mystik, die allerdings gegenüber dem 14. Jahrhundert tief gehende Verwandlungen durchmachte. Damit wird eine hartnäckige Forschungsmeinung überwunden, wonach das 15. Jahrhundert ein unmystisches Zeitalter war. Der zweite Schwerpunkt des vorliegenden Bandes liegt speziell auf Martin Luther. Gegenüber der traditionellen Lutherforschung ergibt sich eine revolutionäre Veränderung. Wurde schon früher davon ausgegangen, dass Luther traditionelle mystische Motive, Bilder und Begriffe rezipierte, diese allerdings umprägte und dadurch kein im eigentlichen Sinne mystischer Theologe war, so wird von den Autoren eine radikal andere Auffassung vertreten. Luthers reformatorische Theologie insgesamt habe mystischen Charakter und gerade die Entstehung seiner Theologie müsse als Ausbildung einer neuen Gestalt von Mystik verstanden werden.

Der vorliegende Band wird eröffnet mit einem voluminösen Beitrag von Andreas Zecherle über Entstehung und Inhalt der »Theologia Deutsch«. Zecherle geht davon aus, dass diese am Ende des 14. Jahrhunderts entstand. Die Ontologie ihres Autors ist neuplatonisch geprägt, wobei das gesamte Werk unter dem Einfluss Meister Eckharts (um 1260-1328) und Johannes Taulers (um 1300-1361) steht. Von großer Wichtigkeit ist die »Theologia Deutsch« wegen ihrer Wirkungsgeschichte. Sie hat nicht nur Martin Luther aufs Stärkste beeinflusst. Er hat die »Theologia Deutsch«

[*] GOTTES NÄHE UNMITTELBAR ERFAHREN: Mystik im Mittelalter und bei Martin Luther; [Gottfried Seebaß zum 70. Geburtstag]/ hrsg. von Berndt Hamm; Volker Leppin. TÜ 2007. X, 349 S. (Spätmittelalter und Reformation: Neue Reihe; 36)

als erster in zwei Auflagen vollständig in den Druck gegeben. Darüber hinaus führte Luthers Hochschätzung der »Theologia Deutsch« zu einer intensiven Rezeptionsgeschichte des Werkes in der lutherischen Kirche. Sowohl Johann Arndt (1555-1621) als auch Philipp Jakob Spener (1635-1705) sind ohne den Traktat nicht zu verstehen.

Christoph Burger zeigt in seinem Artikel »Mystische Vereinigung – erst im Himmel oder schon auf Erden?: das Doppelgesicht der geistigen Literatur im 15. Jahrhundert« am Beispiel unterschiedlicher Konzeptionen der unio mystica auf, welche Bandbreite mystische Vorstellungen im 15. Jahrhundert erkennen lassen. Er weist nach, dass die Mehrzahl der mystischen Texte im 15. Jahrhundert davon ausgehen, dass eine Vereinigung mit Gott erst im Himmel stattfinden wird. Im irdischen Leben besteht die Aufgabe der Christen darin, das Kreuz zu tragen und auf diese Vereinigung zu warten. Jedoch gibt es eine Minderheit von mystischen Texten mit Nonnen und Kanonikerinnen als Adressaten, nach denen die unio mystica bereits während des irdischen Lebens erfahren werden kann. Als Bräute Jesu Christi lag für diese die irdische Vorwegerfahrung der endgültigen Vereinigung mit Gott im Himmel nahe.

Nach diesen Einzeluntersuchungen folgt der inhaltlich gewichtigste und auch in systematischer Hinsicht entscheidende Artikel des ersten Buchteils von Berndt Hamm: »Gott berühren: mystische Erfahrungen im ausgehenden Mittelalter; zugleich ein Beitrag zur Klärung des Mystikbegriffs«. Hamm stellt die Mystik des 15. Jahrhunderts als tief greifenden Transformationsprozess gegenüber dem 14. Jahrhundert dar, ein Prozess, der sich seiner Überzeugung nach bei Luther im 16. Jahrhundert noch einmal fortgesetzt hat. Entscheidend für die Transformation der Mystik im 15. Jahrhundert sei die kritische Korrektur neuplatonisch geprägter unio-Vorstellungen des 14. Jahrhunderts, wie sie bei Meister Eckhart, Johannes Tauler, Heinrich Seuse (1295/1297-1366) und Jan Ruusbroec (1293-1381) erkennbar werden. Wichtig ist dabei Johannes Gersons (1363-1429) Konzeption einer mystischen Theologie, die von einer bleibenden seinshaften Differenz zwischen Gott und Kreatur ausgeht. Er knüpft an älteren mystischen Vorbildern aus dem 12. und 13. Jahrhundert an, vor allem an der Liebes- und Passionsmystik des Zisterziensers Bernhard von Clairvaux (1090-1153). Hamm zeigt an der Mystik des 15. Jahrhunderts folgende weitere Veränderungen gegenüber dem 14. Jahrhundert auf: ihre Demokratisierung bzw. Popularisierung, die damit verbundene Konzentration auf die Christusliebe, die jedem Christen im Alltag möglich ist. Dabei bleiben bevorzugte Orte mystischer Erfahrungen auch im 15. Jahrhundert die geistlichen Gemeinschaften. Dieser Bewegung einer popularisierten und diffundierenden Mystik steht ein mystikfeindliches Klima in großen Teilen der wissenschaftlichen Theologie gegenüber.

Angesichts der Beobachtung, dass sich Mystik als ein äußerst dynamisches und vielgestaltiges Phänomen zeigt, ergibt sich das Problem der begrifflichen Prägnanz. Dieses wird gerade angesichts der Transformation des Mystischen besonders dringlich. Hamm nähert sich einer präzisen Begriffsbestimmung, indem er auf Textbeispiele mystischer Erfahrungen zurückgreift und diese interpretiert. Dabei kann er zeigen, dass für die mystische Erfahrung die Verflüssigung der Grenze zwischen der Heiligkeit des Schöpfers und der Unheiligkeit der sündigen Kreatur durch Gottes Geist und die Liebe des Menschen charakteristisch ist, wobei die Verflüssigung nicht Verwischung oder Aufhebung der Grenze zwischen Gott und Mensch meint, sondern ihre Durchlässigkeit symbolisiert. In der mystischen Erfahrung kommt es zu einem Umarmen und Küssen, zum Schmecken und Kosten Gottes. Es zeigt sich, dass in Aufnahme brautmystischer Vorstellungen Bernhards von Clairvaux solche Erfahrungen ganzheitlich interpretiert werden: Die unio mystica umfasst gleichermaßen Geist und Leib. Allerdings wird die mystische Erfahrung als Vorwegerfahrung der eschatologischen Gotteserfahrung verstanden, wobei die Erfahrung des Berührens und Schmeckens Gottes die Erfahrung der Nähe Gottes symbolisiert. Im Himmel wird es zu einer anderen Form der Gottesberührung kommen, nämlich des entindividualisierenden Sehens und Hörens. Indem die Seligen im Himmel von ihrer irdischen Materialität befreit sind, kommt es zur Aufgabe ihres Eigenwillens und zur Unterwerfung unter die Universalität Gottes. Damit wird die Entwicklung zwischen unio mystica unter den Bedingungen der irdischen Existenz und der eschatologischen unio als Entwicklung vom genießenden Individuum zur transindividuellen Selbstlosigkeit fassbar. Die endgültige Vollendung der unio wirkt sich bereits auf die Gestalt der irdischen unio aus, insofern als die sinnlich erfahrbaren Berührungen Gottes unter den Bedingungen der irdischen Existenz zunehmend als Durchgangsstadium verstanden werden. Mehr und mehr wird die mystische Erfahrung als kreuzes- und anfechtungstheologisch gebrochen interpretiert. Im 15. Jahrhundert wird das wesentliche Ziel mystischer Erfahrung als Gottesliebe verstanden, die immer geistiger, entsinnlichter und transzendentaler wird. Auf diesem Hintergrund kommt Hamm zu folgender Definition des Mystikbegriffs: Als mystisch ist eine Glau-

benserfahrung zu charakterisieren, die sich als persönliche Erfahrung der unmittelbaren Nähe Gottes darstellt. Dabei wird eine solche Erfahrung als Prozess der Annäherung und Transformation des Menschen verstanden. Gleichzeitig ist festzuhalten, dass mystische Naherfahrungen immer eingebettet sind in die Grunderfahrung der Ferne Gottes. Marguerite Porete (†1310) spricht deshalb von Gott als dem »Fernnahen«.

Der erste Teil des Bandes wird mit dem Beitrag Barbara Steinkes abgeschlossen: »Den Bräutigam nehmt euch und habt ihn und verlasst ihn nicht, denn er verlässt euch nicht: zur Moral der Mystik im Nürnberger Katharinenkloster während des 15. Jahrhunderts.« Steinke kommt zu dem Ergebnis, dass die Moral mystischer Inhalte in folgendem Satz zusammenzufassen ist (164): »Haltet diesem Bräutigam die Treue, der zuerst euch und den ihr dann für euch erwählt habt!«

Im zweiten Teil des Buches geht es speziell um das Verhältnis Luthers zur Mystik. Dieser Teil wird eröffnet mit Volker Leppins gehaltvollem Artikel »Transformationen spämittelalterlicher Mystik bei Luther«. Leppin setzt ein mit einer kurzen Darstellung der Forschungsgeschichte und zeigt auf, dass die Beziehung zwischen Luther und der Mystik nach dem Zweiten Weltkrieg zuerst von der außerdeutschen Lutherforschung thematisiert worden sei. Er lehnt die von Kurt Flasch vertretene Auffassung ab, den Mystikbegriff aufgrund seiner Unschärfe überhaupt fallen zu lassen und versteht fortan mystisch bezogen auf einem bestimmten textlichen Zusammenhang – in Aufnahme von Überlegungen Kurt Ruhs (1914-2002). Ausgehend von dieser These zeichnet Leppin in seinem Artikel den Traditionszusammenhang mit der spätmittelalterlichen Mystik nach, wie er bei Luther fassbar wird. Dabei ist interessant, dass die

Mystik für Luther eine Erfahrungsdimension besaß: Er hat als Mönch mystische bzw. visionäre Erfahrungen gemacht. Entscheidend für die weitere Entwicklung waren Einflüsse von Bernhard von Clairvaux, die ihm über Johann von Staupitz (um 1465-1524) – seinen Ordensoberen – vermittelt wurden. Neben Bernhard ist für Luthers Theologie vor allem Tauler als Mystiker wichtig, der für den reformatorischen Durchbruch eine wichtige Rolle spielte. Leppin geht dann der Frage nach, was aus den mystischen Anfängen bei Luther im Gefolge seiner reformatorischen Umorientierung geworden ist. Seine These besteht darin, dass die reformatorische Umorientierung auch zu einer Transformation mystischer Gedanken in seiner Theologie geführt hat, wobei diese Transformation sowohl eine Differenz zum Vorgegebenen als auch eine beibehaltene Identität aufweist. Leppin zeigt diesen Prozess an drei Themenbereichen auf: Luthers Stellung zu Gesetz und Evangelium, seiner Rechtfertigungslehre und seiner Lehre vom allgemeinen Priestertum. Schon die besondere Dialektik von Gesetz und Evangelium zeigt, dass Luther aus der Mystik übernommene Vorstellungen worttheologisch gebrochen hat, ohne deren mystische Struktur grundsätzlich aufzugeben. Gott wird in Luthers Theologie immer eindeutiger der Handelnde im Hinblick auf den Heilsprozess. Gleichzeitig entwickelt er immer stärker worttheologische Kriterien des Heilsgeschehens. Im Hinblick auf seine Rechtfertigungstheologie weist Leppin nach, dass der Glaube – nicht mehr eine affektive Liebesfunktion – die Einheit zwischen der Seele und Christus stiftet. Schließlich zeigt auch die Lehre vom allgemeinen Priestertum, dass Luther gegenüber der Mystik zu einer Entschränkung kommt. Das allgemeine Priestertum ist nicht nur wie bei Tauler

Möglichkeit für mystisch lebende Menschen, sondern Heilstatsache für alle Getauften. Leppin kommt zu dem Ergebnis, dass Luthers Theologie bis in ihre Kerninhalte auf dem Hintergrund ihrer mystischen Wurzeln verstanden werden muss (185): »Von ihnen ging er aus, sie hat [er] weitergedacht und sie hat er in transformierter Gestalt an das Luthertum weitergereicht.«

Sven Grosse weist in seinem Artikel »Der junge Luther und die Mystik: ein Beitrag zur Frage nach dem Werden der reformatorischen Theologie« wie Leppin nach, dass die mystische Theologie für den Reformator eine bleibende wesentliche Bedeutung besaß und dass seine reformatorische Rechtfertigungslehre mit ihr in einem engen Verhältnis stand (188). So trägt Luther z. B. die Notwendigkeit des reflexiven Glaubens unter ausdrücklicher Berufung auf Bernhard von Clairvaux vor. Insgesamt konzentriert sich seine Theologie wie die von mystischen Einflüssen geprägte monastische Theologie des Mittelalters immer mehr auf das Herz des Christentums, das Mysterium des Heils, die Beziehung zwischen dem Menschen und Gott und auf ihre Vereinigung (196). Grosse zeigt, dass Luthers reformatorische Theologie ohne die Eckpunkte traditioneller mystischer Theologie nicht verstanden werden kann: als da sind die Konzentration auf das Ich, die Sündhaftigkeit des Menschen und seine Neigung zum Nichts, das Erbarmen Gottes und das Ausfüllen des Nichts, die Abwendung von der Sinnlichkeit und die Hinwendung über den Geist zu Gott, der Weg durch die Sinnlichkeit zum Geist, wie er in der Passion Christi präfiguriert ist. Obwohl Grosse entschieden darauf verweist, dass die Mystik für Luther kein Durchgangsstadium war, wie die traditionelle deutsche Lutherforschung es verstand, hält er gleichzeitig daran fest, dass

Luthers reformatorische, mystisch geprägte Theologie auch Neuansätze enthält. Dazu gehört primär die Orientierung am Wort der Verheißung, das geglaubt werden muss. Im Vergleich zu den Artikeln von Leppin und Hamm bekommt man den Eindruck, dass diese deutlicher als Grosse die Transformation mystischer Überzeugungen bei Luther zu beschreiben vermögen.

Das wird vor allem an Berndt Hamms Artikel »Wie mystisch war der Glaube Luthers?« deutlich. Hamm führt in diesem instruktiven Artikel seine These aus dem bereits beschriebenen Beitrag im vorliegenden Band aus, dass Luthers reformatorische Theologie als Fortführung bzw. Transformation einer bestimmten Art von Christusmystik zu verstehen ist. Wie Leppin geht er davon aus, dass in der gegenwärtigen Lutherforschung eine neue Unbefangenheit im Hinblick auf die mystische Komponente von Luthers Theologie zu beobachten ist. Daher ist es möglich, zu erkennen, wie intensiv Luthers Theologie in bestimmten Traditionen der Mystik verwurzelt ist. Hamm versteht die reformatorische Umgestaltung der Theologie Luthers in ihrem Grundcharakter als Ausbildung einer neuen Gestalt von Mystik (242). Martin Luther schuf einen neuen Typus der reformatorischen Glaubensmystik. Gemeinsam mit der ihm vorausgehenden spätmittelalterlichen Mystik umfasst für ihn das Gottesverhältnis des Menschen die persönliche, unmittelbare und ganzheitliche Erfahrung einer beseligenden Nähe Gottes, die ihr Ziel in einer innigen Vereinigung mit Gott findet. Entscheidend ist für Luthers Mystikverständnis zunächst die Ablehnung einer elitären Mystik. Mystik meint nie Gnade für Ausnahmemenschen. Von der Rechtfertigungslehre her radikalisiert Luther außerdem bestimmte mystische Überle-

gungen. Dazu gehört die Ablehnung jedes Bedingungs- und Vorleistungsdenkens. Die Heilsgabe ist in keiner Weise an Qualität, Disposition oder Verdienst des Menschen geknüpft. Entsprechend verwirft Luther das traditionelle Prozess- und Stufenmodell des mystischen Aufstiegs zur unio mit Gott. Anstelle der Aufwärtsbewegung setzt Luther eine radikale Deszendenzmystik. Wie vor ihm schon von Staupitz geht es auch Luther um eine Basismystik für alle Menschen. Gerade die Christusmystik des von Staupitz hat Luthers Art der Christusmystik in wesentlichen Zügen vorgeformt. Das Neue an Luthers Christusmystik ist die Erkenntnis, dass die innige mystische Beziehung zwischen Gott und Mensch durch Wort und Glaube zustande kommt. Ziel ist die unmittelbare Beziehung der Seele zum lebendigen Wort Gottes. Bei Luther wird der Glaube zum Zentralbegriff des christlichen Lebens; aus der mittelalterlichen Liebesmystik wird die reformatorische Glaubensmystik. Indem der Mensch im Glauben ganz aus sich herausgerissen wird, wird Heilsgewissheit möglich. Dem widerspricht nicht, dass Luther die unio der Seele mit Gott durch mehrere Brechungen hindurchgehen lässt. »Durch die Erfahrungstiefe der Anfechtungen des Sünders, durch die Passionswirklichkeit des gekreuzigten Christus, durch die Verborgenheit der göttlichen Heilsnähe unter dem Gegensatz furchtbarer Gottferne und durch die Bindung der Christusgemeinschaft an die Beziehung von Wort und Glaube« (275).

Indem Luther über von Staupitz und Tauler hinausgeht, kommt es zu einer Begründung eines neuen Typus abendländischer Mystik. Luther nimmt die Ursünde im menschlichen Herzen in einer Intensität wahr, dass der mystische Weg nach innen als Weg zur befreienden Gottes- und Heilsgewissheit nicht mehr gangbar ist. Befreiung kann dem inneren Menschen nur von außen her widerfahren. Insofern radikalisiert Luthers neuer Typus der Mystik die Erniedrigungstheologie des von Staupitz und die Anfechtungstheologie Taulers. Der unendliche Abstand zwischen Mensch und Gott kann nur durch Gott selbst aufgrund seiner barmherzigen Kommunikation im Wort des Evangeliums und durch den von ihm in Gang gesetzten »fröhlichen Wechsel« erfolgen. Martin Luthers Mystikverständnis stellt daher eine Intensivierung der traditionellen Auffassung von Mystik dar. Kein Mystiker vor ihm hat die Kluft zwischen Gott und Kreatur so stark hervorgehoben wie er.

Mystik als Strukturprinzip von Luthers Gesamttheologie: Hamm zieht daraus am Ende seines Artikels zwei wesentliche Konsequenzen. Indem die reformatorische Neuorientierung auch im Rahmen der mystischen Theologie vollzogen wird, berührt sie nicht nur die rationale Ebene der Schultheologie, sondern hat auch Auswirkungen auf die mystische Erfahrungstheologie. Weiter bietet Luthers Verwendung der Mystiktheologie die Chance, seine Christologie und Rechtfertigungslehre nicht nur forensisch, sondern auch in mystischen Kategorien, in ganzheitlichen Frömmigkeitsbezügen darzustellen.

Der äußerst lesenswerte, von Hamm und Leppin herausgegebene Sammelband schließt ab mit dem Beitrag von Heidrun Munzert: »Unio mystica versus Teufelsbuhlschaft: Überlegungen zur Vergleichbarkeit von mystischer Erfahrung und Hexenvorstellungen am Beispiel von Gertrud von Helfta und Else Rodamer«. Dieser Artikel bietet einen bedrückenden Einblick in die Praxis der Hexenverfolgung im späten 16. Jahrhundert. Gleichzeitig stellt er das Hexenverständnis dem Mystikverständnis kontrastierend gegenüber. Dies ist nicht zuletzt insofern berechtigt, weil auch eine Reihe von Mystikern und Mystikerinnen zeit ihres Lebens von der Inquisition argwöhnisch beobachtet wurden, ob ihre mystischen Erfahrungen im Letzten nicht doch Teufelserfahrungen waren.

Martin Luther und die Welt der Reformation

Von Helmar Junghans

D. Martin Luthers Werke: kritische Gesamtausgabe/ hrsg. unter wissenschaftlicher Begleitung von Ulrich Köpf; Helmar Junghans; Karl Stackmann. Sonderedition der Kritischen Gesamtausgabe [Weimarer Ausgabe]. Werke. Teil 5. Bd. 49-61. Unv. Nachdruck der Ausgabe Weimar 1913-1983. Weimar: Böhlau, 2007.

Mit dieser achten Auslieferung ist die 2003 begonnene Sonderedition der WA zum Abschluss gelangt. Der Nachdruck der Registerbände WA 62-73 ist nicht vorgesehen. Es verdient hohe Anerkennung, dass der Böhlau Verlag auf den Vorschlag von Ulrich Köpf – der seit 1986 in Nachfolge von Heiko A. Oberman ab WA 63 den Abschluss der WA betreut – eingegangen ist und dieses umfangreiche Unternehmen auf sich genommen hat. Als wirtschaftliche Veränderungen die Fortführung der Sonderedition gefährdeten, hat es die Evangelische Kirche in Deutschland (EKD) ermöglicht, diese Ausgabe zu Ende zu führen. Daher ist zu Recht seit dem Teil 2 der Werke 2004 auf der Titelrückseite in herausgehobener Schrift »Gedruckt mit freundlicher Unterstützung der Evangelischen Kirche in Deutschland (EKD)« vermerkt.

Kaufwillige konnten vor dem Erscheinen der Sonderedition oft nur einzelne Bände antiquarisch zu hohen Preisen erwerben. Jetzt sind von der Erstauflage der WA nur noch WA 55 I-II; WA Br 17 und 18 sowie Registerbände ab WA 65 lieferbar. Die ersten Registerbände WA 61-64 sind bereits vergriffen. Nach Verkauf der Registerbände wird man sich überlegen müssen, ob man sie ebenfalls als Sonderedition nachdruckt. Es war also durchaus geboten, einen Nachdruck auf den Markt zu bringen. Die 120 Bde. bietet der Verlag jetzt mit einem Durchschnittspreis pro Band von 45,42 € an. Die einzelnen Abteilungen WA TR, WA DB, WA Br und Werke können getrennt bezogen werden, allerdings nicht einzelne Bände.

Die WA ist nun in mehr öffentlichen und privaten Bibliotheken leicht zugänglich geworden, als das vorher der Fall war. Das bedeutet verbesserte Bedingungen für die Arbeiten in Vorbereitung auf das Reformationsjubiläum 2017. Es bleibt zu wünschen, dass die Erwartungen der an der Sonderedition Beteiligten in Erfüllung geht, nämlich dass diese Sonderedition ebenso wie die Erstausgabe zum Nutzen der Forschung und der Verkündigung fleißig genutzt wird.

Luthers Schatzkammer: Kostbarkeiten im Lutherhaus Wittenberg/ im Auftrag der Stiftung Luthergedenkstätten in Sachsen-Anhalt hrsg. von Volkmar Joestel. Dößel: Stekovics, 2008. 192 S.: Ill.

In den letzten drei Jahrzehnten ist mehrfach über die Sammlungen der Lutherhalle – seit 2003 Lutherhaus – berichtet worden.

MARTIN LUTHER 1483 BIS 1546 IN DER STAAT-
LICHEN LUTHERHALLE WITTENBERG: Katalog
der Ausstellung/ Redaktion bzw. Herstellung:
Hans-Joachim Beeskow; Ronny Kabus; Bildredaktion: Jutta Pötzschke; Fotos: Wilfried
Kirsch. [Lutherstadt Wittenberg]: Lutherhalle, 1984. 278 S.: Ill. Der Katalog gliederte nach
den Ausstellungsräumen und führte jeweils in
deren Thematik ein. Er erfasste und beschrieb
alle Exponate der Ausstellung und bildete sie
schwarz/weiß ab. Dazwischen wurden vier
Bogen mit farbigen Abbildungen eingescho-
ben. Ein kurzes Literaturverzeichnis und ein
Personenregister schlossen den Band ab.

MARTIN LUTHER 1483 BIS 1546: Katalog der
Hauptausstellung in der Lutherhalle Witten-
berg/ Redaktion: Volkmar Joestel unter Mitw.
von Hans-Joachim Seidel; Jutta Strehle; Martin Treu; Petra Wittig; Bildredaktion: Jutta
Strehle; Fotos: Wilfried Kirsch. 2., verb. und
erw. Aufl. B: Schelzky und Jeep, 1993. 298 S.,
folgte der 1. Aufl. von 1984. Ein neues Kapitel
»Schätze der Reformationszeit« unterrichtete
über »Bestand und Geschichte der Sammlungen der Lutherhalle Wittenberg«. Die
Entwicklung der Drucktechnik ermöglichte
den Verzicht auf besondere Bogen für farbige
Abbildungen, die nun über den ganzen Text
verstreut waren, ohne aber alle schwarz/weiß
Abbildungen zu verdrängen. Zwischen Literaturverzeichnis und Personenregister wurde
eine Zeittafel eingefügt, in der neben einer
Spalte mit Zeitereignissen eine mit Daten
aus Luthers Leben zu stehen kam. Die Gestaltung des Bandes war ansprechender als die der
1. Aufl., hatte allerdings den Leineneinband
durch eine Broschurbindung ersetzt, deren
Heftung sich nicht als dauerhaft erwies.

Beide Bände sind heute noch nützliche
Quellen zu den Gegenständen, Gemälden,
Grafiken und Schriften dieser für das Luther-
jahr 1983 neu gestalteten Ausstellung, die sie

zugleich dokumentieren. Die Konzentration
auf die Hauptausstellung hatte zur Folge,
dass die Bibelausstellung im 2. Obergeschoss
unberücksichtigt blieb. Inzwischen ist es
möglich, über www.martinluther.de in »Ka-
taloge/Datenbanken« sowie »Exponate der
Dauerausstellung« sich über die Schätze des
Lutherhauses zu informieren.

In dem am 6. März 2003 neu eröffneten
Lutherhaus war nicht nur die Präsentati-
onsfläche von 800 auf 1800 m² erweitert,
sondern auch die Ausstellung in drei klar
voneinander getrennte Bereiche unterteilt
worden. Auf einen Gesamtkatalog, der ziem-
lich umfangreich hätte ausfallen müssen,
wurde verzichtet, nicht zuletzt deshalb, weil
dafür keine große Zahl von Käufern erwartet
werden konnte. Stattdessen wurden vier
hochformatige Broschuren hergestellt, die
als Begleiter der Besucher des Lutherhauses
durch den jeweiligen Ausstellungsteil der
Dauerausstellung »Martin Luther: Leben
und Werk – Wirkung« konzipiert wurden.
Am Schluss sind jeweils unter »Katalog« die
Exponate mit sehr kleiner Schrift aufgelistet.
Es handelt sich um folgende Bände:

MARTIN TREU: Martin Luther in Wittenberg: ein biografischer Rundgang. Wittenberg:
Stiftung Luthergedenkstätten in Sachsen-Anhalt, 2003. 114 S.: Ill., zur Dauerausstellung im
Erdgeschoss und im 1. Obergeschoss.

VOLKMAR JOESTEL, JUTTA STREHLE: Luthers
Bild und Lutherbilder: ein Rundgang durch
die Wirkungsgeschichte. Wittenberg: Stiftung
Luthergedenkstätten in Sachsen-Anhalt,
2003. 102 S.: Ill., zur Dauerausstellung im 2.
Obergeschoss.

ANTJE HELING: Zu Hause bei Luther: ein
alltagsgeschichtlicher Rundgang. Wittenberg:
Stiftung Luthergedenkstätten in Sachsen-
Anhalt, 2003. 96 S. zur Dauerausstellung im
Kellergeschoss.

INSA CHRISTIANE HENNEN: Das Luther-haus Wittenberg: ein bauhistorischer Rundgang. Lutherstadt Wittenberg: Stiftung Luthergedenkstätten in Sachsen-Anhalt, 2002. 96 S.: Ill., zum gesamten Lutherhaus.

Während die aufgeführten Veröffentlichungen über die Ausstellung bzw. Teile von ihnen informieren, richten sich andere auf die Sammlungen unabhängig davon, ob die Objekte ausgestellt sind oder nicht.

ELFRIEDE STARKE: Kostbarkeiten der Lutherhalle Wittenberg/ mit Fotografien von Volkmar Herre. B: EVA, 1982. 131 S.: Ill. Hier stehen die ausgewählten Kostbarkeiten im Mittelpunkt, deren Abbildungen – einige davon farbig – meist eine ganze Seite füllen, während auf der gegenüberliegenden Seite eine Erläuterung zugeordnet ist.

In diese Traditionslinie gehört »Luthers Schatzkammer«. Der anspruchsvoll gestaltete Band im Querformat 22,6 x 24,7 cm ermöglicht größere Abbildungen, die durchgehend farbig sind und in hervorragender Qualität vorliegen. Während 1982 von einer norditalienischen Vulgatahandschrift auf Pergament nur eine Seite mit verringertem Rand abgebildet wurde, ist nun der gesamte Band aufgeschlagen zu sehen. So konzentriert sich der Blick nicht nur auf den Text, sondern der Band in seiner Gesamtheit fällt ins Auge. Obgleich der Text jetzt geringfügig kleiner ist, kann er dank der guten Qualität der Aufnahmen besser gelesen werden.

»Luthers Schatzkammer« ist fast um 50% umfangreicher. Während sich die »Kostbarkeiten der Lutherhalle Wittenberg« auf das Mittelalter und Luthers Lebenszeit beschränken, sind nun auch Objekte aus der Wirkungsgeschichte bis 1983 aufgenommen worden. Anstelle eines Vorwortes informiert der Beitrag »Die Sammlungen des Lutherhauses« über deren Entstehung und Umfang.

Erfreulicherweise kann mitgeteilt werden, dass seit 1990 wertvolle Exponate durch Kauf oder Schenkung die Sammlungen bereichert haben.

Der kostbare Band zu Luthers Schatzkammer sollte bei einer zweiten Auflage durch ein Register erweitert werden.

MELANCHTHONS BRIEFWECHSEL. Bd. T 4 I: Texte 859-1003a (Januar-Juli 1530)/ bearb. von Johanna Loehr. S: Frommann-Holzboog, 2007. 488 S. – Bd. 4 II: Texte 1004-1109 (August-Dezember 1530)/ bearb. von Johann Loehr. S: Frommann-Holzboog, 2007. S. 491-796. (Melanchthons Briefwechsel/ hrsg. von Heinz Scheible; T 4 I-II)

MELANCHTHONS BRIEFWECHSEL. Bd. T 8: Texte 1980-2335 (1538-1539)/ bearb. von Christine Mundhenk; Hedi Hein; Judith Steiniger. S: Frommann-Holzboog, 2007. 701 S. (Melanchthons Briefwechsel/ hrsg. von Heinz Scheible; 8)

Mit diesem Doppelband ist die seit Langem als misslich empfundene Lücke geschlossen, die Textedition reicht nun geschlossen mit Bd. T 8 bis Ende 1539. Das sind etwa 25% der über 9300 Texte.

Band T 4 hat einige Eigentümlichkeiten. Er enthält nur Texte aus einem einzigen Jahr, während die übrigen Bände Texte aus mindestens zwei Jahren bieten. Obgleich er mit 256 Texten neben Band T 1 mit die geringste Anzahl in einem Band vorlegt, ist er der umfangreichste, sodass der Verlag ihn in zwei Teilbänden mit durchgehender Seitenzählung herausgebracht hat. Die Ursache für diese Besonderheit ist die Tatsache, dass dieser Band Briefe enthält, die in Beziehung zum Augsburger Reichstag von 1530 stehen. Sie fanden ein großes Interesse, das die

»Überfülle der Überlieferung« (7) bezeugt, die erfasst worden ist. Während z. B. WA Br 5, 399 (1605) für die Information zur Überlieferung von Luthers Brief an Melanchthon am 27. Juni 1530 in Handschriften und Drucken nur 21 Zeilen beansprucht worden sind, benötigt MBW T 4 I, 272-278 (944) über 300 Zeilen in kleiner Schrift! Zahlreiche Hinweise halten die erkennbaren Abhängigkeiten in der Überlieferung fest. Während für Otto Clemen (1871-1946) WA Br 5, 398 unsicher war, ob der tradierte Text nicht umfangreicher sei, als der ursprüngliche war, ergibt sich aus dem mühevollen Durcharbeiten der breiten Überlieferung einerseits die Vermutung, dass Luther einiges auf den Rand geschrieben hat, was manche Abschreiber weggelassen haben, und andererseits die Bestätigung, dass auch der separat verbreitete Teil im Original enthalten war, der seines seelsorgerlichen Inhaltes und damit »seines erbaulichen Charakters« (Hanns Rückert) wegen eine besondere Aufmerksamkeit erfuhr.

Die Fülle der Informationen über den Charakter einzelner Handschriften sowie der Varianten harrt nun der Auswertung. Auf ein allgemeines Problem, das aus dem Durcharbeiten dieser breiten Überlieferung erwachsen ist, verweist das »Vorwort des Herausgebers«: Deutsch verfasste Dokumente wurden im 16. Jahrhundert ins Lateinische übersetzt und im 18. Jahrhundert wieder ins Deutsche! Und dieser textus receptus diente danach der Forschung als Grundlage (7). MBW bietet also nicht nur – soweit möglich – den Originaltext, sondern auch dessen Rezeption. Es liegt auf der Hand, dass damit eine hervorragende wissenschaftliche Arbeit geleistet worden ist, durch die MBW in Bezug auf Sicherung des ursprünglichen Textes und seiner Überlieferungsgeschichte andere Editionen bemerkenswert übertrifft.

Band T 8 lässt eine rege Korrespondenz Melanchthons mit Veit Dietrich (1506-1549) erkennen, von dessen Briefen allerdings nur einer überliefert ist. Fast eben soviel Schreiben wie an Dietrich gingen an Kurfürst Johann Friedrich von Sachsen (1503, 1532-1547, 1554), die eine vielseitige Tätigkeit Melanchthons sichtbar machen. Melanchthon war an Schreiben und Gutachten der Wittenberger Reformatoren beteiligt, fertigte aber auch allein Gutachten für den Kurfürsten an. Er informierte ihn mit »Zeitungen« über den Türkenkrieg und gleichzeitig eine gute Weinernte in Österreich. Er entwarf bzw. übersetzte Schreiben, die lateinisch aus- oder eingingen. Aus den Aufzeichnungen des Engländers Thomas Minternus, die abfällige Äußerungen über die Wittenberger Reformatoren enthielten, fertigte Melanchthon einen übersetzten Auszug für das Verfahren gegen den in Wittenberg Inhaftierten an. Er setzte aber auch eine Bittschrift an den Kurfürsten für den ebenfalls verhafteten Georg Karg auf, der in Wittenberg täuferische Anschauungen vertreten hatte.

Das Bemühen, Melanchthons Briefwechsel auch dann zu erfassen, wenn die Briefe selbst nicht überliefert sind, wird in den 26 unter »Fremdstücke« aufgelisteten Nummern deutlich. Sie dienen nicht wie in der WA als Anhang für Hintergrundinformationen. Es handelt sich vielmehr um Briefe, in denen Melanchthonbriefe erwähnt werden, wobei oftmals auch über deren Inhalt unterrichtet wird. Aber auch Tischreden Luthers sind diesbezüglich ausgewertet. Dabei wird auch etwas von Melanchthons Einfluss dort sichtbar, wo es an anderer Überlieferung fehlt. So schickte Landgraf Philipp von Hessen (1504, 1518-1567) seiner Schwester Elisabeth von Rochlitz (1502-1557) Mitte April 1538 einen mit Melanchthons Rat erstellten

»begreif«– d. i. einen formulierten Text – zu, den sie für einen Brief an den Bischof in Meißen abschreiben und ausfertigen sollte (99, 11-15 [2020]). Bei dem Wort »begreif« wird manchem Leser bewusst werden, dass er angesichts des Verzichts auf semantische Erklärungen frühneuhochdeutscher Wörter gut beraten ist, ein frühneuhochdeutsches Wörterbuch zur Hand zu haben. Johannes Calvin (1509-1564) berichtete in einem Brief an Guillaume Farel über seine Unterredung mit Melanchthon; 327 (2152). Editionen führen in der Regel auch zu Neufunden während ihres Entstehens. So bringt auch dieser Band zwei neue bisher nicht erfasste Stücke, darunter das Konzept eines Briefes von Johann Friedrich an König Johannes Zápolya von Ungarn: 531-533 (2266a).

Die Veröffentlichung einer Auswahl von Sprüchen aus Luthers Hinterlassenschaft hat eine lange Tradition. So brachte 1880 der westfälische Pfarrer Theodor Schmalenbach (1831-1901) – welcher der Erweckungsbewegung zugerechnet wird – unter dem Titel »KURZE SPRÜCHE AUS DR. MARTIN LUTHERS SCHRIFTEN« eine Sammlung heraus, die ein ungenannter Herausgeber 1828 veröffentlicht hatte. Auf die Vorrede folgt eine Art – der ursprüngliche? – Titel: »Kurze, kernhafte geist-, lehr- und trostreiche Sprüche, von fast allen Artikeln christlicher Lehre, aus den lateinischen und deutschen Schriften des treuen Mannes Gottes D. Martin Luther gezogen und in gewisse Artikel christlicher Lehre eingeteilth«. Während in diesem Band auf 315 Seiten 1703 Sprüche geboten wurden, beschränkte sich das 1926 in Barmen verlegte, 12,5 x 8, 5 cm kleine Büchlein »HINDURCH!« auf 92 kurze »Kernworte des Reformators D. Martin Luther«. Die Ausgabe kleiner Bücher

mit knappen Luthersprüchen blieb nicht auf kirchliche Verlage beschränkt. Der Literaturwissenschaftler Günter Schulze (1950-2007) trug »PFEFFERNÜSSE AUS DEN WERKEN VON DOKTOR MARTIN LUTHER« zusammen, die der Verlag Volk und Wissen in Berlin 1982 als Vorbereitung auf das Lutherjahr 1983 herausbrachte und der Johannes Stauda Verlag in Kassel in einer Lizenzausgabe übernahm. Dieses 110 Seiten umfassende Büchlein ist sehr ansprechend gestaltet. Es verwendete Luthersche Fraktur und Baskerville-Antiqua, mutete den Lesern die frühneuhochdeutsche Sprache zu und wurde durchgehend mit »in Holz gestochenen« Vignetten von dem Grafiker Hans-Joachim Behrendt geschmückt. Und wenn es unter den zehn ausgewählten Themen – unter denen keines den christlichen Glauben berührt – auch einige wenige derbe Sprüche aufnahm, informierte es doch ganz gut über Luthers Vorstellungen zu dem jeweiligen Gegenstand. Dabei betonte der Herausgeber, dass er die Sprüche unter dem Gesichtspunkt der »sprachlichen Schönheit und dem Ausdrucksreichtum in Luthers Schriften« ausgewählt und dabei »auf Vollständigkeit des Gedankenganges und Ausgewogenheit in der Wiedergabe seiner Auffassungen verzichtet« habe.

MARTIN LUTHER: Luther kurz & knackig: seine originellsten Sprüche/ zsgest. von Gundula Dittrich; mit Illustrationen von Mathias Wedel. L: EVA, 2006. 55 S.: Ill. nimmt zwar die Themen »Die Heilige Schrift«, »Die Kirche«, »Der Glaube« und »Der Prediger« auf, wendet sich aber ebenfalls überwiegend dem Alltag zu, ohne »geist-, lehr- und trostreiche Sprüche, von fast allen Artikeln christlicher Lehre« bieten zu wollen. Die Sprüche werden in der Gegenwartssprache geboten, was in dieser Gattung durchaus angebracht ist. Ob hier wirklich Luthers »originellste« Sprüche zu finden sind, darf man füglich fragen. Denn einerseits handelt es sich oft um zeitgenössische Sprüche, die Luther in seine Tischreden aufnahm, andererseits ist mit »Wenn ich wüsste, dass morgen die Welt unterginge, würde ich heute noch ein Apfelbäumchen pflanzen« – wie Martin Schloemann schon 1994 nachgewiesen hat – ein Spruch aufgenommen worden (10), der erst im fünften Jahrzehnt des 20. Jahrhunderts Luther zugeschrieben wurde. Auf dem Einband prangt ein Bild von Luther, der mit einem zugekniffenen Auge vor einem ganzen gebratenen Huhn sitzt, in der rechten Hand ein Messer hält, um sich darüber herzumachen, und in der linken ein gefülltes Weinglas. Es ist dasselbe Bild, welches das Thema »Essen und Trinken« illustriert, das unter dem Motto »Ich fresse wie ein Böhme« steht. Bei dem Zitat »Ich fresse wie ein Böhme und saufe wie ein Deutscher, das sei Gott gedankt!« bleibt – wie meist – der Zusammenhang unbeachtet. Luther hatte in Weimar einen sterbenden Melanchthon vorgefunden, der inzwischen »wie Lazarus vom Tod auferstanden« war. Luther war über den beängstigenden Gesundheitszustand Melanchthons tief betroffen gewesen und hatte ihn nach seiner Überzeugung durch intensives Beten dem Tod wieder abgerungen. Der psychisch erschöpfte Reformator teilte danach – von seiner Bedrückung befreit – seiner Frau mit, dass die Genesung Melanchthons der Grund für sein Festessen sei. Luthers launische Beschreibung seines derzeitigen Wohlergehens an seine besorgte Frau wird oft zu Unrecht zu seiner Lebensmaxime erhoben. Die Auswahl von Aussagen über die Frau ist geeignet, die Überzeugung der Feministinnen zu bekräftigen, Luther habe die Frauen nicht als gleichwertig anerkannt, sondern sich

diese nur als Mutter und Hausfrau unter der Herrschaft eines Mannes vorstellen können. Zutreffender hatte dagegen Günter Schulze informiert: »Luthers Worte über die Frauenliebe verdeutlichen, wie lyrisch, zart und doch ausdrucksstark seine Sprache ist.« Von Luthers Bestreben, die Rechtsstellung der Frau zu verbessern, lässt sich nichts ahnen. Auswahl und Aufmachung von »Luther kurz & knackig« erwecken den Eindruck, dass es sich hier um eine Lutherrezeption für den Biertisch handelt. Gehört das zur Aufgabe eines evangelischen Verlages? Gewiss soll auch ein christlicher Verlag nicht nur über den christlichen Glauben unterrichten, für ihn werben und ihn verteidigen, sondern auch unterhalten. Trotzdem sollte er sich überlegen, auf welchem Niveau er das tun will, welche Verantwortung er für die Lutherrezeption trägt und welches Image er von sich selbst vermitteln will.

»WIR SOLLEN MENSCH UND NICHT GOTT SEIN«: Luther zum Vergnügen/ hrsg. von Johannes Schilling. S: Reclam, [2008]. 155 S.: Ill. (Reclams Universal-Bibliothek; 18579)

Im Gegensatz zu der eben vorgestellten Sammlung bedient das blaue Reclambüchlein nicht die Erwartung einer speziellen Lutherrezeption, sondern lässt Luther in einer großen Breite in Bezug auf Themen und Formen zu Wort kommen. Obgleich es sich nicht um eine »gereinigte« Sammlung handelt, sodass auch einige derbe Sprüche enthalten sind, hat der Herausgeber es doch bewusst abgelehnt, Deftiges – das überdies oftmals Luther angedichtet wurde – in den Mittelpunkt zu rücken. In zwölf Kapiteln sachlich geordnet finden sich vorwiegend ernsthafte und noch heute bedenkenswerte Aussagen zum Christsein in allen Lebensbereichen bis zum Sterben im Glauben an Christus. Dennoch will das Büchlein keinesfalls nur Glaubenshilfe sein, sondern auch Luthers Persönlichkeit erkennen lassen – und unterhalten. Auch Luthers entschiedene Polemik kommt zu Wort. Es fehlt auch nicht an Beispielen seines Spottes, wie z.B. die »Neue Zeitung vom Rhein«, worin er 1542 den Abtransport der Kunstwerke und Reliquien aus Halle nach Mainz und Aschaffenburg glossierte, indem er fiktive Reliquien benannte: »1. Ein schönes Stück vom linken Horn des Mose« (82). Das Kapitel über Ehe und Familie übergeht zeitgenössische Redensarten, die sich auch in Luthers Tischreden finden, bringt dafür aber nicht nur Aussagen zur Ehe, sondern ebenfalls zu Kindern, auch zu seinen eigenen und seiner Frau Katharina. Sie gewähren Einblick in seine Empfindungen und auch seine launischen Betrachtungen. Kulturhistorische Bemerkungen finden sich vor allem im Kapitel »Stadt, Land, Fluss« von Rom bis Wittenberg, über Länder – auch innerdeutsche – und deren Bevölkerung. Sie lassen aber meist weniger seine speziellen Einsichten erkennen, sondern mehr sein Übernehmen von Klischees. Ein eigenes Kapitel ist Luthers Lob der Musik gewidmet.

Der Vielfalt der aufgegriffenen Themen entspricht die Vielfalt der Formen. Neben kurzen, auch einprägsamen Sprüchen stehen ganze Briefe oder längere Auszüge aus seinen Briefen und Schriften. Eine beachtliche Anzahl autobiografischer Texte dokumentieren Luthers Vorstellungen über sich selbst, über seine seelischen Erfahrungen, seine Entwicklung, den Streit mit Feinden und den Verlauf der Reformation. Mehrfach sind zentrale Texte aufgenommen, die in gängigen Lutherdarstellungen angesprochen werden. Hervorzuheben sind die »Textnachweise« (145-154), da sie erfreulicherweise die Authentizität nachweisen und ermöglichen,

den ursprünglichen – für diese Sammlung sinnvollerweise in die Gegenwartssprache übersetzten – Text und damit seinen Kontext nachzuschlagen.

Die Weisheit des Martin Luther/ hrsg. von Theodor Glaser. Rosenheim: Rosenheimer, 2008. 126 S.: Ill.

hat sich vorgenommen, in einer Zeit, in der eine bisher unbekannte Fülle von Wissen zur Verfügung steht, Antworten auf aufbrechende Frage nach Orientierung, nach dem Sinn des Lebens zu geben, das heißt, Wege zur Weisheit zu zeigen. Dabei sollen die Stimmen der Vergangenheit nicht vergessen werden, unter denen Luthers Stimme nicht fehlen dürfe. Der Herausgeber, der nach seiner Tätigkeit als Pfarrer und Dekan in München als Ständiger Vertreter des Landesbischofs und Pressereferent der Evang.-Luth. Landeskirche Bayern tätig war und über 50 Jahre Lutherzitate gesammelt hat, hebt hervor, dass Luther seine Weisheit aus der Bibel schöpfte. Er hat 34 Themen ausgewählt, die in einem weit gespannten Bogen mit »Gott« beginnen und mit »Ewiges Leben« enden. Dazwischen finden sich folgende Überschriften: »Engel«, »Gottvertrauen«, »Schöpfung«, »Christus«, »Heiliger Geist«, »Glaube«, »Weisheit«, »Lebensweisheit«, »Christsein«, »Bibel«, »Gebet«, »Dankbarkeit«, »Freude«, »Gottesdienst«, »Wahrheit«, »Ehe«, »Kinder«, »Erziehung«, »Freundschaft«, »Reichtum«, »Arbeit«, »Essen und Trinken«, »Mäßigkeit«, »Musik«, »Regierung«, »Friede«, »Nächstenliebe«, »Gesundheit«, »Schwermut«, »Geduld«, »Sterben und Tod« sowie »Auferstehung«. Die ausgewählten Texte sind jeweils mit einem Foto auf einer der 22 x 19,5 cm großen, gegenüberliegenden Seite mittels einer gelungenen Gestaltung kombiniert, sodass sie zur Meditation der

Texte anregen können. Die Motive reichen von einer Spur im Sand, einer Blumenwiese, einer Distel über Stillleben, Landschaftsbilder, Handschriften, Seiten aus der 1523-1525 in Basel gedruckten illustrierten Lutherbibel, Kirchenfenster, Orgelpfeifen, Gebäude – darunter Lutherstätten –, Lutherdenkmäler bis zu zeitgenössischen Porträts von Martin und von Katharina Luther. Einigen Themen sind mehrere Doppelseiten gewidmet, mit acht am meisten dem Thema »Lebensweisheit«. Das Thema »Essen und Trinken« ist nicht übergangen, aber auf den fressenden Böhmen wurde verzichtet. Bedenkenswerter sind die beiden ausgewählten Zitate: »Wenn unser Herrgott gute, große Hechte und guten Rheinwein schafft, so darf ich wohl auch essen und trinken.« »Gott gibt mir Brot und Wasser nicht darum, dass ich essen und trinken soll wie ein Pferd oder Esel, sondern damit ich aus solcher Gabe seine Güte dankbar erkenne und mit derselben auch in anderen Nöten trösten soll.« Am Schluss steht allerdings auch der Apfelbäumchenspruch kombiniert mit einem roten Apfel im Laub eines Apfelbaumes. In einer Neuauflage sollte darauf verzichtet und ein authentischer Spruch eingefügt werden.

Die Auswahl bietet mehrfach zentrale Aussagen Luthers zu dem jeweiligen Gegenstand, sodass eine seelsorgerliche Lutherrezeption vorliegt, die es verdient, vielen nahe gebracht zu werden, die Hilfe und Weisheit suchen oder denen jemand wünscht, dass sie es tun. Übrigens wäre es eine lohnende Aufgabe, die Lutherrezeption in Sammlungen von Luthersprüchen zu untersuchen.

Frühneuhochdeutsches Wörterbuch/ hrsg. von Ulrich Goebel; Anja Lobenstein-Reichmann; Oskar Reichmann; begr. von Robert R. Anderson; Ulrich Goebel; Oskar Reichmann. Bd. 5, Lfg. 1: d-deube/ bearb. von Markus Denkler; Dagmar Hüpper; Oliver Pfefferkorn; Jürgen Macha; Hans-Joachim Solms. B; NY: de Gruyter, 2006. Sp. 1-512.

Bd. 6, Lfg. 2: gegensichtig-gerecht/ bearb. von Joachim Schildt †. B; NY: de Gruyter, 2005. Sp. 513-992.

Bd. 6, Lfg. 3: gerecht-gesicht/ bearb. von Oskar Reichmann. B; NY: de Gruyter, 2007. Sp. 993-1504.

Bd. 11, Lfg. 1: st-stosser/ bearb von Oskar Reichmann. B; NY: de Gruyter, 2006. Sp. 1-608.

Frühneuhochdeutsches Wörterbuch/ hrsg. von Ulrich Goebel; Oskar Reichmann in Verbindung mit dem Institut für Deutsche Sprache; begr. von Robert R. Anderson; Ulrich Goebel; Oskar Reichmann. Bd. 7, Lfg. 3: handel-heimkuh/ bearb. von Oliver Pfefferkorn. B; NY: de Gruyter, 2007. Sp. 1025-1536.

Fünf neu erschienene Lieferungen des für das Verständnis der deutschen Texte der Reformationszeit äußerst nützlichen Wörterbuches können hier angezeigt werden. Wenn dadurch auch kein weiterer Band abgeschlossen wurde, so ist doch bemerkenswert, dass die Arbeit an den Bänden 5 und 11 begonnen wurde, sodass auch schon Wörter erfasst worden sind, die mit »st« beginnen. So sind nun von den 13 veranschlagten Bänden die Bände 1-4 abgeschlossen und von den weiteren Bänden 5-9 und 11 Lieferungen erschienen.

Der Artikel »das« vergegenwärtigt die heute nicht mehr übliche Vieldeutigkeit dieser Konjunktion (5, 244-249). Es werden nicht nur Beispiele belegt, in denen »das« einen Subjekt- bzw. Prädikativsatz oder einen Objektsatz einleitet, sondern auch Modalsätze, Temporalsätze (»bis; da; seit«), Kausalsätze (»da; weil«), Finalsätze (»damit«),

216

Konsekutivsätze (»so daß«), Konditionalsätze (»wenn, falls«), Konzessivsätze (»obwohl, wenn auch«) oder Hauptsätze (»Wunsch- und Verwünschungssätze«). Da Lemmata mit dem Anfangsbuchstaben »t« – wie auch in dem seit 1912 erscheinenden Handbüchlein »Frühneuhochdeutsches Glossar« von Alfred Götze (1876-1946) – mit unter »d« eingeordnet sind, ist in Band 5 auch »terminieren« mit einer präzisen Beschreibung zu finden.

Im Band 6 wird das Adjektiv »geistlos« mit »ohne Gott oder den heiligen Geist« erläutert und substantiviert spöttisch für papsttreue Geistliche nachgewiesen (6, 659 f). Merkwürdigerweise wird dabei abweichend vom Duden »Heiliger Geist« kleingeschrieben. Das vieldeutige Adjektiv »gerecht« wird durch zehn Bedeutungsangaben erläutert. Es wurde für »gerade, aufrecht, senkrecht, geradewegs, beweglich« verwendet – so auch von Luther bei der Übersetzung von Is 40, 3, wo es im revidierten Luthertext jetzt »macht in der Steppe ebene Bahn unserm Gott« heißt –, aber auch im Sinne von »rechts« in Bezug auf Körperteile, sodass mit »gerechter Hand« nicht eine ethische Aussage gemacht worden sein muss. Gerechte Gegenstände und Sachen galten als »gut, echt, qualitätsvoll, richtig, tauglich«. Dem heutigen Sprachgebrauch entspricht die seit dem 13. Jahrhundert belegte Anwendung auf den Menschen, der »rechtschaffen, ehrlich, vorbildlich, aufrichtig, vollkommen« ist. Die neunte Bedeutungsangabe bezieht »gerecht« auf den Richtergott des Alten Testaments, der gerecht richtet und urteilt, und auf »den Gott des Neuen Testaments, damit auf Christus: ›barmherzig, befreiend, den Menschen rechtfertigend, erlösend‹«. Belegt werden diese Verwendungen aus Luthers Bibelübersetzung. So zutreffend diese Unterscheidung ist, darf doch nicht übersehen werden, dass

einerseits auch im Alten Testament von der Barmherzigkeit Gottes und andererseits auch im Neuen Testament vom richtenden Gott die Rede ist. Die letzte Bedeutungsangabe »gerecht vor Gott; gerecht als Folge der von Gott durch Christi Heilstat geschenkten Rechtfertigung; im Zustand der Rechtfertigung befindlich und entsprechend auf christliche Weise lebend; fromm (von Personen); auf Gerechtigkeit vor Gott gründend (von Werken)« wird zunächst mit Lutherzitaten und aus Luthers Bibelübersetzung belegt, aber auch aus der Deutschen Mystik (6, 988-995). Das Lemma »gerechte, der« wird einerseits auf Gott und andererseits auf den »nach christlichen Grundsätzen lebenden von Sünden freien, Gott dienenden, frommen, gottgefälligen« Menschen bezogen (6, 995 f). So sachgemäß diese Erläuterung auch ist, kann sie so missverstanden werden, als ob dies nur für Christen gelte, aber nicht auch für den Gerechten des Alten Testaments. Der Benutzer dieses Wörterbuches muss sich also stets bewusst sein, dass die jeweiligen Aufzählungen von Bedeutungen nicht nur Umschreibungen derselben Bedeutung sind, sondern zur Auswahl angeboten werden.

Der Band 7 enthält Lemmata mit der für Theologie und Frömmigkeit wichtigen Wurzel «heil«, der ein »sehr komplexer Bedeutungsumfang« bescheinigt wird, sodass eindeutige Bedeutungsunterscheidung oft nicht möglich sei. An das Substantiv »heil« werden sechs unterschiedliche Bedeutungsangaben angefügt. Es werden Belege für körperliche Gesundheit, Heilung und Genesung sowie irdisches Wohlergehen in einem breiten Umfang dargeboten. Aber auch die Verwendung für »Beistand, Hilfe in (weltlichen) Not- und Gefahrensituationen«, ja sogar im Hilferuf wird nachgewiesen. Besondere Bedeutung hatte »heil« aber in religiösen – und zwar christlichen – Zusammenhängen. Luthers Aussage »Nun ist ausser dieser Christlichen kirchen kein heill« ist der Bedeutung »Errettung / Erlösung des Menschen (von den Sünden)« zugeordnet, also inhaltlich präzisiert. Eine weitere Bedeutungsangabe nennt als Inhalt das »Seelenheil, ewige Seligkeit (im Jenseits), Zustand des Freiseins von Sünde«. »heil« wird im Frühneuhochdeutschen zwar im Sinn von »Heilsbringer, Erlöser, Erretter« meist in Verbindung mit Christus, seltener mit Gott, aber auch hin und wieder für Menschen verwendet, so von Luther, der in einer Tischrede von Herzog Johann Friedrich behauptete, dass er »Deutschlands Heil« sei, was sich freilich im Schmalkaldischen Krieg bekanntlich nicht bewahrheitete (7, 1455-1461). Auch die weiteren Bedeutungsangaben zu Derivaten von und Komposita mit »heil« mühen sich um den religiösen Inhalt, der angesprochen wurde. Zu dem Adjektiv »heilige« und dem Substantiv »heilige, der« gewähren die Belege ein lebendige Anschauung über die Auseinandersetzung darüber, was die Heilige Schrift und die spätmittelalterliche Frömmigkeit darunter verstehen. Dieses Wörterbuch dient also nicht nur dazu, zu einem Wort in einem Text, den der Nutzer verstehen will, die zutreffende Bedeutung nachzuschlagen, sondern es ist zugleich eine Quelle für das Verstehen von Vortellungen und Vorgängen in der Frühen Neuzeit

Manche Artikel gewähren einen tiefen Einblick in die mit einem Lemma verbundenen Lebensverhältnisse. So vermitteln z. B. die Komposita zu »stat« in der Bedeutung von »Stadt« eine lebendige Anschauung von Einrichtungen und Funktionen einer frühneuzeitlichen Stadt (11, 113-115). Das Lexem »steuer« ist in acht Bedeutungsangaben untergliedert. Unter der Bedeutung 4 »Hilfe, tatkräftige Unterstützung, die im Unterschied zu 3 [»Beistand, Hilfe, Unterstützung, wie sie dem Menschen durch Gottes Hilfe oder die Hilfe einer religiös herausgehobenen Person, vielfach auch durch Kräfte der Moral, seltener durch das Wirken oder Eigenschaften der Natur zuteilwerden«] eher im persönlichen, säkularen, konkreten hilfereichen Handeln liegt« ist Luthers Aussage »Wer sein steuer und handreychung dazů gibt, das junge leut zůr Schůl gehalten« zugeordnet (11, 401). Das warnt davor, bei Luthers Verwendung von »steuer« einfach nur an finanzielle Hilfe zu denken.

Unter den Bearbeitern tauchen auch immer wieder neue Namen auf. Band 7 wird »in Verbindung mit dem Institut für Deutsche Sprache« in Mannheim hergestellt. So darf man hoffen, dass genügend Kräfte zur Verfügung stehen, dieses wichtige Wörterbuch zügig zum Abschluss zu bringen, nachdem mit 29 Lieferungen mehr als die Hälfte der 52 geplanten erschienen sind.

Buchbesprechungen

MICHAEL KORTHAUS: Kreuzestheologie: Geschichte und Gehalt eines Programmbegriffs
in der evangelischen Theologie. TÜ: Mohr,
2007. XII, 431 S. (Beiträge zur historischen
Theologie; 142). – MS, Univ., Theol. Fak.,
Habil., 2004/05.

Bereits die Einleitung der Arbeit wiederholt
mehrmals: »Kreuzestheologie hat Konjuk-
tur« (1). Nur ihr Begriff ist Programm. Der als
Tillich-Spezialist promovierte Systematiker
legt mit seiner fleißigen Arbeit eine Darstellung der kreuzestheologischen Arbeit des
20. Jahrhunderts vor mit dem Ziel, mittels
partieller Selbsthistorisierung und mittels
Systematisierung den Gegenwartsbezug seines Programm*begriffs* zu erweisen.

Zu diesem Zweck werden in kompendi-
enartiger Übersicht Entwürfe evangelischer
Dogmatiker des 20. Jahrhunderts vorgestellt.
Der Vf. tut seine Auffassung kund, dass
»wir« – wer gemeint ist, bleibt dunkel – erst
»im 20. Jahrhundert [...] in der evangelischen
Theologie wieder kreuzestheologischen Kon-
zepten begegnen« (4).

Diese These wird nur dem plausibel, der
sich sehr literal am Begriff »theologia crucis«
orientiert. Dessen ungeachtet ist der Hinweis
wertvoll, dass mit Walther von Loewenichs
(1903-1992) Werk »Luthers theologia crucis« – es wurde zuerst 1929 publiziert, die
6. Aufl. erschien 1982 – im Umkreis der
dialektischen Theologie ein »Kronzeuge« für

Luthers Kreuzestheologie auf den Plan tritt
(10). Vf. gewinnt diese These in Anschluss an
Hubertus Blaumeiser (8). *Eine* Quelle Luthers
rezipiert Vf. sehr intensiv: die Heidelberger
Disputation (344-357).

Erhellend ist das chronologische Verfahren: Vf. behandelt Martin Kählers (1835-1912)
späten Aufsatz »Das Kreuz als Grund und
Maß der Christologie« (1911) und die kreuzestheologischen Bezüge der »Wissenschaft der
christlichen Lehre«n den drei Lehrkreisen
Apologetik, Dogmatik und Ethik (26-59). Kählers Schüler Bernhard Steffens habe dessen
Theologie staurozentrisch unter Verwendung
des Straf-, Opfer- und Stellvertretungsbegriffs
pointiert, er argumentiere wegen Überbeto-
nung der Gottheit Jesu tendenziell doketisch
(60-84, bes. 73). Überraschend analysiert Vf.
dann die kreuzestheologischen Bezüge des
sogenannten »frühen« Karl Barth (1886-
1968) in der 2. Aufl. des Römerbriefs (1922).
Dieser habe sich zur Gewinnung seines
Dialektikkonzepts eng, jedoch schlecht
begründet an Luthers Heidelberger Disputation angeschlossen. Durch die Disposition
des Vf. rückt Barth nahe an den Kähler des
19. Jahrhunderts heran. Vf. überschreibt
diesen Abschnitt jedoch »Entwürfe des 20.
Jahrhunderts«. Die Darstellung lässt unter
Ausblendung neuerer Beiträge im Unklaren,
wie er selbst Barths »Kreuzestheologie« theo-
logiegeschichtlich verortet (vgl. höchstens
86, Anm. 448).

Teil B – betitelt als Darstellung der »Kreuzestheologischen Arbeit in nachdialektischen Entwürfen der Evangelischen Theologie des 20. Jahrhunderts« – beginnt mit Hans-Joachim Iwand (1899-1960). Dessen Christologie-Vorlesungen und weitere Referenztexte der 50iger Jahre seien eine »lupenreine Umsetzung« des kreuzestheologischen Programms Walther von Loewenichs (99), das Iwand einer thetischen Prinzipialisierung unterziehe (113), wobei er sich an Problemstellungen des 19. Jahrhunderts orientiere (121). Vf. wiederholt Iwands äußerliche Verweise auf die zweite Psalmenvorlesung.

Misslich wirkt sich deren Unkenntnis bei der Darstellung von Gerhard Ebelings (1912-2001) »Dogmatik des christlichen Glaubens« (1979) aus. Auch Ebeling – gemeint ist vor allem Bd. 2, das Zentrum seiner Dogmatik – tue nichts anderes, als »im Grunde überhaupt erst« von Loewenichs Programm »vollständig« durchzuführen (214). Ebelings Christusverkündigung orientiert sich aber nicht schlicht an von Loewenich oder der Heidelberger Disputation, sondern ist Luthers Darstellung von Kreuz und Auferstehung in den »Operationes in psalmos« und hier vor allem dem Christi Verlassenheit singenden Psalm 22 verpflichtet. Vf. entgeht dieser ebenso zentrale wie folgenreiche Sachverhalt (vgl. bes. 206 f).

Während Vf. Ebelings Christologie mit auf Missverstehen beruhender Sympathie wiederholt, unterzieht er die Kreuzestheologie des Iwand-»Schülers« Jürgen Moltmann einer scharfen Kritik anhand der Werke »Der gekreuzigte Gott: das Kreuz Christi als Grund und Kritik christlicher Theologie« (1972) und »Der Weg Jesu Christi« (1988). Moltmann neige zur Desoteriologisierung der theologia crucis (226-228). Bereits 1964 jedoch äußerte sich Wolfhart Pannenberg in seinen »Grundzügen der Christologie« ähnlich desoteriologisierend (vgl. 6. Aufl. 1982, 41-44) unter Berücksichtigung von Entwürfen des 19. Jahrhunderts. Dieser Sachverhalt hätte im Vergleich mit Moltmann zu einer für des Vf. Fragestellung anregenden Problemkonstellation führen können, zumal mit Pannenbergs »Systematischer Theologie« (Bd. 2, 1991) ein Entwurf von Rang vorliegt, der auch dann, wenn man diese christologische Perspektive nicht teilt, gewürdigt zu werden verdient.

Statt Neuland zu betreten und einen Vergleich zu wagen, wiederholt Vf. mit wenigen eigenen Akzenten die berechtigte Moltmann-Kritik aus Pierre Bühlers Dissertation, Moltmanns messianische eschatologia gloriae sei Antikreuzestheologie, das heißt »die Verwandlung der Kreuzesbotschaft in politische Weltweisheit« (271-278. 294-302).

Systematisch am anregendsten ist die Darstellung von Eberhard Jüngels theologia crucifixi und deren Kritik durch Michael Murrmann-Kahl, es sei Jüngel nicht gelungen, die Selbstidentifikation Gottes mit dem Gekreuzigten trinitarisch zu *begründen*, sondern nur zu *imprägnieren*, da er unter Vernachlässigung der Pneumatologie zu einer binitarischen Vater-Sohn-Konzeption neige (307 f) und Gott kryptotheistisch als allmächtiges Herrschaftssubjekt beschreibe (315). Ob des Vf. Vorschlag plausibler ist, wonach »Gott im Gekreuzigten zu identifizieren« heißt, ihn als den zu verstehen, »der im Tode, ja: als Tod dem Tod *überlegen* bleibt« (320), sei dahingestellt.

Im knappen Teil II kommt Vf. zu »Annäherungen an einen dogmatischen *Begriff* von Kreuzestheologie« (323-404) und orientiert sich wie zu erwarten war, nur an Begriffen, und nicht, wie z. B. Paul Tillich (1886-1965), am Symbol des Kreuzes. Vf. druckt nun überraschend und knapp kommentierend die theologischen Thesen 19 bis 24 der Heidelberger Disputation ab (348-354) – in vielerlei Hinsicht wohl der schwächste Teil der Arbeit. Die zwei philosophischen Thesen zur Christologie sowie deren probationes bleiben unberücksichtigt.

Die abschließende systematisch-theologische Skizze, als krönender Abschluss gedacht, geht kaum über die vorher resümierten Positionen hinaus bzw. wiederholt sie (363-395). Die erwarteten und teilweise plausiblen Hauptbegriffe, um die Vf. kreist, sind »Stellvertretung« – zuerst im Pietismus aufgekommen (381) – und »Opfer«. Mit der Verortung des Stellvertretungsbegriffs im Pietismus fällt Vf. hinter das Argumentationsniveau zurück, das mit der von ihm zitierten Monographie von Stephan Schaede erreicht wurde. Des Vf. neuartig erscheinende Thesen zur »Kreuzestheologie als Theologie rechter Leiblichkeit« wurden ähnlich 1949 von Heinrich Vogel (1902-1989) vorgetragen (vgl. 396-403 und G 2,19: »Christo confixus sum cruci«).

Vf. begründet nicht die normative Auswahl der von ihm behandelten Autoren. Es fehlen wichtige kreuzestheologische Beiträge oder Monographien von Dietrich Bonhoeffer (1906-1945), Heinrich Vogel, Emanuel Hirsch (1888-1972), Erich Vogelsang (1904-1944), Emil Brunner (1889-1966), Günter Bader, Karin Bornkamm, Paul Tillich (Systematische Theologie 2, 171f), Hans-Peter Grosshans, Notker Slenczka, Ulrich Barth u. a., aber auch Hans Blumenbergs (1920-1996) »Matthäuspassion«. Da Vf. nicht differenzhermeneutisch, sondern mit einem harmonistischen Homogenitätsmodell arbeitet, gerät dies aber gar nicht erst in den Blick (vgl. 15: wonach »sehr verschiedene theologische Disziplinen [...] im Grunde an einem Strang ziehen« – auch Falk Wagner?). War »das« 20. Jahrhundert wirklich das Jahrhundert von Loewenichs?

Und war das 20. Jahrhundert wirklich das (erste) Jahrhundert der Kreuzestheologie? Bei des Vf. Kanonisierungsversuch der Heidelberger Disputation bleibt die Pluralität theologischer Arbeit des 20. Jahrhunderts auf der Strecke. Seine kreuzestheologische Idealisierung des vergangenen Jahrhunderts bedeutet auch eine Engführung angesichts der höchst differenzierten Arbeit an »der« Kreuzestheologie innerhalb der Theologie- und Kulturgeschichte der Neuzeit.

Dass die – beim Vf. begrifflich enggeführte – theologia crucis aus Luthers Perspektive oder aus der Perspektive Späterer ein zentrales Theologumenon ist, ist nicht bestreitbar. Es darf aber darüber gestritten werden, ob nur diese Positionen für das 20. Jahrhundert repräsentativ sind, und ob sie wirklich des Vf. Flucht in den Begriff der Kreuzestheologie legitimieren.

Der zweite Einwand wiegt schwerer: Abbildhermeneutisch bezieht sich Vf. auf Texte, nimmt aber kaum systematische Bezüge zwischen ihnen wahr. Es nimmt die Wiederholung gewesener Kontroversen im Referatsstil derart viel Raum ein, dass die naheliegende kombinatorische Idee nicht realisiert werden kann, alle Positionen systematisch vergleichend auszudifferenzieren und die Beziehungen und Abgrenzungen z. B. zwischen Steffens und Ebeling, Jüngel und Iwand, Moltmann und Jüngel, Kähler und Jüngel oder Moltmann und Vf. darzulegen und die Entwürfe – auch den eigenen – einer Neukombination zu unterziehen. Hinsichtlich der Trinitätslehre, aber auch im Vergleich der Entsprechungskonzeptionen von Moltmann und Jüngel wären neue Ergebnisse zu erwarten gewesen. Die Frage, ob Ingolf U. Dalferths Erörterungen zur Auferstehung noch mit Luthers Heidelberger Disputation begründbar sind, bleibt unbeantwortet.

Wenn Luthers Theologie tatsächlich stets gegenwartsbezogen bleibt, ist eine der vielen offengebliebenen Fragen beunruhigend: Wer unter den Zeitgenossen wird bis zum Reformationsjubiläum 2017 in der Lage sein, eine Theologie Luthers zu publizieren, die nicht im Begriffsfetischismus oder im Biografismus steckenbleibt?

Jens Wolff   Halle (Saale)

CLAUDIA RESCH: Trost im Angesicht des Todes: frühe reformatorische Anleitungen zur Seelsorge an Kranken und Sterbenden. TÜ; BL: Francke, 2006. 255 S.

Gegenstand dieser Untersuchung ist die Entwicklung der deutschsprachigen reformatorischen ars moriendi in der ersten Hälfte des 16. Jahrhunderts. Die Germanistin wertet eine Auswahl von Handreichungen dieser Gattung »vor ihrem sozial- und kirchengeschichtlichen Hintergrund« aus (11). In den reformatorischen Schriften identifiziert sie sowohl Kontinuitäten als auch Brüche mit der spätmittelalterlichen Tradition. Sie kommt zum Ergebnis, dass die reformatorischen Anleitungen zur Sterbeseelsorge formal Motive und Anliegen der traditionellen Schriften beinhalten, jedoch inhaltlich zugleich reformatorisch geprägte theologische Erkenntnisse vermitteln.

Die Autorin beschränkt sich auf diejenigen Handbüchlein der reformatorischen ars moriendi, in welchen einem »Sterbehelfer« konkrete Anleitungen gegeben werden (21). Einleitend beschreibt sie drei Arten von spätmittelalterlichen Trostbüchlein, welche sich mit der Sterbeseelsorge befassen (31-38) und skizziert die reformatorische Kritik an dieser Gattung: Mittels »Spenden, Votiv- und Weihegaben« lehrte sie das Erkaufen des Heils, fragte den Sterbenden nicht nach konkreten Glaubensinhalten, sondern nur danach, ob er glaube, was die Kirche lehre, und verwies auf das Sammeln von Verdiensten und guten Werken (48-51). Die reformatorische Sterbeseelsorge hingegen begann mit dem Sterbesermon Martin Luthers. Da dieser die pastoralen Handbüchlein – so die Autorin – wenig beeinflusste, wird nur bemerkt, dass Luther lehrte, dass »jeder Gläubige selbst für die Vorbereitung auf den Tod Verantwortung trägt« (54f).

Die reformatorischen Handbüchlein zur Sterbeseelsorge teilt Resch in zwei Gruppen ein, die »erste Generation um 1530« und die »zweite Generation um 1540«. In den Schriften der ersten Generation – vertreten von Thomas Venatorius (um 1488-1551), Johannes Bugenhagen (1485-1558), Wenzeslaus Linck (1483-1547), Urban Rhegius (1489-1541) und Johann Odenbach († 1554/55) – bestehe das Hauptanliegen darin, grundlegenden Unterricht in der Rechtfertigungslehre zu erteilen, »abgestimmt auf die besonderen Bedürfnisse der zu Tröstenden« (12). Die Handbücher der zweiten Generation dagegen – vertreten u. a. durch Heinrich Bullinger (1504-1575), Leonhard Culmann (1497/8-1562) und Caspar Kantz (um 1483-1544) – sind umfangreicher. Sie enthalten zahlreiche Gebets- und andere Formulare, die es dem Seelsorger ermöglichen, auf die individuellen Bedürfnisse des Kranken einzugehen (172). Darüber hinaus findet man in diesen späteren Schriften zunehmend für Geistliche bestimmte detaillierte Anweisungen zur Feier des Abendmahls, so z. B. in den Handbüchlein von Leonhard Brunner (um 1500-1588) (181), Friedrich Myconius (1490-1546) (185) und dem »Agend Büchlein für die Pfarrherren auf dem Lande« Veit Dietrichs (1506-1549) (194-196), das von 1543 bis 1569 mit 17 Auflagen weit verbreitet wurde.

Insbesondere betont die Autorin, dass die späteren Schriften sich von den früheren dadurch unterschieden, dass sie »durch Elemente der spätmittelalterlichen Ars moriendi-Tradition ergänzt« seien; so böten sie u. a. auch Trost in der Passionsmeditation (12. 208 f). Dies trifft zwar auf die von der Autorin ausgewählten Trostschriften zu. Aber eine Untersuchung weiterer Sterbebücher der ersten Generation zeigt dagegen, dass spätmittelalterliche Stoffe bereits am Anfang verbreitet gewesen sind. So bietet z. B. Johannes Oecolampadius (1482-1531) in seiner »Ein Lettaney ... den sterbenden in todes nôten trostlich vorzůsprechen« (1523) eine im reformatorischen Sinn überarbeitete Litanei aus dem »Hortulus animae« oder einem spätmittelalterlichem »Rituale«. Ähnlich findet man in »Form vnd gstalt« (1526) – seiner Agende für die Kirche in Basel – eine Anleitung zur Passionsmeditation am Sterbebett, die in spätmittelalterlicher Tradition steht.

Reschs Beschreibung der jeweiligen Beispieltexte geschieht im engen Dialog mit den Ergebnissen früherer Wissenschaftler, vor allem mit den Studien Rudolf Mohrs, Luise Kleins und Peter Nehers, in welchen die spätmittelalterliche ars moriendi und die reformatorischen Sterbeschriften bereits behandelt wurden. Für den Leser wäre es hilfreich gewesen, wenn die Autorin in einer einleitenden Literaturübersicht dargestellt hätte, inwiefern ihre Arbeit sich in dem Untersuchungszeitraum, im methodischen Ansatz und vor allem in Ergebnissen von den Arbeiten der von ihr zitierten Autoren unterscheidet.

Abgesehen von diesen Mängeln bietet Reschs Untersuchung dem deutschsprachigen Leser einen informativen und lesbaren Überblick über die reformatorische Sterbeseelsorge der ersten zwei Generationen reformatorischer Theologen. Vor allem ermöglichen die mit Sorgfalt ausgewählten Textbeispiele eine nahe Berührung mit den Quellentexten. Durchaus richtig schließt Resch, dass der Hauptunterschied zwischen den reformatorischen und den spätmittelalterlichen Anleitungen zur Sterbeseelsorge darin besteht, dass die ersteren unbedingte Heilsgewissheit verkündeten und damit die Sterbestunde wesentlich entritualisierten und entdramatisierten (213-219).

Austa Reinis   Springfield, MO

THORSTEN FUCHS: Philipp Melanchthon als neulateinischer Dichter in der Zeit der Reformation. TÜ: Gunter Narr, 2008. 428 S. (Neolatina; 14)

Von Philipp Melanchthon sind über 600 lateinische und über 50 griechische Gedichte überliefert; ein lateinisches Epigramm steht am Anfang der literarischen Produktion des damals 13-jährigen Studenten, und noch wenige Tage vor seinem Tod begann Melanchthon ein versifiziertes Gebet, das unvollendet blieb. Diese lebenslange Beschäftigung ist bisher für die lateinischen Gedichte nur vereinzelt behandelt worden, sodass die Gießener altphilologische Dissertation von Thorsten Fuchs für den »Dichter Melanchthon« eine innovative, überaus kompetente Studie darstellt, die auf der Grundlage einer beeindruckenden Quellen- und Forschungskenntnis auch für den »Reformator und Humanisten Melanchthon« einen wichtigen Beitrag bietet.

Vf. nähert sich seinem Gegenstand auf zwei Ebenen: Mit systematisierendem Zugriff beschreibt er Melanchthons dichterisches Selbstverständnis, die Okkasionalität und Funktionalität seines Dichtens und stellt in einer sehr hilfreichen Übersicht die von Melanchthon verwendeten Gattungen vor, die von versifizierten Vorlesungsankündigungen über Dramenprologe, Gebete und Hochzeitsgedichte bis hin zu Epitaphien, Bildgedichten und Städtelobgedichten reichen.

Für Melanchthon ist seine Dichtung gewiss vor allem ein Parergon, oft einfach gelehrter Zeitvertreib, meist anlassbezogen, von rhetorisch-kommunikativem Charakter, häufig im didaktischen Kontext Vorbild für seine Schüler, aber auch – wie Vf. betont – Ausdruck gelehrter Frömmigkeit. In einem zweiten größeren Teil analysiert Vf. insgesamt 21 Gedichte, die er nach dem Kriterium des »reformatorisch-christlichen« Inhalts auswählt. Jedes dieser Gedichte wird auf der Basis der Drucke des 16. Jahrhunderts kritisch ediert, übersetzt und eingehend interpretiert. Die Gedichte zeichnen – wenn auch in dem ausgewählten Rahmen – ein vielfältiges Bild der Dichtung Melanchthons, da sie verschiedene Gattungen aufgreifen, etwa Psalmennachdichtung, Widmungsgedichte, Bildgedichte oder auch Städtelob. In seinen Gedichtinterpretationen wendet Vf. mit großer Könnerschaft das gesamte Instrumentarium altphilologischer Interpretationskunst an, analysiert feinsinnig den Aufbau und die Gedankenführung der Verse und legt besonderen Wert auf die Identifikation rhetorisch-poetischer Stilmittel wie Alliterationen, Paronomasien, Metonymien, Enjambements etc. Dadurch wird sein zentrales Anliegen sichtbar, die Poetizität der Gedichte Melanchthons zu unterstreichen. Dieses Anliegen will ich besonders würdigen, da es sich mit meinen Arbeiten – v.a. meiner Dissertation »Philologie und Dichtung: Melanchthons griechische Gedichte (Edition, Übersetzung und Kommentar)« von 1987 – ausführlich und kritisch auseinandersetzt. Bei Melanchthons Selbstbeurteilungen seiner Dichtkunst als

»Albernheiten«, »Gekrächze« etc. betont Vf. den topischen Charakter der Bescheidenheit, indem er ähnliche Formulierungen bedeutender antiker Dichter zum Vergleich heranzieht, während ich Melanchthons Äußerungen nicht nur als Exempel von Bescheidenheitstopik einschätzte. Vf. setzt gegen mein Argument, Melanchthon habe nie ein Interesse an einer Gesamtedition seiner Gedichte gezeigt, dass Melanchthon Öffentlichkeit für seine Gedichte sehr wohl suchte, indem er sie an Freunde schickte und bei einigen wenigen sogar eine Drucklegung vorsah. An meiner Beschreibung von Melanchthons Selbstverständnis, »Melanchthon dichtete nicht (nur) als poeta, sondern (v. a.) als praeceptor«, kritisiert Vf., dass damit das poetische Niveau der Dichtung Melanchthons in Frage gestellt sei. Wie missverständlich mein Insistieren auf dem didaktischen Kontext der Dichtungen Melanchthons vielleicht war – auch Vf. anerkennt die Relevanz des pädagogisch-didaktischen Rahmens, zieht aber den Bogen der Kontexte, Intentionen und Funktionen weiter –, so sehr ist der Ansatz des Vf. berechtigt, Melanchthon als Dichter rhetorisch-artifizieller Poesie ernst zu nehmen. Melanchthons Gedichte sind überdies – so das Schlussergebnis des Autors – keineswegs auf »humanistische« Inhalte beschränkt, sondern sind in der Verbindung von eruditio und pietas auch Medien dezidiert reformatorischer Themen, sodass der – etwas schwerfällige – Buchtitel auf den folgenden Seiten luzide illustriert wird.

Die kurzen Anmerkungen im Folgenden wollen das Gespräch über die lateinischen Gedichte Melanchthons fortführen: Die Edition verzichtet auf einen Apparat antiker Quellen; der Abschnitt »Melanchthons Verwendung von Klassikerzitaten« (365-367) ist dafür kein Ersatz. – Die Auswahl umfasst zahlreiche Gedichte mit direkten Bezug auf ein Bild (Carmen 14: J. Aepinus; 15: Bugenhagen; 18: Georg von Anhalt; 19 und 20: Johann Friedrich von Sachsen; 21: Stadtansicht Wittenberg). Die Bildquellen hält Vf. durchweg für verschollen (134). Für das Gedicht auf Johann Bugenhagen (1485-1558) ist allerdings ein Einzelblatt mit einem handkolorierten Portrait Bugenhagens und den Versen Melanchthons überliefert – Stiftung Luthergedenkstätten in Sachsen-Anhalt/ Lutherhaus Wittenberg, fl. XIIIc –, mit der Schlusszeile: »Nunc quoque te dextra protegat ipse sua«; diese scheint die ursprüngliche zu sein, da sie noch den greisen Bugenhagen anspricht, während der überlieferte und edierte Vers mit »vita defunctus« seinen Tod voraussetzt, sodass die Datierung von Vf. »Zeit kurz vor Bugenhagens Tod« nur mit der Textfassung des Blattes berechtigt ist. Das Gedicht auf eine Ansicht Wittenbergs lässt bei seiner Beschreibung des Lichts des Evangeliums und des Glanzes der Strahlen an den Holzschnitt einer frühen Wittenberg-Darstellung – Stefan Oehmig: Wittenberg. In: Das Bild der Stadt in der Neuzeit 1400-1800/ hrsg. von Wolfgang Behring; Bernd Roeck. M 1999, 406 – denken.

Die inhaltliche Sorgfalt spiegelt sich übrigens auch in einer Auflistung aller deutschen Übersetzungen zu den einzelnen lateinischen Gedichten Melanchthons wider (377-381). Kurzum: ein lesenswertes Buch!

Stefan Rhein   Lutherstadt Wittenberg

ANDREAS WASCHBÜSCH: Alter Melanchthon: Muster theologischer Autoritätsstiftung bei Matthias Flacius Illyricus. GÖ V&R, 2008. XII, 208 S. (Forschungen zur Kirchen- und Dogmengeschichte; 96)

Nach Luthers Tod erlebten seine Weggefährten in Wittenberg durch die politischen Wirren der Jahre 1547 bis 1549 eine schwere Krise. Trotzdem behielt Wittenberg seine Stellung als Zentrum der reformatorischen Bewegung. Stadt und Universität waren unauslöschlich mit dem Namen Luthers verbunden. Melanchthon bemühte sich unermüdlich um den Erhalt der Universität und die Weiterführung der theologischen Tradition Wittenbergs. Jedoch wurde ihm seit 1548 der Vorwurf gemacht, er habe das Erbe Luthers verraten. An der Etablierung dieses Vorurteils war maßgeblich Matthias Flacius Illyricus (1520-1575) beteiligt. Um diese Sicht auf seinen Lehrer durchsetzen zu können, bediente sich Flacius des Mediums der Flugschriften, die er von Magdeburg – das so den Namen »Herrgottskanzlei« erhielt –, zwischen 1548 und 1556 ausgehen ließ.

Wie kam es zum Zerwürfnis zwischen Lehrer und Schüler? Wo lag die Bruchlinie im Verhältnis zwischen diesen beiden? Diesen spannenden Fragen geht Vf. in seiner 2005 in Göttingen eingereichten und nun veröffentlichten Dissertation nach. Die Stärke der Arbeit liegt eindeutig auf der präzisen philologischen Erschließung der Quellen im zweiten Teil des Buches (47-160), der mit »Lesestücke« betitelt ist. Zu Beginn der Arbeit steht ein Kapitel »Historien« (1-46), in dem »Gegenstand und Problemstellung« der Studie geklärt, »Die Karriere [des Flacius] bis 1546« und »Die Lage im Reich« erläutert werden. Dieser Teil bietet bekanntes Material zum Lebensweg des Flacius, stellt es aber unter die besondere Frage nach »der autoritätsstiftenden Publizistik des Flacius« (10), indem insbesondere seine rhetorische Ausbildung Beachtung findet. Rhetorische Traditionen der Antike, die Flacius sowohl in Venedig wie auch ab 1541 bei Melanchthon in Wittenberg thematisiert. Interessant ist allerdings das Ergebnis, dass Flacius seine Autorität durch die Autorität der Schrift untermauert sah. Somit schützte ihn das Bibelwort nicht nur, sondern legitimierte zugleich seine Position als Gotteswort. Flacius war gewissermaßen nur das Sprachrohr Gottes.

Nach Weihnachten 1548 verschärfte Flacius seine Angriffe auf das »Augsburger Interim«, indem er gegen den Messkanon, die Opfervorstellung der Messe sowie Johann Agricola (1492/94-1566) polemisierte, der an der Abfassung entscheidender Textpassagen beteiligt war. In zunehmendem Maße geriet er so in Opposition zu seinen Wittenberger Kollegen, die er wiederum nicht nannte, deren Positionen er aber als Verrat am Evangelium angriff. Ende März 1549 musste er schließlich Wittenberg verlassen.

In allen behandelten Flugschriften erweist sich Flacius als brillanter Melanchthonschüler, der seinen Lehrer mit seinen eigenen Waffen schlug, indem er rhetorische und hermeneutische Figuren und Argumentationsmuster sicher verwendete, um die Leser von seiner das »Augsburger Interim« ablehnenden Position zu überzeugen. Schließlich kommt Vf. auf die Apologie des Flacius zu sprechen, an der er das zuvor in den Flugschriften herausgearbeitete Ergebnis erneut zeigen und vertiefen kann (129-151).

1557 reflektierte Flacius in seiner Jenaer Antrittsvorlesung über die historischen und religionspolitischen Ereignisse, die zu seinem Weggang aus Wittenberg führten (151-160). Während in seinen vorangegangenen Texten Luther keine Rolle spielte, rückte er ihn hier verstärkt in den Blick. Allerdings nur im Deuteschema Melanchthons, der bereits 1548 die besondere Rolle des Reformators in der aktuellen Periode der Kirchengeschichte herausstellte. Verdienstvoll ist die Edition

der Jenaer Antrittsvorlesung vom 17. Mai 1557 am Ende des Bandes (171-189), die so der Forschung leichter zugänglich gemacht wird.

Vf. vertieft in dieser Arbeit die Forschungen zu Flugschriften, die vornehmlich von der »Herrgottskanzlei« zu Magdeburg ausgingen. Bei der Lektüre ist allerdings die Kenntnis der bisherigen Arbeiten zu diesem Thema insbesondere von Thomas Kaufmann – »Das Ende der Reformation« – unerlässlich. Im Gegensatz zur Biografie Oliver Olsons – »Matthias Flacius and the survival of Luther`s reform« – hebt Vf. den Graben zwischen Luther und Melanchthon gar nicht erst aus, sondern konzentriert sich in seiner Untersuchung auf Argumentationsmuster. Flacius wird dabei als »Alter Melanchthon« nicht zu einem besseren Melanchthon, indem er zum Retter des Luthertums stilisiert würde, vielmehr kann der Autor zeigen, dass gerade die innerlutherische Binnendifferenzierung nach Luthers Tod notwendig war, um in ein neues »Apostolisches Zeitalter« (167) eintreten zu können.

Das Lesevergnügen wäre größer gewesen, wenn der Band weniger Fehler, insbesondere Satzfehler enthielte.

Stefan Michel   Jena

WOLFGANG BRÖCKNER: Lutherische Bekenntnisgemälde des 16. bis 18. Jahrhunderts: die illustrierte Confessio Augustana. Regensburg: Schnell & Steiner, 2007. 292 S. (Adiaphora: Schriften zur Kunst und Kultur im Protestantismus; 6)

Typischerweise verbinden lutherische Konfessionsbilder zwei Szenen miteinander: die Überreichung der »Confessio Augustana« durch die Bekennerfürsten und -städte an

Kaiser Karl V. 1530 in Augsburg und die Darstellung eines geordneten Gemeindelebens entsprechend den evangelischen Kirchenordnungen. Sie erzählen also von einem historischen Ereignis, sie erinnern an die Glaubensentscheidung je vor Ort und sie begründen die evangelische Kirchenordnung mit ihren Sakramenten und Kasualien, meist mit zahlreichen Schriftworten (29 f).

Über diesen Bildtypus, der um 1600 entstanden und vorwiegend in Franken und Sachsen anzutreffen ist, gab bisher vor allem Angelika Marsch mit »Bilder zur Augsburger Konfession und ihren Jubiläen« 1980 einen Überblick. Die Untersuchungen vom Vf. – em. Professor für Volkskunde in Würzburg – gehen weit darüber hinaus. Wer sich künftig mit Konfessionsbildern beschäftigt, muss dieses Buch konsultieren, darauf aufbauen und sich damit auseinandersetzen.

Besonders verdienstvoll ist u.a. ein Teil mit 44 Bildtafeln (205-249) und ein – so weit ich sehen kann – vollständiger Katalog mit 39 + 3 Nummern (251-282) samt der Dokumentation der Bildteile und Inschriften, besonders ausführlich für das Windsheimer Konfessionsbild (29-34. 258-261).

Intensiv beschäftigt sich Vf. mit Vorstufen, Parallel- und Gegenbildern, und zwar so, dass dabei das Profil und die besonderen Motive der lutherischen Bekenntnisgemälde deutlich werden: gegenüber der vor- wie nachtridentinischen Ekklesiologie die Unmittelbarkeit der Heilszueignung (36-48); die Stellung der Laien in den kontroversen Darstellungen der Apostelschiffe, dort auch die Zuordnung von Gott-Vater, Gott-Sohn und Geist (48-53. 70); die Bildvorlage des »lebenden« Kruzifixus und das Niedertreten von Sünde, Tod und Teufel auf vielen Konfessionsbildern (53-60). Vf. zeigt an vielen Vorlagen, wie die Kommunion in beiderlei Gestalt zur Signatur des evangelischen Glaubens wurde (61-72). Die Zusammenstellung der Kirchenzeremonien auf Familienepitaphen des 16. Jh. ist ein Vorbild für die Konfessionsbilder (75-82). Vorbilder gibt es ebenso für die konfessionellen Polemiken (82-105). Ein eigener Abschnitt gilt dem Verhältnis von Bild und Schrift auf Darstellungen aus dem Umfeld der Konfessionsbilder (105-118). – All dies ist sehr instruktiv, auch wenn es immer noch weitere Entdeckungen zu einzelnen Motiven der Konfessionsbilder geben mag.

Die Entstehung des Bildtyps »Konfessionsbild« rekonstruiert Vf. ausgehend von dem Dresdner Bild »Allegorie auf den Naumburger Vertrag« – heute im Landesmuseum Gottorf – von 1565, das in Nürnberg bekannt gewesen sein soll (128). In Nürnberg seien dann – so Vf. (130-138) – von Andreas Herneisen († 1610) die verschiedenen Motive zusammengefasst und der neue Bildtyp entwickelt worden, und zwar in relativ kurzer Zeit zwischen 1599 – ein bisher kaum bekanntes Bild im Germanischen Nationalmuseum Nürnberg – und 1602 in Kasendorf: die Kirchen-Ceremonien und die Überreichung der »Confessio Augustana« auf zwei Ebenen. Weiter entwickelt wurde das Nürnberger Konzept mit einem unbekannten Augsburger Kupferstich um 1630, der zur Vorlage für weitere Gemälde wurde (138).

Einen Neuansatz im Anschluss an die Nürnberger Entwicklung stelle das Diptychon von 1617/18 in der Georgskirche in Eisenach dar, von dessen linkem Teil das Schweinfurter Konfessionsbild eine Dublette sei. Vf. führt für diese neue historische Einordnung – das Schweinfurter Konfessionsbild war noch von Marsch in das letzte Jahrzehnt des 16. Jh. datiert worden – zahlreiche Argumente an (140-144), ohne jedoch mit seinen Annahmen restlos zu überzeugen. Vor allem kann Vf. nicht plausibel machen, welche Funktion ein Konfessionsbild nach 1618 in Schweinfurt gehabt hätte; vor 1600 hingegen liegt das Interesse an einer Vergewisserung über die reichsrechtliche Stellung und Legitimation angesichts des massiven Drucks der Gegenreformation, den der Würzburger Fürstbischof Julius von Echternach (1545, 1573-1617) ab 1585 bis vor die Toren der Stadt ausgeübt hatte, auf der Hand.

Auch insgesamt bemüht sich Vf. zwar um die Frage, welche – auch hoch-politische – Funktionen die Konfessionsbilder gehabt haben (146-158), zeichnet dabei aber ein deutlich zu irenisches Bild, das den Druck der Gegenreformation, der Vertreibung der Exulanten, die Frontlinien zur Wittelsbacher und Habsburger Herrschaft und bald des Dreißigjährigen Kriegs fast völlig abblendet.

Seinen Durchgang durch die diversen Szenen auf den Konfessionsbildern tituliert Vf. als eine »Konfessionsarchäologie der Kasualien« (159-204) – mit dem Hauptinteresse daran, was sich aus den Bildern an realhistorischen Fakten für die tatsächlichen Kirchen-Ceremonien des 17. Jh. ergibt. Durch diese Längsschnitte gewinnt Vf. einen Vergleich der verschiedenen Motive, auch aus ganz unterschiedlichen Zeiten und Kontexten; zugleich verliert er aber den Blick auf die je spezifische theologische Konzeption des einzelnen Bildes.

Dass Vf. als Volkskundler nicht in allen kirchenhistorischen und theologischen Fragen wirklich beheimatet ist, ist verständlich, fällt aber doch auf: etwa bei der Zitierung von Aussagen Luthers nach einem Ausstellungskatalog (14), bei der deutlich eklektischen Heranziehung von Literatur, aber auch bei inhaltlichen Fragen. So liest man mit Staunen, Luther habe die alte Trias von contritio, confessio und satisfactio »weiterhin ausformuliert« (190).

Gleichwohl ist das Buch ausgesprochen verdienstvoll. Es bietet durch seine Vorschläge zur historischen Einordnung der Konfessionsbilder und durch seine Bildbeschreibungen eine Fülle von Material für weitere Untersuchungen. Diese müssen nicht zuletzt der theologischen Anlage der Konfessionsbilder gelten, die – noch mehr, als vom Vf. gesehen – im Detail und insgesamt auch bei den Religions-Exerzitien schlicht eine Umsetzung der »Confessio Augustana« – vgl. »Confessio Augustana« 15: Von den Kirchenordnungen – darstellen.

Reinhard Brandt   Weißenburg

PAUL GERHARDT – DICHTUNG, THEOLOGIE, MUSIK: wissenschaftliche Beiträge zum 400. Geburtstag / hrsg. von Dorothea Wendebourg. TÜ: Mohr Siebeck, 2008. 374 S.

THOMAS HOHENBERGER: Du führst uns in des Himmels Haus: Erinnerungen an Paul Gerhardt. Kiel: Steinkopf, 2008. 86 S.

Der Sammelband »Paul Gerhardt – Dichtung, Theologie, Musik« greift interessante Themen zur Biografie und zur Rezeption von Gerhardt auf. Aber auch diese wissenschaftliche Darstellung kommt an der schwierigen Quellenlage nicht vorbei, da nach wie vor eine kritische Ausgabe der Quellen zu Gerhardt nicht vorliegt (333. 340). Durch das Veröffentlichen einer Disputation von 1630 mit ihm und dem Wittenberger Vorlesungsverzeichnis zur Studienzeit Gerhardts versucht der Sammelband diesem Zustand entgegen zu wirken. Eine gediegene Bibliografie und ein Personenregister bieten ein gutes Hilfsmittel.

Infolge der Quellenlage thematisieren viele Beiträge die Dichtkunst von Gerhardt und die daraus erwachsenen Lieder. Dabei berücksichtigen sie auch zeitgeschichtliche Entwicklungen. Bei der Beschäftigung mit seinen Liedern lassen sich exegetische und dogmatische Auseinandersetzungen Gerhardts mit verschiedenen Bibeltexten entdecken. Jedoch haben seine Texte eine Sprache, die von dem Hörenden inhaltlich gut erfasst werden kann, ohne alle Hintergründe verstehen zu müssen (52).

Dem Konflikt mit dem Großen Kurfürsten ist ein eigenes Kapitel gewidmet (Albrecht Beutel). Da es sonst wenig Biografisches gibt, das greifbar wäre, beziehen sich auch andere Beiträge auf diesen Konflikt. Die Urteile über Gerhardts Verhalten reichen von einem »persönlichen Gewissensurteil« (Andreas Stegmann, 58), über einen »Verfechter religiöser Selbständigkeit gegenüber einem bald übermächtigen Staat« (Heinz Schilling, 12) bis zu einem kritischen Hinterfragen (Albrecht Beutel, 172 f). Jedenfalls wird man auch dem Großen Kurfürsten zugestehen müssen, dass er in dieser Angelegenheit eher nach seinem Gewissen handelte und es dem anderen zugestand; denn Staatsräson durchzusetzen, sieht anders aus. Albrecht Beutel schließt sein Fazit mit den Worten: »Vielmehr müssen auch im kirchlichen Raum die gewissenbelastenden Folgen einer Rechtspflicht dem einzelnen jederzeit zumutbar sein« (173). Die geschichtliche Entwicklung im Luthertum wird nicht der Position von Gerhardt folgen, sondern sie wird den Exorzismus bei der Taufe verlassen und sich auf die Leuenberger Konkordie und somit auf ein Mehr an Miteinander der protestantischen Konfessionen hin entwickeln.

Die Leser des »Lutherjahrbuches« werden sich in besonderer Weise für das Verhältnis von Gerhardt zu Luther interessieren. Diesem Thema ist ein eigener Beitrag gewidmet (Notger Slenczka), aber auch andere Autoren gehen darauf ein. Dabei werden natürlich immer wieder die lutherische Theologie an der Wittenberger Universität und die Konkordienformel erwähnt. Aber wenn man danach fragt, welche Schriften Luthers Gerhardt gelesen hat, wird es infolge der schlechten Quellenlage schwierig, konkrete Aussagen zu treffen.

Norbert Slenczka ist sich dieser desolaten Lage bewusst und beginnt mit bildhaften Überlegungen zu einem »freeclimber«, der zu Aussichten gelangt, »die womöglich waghalsig sind« (142). Nur ein ernsthafter Kletterer konzentriert sich auf den Weg und nicht auf die Aussicht, da er ungern abstürzen möchte. Oben angelangt, teilt er oft die Aussicht mit vielen anderen, die einen einfacheren Weg gewählt hatten.

Unter der Überschrift »Individualisierung der Frömmigkeit?« stellt Slenczka einen Leichensermon von Gerhardt anhand der originalen Quelle vor. Im folgenden Abschnitt vergleicht er »Das ›Ich‹ bei Luther und Gerhardt«. Dabei bezieht er sich auf das »Ich in der Auslegung des Glaubensbekenntnisses in Luthers Kleinem Katechismus (153). Methodisch ist dies ein rein systematischer Vergleich ohne jeglichen historischen Zusammenhang. Zwar kann man annehmen, dass Gerhardt Luthers Kleinen Katechismus gekannt hat, aber das Ich im Glaubensbekenntnis hat eine ganz andere Geschichte und Perspektive als der seelsorgerliche Bezug in einer Trauerpredigt.

Das Resümee von Slenczka lässt den Leser etwas irritiert zurück, da er einerseits Luther in seiner »Dialektik von deus absconditus und Deus [!] relavatus« sinnvollerweise würdigt und ebenfalls das Nachluthertum in seiner Vereinfachung mit Emanuel Hirsch (1888-1972) »als einen entscheidenden Schritt […] über Luther hinaus« beurteilt. Der Quellenverweis bei Hirsch auf sein Werk »Das Wesen des Christentums« von 1939 führt ins Leere und überhaupt wirft die Interpretation der Kirchengeschichte von Hirsch viele Fragen infolge vergegenwärtigender Perspektiven auf. Folglich führt dieser Hinweis nicht weiter.

Einen interessanten Prozess zeigt Ute Mennecke zu Luthers Vorstellungen zum Zorn Gottes auf, der aus seiner Erfahrung und Sichtweise für den Glauben sinnvoll war, damit Menschen zur Buße finden. Jedoch die Schrecken des Dreißigjährigen Krieges lassen diese Glaubenserfahrung nicht so einfach stehen, weil der Krieg in seinem zerstörerischen Ausmaß nicht von Gott sein kann. So setzen die Lieder Gerhardts mehr darauf, dass der Mensch sich durch die Liebe Gottes verändert (198 f).

Wer etwas zu Paul Gerhardt wissen möchte, dem sei dieses Buch empfohlen, da es an verschiedenen Stellen tiefer führt als gängige Darstellungen und auch wissenschaftlich zu einem differenzierteren Urteil beiträgt. Zur Lutherrezeption von Gerhardt bedarf es noch gründlichere Untersuchungen, die stärker historischen Fragestellungen nachgehen.

Der Band von Thomas Hohenberger entstand infolge des Paul-Gerhardt-Jahres 2007 und nimmt Impulse aus den Veranstaltungen in der Kirchgemeinde Hof (Auferstehungskirche) auf. Der Autor, der in dieser Gemeinde Pfarrer ist, stellt Gerhardt in einem biografischen Abriss vor (9-22). Danach folgen sieben Liedpredigten aus der Gemeindepraxis mit dem Abdruck des entsprechenden Liedes (23-72). Der Band schließt mit ein paar guten praktischen Vorschlägen für die Gemeindearbeit, wie beispielsweise durch einen Quiz die Beschäftigung mit Gerhardt gestaltet werden kann (73-83).

Die vorgestellten Predigten beginnen in der Regel mit einem situationsbezogenen Einstieg, aber auch mit einer gelungenen fiktiven Rede Gerhardts (26). Am Ende steht eine Ermutigung, die auf einer Intention aus dem entsprechenden Lied Gerhardts beruht. Dazwischen werden verschiedene Spannungen aufgezeigt und mit dem Leben der Hörer verbunden.

Auch in diesem Band wird der übliche Zusammenhang zwischen der schwierigen Zeit des Dreißigjährigen Krieges und Gerhardts Liedern hergestellt (13. 32. 70). Dieser Zusammenhang ist unstrittig, aber wir wissen in den seltensten Fällen, wann Gerhardt seine Lieder wirklich gedichtet hat. Uns ist in der Regel nur die Erstveröffentlichung in Gesangbüchern bekannt. Die konkreten Umstände der Entstehung seiner Lieder bleiben damit verborgen. Wenn Menschen schweres äußeres oder persönliches Leid erleben mussten, bedeutet dies nicht automatisch, dass ihr ganzes Leben unter diesen Vorzeichen steht. Auch sie kennen und erleben andere Perspektiven, die sie dann auch zum Ausdruck bringen. In der Predigt zum Ewigkeitssonntag ist es natürlich aus homiletischen Gründen sinnvoll, eine Beziehung zu dem persönlichen Leid von Paul Gerhardt herzustellen, zumal das Lied »Ich bin ein Gast auf Erden« 1666/67 entstand und er in den zehn Jahren zuvor den Tod vier seiner Kinder miterlebt hatte (53). Jedoch ist der Hinweis auf das persönliche Leid der Familie Gerhardts unpassend, wenn das Lied »Ich steh an deiner Krippen hier« schon 1653 erschienen war, Paul Gerhardt aber erst zwei Jahre später überhaupt geheiratet hatte (64).

Die Bezüge zu Martin Luther (11. 18), Lutherzitate (44. 53) bzw. ein Vergleich (44) greifen auf Bekanntes zurück. Von einer solch praxisbezogenen Veröffentlichung neue

Erkenntnisse zu erwarten, wäre ein völlig verfehlter Anspruch. Aber für die Gemeindearbeit ist diese Veröffentlichung durchaus hilfreich. In den Gemeinden, in denen aktiv das Paul-Gerhardt-Jubiläum bedacht wurde, wird eine gewisse Sättigung eingetreten sein, aber Paul Gerhardt wird aktuell bleiben. So kann dieser Band auch später noch gute Dienste leisten.

Reinhard Junghans   Leipzig-Connewitz

ANNE-MARIE NESER: Luthers Wohnhaus in Wittenberg: Denkmalpolitik im Spiegel der Quellen. Leipzig: EVA, 2005. 364 S.: 122 Abb., (Stiftung Luthergedenkstätten in Sachsen-Anhalt: Katalog; 10)

Über Luthers Wohnhaus in Wittenberg zu schreiben, ist gar nicht so einfach. Denn historische Bedeutung und Architektur, die beiden Bezugsebenen, um die es hierbei geht, sind für dieses Gebäude nur in ihrer wechselseitigen Verknüpfung darzulegen, ausgehend von der Besitz- und Nutzungsgeschichte als Bedingung des sukzessiven Wandels einer Baugestalt. Nicht weniger wichtig ist es, die architektonische Spiegelung der Erinnerung an den prominenten Bewohner des Hauses aufzuzeigen. Diese setzt eigentlich schon mit dem sogenannten Katharinenportal von 1540 ein und gewinnt nach dem Verkauf des Hauses an die Universität im Jahre 1565 deutliche Kontur, vor allem ist sie für das Baugeschehen im 19. Jahrhundert von grundlegender Bedeutung. Entsprechend dem Untertitel ihres Buches hat sich Anne-Marie Neser vor allem dieser Seite der Hausgeschichte zugewendet. Diese Arbeit, hervorgegangen aus einem Werkvertrag mit der Stiftung Luthergedenkstätten in der Vorbereitung baulicher Maßnahmen, ist von der Berliner Universität der Künste 2004 als Dissertation angenommen worden.

Der amtliche Schriftwechsel zum Lutherhaus ist bekanntlich über eine ganze Reihe von Archiven zwischen Berlin, Dresden, Weimar und Magdeburg verteilt. Den größten Anteil der rund 40 000 Blatt zählenden Schriftsätze umfasst die Korrespondenz der Preußischen Behörden. Es ist Anne-Marie Neser gelungen, aus dieser Unmenge Papier einen für ihr gut lesbares Buch fruchtbringenden Extrakt zu filtern, was nur gelingen konnte, weil sie – vor allem im Blick auf das 19. Jahrhundert – neben den baugeschichtlichen Vorgängen weitere kulturgeschichtliche Momente nicht außer Acht gelassen hat. Ohnehin konnte eine reine Bauaktenpublikation nicht in der Absicht der Verfasserin liegen. Im »Verzeichnis der ungedruckten Quellen« (293-299) finden sich immerhin die ermittelten Aktenstücke aufgeführt, doch leider nur als Nummern, nicht als Regest: da die Archivordnungen in der Regel die tägliche Bestellung auf zehn Akteneinheiten beschränken, ist damit der dann und wann erforderlichen Nachlese kein besonderer Dienst erwiesen.

Zum Beispiel ist nicht zu übersehen, dass insbesondere die Baugestalt des Hauses im 16. Jh. noch immer wenig offen liegt. Gerade sie muss aber die Öffentlichkeit besonders interessieren: der Klosterbau, Luthers Umbauten und der Umbau zum Collegiengebäude der Universität. Zu letzterem sind im Universitätsarchiv Halle mehrere Bände der wöchentlichen Bauabrechnungen erhalten, woraus sich sehr spezielle Einsichten in den damit veränderten Zustand des mittleren 16. Jh. ergeben könnten. Allerdings waren die bauarchäologischen Untersuchungen am Haus, als Nesers Buch erschien, noch nicht abgeschlossen, und der haus- und nutzungs-

231

geschichtlich höchst wichtige frühere Turm an der Außenfront wurde damals gerade erst entdeckt. Er soll, zusammen mit den Begleitfunden und mit den Ergebnissen bauarchäologischer Untersuchungen – auch der Lutherhäuser in Eisleben und Mansfeld – im Rahmen einer Ausstellung und Publikation des Landesamtes für Denkmalpflege und Archäologie und der Stiftung Luthergedenkstätten im Jahr 2008 vorgestellt werden.

Um es dezidiert zu sagen: 1565 war Luthers Freihaus, das umgebaute Klostergebäude, für den Universitätsbetrieb zu klein. Mit dem deshalb vorgenommenen Umbau verwandelte sich das Haus entscheidend. Angesichts dieser, die Proportionen des Gebäudes bis heute begründenden Vergrößerung sahen sich die beiden hier maßgeblichen Architekten der 1. Hälfte des 19. Jahrhunderts, Karl Friedrich Schinkel und nach ihm Friedrich August Stüler, nicht veranlasst, ein über die Kernräume der Lutherstube hinausreichendes, im heutigen Sinne denkmalpflegerisches Vorgehen zu erwägen. Vielmehr wurde mit der erneuten Umformung des Anwesens in der Mitte des 19. Jh. ein »gewolltes« Denkmal angestrebt. Dessen Entwurfs- und Ausführungsgeschichte wie die Intention dieses Bauvorhabens entwickelt Neser in wünschenswerter Breite, verbunden mit dem Abdruck einer Reihe bisher noch unpublizierter Planzeichnungen. Von Interesse sind nicht zuletzt die differierenden Auffassungen der leitenden Persönlichkeiten in den Ministerien (127). Der im 20. Jh. und noch in den letzten Jahren mehrfach unternommene, notwendigerweise Stückwerk bleibende Versuch, Stülers architektonisches Konzept mit baulichen Mitteln gewissermaßen zu entschärfen, um Luthers Haus wieder deutlicher vor Augen zu stellen, wird von der Verfasserin aber nur angedeutet (»Das Bauwerk in der Kritik«, 249-258).

Das Kapitel zum »Kontext der allgemeinen Entwicklung der Denkmalpflege« trägt bekannte Sachverhalte vor. Zum Lutherhaus ist auf diesen Seiten (259-275) fast nichts zu erfahren. Eine Vermehrung des sehr nützlichen Anhangs – »Appendix-Archivalien«, 312-359 – mit weiteren wichtigen Aktenauszügen – etwa den Texten der im Geheimen Staatsarchiv Berlin lagernden Turmknopfurkunden – wäre statt dessen willkommener gewesen. Das Buch schließt mit einem essayistischen Schlusswort, dem »Bericht der Lutherstube« selbst (279-291): Der Leser ist aufgefordert, dem »Wispern des Raumes« zu lauschen – zumindest für eine Dissertation ist das eine ungewöhnliche Form der Darstellung eines wissenschaftlich zu erörternden Gegenstandes.

Peter Findeisen   Halle (Saale)

Lutherbibliographie 2008

Mit Professor Dr. Matthieu Arnold, Strasbourg (Frankreich); Professor Dr. Zoltán Csepregi Budapest (Ungarn); Professor Dr. Jin-Seop Eom, Kyunggi-do (Südkorea); Studierektor Dr. Roger Jensen, Oslo (Norwegen); ; Universitätsassistent Dr. Rudolf Leeb, Wien (Österreich); Professor Dr. Pilgrim Lo, Hong Kong (China); Informatiker Dr. Leo Näreaho, Helsinki (Finnland); Bischof Sen. D. Janusz Narzyński, Warszawa (Polen); Professor Dr. Paolo Ricca, Roma (Italien); Professor Dr. Ricardo W. Rieth, São Leopoldo (Brasilien); Professor Dr. Maurice E. Schild, Adelaide (Australien); Dr. Rune Söderlund, Lund (Schweden); Bibliographer Assistant Rose Trupiano, Milwaukee, WI (USA); cand. theol. Lars Vangslev, København (Dänemark); Professor Dr. Jos E. Vercruysse, Antwerpen (Belgien); Dr. Martin Wernisch, Praha (Tschechien) und Professor Dr. Klaas Zwanepol, Utrecht (Niederlande) bearb. von Professor em. Dr. Helmar Junghans; Akadem. Mitarbeiter Dr. Michael Beyer sowie Dipl.-Theol. Alexander Bartmuß und Cornelia Schnapka-Bartmuß MA, Leipzig (Deutschland).

Der Leiterin und den Mitarbeiterinnen der Außenstelle Theologie der Universitätsbibliothek Leipzig und den Mitarbeiter(inne)n von Die Deutsche Bibliothek – Deutsche Bücherei Leipzig, danke ich für ihre Unterstützung herzlich, besonders aber der Wilhelm-Julius-Bobbert-Stiftung für ihre finanzielle Förderung.

ABKÜRZUNGSVERZEICHNIS

1 Verlage und Verlagsorte

ADVA	Akademische Druck- und Verlagsanstalt	HD	Heidelberg
AnA	Ann Arbor, MI	HH	Hamburg
B	Berlin	L	Leipzig
BL	Basel	LO	London
BP	Budapest	LVH	Lutherisches Verlagshaus
BR	Bratislava	M	München
CV	Calwer Verlag	MEES	A Magyarországi Evangélikus Egyház
DA	Darmstadt		Sajtóosztálya
dtv	Deutscher Taschenbuch Verlag	MP	Minneapolis, MN
EPV	Evangelischer Presseverband	MRES	A Magyarországi Református Egyház
EVA	Evangelische Verlagsanstalt		Zsinati Irodájának Sajtóosztálya
EVW	Evangelisches Verlagswerk	MS	Münster
F	Frankfurt, Main	MZ	Mainz
FR	Freiburg im Breisgau	NK	Neukirchen-Vluyn
GÖ	Göttingen	NV	Neukirchener Verlag
GÜ	Gütersloh	NY	New York, NY
GVH	Gütersloher Verlagshaus	P	Paris

PB	Paderborn		SH	Stockholm
Phil	Philadelphia, PA		StL	Saint Louis, MO
PO	Portland, OR		TÜ	Tübingen
PR	Praha		UMI	University Microfilm International
PUF	Presses Universitaires de France		V&R	Vandenhoeck & Ruprecht
PWN	Pánstwowe Wydawníctwo Naukowe		W	Wien
Q&M	Quelle & Meyer		WB	Wissenschaftliche Buchgesellschaft
S	Stuttgart		WZ	Warszawa
SAV	Slovenská Akadémia Vied		ZH	Zürich

2 Zeitschriften, Jahrbücher

AEKHN	Amtsblatt der Evang. Kirche in Hessen und Nassau (Darmstadt)		EP	Evanjelický Posol spod Tatier (Liptovsky Mikuláš)
AG	Amt und Gemeinde (Wien)		EThR	Etudes théologiques et religieuses (Montpellier)
AGB	Archiv für Geschichte des Buchwesens (Frankfurt, Main)		EvD	Die Evangelische Diaspora (Leipzig)
AKultG	Archiv für Kulturgeschichte (Münster; Köln)		EvEG	Evangelium – ›euaggelion‹ – Gospel (Bremen)
ALW	Archiv für Liturgiewissenschaft (Regensburg)		EvTh	Evangelische Theologie (München)
ARG	Archiv für Reformationsgeschichte (Gütersloh)		GTB	Gütersloher Taschenbücher (Siebenstern)
			GuJ	Gutenberg-Jahrbuch (Mainz)
ARGBL	ARG: Beiheft Literaturbericht (Gütersloh)		GWU	Geschichte in Wissenschaft und Unterricht (Offenburg)
BEDS	Beiträge zur Erforschung der deutschen Sprache (Leipzig)		HCh	Herbergen der Christenheit (Leipzig)
			He	Helikon (Budapest)
BGDS	Beiträge zur Geschichte der deutschen Sprache und Literatur (Tübingen)		HThR	The Harvard theological review (Cambridge, MA)
BlPfKG	Blätter für pfälzische Kirchengeschichte und religiöse Volkskunde (Otterbach)		HZ	Historische Zeitschrift (Müchen)
			IL	Igreja Luterana (Porto Alegre)
BlWKG	Blätter für württembergische Kirchengeschichte (Stuttgart)		ITK	Irodalomtörténeti Közlemények (Budapest)
BPF	Bulletin de la Societé de l'Histoire du Protestantisme Fançais (Paris)		JBrKG	Jahrbuch für Berlin-Brandenburgische Kirchengeschichte (Berlin)
BW	Die Bibel in der Welt (Stuttgart)		JEH	Journal of ecclesiastical history (London)
CAZW	Confessio Augustana mit Zeitwende (Neuendettelsau)		JHKV	Jahrbuch der Hessischen Kirchengeschichtlichen Vereinigung (Darmstadt)
ChH	Church history (Chicago, IL)		JLH	Jahrbuch für Liturgie und Hymnologie (Kassel)
CJ	Concordia journal (St. Louis, MO)		JNKG	Jahrbuch der Gesellschaft für Niedersächsische Kirchengeschichte (Blomberg/Lippe)
CL	Cirkevné listy (Bratislava)			
Cath	Catholica (Münster)			
CThQ	Concordia theological quarterly (Fort Wayne, IN)		JGPrÖ	Jahrbuch für Geschichte des Protestantismus in Österreich (Wien)
CTM	Currents in theology and mission (Chicago, IL)		JRG	Jahrbuch für Regionalgeschichte und Landeskunde (Weimar)
DLZ	Deutsche Literaturzeitung (Berlin)		JWKG	Jahrbuch für Westfälische Kirchengeschichte (Lengerich/Westf.)
DPfBl	Deutsches Pfarrerblatt (Essen)		KÅ	Kyrkohistorisk årsskrift (Uppsala)
DTT	Dansk teologisk tidsskrift (København)		KD	Kerygma und Dogma (Göttingen)
EÉ	Evangélikus Élet (Budapest)		KR	Křestanská revue (Praha)
EHSch	Europäische Hochschulschriften: Reihe ...		LF	Listy filologické (Praha)
			LK	Luthersk kirketidende (Oslo)
EN	Evangélikus Naptár az ... èvre (Budapest)		LP	Lelkipásztor (Budapest)
			LQ	Lutheran quarterly N. S. (Milwaukee, WI)

234

LR	Lutherische Rundschau (Stuttgart)		STK	Svensk theologisk kvartalskrift (Lund)
LThJ	Lutheran theological journal (Adelaide, South Australia)		StZ	Stimmen der Zeit (Freiburg im Breisgau)
LThK	Lutherische Theologie und Kirche (Oberursel)		TA	Teologinen aikakauskirja / Teologisk tidskrisft (Helsinki)
Lu	Luther: Zeitschrift der Luther-Gesellschaft (Göttingen)		TE	Teológia (Budapest)
LuB	Lutherbibliographie		ThLZ	Theologische Literaturzeitung (Leipzig)
LuBu	Luther-Bulletin (Kampen)		ThPh	Theologie und Philosophie (Freiburg im Breisgau)
LuD	Luther digest (Shorewood, MI)			
LuJ	Lutherjahrbuch (Göttingen)		ThR	Theologische Rundschau (Tübingen)
MD	Materialdienst des Konfessionskundlichen Institutes (Bensheim)		ThRe	Theologische Revue (Münster)
			ThSz	Theológiai Szemle (Budapest)
MEKGR	Monatshefte für evangelische Kirchengeschichte des Rheinlandes (Köln)		ThZ	Theologische Zeitschrift (Basel)
			TRE	Theologische Realenzyklopädie (Berlin; New York, NY)
MKSz	Magyar Könyvszemle (Budapest)			
NAKG	Nederlands archief voor kerkgeschiedenis (Leiden)		TTK	Tidsskrift for teologi og kirke (Oslo)
			US	Una sancata (München)
NELKB	Nachrichten der Evangelisch-Lutherischen Kirche in Bayern (München)		UTB	Uni-Taschenbücher
			Vi	Világosság (Budapest)
NTT	Norsk teologisk tidsskrift (Oslo)		VIEG	Veröffentlichungen des Instituts für Europäische Geschichte Mainz
NZSTh	Neue Zeitschrift für systematische Theologie und Religionsphilosophie (Berlin)			
			ZBKG	Zeitschrift für bayerische Kirchengeschichte (Nürnberg)
ODR	Ortodoxia: Revista Patriarhiei Romine (Bucureşti)			
			ZEvE	Zeitschrift für evangelische Ethik (Gütersloh)
ORP	Odrodzenie reformacja w Polsce (Warszawa)			
			ZEvKR	Zeitschrift für evangelisches Kirchenrecht (Tübingen)
PBl	Pastoralblätter (Stuttgart)			
PL	Positions luthériennes (Paris)		ZHF	Zeitschrift für historische Forschung (Berlin)
Pro	Protestantesimo (Roma)			
PTh	Pastoraltheologie (Göttingen)		ZKG	Zeitschrift für Kirchengeschichte (Stuttgart)
RE	Református Egyház (Budapest)			
RHE	Revue d'histoire ecclésiastique (Louvain)		ZKTh	Zeitschrift für katholische Theologie (Wien)
RHPhR	Revue d'histoire et de philosophie religieuses (Paris)		ZRGG	Zeitschrift für Religions- und Geistesgeschichte (Köln)
RL	Reformátusok Lapja (Budapest)			
RoJKG	Rottenburger Jahrbuch für Kirchengeschichte (Sigmaringen)		ZSRG	Zeitschrift der Savigny-Stiftung für Rechtsgeschichte: Kanonistische Abteilung (Wien; Köln)
RSz	Református Szemle (Kolozsvár, RO)			
RuYu	Ru-tu yun-ku (Syngal bei Seoul)		ZThK	Zeitschrift für Theologie und Kirche (Tübingen)
RW	Rondom het woord (Hilversum)			
SCJ	The sixteenth century journal (Kirksville, MO)		Zw	Zwingliana (Zürich)
			ZZ	Zeitzeichen (Berlin)

3 Umfang der Ausführungen über Luther

L"	Luther wird wiederholt gestreift.
L 2-7	Luther wird auf diesen Seiten ausführlich behandelt.
L 2-7+"	Luther wird auf diesen Seiten ausführlich behandelt und sonst wiederholt gestreift.
L*	Die Arbeit konnte nicht eingesehen werden.

SAMMELSCHRIFTEN

01 **The American Book of concord:** a sesquicenten-nial celebration/ hrsg. von John A. Maxfield. StL: Concordia Historical Institute; Northville, SD: Luther Academy, 2003. VIII, 96 S. (The Pieper Lectures; 6) – Siehe Nr. 821. 837. 843 f.

02 **Archäologie der Reformation:** Studien zu den Auswirkungen des Konfessionswechsels auf die materielle Kultur/ hrsg. von Carola Jäggi; Jörn Staecker. B; NY: de Gruyter, 2007. X, 487 S.: Ill., Tab. (Arbeiten zur Kirchengeschichte; 104) – Siehe Nr. 515. 556. 675. 696. 705. 731. 756. 995.

03 **Der Augsburger Religionsfriede 1555:** ein Epochenereignis und seine regionale Verankerung/ hrsg. von Wolfgang Wüst, Georg Kreuzer, Nicola Schürmann. Augsburg: Wißner, 2005. 416 S.: Ill., Tab., Kt. (Zeitschrift des Historischen Vereins für Schwaben; 98) – Siehe Nr. 748. 754. 784.

04 Baumgart, Peter: **Universitäten im konfessionellen Zeitalter:** gesammelte Beiträge. MS: Aschendorff, 2006. X, 519 S.: Ill. – Siehe Nr. 476-478. 751.

05 Beutel, Albrecht: **Reflektierte Religion:** Beiträge zur Geschichte des Protestantismus. TÜ: Mohr, 2007. XI, 348 S. – Siehe Nr. 275. 340. 807.

06 **Die Bibel im Leben der Kirche:** freikirchliche und römisch-katholische Perspektiven/ hrsg. von Walter Klaiber; Wolfgang Thönissen. PB: Bonifatius, 2007. 245 S. – Siehe Nr. 924. 956.

07 **Call and ordination in the Lutheran church/** hrsg. von John A. Maxfield. StL: Concordia Historical Institute; Northville, SD: Luther Academy, 2006. X, 99 S. (The Pieper Lectures; 10) – Siehe Nr. 291. 298. 938. 941.

08 **Christentum im Übergang:** neue Studien zu Kirche und Religion in der Aufklärungszeit/ hrsg. von Albrecht Beutel; Volker Leppin; Udo Sträter. L: EVA, 2006. 315 S. (Arbeiten zur Kirchen- und Theologiegeschichte; 19) – Siehe Nr. 810. 825. 830.

09 **Church fellowship/** hrsg. von Chris Christophersen Boshoven. StL: Concordia Historical Institute; Crestwood, MO: Luther Academy, 1998. 117 S. (The Pieper Lectures; 2) – Siehe Nr. 232. 757.

010 **Die Confessio Augustana und die Christenheit:** Beiträge des Symposiums am 24. Juni 2005 in Augsburg/ hrsg. von Johannes Friedrich. Nürnberg: Athmann, 2005. 71 S. – Siehe Nr. 216. 235.

011 **Cranach im Exil:** Aschaffenburg um 1540; Zuflucht, Schatzkammer, Residenz/ hrsg. von Gerhard Ermischer; Andreas Tacke. Regensburg: Schnell + Steiner, 2007. 399 S.: Ill. – Siehe Nr. 662. 673. 679.

012 **Creator est Creatura:** Luthers Christologie als Lehre von der Idiomenkommunikation/ hrsg. von Oswald Bayer; Benjamin Gleede. B; NY: de Gruyter, 2007. XIII, 323 S. (Theol. Bibliothek Töpelmann; 138) – Siehe Nr. 196 f. 201. 208. 429.

013 **Cross examinations:** reading on the meaning of the cross/ hrsg. von Marit Trelstad. MP: Fortress, 2006. XV, 320 S. – Siehe Nr. 200. 210.

014 **Dalla legge all'amore:** omaggio al Prof. Jos E. Vercruysse, S.J. (Vom Gesetz zur Liebe: Ehrung für Prof. Jos E. Vercruysse SJ)/ hrsg. von Tecle Vetrali. Venezia: I.S.E., 2006. 397 S. (Quaderni di Studi ecumenici; 12) – Siehe Nr. 209. 213. 247. 428. 542. 656. 752. 989.

015 Decot, Rolf: **Luthers Reformation zwischen Theologie und Reichspolitik:** Aufsätze/ hrsg. von Hans-Josef Schmitz. F: Lembeck, 2007. 503 S., Frontispiz. – Siehe Nr. 225. 276. 510 f. 545 f. 569. 599-601. 991.

016 **Faszination Orgel:** Beiträge zur neuen Orgel der Katharinenkirche Oppenheim/ hrsg. von der Evang. Kirchengemeinde Oppenheim; Buchgestaltung, -bearbeitung und Herstellung Karlheinz Nestle. [Neustadt an der Weinstraße]: Nestle, 2006. 135 S.: Ill. – Siehe Nr. 437. 616. – Bespr.: Dienst, Karl: JHKV 57 (2006), 301-303.

017 **A ferences lelkiség hatása az újkori Közép-Európa történetére és kultúrájára** (Der Einfluss der franziskanischen Frömmigkeit auf die Geschichte und Kultur Mitteleuropas in der Neuzeit)/ hrsg. von Sándor Õze; Norbert Medgyesy-Schmikli. Piliscsaba; BP: PPKE BTK: METEM, 2005. 1086 S.: Ill (Művelődéstörténeti műhely: rendtörténeti konferenciak; 1) – Siehe Nr. 602. 724.

018 Forde, Gerhard O.: **The preached God:** proclamation in word and sacrament/ hrsg. von Mark C. Mattes; Steven D. Paulson. Grand Rapids, MI; Cambridge, U. K.: Eerdmans, 2007. X, 329 S. (Lutheran quarterly books) – Siehe Nr. 173. 248-251. 307 f. 386. 409. 493 f. 851 f. 889 f. 987.

019 **Frömmigkeit oder Theologie:** Johann Arndt und die »Vier Bücher vom wahren Christentum«/ hrsg. von Hans Otte; Hans Schneider. GÖ: V&R unipress, 2007. 435 S.: Ill. (Studien zur Kirchengeschichte Niedersachsens; 40) – Siehe Nr. 755. 778 f. 791. 797 f.

020 Goertz, Hans-Jürgen: **Radikalität der Reformation:** Aufsätze und Abhandlungen. GÖ: V&R, 2007. 378 S. (Forschungen zur Kirchen- und Dogmengeschichte: 93) – Siehe Nr. 345. 481. 496. 552 f. 625. 629 f.

021 **Gottes Nähe unmittelbar erfahren:** Mystik im Mittelalter und bei Martin Luther/ hrsg. von Berndt Hamm; Volker Leppin unter Mitarb. von Heidrun Munzert. TÜ: Mohr Siebeck, 2007. X, 249 S. (Spätmittelalter und Reformation: N. R.; 36) – Siehe Nr. 500. 514. 522 f. 536. – Bespr. siehe oben Seite 203-208.

022 **Große Theologen/** hrsg. von Christian Danz. DA: WB, 2006. 294 S. – Siehe Nr. 135. 527. 544. 637. 860. 873.

023 Härle, Wilfried: **Christlicher Glaube in unserer Lebenswelt:** Studien zur Ekklesiologie und Ethik. L: EVA, 2007. 395 S.: Ill. – Siehe Nr. 154. 226. 281 f. 310. 312. 347 f. 898. 900 f.

024 **Handbuch der Seelsorge:** Grundlagen und Profile/ hrsg. von Wilfried Engemann. L: EVA, 2007. 531 S.: Ill. – Siehe Nr. 243. 277. 279 f. 289.

025 **Herzog Heinrich der Fromme (1473-1541)/** im Auftrag des Freiberger Altertumsvereins hrsg. von Yves Hoffmann; Uwe Richter. Beucha: Sax, 2007. 263 S.: Ill., Ktn. – Siehe Nr. 99. 678. 686. 688. 699.

026 **Humanismus in Erfurt/** hrsg. von Gerlinde Huber-Rebenich; Walther Ludwig im Auftrag der Akademie Gemeinnütziger Wissenschaften zu Erfurt. Rudolstadt: Hain, 2002. 267 S.: Ill., Frontispiz. – Siehe Nr. 424. 615. 619. 621.

027 **L'hymne antique et son public/** hrsg. von Yves Lehmann. Turnhout: Brepols, 2007. XIX, 727 S. (Recherches sur les rhétoriques religieuses; 7) – Siehe Nr. 441. 473.

028 **Das Ja zum Kind:** Mandat und Verantwortung für die christliche Erziehung der Kinder/ hrsg. von Friedrich-Otto Scharbau. Erlangen: Luther, 2006. 155 S. (Veröffentlichungen der Luther-Akademie Sondershausen-Ratzeburg; 3) – Siehe Nr. 484 f.

029 **Jean Sturm:** quand l'humanisme fait école; catalogue de l'exposition à la Bibliothèque Nationale et Universitaire de Strasbourg à l'occasion du 500ᵉ anniversaire de Jean Sturm/ hrsg. von Matthieu Arnold; Julien Collonges. Strasbourg: Bibliothèque Nationale et Universitaire, 2007. 251 S. – Siehe Nr. 487. 676.

030 **Jews, Judaism, and the Reformation in sixteenth-century Germany/** hrsg. von Dean Phillip Bell; Stephen G. Burnett. Leiden; Boston: Brill, 2006. XXXI, 572 S. (Studies in Central European histories; 37) – Siehe Nr. 597. 653.

031 **Justification in perspective:** historical development and contemporary challenges/ hrsg. von Bruce L. McCormack. Grand Rapids, MI: Baker; Edinburgh: Rutherford, 2006. 277 S. – Siehe Nr. 334. 648.

032 **Der Kardinal:** Albrecht von Brandenburg; Renaissancefürst und Mäzen. Bd. 2: **Essays/** hrsg. von Andreas Tacke mit Beiträgen von Bodo Brinkmann ... Regensburg: Schnell + Steiner, 2006. 391 S.: Ill., Faks., Taf., Kt. (Kataloge der Stiftung Moritzburg: Kunstmuseum des Landes Sachsen-Anhalt) – Siehe Nr. 620. 663.

033 **»Kein Anlass zur Verwerfung«:** Studien zur Hermeneutik des ökumenischen Gesprächs; Festschrift für Otto Hermann Pesch/ hrsg. von Johannes Brosseder; Markus Wriedt. F: Lembeck, 2007. 460 S., Frontispiz. – Siehe Nr. 366. 533. 547. 577. 895. 936. 950. 1004.

034 Knuth, Hans Christian: **In Zukunft Luther:** gesammelte Texte des Leitenden Bischofs der VELKD/ aus Anlass des 65. Geburtstages zsgest. und eingel. von Redlef Neubert-Stegemann; Claudia Aue. GÜ: GVH, 2005. 288 S. – Siehe Nr. 180. 228. 352. 858. 911-915.

035 **Kollektive Freiheitsvorstellungen im frühneuzeitlichen Europa (1400-1850)/** hrsg. von Georg Schmidt, Martin van Gelderen; Christopher Snigula. F; B; Bern; Bruxelles; NY; Oxford; W: Lang, 2006. X, 558 S.: Ill. (Jenaer Beiträge zur Geschichte; 8) – Siehe Nr. 356. 626.

036 **Kommunikation und Transfer im Christentum der Frühen Neuzeit/** hrsg. von Irene Dingel; Wolf-Friedrich Schäufele. MZ: von Zabern, 2007. IX, 325 S. (VIEG: Beiheft; 74: Abt. Abendländische Religionsgeschichte) – Siehe Nr. 374. 399. 537. 540. 559. 561 f. 762. 803.

037 **Konfessioneller Fundamentalismus:** Religion als politischer Faktor im europäischen Mächtesystem um 1600/ hrsg. von Heinz Schilling; unter Mitarb. von Elisabeth Müller-Luckner. M: Oldenbourg, 2007. IX, 320 S. Ill. (Schriften des Historischen Kollegs: Kolloquien; 70) – Siehe Nr. 772. 777.

038 **Konfrontation und Dialog:** Philipp Melanchthons Beitrag zu einer ökumenischen Hermeneutik/ hrsg. von Günter Frank; Stephan Meier-Oeser. L: EVA, 2006. 275 S. (Schriften der Europäischen Melanchthonakademie; 1) – Siehe Nr. 572. 574 f. 581. 583. 588. 590-592. 595. 598. 794.

039 **Leben in Glauben, Geschichte und kommunaler Verantwortung:** Schriften für Ralf Thomas zum 75. Geburtstag/ hrsg. von Wolfgang Burkhardt. Dresden: Aliena, 2007. 168 S.: Ill. – Siehe Nr. 698. 703.

040 **Liederkunde zum Evangelischen Gesangbuch/**

im Auftrag der Evang. Kirche in Deutschland gemeinschaftl. mit Hans-Christian Drömann ... hrsg. von Gerhard Hahn; Jürgen Henkys. Heft 13. GÖ: V&R, 2007. 96 S.: Noten. (Handbuch zum Evang. Gesangbuch; 3 XIII) – Siehe Nr. 466. 594. 642. 792.

041 **Lucas Cranach 1553/2003:** Wittenberger Tagungsbeiträge anlässlich des 450. Todesjahres Lucas Cranachs des Älteren/ hrsg. von Andreas Tacke in Verb. mit Stefan Rhein; Michael Wiemers. L: EVA, 2007. 363 S.: Ill., Taf. (Stiftung Luthergedenkstätten in Sachsen-Anhalt; 7) – Siehe Nr. 659. 667f. 671f. 674.

042 **Luther und das monastische Erbe/** hrsg. von Christoph Bultmann; Volker Leppin; Andreas Lindner. TÜ: Mohr Siebeck, 2007. VIII, 326 S. (Spätmittelalter, Humanismus, Reformation; 39) – Siehe Nr. 106. 112f. 116. 120. 127. 162. 317. 330. 499. 516. 531. 535. 944.

043 **Lutheran catholicity/** hrsg. von John A. Maxfield. StL: Concordia Historical Institute; StL: Luther Academy, 2001. VII, 116 S. (The Pieper Lectures; 5) – Siehe Nr. 231. 421. 534.

044 **Lutheran Reformation and the law/** hrsg. von Virpi Mäkinen. Leiden; Boston: Brill, 2006. XII, 270 S. (Studies in medieval and Reformation traditions; 112) – Siehe Nr. 188. 502. 526. 529. 1002.

045 **Lutherische Identität in kirchlicher Verbindlichkeit:** Erwägungen zum Weg lutherischer Kirchen in Europa nach der Milleniumswende/ hrsg. von Werner Klän. GÖ: Edition Ruprecht, 2007. 198 S.: Ill. (Oberurseler Hefte: Erg.-Bde.; 4) – Siehe Nr. 233. 236. 953.

046 **Lutherische Kirchen/** hrsg. von Michael Plathow. GÖ: V&R, 2007. 344 S. (Die Kirchen der Gegenwart/ hrsg. im Auftr. des Konfessionskundlichen Instituts von Erich Geldbach; Helmuth Obst; Reinhard Thöle; 1) (Bensheimer Hefte; 107) – Siehe Nr. 159. 548.

047 **Lutherische Spiritualität:** lebendiger Glaube im Alltag/ hrsg. im Auftrag der VELKD von Hans Krech; Udo Hahn. Hannover: Luth. Kirchenamt, 2005. 133 S. – Siehe Nr. 461. 471.

048 **Lutherjahrbuch:** Organ der internationalen Lutherforschung/ im Auftrag der Luther-Gesellschaft hrsg. von Helmar Junghans. Bd. 73: Jahrgang 2006. GÖ: V&R, 2007. 288 S.: Ill. – Siehe Nr. 474. 614. 623. 894. 923. 937. 996. 999f.

049 **Das Mahl Christi mit seiner Kirche/** hrsg. von Joachim Ringleben; Jobst Schöne; Karl-Hermann Kandler. Neuendettelsau: Freimund 2006. 90 S. (Schriftenreihe des Luth. Einigungswerkes; 4) – Siehe Nr. 255. 262. 265.

050 **Martin Luther und Eisleben/** hrsg. von Rosemarie Knape. L: EVA 2007. 454 S.: Ill., Kt., Taf. (Stiftung Luthergedenkstätten in Sachsen-Anhalt; 8) – Siehe Nr. 87. 89f. 93f. 100. 111. 121. 126. 129. 270. 507. 690.

051 »**Das Maß ist uns gegeben**«: die Theologie des Kreuzes als Maß protestantischen Denkens und Handelns; Symposium anlässlich des 5. Todestages von Präses Peter Beier/ mit Beiträgen von Wilfried Härle ...; mit einem Geleitwort von Manfred Kock hrsg. von Stefan Drubel; Klaus Eberl. NK: NV, 2002. 205 S. – Siehe Nr. 203. 313.

052 **Mein theologischer Weg/** Gerhard Ebeling. ZH: Institut für Hermeneutik und Religionsphilosophie, 2006. 94 S.: Ill. (Hermeneutische Blätter; 2006, Oktober, Sonderheft) – Siehe Nr. 849. 862. 962.

053 **Menneskeverd:** festskrift til Inge Lønning (Menschenwürde: Festschrift für Inge Lønning)/ hrsg. von Svein Aage Christoffersen ... Oslo: Press Forlag, 2008. – Siehe Nr. 418. 750. 906.

054 **Mindennapi választások:** tanulmányok Péter Katalin 70. születésnapjára (Tägliche Entscheidungen: Festschrift Katalin Péter zum 70. Geburtstag)/ hrsg. von Gabriella Erdélyi; Péter Tusor. BP, 2007. 1051 S. auf CD. (Történelmi szemle; 49 II, Beil.) – Siehe Nr. 708. 710. 719. 721. 723. 764.

055 **Offenheit und Identität der Kirche:** Einladung zum heiligen Abendmahl in der pluralistischen Gesellschaft/ hrsg. von Friedrich-Otto Scharbau. Erlangen: Martin Luther, 2007. 129 S. (Veröffentlichungen der Luther-Akademie Sondershausen-Ratzeburg; 4) – Siehe Nr. 930. 940. 952.

056 **The office of the ministry/** hrsg. von Chris Christophersen Boshoven. StL: Concordia Historical Institute; Crestwood, MO: Luther Academy, 1997. 180 S. (The Pieper Lectures; 1) – Siehe Nr. 294. 775. 861. 863.

057 **Orden und Klöster im Zeitalter von Reformation und katholischer Reform 1500-1700/** hrsg. von Friedhelm Jürgensmeier; Regina Elisabeth Schwerdtfeger. Bd. 2. MS: Aschendorff, 2006. 229 S.: Tab., Ktn. (Kath. Leben und Kirchenreform im Zeitalter der Glaubensspaltung; 66) – Siehe Nr. 604. 611f.

058 **Orden und Klöster im Zeitalter von Reformation und Katholischer Reform 1500-1700/** hrsg. von Friedhelm Jürgensmeier; Regina Elisabeth Schwerdtfeger. Bd. 3. MS: Aschendorff, 2007. 240 S.: Tab., Ktn. & Beil. (Kath. Leben und Kirchenreform im Zeitalter der Glaubensspaltung; 67) – Siehe Nr. 607. 613.

059 **Ordinationsverständnis und Ordinationsliturgien:** ökumenische Einblicke/ hrsg. von Irene Mildenberger. L: EVA, 2007. 212 S. (Beiträge zu

Liturgie und Spiritualität; 18) – Siehe Nr. 274. 286. 896.

060 **Passion, Affekt und Leidenschaft in der Frühen Neuzeit/** hrsg. von Johann Anselm Steiger in Verb. mit Ralf Georg Bogner ... Bd. 1. Wiesbaden: Harrassowitz, 2005. 486 S.: Ill. (Wolfenbütteler Arbeiten zur Barockforschung; 43) – Siehe Nr. 194. 211. 331. 458.

061 **Passion, Affekt und Leidenschaft in der Frühen Neuzeit/** hrsg. von Johann Anselm Steiger in Verb. mit Ralf Georg Bogner ... Bd. 2. Wiesbaden: Harrassowitz, 2005. S. 494-1178: Ill., Noten. (Wolfenbütteler Arbeiten zur Barockforschung; 43) – Siehe Nr. 369. 423. 805. 828.

062 **Pietism and Lutheranism/** hrsg. von John A. Maxfield. StL: Concordia Historical Institute; Crestwood, MO: Luther Academy, 1999. 184 S. (The Pieper Lectures; 3) – Siehe Nr. 813. 819.

063 **Politics and Reformations:** histories and Reformations; essays in honor of Thomas A. Brady. Jr./ hrsg. von Christopher Ocker ... Leiden; Boston: Brill, 2007. XXI, 471 S.: Ill., Porträt. (Studies in medieval and Reformation traditions; 127) – Siehe Nr. 353. 377. 617. 834. 985.

064 **Politik und Bekenntnis:** die Reaktionen auf das Interim von 1548/ hrsg. von Irene Dingel; Günther Wartenberg; Redaktion: Michael Beyer; Johannes Hund; Henning P. Jürgens. L: EVA, 2006. 284 S.: Ill. (Leucorea-Studien zur Geschichte der Reformation und der Luth. Orthodoxie; 8) – Siehe Nr. 567. 596. 609. 664. 692. 761. 774. 781.

065 **Politischer Aristotelismus und Religion in Mittelalter und Früher Neuzeit/** hrsg. von Alexander Fidora; Johannes Fried; Matthias Lutz-Bachmann; Luise Schorn-Schütte. B: Akademie, 2007. 197 S. (Wissenskultur und gesellschaftlicher Wandel; 23) – Siehe Nr. 521. 530. 570.

066 Quapp, Erwin: **Wort-wörtlich bei Martin Luther und anderen:** Vorträge zur Schöpfungsthematik; Interpretationen und Konzeptionen im Grenzgebiet von Systematischer Theologie, Theologiegeschichte und Ethik bei Martin Luther, Dorothee Sölle, Friedrich Schleiermacher, Albert Schweitzer, Werner Heisenberg und Gerhard Ebeling. HH: Kovač, 2006. XX, 139 S. (Ethik in Forschung und Praxis; 5) – Siehe Nr. 184-187.

067 **Der Reichstag 1486-1613:** Kommunikation – Wahrnehmung – Öffentlichkeiten/ hrsg. von Maximilian Lanzinner; Arno Strohmeyer. GÖ: V&R, 2006. 540 S.: Ill. (Schriftenreihe der Historischen Kommission bei der Bayerischen Akademie der Wissenschaften; 73) – Siehe Nr. 538. 558.

068 **Religio, retorika, nemzettudat régi irodalmunkban** (Religion, Rhetorik, Nationalbewusstsein in der alten ungarischen Literatur)/ hrsg. von István Bitskey; Szabolcs Oláh. Debrecen: Kossuth, 2004. 595 S.: Ill. (Csokonai Universitas Könyvtár; 31) – Siehe Nr. 706. 722.

069 **Religionskriege im Alten Reich und in Alteuropa/** hrsg. von Franz Brendle; Anton Schindling. MS: Aschendorff, 2006. 566 S.: Ill. – Siehe Nr. 541. 769. 820.

070 **Sanctification:** new life in Christ/ hrsg. von John A. Maxfield. StL: Concordia Historical Institute; Northville, SD: Luther Academy, 2003. X, 110 S. (The Pieper lectures; 7) – Siehe Nr. 264. 268. 296. 349. 455. 593.

071 **Tanítványok:** tanítványai köszöntik a 85 éves Prőhle Károly professzort, aki – velünk együtt – maga is Tanítvány (Jünger: seine Jünger gratulieren Prof. Károly Prőhle zum 85. Geburtstag, weil er selbst – mit uns – ein Jünger ist)/ hrsg. von Tamás Fabiny. BP: Evangélikus Teológiai Akadémia, 1996. 280 S.: Ill. – Siehe Nr. 193. 338. 372. 413.

072 **Theologie im Dialog:** Festschrift für Harald Wagner/ hrsg. von Peter Neuner; Peter Lüning. MS: Aschendorff, 2004. 498 S.: Ill., Frontispiz. – Siehe Nr. 192. 899. 922.

073 **Was tun?:** lutherische Ethik heute/ hrsg. von Tim Unger. Hannover: LVH, 2006. 311 S. (Bekenntnis: Fuldaer Hefte; 38) – Siehe Nr. 916. 918. 946. 954. 957. – Bespr.: Pawlas, Andreas: Lu 78 (2007), 51f.

074 **Die Zürcher Täufer 1525-1700/** hrsg. von Urs B. Leu; Christian Scheidegger. ZH: Theol. Verlag, 2007. 428 S.: Ill., 8 Abb. – Siehe Nr. 643. 645f.

075 **Zukunftsvoraussagen in der Renaissance/** hrsg. von Klaus Bergdolt; Walhter Ludwig; unter Mitw. von Daniel Schäfer. Wiesbaden: Harrassowitz, 2005. 444 S.: Ill. (Wolfenbütteler Abhandlungen zur Renaissance-Forschung; 23) – Siehe Nr. 580. 701.

076 **Zur Rechtfertigungslehre in der Lutherischen Orthodoxie:** Beiträge des Sechsten Wittenberger Symposiums zur Lutherischen Orthodoxie/ hrsg. von Udo Sträter; Redaktion: Kenneth G. Appold. L: EVA, 2003. 271 S. (Leucorea-Studien zur Geschichte der Reformation und der Luth. Orthodoxie; 2) – Siehe Nr. 320. 780. 783.

A QUELLEN

1 Quellenkunde

1 Dunsch, Boris; Porada, Haik Thomas: **Die Bibliothek des Stettiner Konsistorialsekretärs Samuel Vogler im Jahre 1650.** In: Justitia in Pommern/ hrsg. von Dirk Alvermann; Jürgen Regge. MS: Lit, 2004, 235-284. L 270. 272 f. 276. (Geschichte; 63)

2 Leppin, Volker: **Der Baseler Druck von Luthers Ablassthesen in der Marburger Universitätsbibliothek.** In: Die Universität Marburg im Königreich Westfalen/ hrsg. von Margret Lemberg; Bernd Reifenberg. Marburg: Universitätsbibliothek Marburg, 2007, 126-136: Ill. (Schriften der Universität Marburg; 130)

3 Schilling, Johannes: **Ein Druck von Disputationsthesen Martin Luthers in der Kieler Universitätsbibliothek.** Christiana Albertina: Forschungen und Berichte aus der Christian-Albrechts-Universität zu Kiel 64 (2007), 59-63: Ill.

2 Wissenschaftliche Ausgaben und Übersetzungen der Werke Luthers sowie der biographischen Quellen

4 Luther, [Martin]: **Letters of spiritual counsel** (*Briefe* ⟨engl.⟩)/ hrsg. und übers. von Theodore G. Tappert. Taschenbuch. Vancouver: Regent College, 2003. 367 S. (The library of christian classics; 18)

5 [Luther, Martin]: **D. Martin Luthers Werke:** kritische Gesamtausgabe/ hrsg. von Ulrich Köpf ... Sonderedition ... (Weimarer Ausgabe). Werke, Teil 5. Bd. 49. Unveränd. Nachdruck der Ausgabe Weimar 1913. Weimar: Böhlau, 2007. LII, 848 S.

6 [Luther, Martin]: **D. Martin Luthers Werke:** kritische Gesamtausgabe/ hrsg. von Ulrich Köpf ... Sonderedition ... (Weimarer Ausgabe). Werke, Teil 5. Bd. 50. Unveränd. Nachdruck der Ausgabe Weimar, 1914. Weimar: Böhlau, 2007. IX, 690 S.

7 [Luther, Martin]: **D. Martin Luthers Werke:** kritische Gesamtausgabe/ hrsg. von Ulrich Köpf ... Sonderedition ... (Weimarer Ausgabe). Werke, Teil 5. Bd. 51. Unveränd. Nachdruck der Ausgabe Weimar, 1914. Weimar: Böhlau, 2007. XVI, 733 S., 2 Taf. Faks.

8 [Luther, Martin]: **D. Martin Luthers Werke:** kritische Gesamtausgabe/ hrsg. von Ulrich Köpf ... Sonderedition ... (Weimarer Ausgabe). Werke, Teil 5. Bd. 52. Unveränd. Nachdruck der Ausgabe Weimar, 1915. Weimar: Böhlau, 2007. XXXV, 842 S.

9 [Luther, Martin]: **D. Martin Luthers Werke:** kritische Gesamtausgabe/ hrsg. von Ulrich Köpf ... Sonderedition ... (Weimarer Ausgabe). Werke, Teil 5. Bd. 53. Unveränd. Nachdruck der Ausgabe Weimar, 1920. Weimar: Böhlau, 2007. VI S., 2 Bl. Taf., 678 S.

10 [Luther, Martin]: **D. Martin Luthers Werke:** kritische Gesamtausgabe/ hrsg. von Ulrich Köpf ... Sonderedition ... (Weimarer Ausgabe). Werke, Teil 5. Bd. 54. Unveränd. Nachdruck der Ausgabe Weimar, 1928. Weimar: Böhlau, 2007. VIII, 530 S., 10 Taf. Faks.

11 [Luther, Martin]: **D. Martin Luthers Werke:** kritische Gesamtausgabe/ hrsg. von Ulrich Köpf ... Sonderedition ... (Weimarer Ausgabe). Werke, Teil 5. Bd. 55 I. Unveränd. Nachdruck der Ausgabe Weimar, 1993. Weimar: Böhlau, 2007. LXV, 916 S.

12 [Luther, Martin]: **D. Martin Luthers Werke:** kritische Gesamtausgabe/ hrsg. von Ulrich Köpf ... Sonderedition ... (Weimarer Ausgabe). Werke, Teil 5. Bd. 55 II. Unveränd. Nachdruck der Ausgabe Weimar, 2000. Weimar: Böhlau, 2007. L, 1028 S.

13 [Luther, Martin]: **D. Martin Luthers Werke:** kritische Gesamtausgabe/ hrsg. von Ulrich Köpf ... Sonderedition ... (Weimarer Ausgabe). Werke, Teil 5. Bd. 56: **Der Brief an die Römer.** Unveränd. Nachdruck der Ausgabe Weimar, 1938. Weimar: Böhlau, 2007. LVI, 528 S., 4 Taf. Faks.

14 [Luther, Martin]: **D. Martin Luthers Werke:** kritische Gesamtausgabe/ hrsg. von Ulrich Köpf ... Sonderedition ... (Weimarer Ausgabe). Werke, Teil 5. Bd. 57: **Nachschriften der Vorlesungen über Römerbrief, Galaterbrief und Hebräerbrief.** Unveränd. Nachdruck der Ausgabe Weimar, 1939. Weimar: Böhlau, 2007. LXXXIV, 232, XXVI, 108, XLI, 238 S., 7 Taf. Faks.

15 [Luther, Martin]: **D. Martin Luthers Werke:** kritische Gesamtausgabe/ hrsg. von Ulrich Köpf ... Sonderedition ... (Weimarer Ausgabe). Werke, Teil 5. Bd. 58 I: **Gesamtregister.** Unveränd. Nachdruck der Ausgabe Weimar, 1948. Weimar: Böhlau, 2007. 322 S.

16 [Luther, Martin]: **D. Martin Luthers Werke:** kritische Gesamtausgabe/ hrsg. von Ulrich Köpf ... Sonderedition ... [Weimarer Ausgabe]. Werke, Teil 5. Bd. 59: **Nachträge.** Unveränd. Nachdruck der Ausgabe Weimar, 1983. Weimar: Böhlau, 2007. XIV, 819 S.

17 [Luther, Martin]: **D. Martin Luthers Werke:** kritische Gesamtausgabe/ hrsg. von Ulrich Köpf ... Sonderedition ... [Weimarer Ausgabe]. Werke, Teil 5. Bd. 60: **Nachträge. Geschichte der Luther-Ausgaben vom 16. bis zum 19. Jahrhundert.** Unveränd. Nachdruck der Ausgabe Weimar, 1980. Weimar: Böhlau, 2007. XX, 637 S.

18 [Luther, Martin]: **D. Martin Luthers Werke:** kritische Gesamtausgabe/ hrsg. von Ulrich Köpf ... Sonderedition ... [Weimarer Ausgabe]. Werke, Teil 5. Bd. 61: **Inhaltsverzeichnis zur Abteilung Schriften Band 1-60 nebst Verweisen auf die Abteilungen Die Deutsche Bibel, Briefwechsel, Tischreden.** Unveränd. Nachdruck der Ausgabe Weimar, 1983. Weimar: Böhlau, 2007. XIV, 199 S.

19 [Luther, Martin]: **Die 95 Thesen Martin Luthers/** [*Disputatio pro declaratione virtutis indulgentiarum* ⟨dt.⟩]/ übers. und komm. von Ingetraut Ludolphy. Erlangen: Martin Luther, 2006. 39 S.

20 Luther, Martin: **Ensimmäisen Mooseksen kirjan selitys 32-40** [*Genesisvorlesung* ⟨finn.⟩]/ aus dem Lat. übers. von Heikki Koskenniemi. Helsinki: Suomen Luther-säätiö, 2007. 436 S. [Totuuden aarre; 7]

21 [Luther, Martin]: **Luthers theologisch testament:** over de Joden en hun leugens; inleiding, vertaling, commentaar [Luthers theol. Testament: Von den Juden und ihren Lügen; Einführung, Übersetzung, Kommentar]/ René Süss. Amsterdam: VU, 2006. 509 S.: Ill., Portr. – Bespr.: Kirn, Hans-Martin: LuBu 16 (2007), 97-99; siehe auch LuB 2008, Nr. 652.

22 [Luther, Martin] Lutero, Martinho: **Obras selecionadas** [Ausgewählte Werke ⟨port.⟩]. Bd. 7: **Vida em comunidade:** comunidade – ministério – culto – sacramentos – visitação – catecismos – hinos [Gemeindeleben: Gemeinde – Amt – Gottesdienst – Sakramente – Visitation – Katechismen – Lieder]/ im Auftrag der Comissão Luterana de Literatura hrsg. von Darci Drehmer; übers. von Arnaldo Schüler; Ilson Kayser; Walter O. Schlupp. São Leopoldo: Sinodal; Porto Alegre: Concórdia, 2000. 593 S.: Reg.

23 [Luther, Martin] Lutero, Martinho: **Obras sele-**cionadas [Ausgewählte Werke ⟨port.⟩]. Bd. 8: **Interpretação bíblica:** princípios [Bibelauslegung: Prinzipien]/ im Auftrag der Comissão Luterana de Literatura hrsg. von Darci Drehmer; übers. von Adolpho Schimidt; Eduardo Gross; Elisa Schulz; Luís H. Dreher; Walter O. Schlupp. São Leopoldo: Sinodal; Porto Alegre: Concórdia, 2003. 580 S.: Reg.

24 [Luther, Martin] Lutero, Martinho: **Obras selecionadas** [Ausgewählte Werke ⟨port.⟩]. Bd. 9: **Interpretação do Novo Testamento:** Mateus 5-7, 1 Coríntos 15, 1 Timóteo [Auslegung des Neuen Testaments: Mt 5-7, 1 Kor 15, 1 Tim]/ im Auftrag der Comissão Luterana de Literatura hrsg. von Darci Drehmer; übers. von Ilson Kayser; Luís H. Dreher; Walter O. Schlupp. São Leopoldo: Sinodal; Porto Alegre: Concórdia; Canoas: ULBRA, 2005. 648 S.: Reg.

25 [Luther, Martin] Luther, Márton: **Tizennégy vigasztaló kép megfáradtaknak és megterhelteknek** [*Tessaradecas consolatoria pro laborantibus et oneratis* ⟨ungar.⟩]/ eingel. und übers. von Jenő Virág; hrsg. vom Lajos-Ordass-Freundeskreis. 2. Aufl. BP: Ordass L. Baráti Kör, 1994. 97 S.: Ill.

26 [Luther, Martin]: **Luthers Tischreden/** zsgest. von Jürgen Henkys und mit einem Essay von Walter Jens; mit Reproduktionen nach Punzenstichen von Hermann Naumann. Lizenzausgabe 2003 für die Wissenschaftliche Buchgesellschaft. [DA]: WB, 2003. 237 S.: Ill.

27 Luther, Martin: **Von weltlicher Obrigkeit** [*Von weltlicher Oberkeit, wie weit man ihr Gehorsam schuldig sei*]. In: Staatsdenker der Vormoderne: Klassikertexte von Platon bis Luther/ mit Einführungen hrsg. von Rudolf Weber-Fas. TÜ: Mohr Siebeck, 2005, 239-261. [UTB; 2722]

28 **The Lutheran Reformation:** sources, 1500-1650 on microfiche/ hrsg. von William S. Maltby. Teil 1: **Germany.** Leiden: IDC, 1994. 1667 microfiches & Beil. [58 S.]

29 **Mémoires de Luther:** écrits par lui-même/ übers. und zsgest. von Jules Michelet; neu hrsg. und erl. von Claude Mettra. P: Mercure de France, 2006. 533 S. [Le temps retrouvé]

30 **Das Newe Testament Deutzsch:** [»Septembertestament«]/ übers. von Martin Luther; Neudruck der Ausgabe Vuittemberg, 1522; Nachwort von Ingetraut Ludolphy. Nachdruck der Ausgabe L, 1972. L: Seemann Henschel, 2005. CVII, LXXVII, [27] Bl., 7 S.: Ill.

3 Volkstümliche Ausgaben und Übersetzungen der Werke Luthers sowie der biographischen Quellen

a) Auswahl aus dem Gesamtwerk

31 **Dass Jesus Christus ein geborener Jude sei:** Martin Luther und die Juden; eine Textsammlung/ hrsg. und komment. von Volkmar Joestel; Friedrich Schorlemmer. Wittenberg: Stiftung Luthergedenkstätten in Sachsen-Anhalt, 2007. 40 S.: Ill. (Stiftung Luthergedenkstätten in Sachsen-Anhalt: Heft; 16) (Luther lesen)

32 [Luther, Martin]: **Ich kann keinen gen Himmel treiben:** Martin Luthers Invokavitpredigten vom März 1522; eine Textsammlung (*Acht Sermone D. M. Luthers von ihm gepredigt zu Wittenberg in der Fasten* (neuhochdt.))/ hrsg. und komment. von Volkmar Joestel; Friedrich Schorlemmer. Wittenberg: Drei Kastanien, 2002. 40 S., Ill. (Stiftung Luthergedenkstätten in Sachsen-Anhalt: Heft; 11) (Luther lesen)

33 [Luther, Martin]: **Ich kann keinen gen Himmel treiben:** Martin Luthers Invokavitpredigten vom März 1522; eine Textsammlung (*Acht Sermone D. M. Luthers von ihm gepredigt zu Wittenberg in der Fasten* (neuhochdt.))/ hrsg. und komment. von Volkmar Joestel; Friedrich Schorlemmer. 2., unv. Aufl. Wittenberg: Stiftung Luthergedenkstätten in Sachsen-Anhalt, 2007. 40 S., Ill. (Stiftung Luthergedenkstätten in Sachsen-Anhalt: Heft; 11) (Luther lesen)

34 [Luther, Martin] Lutero, Martim: **Discípulo – testemunha – Reformador** (Schüler, Zeuge, Reformator)/ Meditationen von Ricardo Willy Rieth über ausgew. Texte von Martin Luther. São Leopoldo: Sinodal, 2007. 120 S.: Ill.

35 [Luther, Martin]: **Dr. Luther Márton önmagáról** (Dr. Martin Luther über sich selbst)/ ausgew., übers. und erl. von Jenő Virág; hrsg. vom Lajos-Ordass-Freundeskreis. 3. Aufl. BP: Ordass L. Baráti Kör, [1991]. 190 S.

36 [Luther, Martin]: **Dr. Luther Márton önmagáról** (Dr. Martin Luther über sich selbst)/ ausgew., übers. und erl. von Jenő Virág; hrsg. vom Lajos-Ordass-Freundeskreis. 4. Aufl. BP: Ordass L. Baráti Kör, [1992]. 190 S.

37 [Luther, Martin]: **Dr. Luther Márton önmagáról** (Dr. Martin Luther über sich selbst)/ ausgew., übers. und erl. von Jenő Virág; hrsg. vom Lajos-Ordass-Freundeskreis. 5. Aufl. BP: Ordass L. Baráti Kör, [1996]. 190 S. [Korr. LuB 1997, Nr. 578]

38 [Luther, Martin]: **Dr. Luther Márton önmagáról** (Dr. Martin Luther über sich selbst)/ ausgew.,

übers. und erl. von Jenő Virág; hrsg. vom Lajos-Ordass-Freundeskreis. 6. Aufl. BP: Ordass L. Baráti Kör, [2002]. 190 S.

39 [Luther, Martin]: **Dr. Luther Márton önmagáról** (Dr. Martin Luther über sich selbst)/ ausgew., übers. und erl. von Jenő Virág; hrsg. vom Lajos-Ordass-Freundeskreis. 7. Aufl. BP: Ordass L. Baráti Kör, [2006]. 190 S.

40 Luther, Martin: **Die 95 Thesen und andere Schriften.** PB: Voltmedia, [2007]. 160 S. (Worte, die die Welt veränderten)

41 [Luther, Martin] Luther, Martti: **Luottamus sydämessä:** Martti Lutherin mietteitä (Vertrauen im Herzen: Gedanken Martin Luthers). ges. von Ulrich Eggers; aus dem Finn. übers. von Pasi Palmu; Teemu Haataja. Helsinki: Arkki, 2007. 119 S.

42 [Luther, Martin]: **Luther Brevier:** Worte für jeden Tag = **Luther's breviary:** a meditation for each day of the year/ hrsg. von Thomas A. Seidel im Auftrag der Internationalen Martin Luther Stiftung; Bearb. des dt. Textes von Ulrich Schacht; übers. von John Gled Hill; Philip Wilson. Weimar: Wartburg, 2007. 383 S.

43 [Luther, Martin]; **Luthers Sprichwörter aus seinen Schriften gesammelt und in Druck gegeben/** von J. A. Heuseler. Fotomechanischer Nachdruck der Ausgabe Leipzig, 1824. Vaduz: Sändig Reprint, 2001. VIII, 160 S.

44 [Luther, Martin]: **Martin Luther: die 95 Thesen;** Von der Freiheit eines Christenmenschen; Fabeln; Originaltexte des Mittelalters mit biographischer Einleitung/ Einl. und Sprecher: Georg Wyrwoll. Offenbach am Main: Hörbücherverlag Frankfurt, [2004]. 1 CD. (Klassiker der Weltliteratur)

45 [Luther, Martin]: **Mit Martin Luther von Tag zu Tag:** ein Jahresbegleiter/ hrsg. von Uwe Wolff. S: Kreuz, 2004. [383] S.: Ill.

46 [Luther, Martin] Luther, Maarten: **Een vaste burcht is onze God:** gedachten bij de psalmen: dagboek (Ein feste Burg ist unser Gott: Gedanken zu Psalmen; Tagebuch)/ zsgest. und ins Niederl. übers. von N. A. Eikelenboom. Houten: Den Hertog, 2006. [190] S.: Ill.

47 Luther, Martin: **Wie man beten soll/** Vorwort: Klaus Haag. Schittko, Gerhard: **Martin Luther als Beter.** 2. Aufl. Gießen: Brunnen, 2005. 65 S., S. 66-112.

48 **Die Nonne heiratet den Mönch:** Luthers Hoch-
zeit als Scandalon; eine Textsammlung/ hrsg.
und komm. von Volkmar Joestel; Friedrich
Schorlemmer. 2., unv. Aufl. Wittenberg: Stiftung
Luthergedenkstätten in Sachsen-Anhalt, 2007. 40
S.: Ill. (Stiftung Luthergedenkstätten in Sachsen-
Anhalt: Heft; 5) (Luther lesen)

49 **Und sie werden sein ein Fleisch:** Martin Luther
und die Ehe/ hrsg. und komm. von Volkmar
Joestel; Friedrich Schorlemmer. 2., unv. Aufl.
Wittenberg: Stiftung Luthergedenkstätten in
Sachsen-Anhalt, 1999. 40 S.: Ill. (Stiftung Lu-
thergedenkstätten in Sachsen-Anhalt: Heft; 4)
(Luther lesen)

50 **Wir sind allzulange deutsche Bestien gewesen:**
Volksbildung bei Luther und Melanchthon;
eine Textsammlung/ hrsg. und komment. von
Volkmar Joestel; Friedrich Schorlemmer. 2.
Aufl. Wittenberg: Stiftung Luthergedenkstätten
in Sachsen-Anhalt, 2000. 40 S.: Ill. (Stiftung
Luthergedenkstätten in Sachsen-Anhalt: Heft;
10) (Luther lesen)

b) Einzelschriften und Teile von ihnen

51 Essig, Rolf-Bernhard: »Ade, liebes Rom! Stink
fortan, was da stinkt ...«: der Sendbrief Martin
Luthers an Papst Leo X. [1520]. In: »Wer schweigt,
wird schuldig!«: offene Briefe von Martin Luther
bis Ulrike Meinhof/ hrsg. und komm. von Rolf-
Bernhard Essig; Reinhard M. G. Nickisch. GÖ:
Wallstein, 2007, 19-34.

52 [Luther, Martin]: **Selbst-Findung des Glaubens:**
Luthers erste Invocavit-Predigt vom 9. März 1522
(*Acht Sermone D. M. Luthers von ihm gepre-
digt zu Wittenberg in den Fasten* (neuhochdt.)
[Auszug])/ bearb. von Uwe Rieske. Lu 77 (2006),
136-140.

53 Luther, Martin: **Die freie Pfarrerwahl:** Grund und
Ursach aus der Schrift 1523 (*Dass eine christliche
Versammlung oder Gemeinde Recht und Macht
habe, alle Lehre zu urteilen ...* (neuhochdt.)). 2.
Aufl. Wiehl: Kamen-Initiative, 1999. 15 S. (Schrif-
tenreihe Bekennende Gemeinde; 3)

54 Luther, Martin: **Die freie Pfarrerwahl:** 1523 (*Dass
eine christliche Versammlung oder Gemeinde
Recht und Macht habe, alle Lehre zu urteilen ...*
(neuhochdt.))/ hrsg. von Kamen-Initiative. [Neu-
ausgabe]. Geldern-Ha., Kamen-Initiative, 2003.
13 S. (Schriftenreihe Bekennende Gemeinde; 3)

55 Luther, Martin: **Der große Katechismus** (*Deutsch
[Großer] Katechismus*). Lizenzausgabe. Augsburg: Weltbild, 2007. 239 S. (Klassiker des Christentums)

56 [Luther, Martin]: **Aus dem Großen Katechismus von Martin Luther:** das achte Gebot: Du
sollst nicht falsch Zeugnis reden wider deinen
Nächsten (*Deutsch [Großer] Katechismus* [Aus-
zug]). Arbeitsgemeinschaft lebendige Gemeinde
Bayern (Oktober 2007) Nr. 2, 3f.

57 Luther, Martin: **Vorrede zum Römerbrief**
(*Deutsche Bibel: Vorreden* (neuhochdt.))/ hrsg.
vom Bruderrat der Evang.-Luth. Gebetsgemeinschaften. Bielefeld: Missionsverlag der Evang.-
Luth. Gebetsgemeinschaften, 2004. 16 S.

58 [Luther, Martin] Luther, Maarten: **Voorwoord
bij de Brief aan de Romeinen** (*Deutsche Bibel:
Vorreden* (niederl.))/ übers. von Arie Spijkerboer.
In de waagschaal: N. S. 35 (Utrecht 2006) Heft 2,
5-8.

59 [Luther, Martin] Luther, Maarten: **Een eeuwige
toevlucht: verklaring van Psalm 90** (*Enarratio
Psalmi XC ...* (niederl.))/ übers. von Ch[rista] Th.
Boerke. Houten: Den Hertog, 2005. 97 S.: Ill.

60 [Luther, Martin] Luther, Maarten: **De vrijheid
van een christen** (*Epistola Lutheriana ad Leo-
nem X ... Tractatus de libertate christiana* (niederl.))/ übers. und erläutert von Christa Boerke.
Kampen: Kok, 2003. 144 S.: Portr.

61 [Luther, Martin] Luther, Maarten: **Beloften van
troost:** de zaligsprekingen (*Das fünfte, sechste
und siebente Kapitel Matthäi gepredigt und
ausgelegt* [Auszug] (niederl.))/ übers. von Erika
Heijboer-Sinke. Utrecht: de Banier, 2005. 95 S.

62 **Colours of grace:** Gesangbuch der Gemeinschaft
Evangelischer Kirchen in Europa (GEKE) (*Geistliche Lieder* (dt., engl., franz. u. a.))/ im Auftrag
des Exekutivausschusses ... erarb. und hrsg. von
Peter Bukowski ... M: Strube, 2006. 19, [366] S., S.
386-395: Noten. L Nr. 4. 11. 46. 48. 84. 90 f. 116. 126.
– Bespr.: Zschoch, Hellmut: Lu 78 (2007), 130.

63 [Luther, Martin] Luther, Márton: **A jó cselekedetekről** (*Von den guten Werken* (ungar.))/ übers.
von János Takács. 2. Aufl. Hódmezővásárhely:
[Selbstverlag], 1992. 95 S.

64 [Luther, Martin]: **Was wir glauben:** Luthers Kleiner Katechismus/(*Der kleine Katechismus für
die gemeinen Pfarrherrn und Prediger*)/ erkl.
von Henry Schwan 2., durchges. Aufl. Zwickau:
Concordia, 2002. 256 S.: Ill.

65 Luther, Martin: **Lob der Musik: die Vorrede**
zu Georg Rhaus SYMPHONIAE IUCUNDAE;
Wittenberg 1538 (*Symphoniae iucundae ... Cum
praefatione Lutheri* (lat./dt.))/ hrsg. und übers.
von Johannes Schilling. Kiel, 2007. 11 S., 2 Faks.

66 [Luther, Martin]: **Luthers Schmalkadische Artikel von 1537**/ (*Die Schmalkaldischen Artikel*
(neuhochdt.))/ mit einer Einführung von Martin

Hoffmann; Textbearb. von Helmar Junghans. 3. Aufl. der Neubearbeitung. Zwickau: Concordia, 2004. 64 S.: Ill.

67 [Luther, Martin]: **Vom alltäglichen Dank an Gott:** Luthers Auslegung von Ps 118, 1 im Jahre 1530 [*Das schöne Confitemini, an der Zahl der 118. Psalm* (neuhdt.) [Auszug]]/ ausgew. und bearb. von Helmar Junghans. Lu 78 (2007), 62-65.

68 [Luther, Martin] Luther, Maarten: **Wees mij genadig:** verklaring van de boetpsalmen [*Die sieben Bußpsalmen mit deutscher Auslegung* (niederl.)]/ übers. von Erika Heijboer-Sinke. Kampen: de Groot Goudriaan, 2006. 110 S.

69 [Luther, Martin]: **Luthers Tischreden/** zsgest. von Jürgen Henkys und mit einem Essay von Walter Jens; mit Reproduktionen nach Punzenstichen von Hermann Naumann. L: Faber & Faber, 2003. 237 S.: Ill.

70 [Luther, Martin]: **Christus, der Trostprediger:** aus Luthers Auslegung von Joh 14 und 15 (1537/38) [Das 14. und 15. Kapitel S. Johannes durch D. M. Luther gepredigt und ausgelegt (neuhdt.) [Auszug]]/ ausgew. und bearb von Hellmut Zschoch. Lu 78 (2007), 2-5.

71 **Luther-Evangelien-Synopse/** hrsg. von Carl Heinz Peisker. Durchges. Neuaufl. der »Neuen Luther-Evangelien-Synopse«. Wuppertal; Kassel, 1998. S: Deutsche Bibelgesellschaft, 2007. 161 Doppels., XIV S.

72 **Neue Luther-Evangelien-Synopse/** hrsg. von Carl Heinz Peisker. 4. Aufl. Wuppertal; Kassel: Oncken, 1998. 161 Doppels., XIV S.

73 **Das Neue Testament unseres Herrn und Heilands Jesus Christus:** nach der deutschen Übersetzung D. Martin Luthers/ Sonderausgabe für den Internationalen Gideonbund in Deutschland. Auflage 2006/I. S: Deutsche Bibelgesellschaft, 2006 (c 1999). 704 S.

4 Ausstellungen, Bilder, Bildbiographien, Denkmäler, Lutherstätten

74 **In Martin Luther's footsteps** [Auf den Spuren von Martin Luther (engl.)]/ hrsg. von Matthias Gretzschel; Toma Babovic; übers. von Paul Bewicke. 5. Aufl. HH: Ellert & Richter, 2007. 96 S.: Ill., Kt.

75 Barth, Hans-Martin: **Aschaffenburger Bilderkrieg – Luther im Exil?:** protestantische Beobachtungen zu einer Kunst-Ausstellung. MD 58 (2007), 22 f.

76 Böcher, Otto: **Die Luther-Rose:** Martin Luthers Siegel und die Wappen der Reformatoren. Genealogisches Jahrbuch 44 (2004), 5-25: Ill.

77 Brockmann, Thomas: **»Dieses würdigste aller Lutherdenkmale ...«:** die Coburger Luther-Bibliothek als Projekt und Typ reformationsbezogener Erinnerungskultur. In: Windsor – Coburg: geteilter Nachlass – gemeinsames Erbe; ein~Dynastie und ihre Sammlungen; divided estate – common heritage; the collections of a dynasty/ hrsg. von Franz Bosbach; John R. Davis. M: Saur, 2007, 85-114: Ill. (Prinz-Albert-Studien; 25)

78 Brodkorb, Clemens: »**Lutherburg« oder Verehrung der hl. Elisabeth:** zur Vorgeschichte des ersten nachreformatorischen katholischen Gottesdienstes auf der Wartburg am 19. November 1974. Jahrbuch für mitteldeutsche Kirchen- und Ordensgeschichte 3 (2007), 113-138: Ill. L".

79 Caspar, Helmut: **Schadows Blücherdenkmal in Rostock und Martin Luther in Wittenberg/** hrsg. von der Schadow Gesellschaft, Berlin. B: Schadow-Gesellschaft, 2003. 24 S.: Ill. (Schriftenreihe der Schadow-Gesellschaft; 5)

80 George, Christian [Timothy]: **Sacred travels:** recovering the ancient practice of pilgrimage/ Vorwort von Calvin Miller. Downers Grove, IL: InterVarsity, 2006. 179 S.

81 **Grünewald und seine Zeit:** Große Landesausstellung Baden-Württemberg; Staatliche Kunsthalle Karlsruhe, 8. Dezember 2007 – 2. März 2008/ hrsg. von der Staatlichen Kunsthalle Karlsruhe; Ausstellung: Dietmar Lüdke ...; Katalogredaktion: Jessica Mack-Andrick ... Karlsruhe: Staatliche Kunsthalle; M; B: Deutscher Kunstverlag, 2007. 408 S.: Ill.

82 Gruhl, Bernhard: **Die Schlosskirche in der Lutherstadt Wittenberg.** Regensburg: Schnell & Steiner, 2006. 64 S.: Ill. (Große Kunstführer; 224) – Bespr.: Zschoch, Hellmut: Lu 78 (2007), 38 f.

83 Guttinger, Christiane: **La culture lutherienne en Saxe et Saxe-Anhalt.** La lettre du Comité Protestant des Amitiés Françaises à l'Étranger 39 (P 2007) Juin, 12 f.

84 Jung-Inglessis, Eva-Maria: **Auf den Spuren Luthers in Rom.** St. Ottilien: EOS, 2006. 70 S.: Ill.

85 Kreiker, Sebastian: **Luther:** Leben und Wirkungsstätten. Petersberg: Imhof, 2003. 127 S.: Ill.

86 **Martin Luther auf den Spuren:** ein Wegweiser zu den Orten, Wirkungsstätten und verbliebenen, entdeckungswürdigen Spuren Luthers; vorgestellt auf 10 Tafeln mit jeweils überschaubarem regionalem Bezug in gleichzeitig chronologischer Abfolge des Lebensweges des Reformators/ Idee,

Gestaltung, Ill./Zeichnungen und Text Jörg Vater. Halle/Saale: Druck-Zuck, 2004. [24] S.: Taf.

87 Matthes, Christian: **Die archäologische Entdeckung des original Luther-Geburtshauses.** In: 050, 73-86: Ill.

88 May, Otto: **Das Lutherbild im Spiegel der Postkarte:** Begleitheft zur Ausstellung in der Domäne Marienburg/ hrsg. vom Förderkreis Stiftung Schulmuseum und Bibliothek für Bildungshistorische Forschung der Universität Hildesheim. Hildesheim: Lax, 2006. 38 S.: Ill.

89 Neser, Anne-Marie: **Luthers Geburtshaus in Eisleben – Ursprünge, Wandlungen, Resultate.** In: 050, 87-119: Ill.

90 Roch-Lemmer, Irene: **Eislebens Kirchen auf Epitaphgemälden des Kronenfriedhofs in der Lutherstadt.** In: 050, 207-221: Ill.

91 Sandner, Harald: **Der Reformator Martin Luther in Coburg**/ hrsg. von Tourismus & Congress Service Coburg. Coburg, 2002. 24 S.: Ill. (Coburg: Stadt und Land)

92 Sandner, Harald: **The reformer Martin Luther in Coburg** (Der Reformator Martin Luther in Coburg ⟨engl.⟩). hrsg. von Tourismus & Congress Service Coburg. Coburg, 2002. 24 S.: Ill. (Coburg: Stadt und Land)

93 Schlenker, Björn: **Reformationsarchäologie in Mansfeld:** Ausgrabungen am Elternhaus Martin Luthers. In: 050, 343-351: Ill.

94 Schlenker, Gerlinde: **Eisleben um 1500 – Streiflichter auf Martin Luthers Heimatstadt.** In: 050, 35-40.

95 Schuchardt, Günter: **Martin Luther:** (1483-1546); Mönch – Prediger – Reformator. Regensburg: Schnell & Steiner, 2004. 23 S.: Ill. (Reihe Hagiographie, Ikonographie, Volkskunde; 40134)

96 Schuchardt, Günter: **Martin Luther:** (1483-1546); Mönch – Prediger – Reformator. 2., veränd. Aufl. Regensburg: Schnell & Steiner, 2006. 23 S.: Ill. (Reihe Hagiographie, Ikonographie, Volkskunde; 40134)

97 Schuchardt, Günter: **Martin Luther:** (1483-1546); monk – preacher – reformer (Martin Luther [1483-1546] ⟨engl.⟩)/ übers. von Veronica Leary. Regensburg: Schnell & Steiner, 2004. 23 S.: Ill. (Hagiography, iconography, folklores series; 40134)

98 Schuchardt, Günter: **Martin Luther:** (1483-1546); monk – preacher – reformer (Martin Luther [1483-1546] ⟨engl.⟩)/ übers. von Veronica Leary. 2., überarb. Aufl. Regensburg: Schnell & Steiner, 2006. 23 S.: Ill. (Hagiography, iconography, folklores series; 40134)

99 Schwabenicky, Wolfgang: **Die angebliche Lutherpredigt in Ringethal, Amt Freiberg.** In: 025, 247-258: Ill., Kt.

100 Stahl, Andreas: **Baugeschichtliche Erkenntnisse zu Luthers Elternhaus in Mansfeld und seiner Bewohner.** In: 050, 353-389: Ill., Kt.

101 Stiftung Luthergedenkstätten in Sachsen-Anhalt: **Sendbrief:** Zeitschrift für Besucher, Freunde und Förderer/ hrsg. von der Stiftung Luthergedenkstätten in Sachsen-Anhalt; Redaktion: Grit Lichtblau; Michael Kühnast. Nr. 8 (Frühjahr). Wittenberg, 2007. 8 S.: Ill.

B DARSTELLUNGEN

I Biographische Darstellungen

a) Das gesamte Leben Luthers

102 Hutch, Richard A.: **Biography, autobiography, and the spiritual quest.** LO; NY: Continuum, 2000. XIV, 225 S. L 28. 44-60. 61-83.

103 Joestel, Volkmar: **Martin Luther: Rebell und** Reformator; eine~biographische Skizze. 2. Aufl. [Wittenberg]: Drei Kastanien, 1995. 63 S.: Ill. (Biographien zur Reformation)

104 Joestel, Volkmar: **Martin Luther:** Rebell und Reformator; eine~biographische Skizze. 3. Aufl. [Wittenberg]: Drei Kastanien, 1996. 63 S.: Ill. (Biographien zur Reformation)

105 Joestel, Volkmar: **Martin Luther:** Rebell und Reformator; eine biografische Skizze. 5. Aufl. Wittenberg: Drei Kastanien, 2002. 63 S.: Ill. (Biographien zur Reformation)

106 Kaufmann, Thomas: **Der »alte« und der «junge« Luther als theologisches Problem.** In: 042, 187-205.

107 Lienhard, Marc: **Martim Lutero:** tempo, vida, mensagem (Martin Luther: un temps, une vie, un message ⟨port.⟩)/ übers. von Walter Altmann; Roberto H. Pich. São Leopoldo: Sinodal, 1998. 409 S.

108 **Martin Luther:** zijn leven, zijn werk (Martin

Luther: Leben und Werk]/ Textredaktion: Sabine Hiebsch; Bildredaktion: Martin van Wijngaarden. Kampen: Kok, 2007. 288 S. – Selbstanzeige: Kerkinformatie (Utrecht 2007), Nr. 154 (Dezember), 15.

109 Oberman, Heiko A.: **Luther:** man between God and the devil Luther: Mensch zwischen Gott und Teufel ⟨engl.⟩)/ übers. von Eileen Walliser-Schwarzbart. New Haven, CT; LO: Yale University, 2006. XX, 380 S.: Ill.

110 Schwarz, Reinhard: **Luther.** 3., durchges. und korr. Aufl. GÖ: V&R, 2004. 271 S. (UTB; 1926)

b) Einzelne Lebensphasen und Lebensdaten

111 Bartmuß, Alexander: **Die Tischreden als Quelle für Luthers Kindheit und Jugend.** In: 050, 121-142: Ill.

112 Burger, Christoph: **Luther im Spannungsfeld zwischen Heiligungsstreben und dem Alltag eines Ordensmannes.** In: 042, 171-185.

113 Hamm, Berndt: **Naher Zorn und nahe Gnade:** Luthers frühe Klosterjahre als Beginn seiner reformatorischen Neuorientierung. In: 042, 111-151.

114 Lausten, Martin Schwarz: **Luther nach 1530:** Theologie, Kirche und Politik/ Kurzfassung von Rudolf K. Markwald. LuD 15 (2007), 154-157. [Vgl. LuB 2006, Nr. 121]

115 Leppin, Volker: **Geburtswehen und Geburt einer Legende:** zu Röres Notiz vom Thesenanschlag. Lu 78 (2007), 145-150.

116 Lindner, Andreas: **Was geschah in Stotternheim?:** eine problematische Geschichte und ihre problematische Rezeption. In: 042, 93-110.

117 Mager, Inge: **Justus Jonas an Luthers Sterbebett:** zur Entstehung der Totenmaske. Lu 77 (2006), 164-170.

118 Meinhold, Günter: **Im Triumph nach Worms.** Evang.-luth. Volkskalender 117 (2006), 17-19: Ill.

119 Mügge, Marlies: »Geburtsstunde der Reformation«: die 95 Thesen und der Beginn des »lutherischen Lärmens«. Bausteine für die Einheit der Christen 46 (2006) Nr. 175, 43-47.

120 Pedersen, Else Marie Wiberg: »**Ein furtrefflicher Munch«:** Luther and the living out of faith. In: 042, 221-241.

121 Philipsen, Christian: »**Im übrigen bin ich in Eisleben geboren und in St. Peter getauft«:** Martin Luthers Geburt und Taufe in Eisleben. In: 050, 163-172.

122 Pointner, Alfred: **Pfeddersheimer Wein auf Luthers Tisch.** Der Wormsgau 24 (2005/06), 143-149.

123 Schatz, Helmut: **Vor 500 Jahren wurde Martin**

Luther Mönch. Bausteine für evang.-kath. Einheit 45 (2005) Nr. 174, 49-51.

124 Schneider, Hans: **Staupitz' Ausschreiben zum Kapitel der deutschen Augustinerkongregation in Heidelberg 1518:** ein Quellenbefund. BlPfKG 74 (2007), 361-372 = Ebernburg-Hefte 41 (2007), 65-76.

125 Treu, Martin: **Der Thesenanschlag fand wirklich statt:** ein neuer Beleg aus der Universitätsbibliothek Jena. Lu 78 (2007), 140-144: Ill.

126 Wartenberg, Günther: **Martin Luthers Kindheit, Jugend und erste Schulzeit in frühen biografischen Darstellungen des Reformators.** In: 050, 143-162: Ill.

127 Weichenhan, Michael: **Luther und die Zeichen des Himmels.** In: 042, 57-91.

128 Wendebourg, Dorothea: **Der gewesene Mönch Martin Luther:** Mönchtum und Reformation. KD 52 (2006), 303-327.

c) Familie

129 Fessner, Michael: **Die Familie Luder und das Bergwerks- und Hüttenwesen in der Grafschaft Mansfeld und im Herzogtum Braunschweig-Wolfenbüttel.** In: 050, 11-31: Ill. L 11-14.

130 Liebehenschel, Wolfgang: **Die Pauliner-Universitätskirche in Leipzig und die Erinnerung:** Grabstelle unseres Vorfahren Prof. med. Paul Luther (1533-1593). Familienblatt der Lutheriden-Vereinigung 82 (Juni 2007) Heft 46, 3f.

131 Ranft, Andreas: **Katharina von Bora, die Lutherin – eine Frau von Adel.** (1999). Zeitschrift für Geschichtswissenschaft 50 (2002), 708-721.

132 Treu, Martin: **Katharina von Bora.** 4. Aufl. Wittenberg: Drei Kastanien, 2003. 91 S.: Ill. (Biographien zur Reformation)

133 Treu, Martin: **Katharine von Bora:** Luther's wife (Katharina von Bora ⟨engl.⟩)/ übers. von Stephen P. Glinsky. Wittenberg: Drei Kastanien, 2003. 92 S.: Ill.

134 Volk, Gertraude: **Käthe, Du bist eine Kaiserin:** D. Martin Luthers Frau, 1499-1552. Luth. Nachrichten 20 (2000) Heft 1, 27-39.

d) Volkstümliche Darstellungen seines Lebens und Werkes, Schulbücher, Lexikonartikel

135 Beutel, Albrecht: **Martin Luther:** Mönch, Professor, Reformator. In: 022, 123-140.

136 Bormuth, Lotte: **Ein feste Burg ist unser Gott:** aus dem Leben von Martin Luther. Marburg/Lahn: Francke, 2006. 223 S.

137 **Das Christentum**/ hrsg. von Monika Tworusch-

ka; Udo Tworuschka; Petra Niebuhr-Timpe. Ungekürzte Lizenzausgabe. [Rheda-Wiedenbrück; GÜ]: RM-Buch-und-Medien-Vertrieb, 2007. 216 S.: Ill. (Die @Welt der Religionen)

138 »Hier stehe ich ...« – Martin Luther und die deutsche Reformation: Fanal gegen Rom: der Thesenanschlag. Das Gottesreich zu Münster: die Wiedertäufer. Der Bauernkrieg: Freiheit für die Christen? G–Geschichte 5 (2004), 66 S.: Ill, Kt.

139 Joestel, Volkmar: Martin Luther: rebel and reformer; a biographical sketch (Martin Luther: Rebell und Reformator ⟨engl.⟩)/ übers. von Stephen P. Glinsky. Wittenberg: Drei Kastanien, 2003. 62 S.: Ill. (Reformation biographies)

140 Kinczler, Irén: Dr. Luther Márton: [1483-1546]. Piliscsaba: FÉBÉ, [2006]. 57 S.: Ill.

141 Krockow, Christian Graf von: Porträts berühmter deutscher Männer: von Martin Luther bis zur Gegenwart. M: List, 2004. 499 S.: Ill.

142 Mai, Klaus-Rüdiger: Von Paulus bis Mutter Teresa: große Persönlichkeiten des Christentums. GÜ: GVH, 2007. 270 S.

143 Martin Luther/ Sprecher: Tobias Fricke. [Mönchengladbach]: Power Station, 2006. 1 CD. (Audio-CDHörbücher)

144 Martin Luther – Luther und seine Zeit. Rosenheim: coTec, 2003. 1 CD-ROM.

145 Paulson, Steven D.: Luther für zwischendurch (Luther for armchair theologians ⟨dt.⟩)/ ill. von Ron Hill; übers. von Tina Bruns. GÖ: V&R, 2007. 231 S.: Ill.

146 Popielas, Alexandra: Wer war Luther?: Infos, Hintergründe und Diskussionsanregungen. Mühlheim an der Ruhr: Verlag an der Ruhr, 2005. 68 S.: Ill.

147 Silber, Heinrich: Ein feste Burg ...: 15 Gestaltungsentwürfe zu Martin Luther. NK: Aussaat, 2007. 149 S. (Kreativ Kompakt – Praxismaterialien für die Seniorenarbeit)

148 Tekla, Manfred: Martin Luther: zijn leven en werk (Martin Luther: sein Leben und Wirken ⟨niederl.⟩/ bearb. von Martin L. van Wijngaarden. 2 Tle. Den Haag: Stichting Lutherse Uitgeverij en Boekhandel, 2005. [32] S.: Ill.

149 Venzke, Andreas: Luther und die Macht des Wortes. Würzburg: Arena, 2007. 112 S.: Ill. (Arena Bibliothek des Wissens: lebendige Biographien)

150 Wehr, Gerhard: Luther. Kreuzlingen; M: Hugendubel, 2004. 95 S.: Tab. (Diederichs kompakt)

2 Luthers Theologie und einzelne Seiten seines reformatorischen Wirkens

a) Gesamtdarstellungen seiner Theologie

151 Bayer, Oswald: Martin Luthers Theologie: eine Vergegenwärtigung. 3., erneut durchges. Aufl. TÜ: Mohr, 2007. XVIII, 354 S.: Ill.

152 Ebeling, Gerhard: Luther: Einführung in sein Denken. 5. Aufl./ mit einem Nachwort von Albrecht Beutel. TÜ: Mohr, 2006. VII, 347 S.

153 Ernst, Volker: Luthers Lehre – ein kurzer Abriß. Luth. Nachrichten 26 (2006) Heft 3, 3-8.

154 Härle, Wilfried: Vorwort und Einleitung. In: 023, 7-23. L 10-14+".

155 Korsch, Dietrich: Martin Luther: eine Einführung. 2., überarb. Aufl. TÜ: Mohr Siebeck, 2007. 191 S. (UTB; 2956)

156 Leiner, Hanns: Luthers Theologie für Nichttheologen. Nürnberg: VTR, 2007. 410 S.

157 Lexikon der Theologie: hundert Grundbegriffe/ hrsg. von Alf Christophersen; Stefan Jordan. S: Reclam, 2004. 360 S.

158 Pesch, Otto Hermann: Martin Lutero: introduzione storica e teologica (Hinführung zu Luther ⟨ital.⟩)/ übers. von Carlo Danna. Brescia: Queriniana, 2007. 481 S., Ill. (Biblioteca di teologia contem poranea; 135)

159 Plathow, Michael: Lutherische Lehre. In: 046, 58-70.

160 Rieger, Reinhold: Von der Freiheit eines Christenmenschen: de libertate christiana. TÜ: Mohr, 2007. X, 373 S. (Kommentare zu Luthers Schriften; 1)

161 Watson, Philip S.: Deixa Deus ser Deus: uma interpretação da teologia de Martinho Lutero (Let God be God!: an interpretation of the theology of Martin Luther ⟨port.⟩)/ übers. von Paulo F. Flor. Canoas: ULBRA, 2005. 260 S.

162 Wengert, Timothy J.: »Per mutuum colloquium et consolationem fratrum«: monastische Züge in Luthers ökumenischer Theologie. In: 042, 243-268.

b) Gott, Schöpfung, Mensch

163 Assel, Heinrich: Der Name Gottes bei Martin Luther: Trinität und Tetragramm – ausgehend von Luthers Auslegung des fünften Psalms/ Kurzfassung von Wolfgang Vondey. LuD 15 (2007), 13f. [Vgl. LuB 2005, Nr. 117]

164 Batka, Lubomir: **Peccatum radicale:** eine Studie zu Luthers Erbsündenverständnis in Psalm 51. F; B; Bern; Bruxelles; NY; Oxford; W: Lang, 2007. 279 S. (EHSch: Reihe 23, Theologie; 847) – Zugl.: TÜ, Univ., Evang.-Theol. Fak., Diss., 2004.

165 Bayer, Oswald: **Gottes Allmacht.** KD 53 (2007), 57-70.

166 Beckmann, Klaus: **Exodus und die gewaltfreie Welt:** zur Rezeption des »Gottes von Ägypten her«. DPfBl 106 (2006), 19-24.

167 Berke, Thomas: **Martin Luther und der Heilige Geist.** Luth. Nachrichten 25 (2005) Heft 3, 45 f.

168 Beuttler, Ulrich: **Freier Wille oder neuronale Determination?:** theologische Überlegungen zum Willensbegriff der Gehirn-Geist-Debatte. Theol. Beiträge 38 (2007), 63-76.

169 Charles, J. Daryl: **Protestants and natural law.** First things 168 (NY 2006), 33-38.

170 Coda, Piero: **Gott – Geheimnis und Nähe:** die dreifaltige Liebe in Offenbarung, Erfahrung und Theologie (Dio uno e trino ⟨dt.⟩)/ aus dem Ital. übers. von Christian Hennecke; Wolfgang Augustyn. M; ZH; W: Neue Stadt, 1997. 230 S. (Theologie und Glaube)

171 Fabiny, Tibor: **The »strange acts of God«:** the hermeneutics of concealment and revelation in Luther and Shakespeare. Dialog 45 (Oxford 2006), 44-54. (How Lutherans read the Bible)

172 Farrugia, Mario: **Gn 1,26-27 in Augustine and Luther:** »Before you are my strenght and my weakness«. Gregorianum 87 (Roma 2006), 487-521.

173 Forde, Gerhard O.: **Whatever happened to God?:** God not preached. In: 018, 33-55. L 49-54".

174 Freudenberg, Matthias: »**Und alsdann flugs und fröhlich geschlafen**« (Martin Luther): der Schlaf in theologischer Perspektive. [Detmolt]: Lippische Landeskirche, [2002]. 27 S.: Ill. (Kleine Schriften: Lippische Landeskirche; 4)

175 Friebe, Joachim: **Ein verborgener Schatz:** der biblische Gottesname Ich-bin-da. DPfBl 106 (2006), 349-352.

176 Gervais, Pierre: **Pénitence et liberté chrétienne:** Luther et Ignace de Loyola. Nouvelle revue théologique 129 (Louvain 2007), 529-544.

177 Hacker, Paul: **Das Ich im Glauben bei Martin Luther:** der Ursprung der anthropozentrischen Religion/ hrsg. von Rudolf Kaschewsky. Nachdruck der Ausgabe Graz; W; Köln, 1966. Bonn: Nova & Vetera, 2002. 356 S. (Edition kirchliche Umschau)

178 Heinrich, Peter: **Mensch und freier Wille bei Luther und Erasmus:** ein Brennpunkt reforma-

torischer Auseinandersetzung; unter besonderer Berücksichtigung der Anthropologie. Nordhausen: Bautz, 2003. VIII, 157 S.

179 Jenson, Matt: **Gravity of sin:** Augustine, Luther, and Barth on homo incurvatus in se. LO; NY: T&T Clark, 2006. X, 202 S.

180 Knuth, Hans Christian: **Zwischen Gott und Teufel:** Martin Luther über den Menschen. (1993). In: 034, 65-77.

181 Kolb, Robert: »**Ein kindt des todts**« und »Gottes Gast«: das Sterben in Luthers Predigten. LThK 31 (2007), 3-22.

182 Limburg, James W.: **What does Ecclesiastes say about God?** In: »And God saw that it was good«: essays on creation and God in honor of Terence E. Fretheim/ hrsg. von Frederick J. Gaiser; Mark A. Throntveit. St. Paul, MN: Word & World, 2006, 128-135. (Word & world: suppl.; 5)

183 Mattox, Mickey L.: **From faith to the text and back again:** Martin Luther on the Trinity in the Old Testament. Pro ecclesia 15 (Lanham, MD 2006), 281-303.

184 Quapp, Erwin: **Geordnete Gedanken zu Luthers Satz »Ich gläube, daß mich Gott geschaffen hat, sampt allen Kreaturen ...«** hinsichtlich des »Luthers gestern« und des »Luthers heute«. In: 066, 79-112.

185 Quapp, Erwin: **Luthers Schöpfungslehre in den Doktorandendisputationen von 1533 bis 1546.** In: 066, 65-78.

186 Quapp, Erwin: **Schluss:** zum Gesamtthema: »Wort-wörtlich ...«. In: 066, 113-135. L".

187 Quapp, Erwin: **Werner Heisenbergs »schöpfungstheologischer Beitrag« in seinem Buch: »Der Teil und das Ganze«.** (1972). In: 066, 1-23. L 13-17+".

188 Raunio, Antti: **Divine and natural law in Luther and Melanchthon.** In: 044, 21-61.

189 Silva, Gilberto da: **Diskontinuität spätmittelalterlich-frühneuzeitlicher Mentalitäten im Werken von Bartolomé de Las Casas (1484-1566) und Martin Luther (1483-1546).** LThK 31 (2007), 23-49.

190 Stratmann, Robert: **Die ontologischen Implikationen in Luthers Deutung der Imago Dei und der immortalitas animae in der Genesisvorlesung.** Luth. Nachrichten 21 (2003) Heft 2, 31-50.

191 Thaidigsmann, Edgar: **Macht über sich selbst?:** der Mensch und die Mächte bei Luther. NZSTh 49 (2007), 42-70.

192 Thönissen, Wolfgang: **Ökumenische Verständigung in der Anthropologie?:** hermeneutische Anmerkungen zu Martin Luthers »Disputatio de homine«. In: 072, 445-459.

193 Véghelyi, Antal: **Luther istenképe a De servo**

arbitrio tükrében (Luthers Gottesbild im Spiegel von De servo arbitrio). In: 071, 177-185.

194 Wannenwetsch, Bernd: **Affekt und Gebot:** zur ethischen Bedeutung der Leidenschaften im Licht der Theologie Luthers und Melanchthons. In: 060, 203-216.

195 Weinrich, William C.: **Homo theologicus:** aspects of a Lutheran doctrine of man. In: Personal identity in theological perspective/ hrsg. von Richard Lints; Michael S. Horton; Mark R. Talbot. Grand Rapids, MI: Eerdmans, 2006, 29-44.

c) Christus

196 Baur, Jörg: **Ubiquität.** In: 012, 186-301.

197 Bayer, Oswald: **Das Wort ward Fleisch:** Luthers Christologie als Lehre von der Idiomenkommunikation. In: 012, 5-34.

198 Clark, John C.: **Martin Luther's view of cross-bearing.** Bibliotheca sacra 163 (LO 2006), 335-347.

199 Haanes, Vidar L.: **Christological themes in Luther's theology.** Studia theologica 61 (Oslo 2007), 21-46.

200 Hall, Douglas John: **Theology of the cross:** challenge and opportunity for the post-Christendom church. In: 013, 252-258. 306f.

201 Hinlicky, Paul R.: **Luther's anti-docetism in the Disputatio de divinitate et humanitate Christi (1540).** In: 012, 139-185.

202 Kasper, Walter: **Das Kreuz als Offenbarung der Liebe Gottes.** Cath 61 (2007), 1-14.

203 Klappert, Berthold: **Der Gott Israels im gekreuzigten Christus (2 Kor 5, 19):** kontextuelle Kreuzestheologie in den Koordinaten von Israel, Mensch und Welt. In: 051, 47-86. L 52-57+".

204 Korthaus, Michael: **Kreuzestheologie:** Geschichte und Gehalt eines Programmbegriffs in der evangelischen Theologie. TÜ: Mohr Siebeck, 2007. XII, 431 S. (Beiträge zur historischen Theologie; 142) – Teilw. zugl. MS, Univ., Habil., 2005.

205 Ngien, Dennis: **Chalcedonian christology and beyond:** Luther's understanding of the communicatio idiomatum/ Kurzfassung von Patricia A. Sullivan. LuD 15 (2007), 61-64: Ill. [Vgl. LuB 2005, Nr. 171]

206 Ngien, Dennis: **Reaping the right fruits:** Luther's meditation in the »earnest mirror, Christ«. International journal of systematic theology 8 (Oxford 2006), 382-410.

207 Penumaka, Moses Paul Peter: **Communicatio idiomatum and Aham Brahmasmi:** Martin Luther's understanding of »communication of attributes« and its soteriological implications

for Sri Shankaracharya's understanding of »I am Braham«. AnA: Proquest dissertation and theses, 2006. 239 S. (Section 0080, Part 0469) – Berkeley, CA, Graduate Theological Union, ThD-Diss., 2006. (Publication nr. AAT 3220858)

208 Seebaß, Gottfried: **Zum Hintergrund der christologischen Disputation Luthers von 1540/43.** In: 012, 125-138.

209 Sgroi, Placido: **La dimensione etica della croce nel »Commento ai sette salmi penitenziali« di Martin Lutero** (Die ethische Dimension der Kreuzestheologie in Martin Luthers »Auslegung der sieben Bußpsalmen«). In: 014, 147-170.

210 Solberg, Mary M.: **All that matters:** what an epistemology of the cross is good for. In: 013, 139-153. 292-294.

211 Steiger, Johann Anselm: **Zorn Gottes, Leiden Christi und die Affekte der Passionsbetrachtung bei Luther und im Luthertum des 17. Jahrhunderts.** In: 060, 179-202.

212 Tomlin, Graham: **The power of the cross:** theology and the death of Christ in Paul, Luther and Pascal/ Vorwort von Alister McGrath. Carlisle, Cumbria: Paternoster, 2006. XIV, 343 S. (Paternoster theological monographs)

213 Vercruysse, Jos E.: **»Amor Dei creat ...« – Legge ed amore nella 28a tesi della Disputa di Heidelberg di Lutero** (»Amor dei creat ...« – Gesetz und Liebe in der 28. These der Heidelberger Disputation Luthers). In: Dalla legge all'amore: omaggio al Prof. Jos. E. Vercruysse, S.J. (Vom Gesetz zur Liebe: Ehrung für Prof. Jos. E. Vercruysse SJ/ hrsg. von Tecle Vetrali. Venezia: I.S.E., 2006 11-32. (Quaderni di Studi ecumenici; 12)

214 Vercruysse, Jos E.: **Nostra theologia est crucis theologia:** la teologia secondo Lutero (Nostra theologia est crucis theologia: Luther gemäße Theologie). In: Figure moderne della teologia nei secoli XV-XVII = Atti del Convegno Internazionale promosso dall'Istituto di Storia della Teologia di Lugano; Lugano, 30 settembre – 1 ottobre 2005/ hrsg. von Inos Biffi; Costante Marabelli. Milano: Jaca, 2007, 35-63.

215 Zwanepol, Klaas: **A human God:** some remarks on Luther's christology/ Kurzfassung von Karin E. Stetina. LuD 15 (2007), 69-73: Ill. [Vgl. LuB 2006, Nr. 252]

d) Kirche, Kirchenrecht, Bekenntnisse

216 Appold, Kenneth G.: **Die Confessio Augustana als differenzierter Konsens.** In: 010, 33-47.

217 Balke, Wim: **Van Luthers 95 stellingen is 62ᵉ meest geciteerd** (Von Luthers 95 Thesen wird die

62. am häufigsten zitiert). De waarheidsvriend 95 (Apeldoorn 1. November 2007) Nr. 42, 6 f.

218 Beck, Nestor Luiz João: **La doctrina acerca de la fé en la Confesión de Augsburgo y documentos ecuménicos** (The doctrine of faith: a study of the Augsburg Confession and contemporary ecumenical documents ⟨span.⟩)/ übers. von Érico Sexauer. Canoas: ULBRA, 2005. 298 S.

219 Behrens, Achim; Braunreuther, Erik; Schillhahn, Wolfgang: **Augsburg für Anfänger:** Fragen und Antworten zum Augsburger Bekenntnis. Hannover: LVH, 2006. 93 S.: Ill.

220 Bevans, Stephen: **The church as creation of the spirit:** unpacking a missionary image. Missiology 35 (Wilmore, KY 2007), 5-23.

221 Ágostai Hitvallás (Confessio Augustana ⟨ungar.⟩)/ eingel. von András Reuss; übers. von Emese Bódi; András Reuss. BP: Luther, 2008. 207 S. (Konkordiakönyv A. Magyarországi Evangélikus Egyház hitvallási iratai; 2)

222 Decaro, Marino: **Elementi di ecclesiologia luterana** (Elemente der luth. Ekklesiologie). Studi ecumenici 24 (2006), 213-225.

223 Decot, Rolf: **Confessio Augustana und Reichsverfassung:** die Religionsfrage in den Reichstagsverhandlungen des 16. Jahrhunderts. (1997). In: 015, 27-61. L 27-30. 38.

224 Dreher, Martin N.: **Obrigkeit und kirchliche Ordnung beim späten Luther**/ Kurzfassung von Sibylle G. Krause. LuD 15 (2007), 137-142. [Vgl. LuB 2006, Nr. 258]

225 Ferry, Patrick T.: **What did it mean to be Lutheran in the confessional period (1530-80)?** In: What does it mean to be Lutheran?/ hrsg. von John A. Maxfield; Jennifer H. Maxfield. StL: Concordia Historical Institute; Crestwood, MO: Luther Academy, 2000, 1-24. L". (The Pieper Lectures; 4)

226 Härle, Wilfried: **Creatura evangelii:** die Konstitution der Kirche durch Gottes Offenbarung nach lutherischer Lehre. In: 023, 79-98.

227 Hendrix, Scott H.: **The kingdom of promise:** disappointment and hope in Luther's later ecclesiology/ Kurzfassung von Richard A. Krause. LuD 15 (2007), 143-148. [Vgl. LuB 2006, Nr. 267]

228 Knuth, Hans Christian: **Das lutherische Bekenntnis unserer Kirche:** persönlich-biographische Zugänge. (2003). In: 034, 136-143.

229 Leiner, Hanns: **Luthers Lehre von der Kirche.** Luth. Nachrichten 23 (2003) Heft 1, 35-51.

230 Locher, Gottfried Wilhelm: **Sign of the advent:** a study in Protestant ecclesiology. Fribourg: Academia, 2004. 240 S. (Freiburger Zeitschrift für Philosophie und Theologie: Ökumenische Beihefte zur Freiburger Zeitschrift für Philosophie und Theologie; 45)

231 MacKenzie, Cameron A.: **The Lutheran reformer's understanding of the historical deformation of the church.** In: 043, 16-33.

232 Marquart, Kurt: **Francis Pieper on church fellowship.** In: 09, 57-82. L 59 f+".

233 Nafzger, Samuel H.: **The Lutheran understanding of church fellowship and its practice with ecclesiastical accountability:** a Missouri Synod perspective. In: 045, 61-89: Ill. L".

234 Nestingen, James Arne: **Changing definitions:** the law in Formula VI. CThQ 69 (2005), 259-271.

235 Sannes, Kjell Olav: **Die Bedeutung der Confessio Augustana für die lutherische Identität.** In: 010, 10-20.

236 Schöne, Jobst: **Überlegungen und Gedanken zu Fragen von Kirche und Kirchengemeinschaft.** In: 045, 29-45. L 37 f+".

237 Schütte, Heinz: **Martin Luther und die Einheit der Christen.** PB: MuNe, 2007. 58 S.

238 Segars, Nathan: **What the spirit says to the churches:** a critical evaluation of certain liberationist hermeneutics. Restoration quarterly 48 (Abilene, TX 2006), 91-102.

239 Steinwachs, Albrecht: **Der Gemeine Kasten:** eine oft übersehene Leistung der Reformation. Lu 78 (2007), 32-34: Ill.

240 Zwanepol, Klaas: **Een gemeenschap van pelgrims:** een lutherse visie op de kerk (Eine Gemeinschaft von Pilgern: eine lutherische Sicht der Kirche). In: Pelgrimage naar het laatste veld van de vrijheid: een boek herlezen en een thema overdacht/ hrsg. von M. Barnard; E. Postma; K[laas] Zwanepol. Budel: Damon, 2005, 53-70.

e) Sakramente, Beichte, Ehe

241 Bagchi, David: **Luther and the sacramentality of penance**/ Kurzfassung von Karin E. Stetina. LuD 15 (2007), 37-39. [Vgl. LuB 2006, Nr. 292]

242 Bröder, Florian: **Das vergessene Sakrament.** Luth. Nachrichten 25 (2005) Nr. 1, 39-57. L 39-44+".

243 Dahlgrün, Corinna: **Kultur der Auseinandersetzung mit sich selbst coram Deo.** In: 024, 493-507. L 497-499+".

244 Dembek, Arne; Zschoch, Hellmut: **Luther und die Liebe: eine Veranstaltung zum Reformationstag.** Lu 78 (2007), 95-112.

245 Diestelmann, Jürgen: **Die Lehre von der Realpräsenz.** Luth. Beiträge 12 (2007), 3-18.

246 Diestelmann, Jürgen: **Usus und actio:** das heilige Abendmahl bei Luther und Melanchthon/ mit

einem Geleitwort von Reinhard Slenczka sowie Zusammenfassungen in engl., schwed. und finn. Sprache. B: Pro Business, 2007. 353 S.: Ill.

247 Ferrario, Fulvio: **Per una comprensione ecumenica della Cena del Signore:** una riflessione in dialogo con Lutero (Für ein ökumenisches Verständnis des Abendmahls: eine Betrachtung im Dialog mit Luther). In: 014, 113-128.

248 Forde, Gerhard O.: **Absolution:** systematic considerations. In: 018, 152-162.

249 Forde, Gerhard O.: **The Lord's supper as the testament of Jesus.** (1997). In: 018, 146-151.

250 Forde, Gerhard O.: **Preaching the sacraments.** (1984). In: 018, 89-115. L 106-109+".

251 Forde, Gerhard O.: **Something to believe:** a theological perspective on infant baptism. (1993). In: 018, 131-145.

252 Frassek, Ralf: **Die frühe Entwicklung des evangelischen Eherechts in Sachsen unter besonderer Berücksichtigung der Bedeutung des Wittenberger Konsistoriums.** Sachsen und Anhalt 24 (2003), 275-294. L 276+".

253 Frassek, Ralf: **Das »Wittenbergische Buch«:** ein bedeutender Quellentext für das frühe evangelische Eherecht. Neues Archiv für sächsische Geschichte 74/75 (2003/04 [gedr. 2004]), 67-98. L".

254 Heinilä, Kimmo: **Lutherin konfirmaatio ja luterilaisen ehtoollisadmission perusteet** (Konfirmation nach Luther und die Gründe für die luth. Abendmahlszulassung). TA 112 (2007), 24-45.

255 Kandler, Karl-Hermann: **Einführung:** das Mahl Christi mit seiner Kirche. In: 049, 9-11.

256 Leppin, Volker: **The development of the notions of baptism and rebirth in Martin Luther's works/** übers. von Susan R. Boettcher. Theology and life 30 (Hong Kong 2007), 151-169.

257 Ludwig, Walther: **Eine protestantische Ehelehre – die Sammlung der »Carmina et Epistolae de coniugio ad D. Davidem Chytraeum«** (1562). Neulateinisches Jahrbuch 9 (2007), 211-240. L".

258 Neumann, Burkhard: **Sakrament und Okumene:** Studien zur deutschsprachigen evangelischen Sakramententheologie der Gegenwart. PB: Bonifatius, 1997. 410 S. (Konfessionskundliche und kontroverstheol. Studien; 64) – Zugl.: PB, Theol. Fak., Diss., 1996.

259 Prunzel, Clóvis Jair: **A exortação de Lutero à Santa Ceia:** a retórica a serviço da ética cristã (Luthers Ermahnung zum Abendmahl: Rhetorik im Dienst der christlichen Ethik). Porto Alegre: Concórdia; Canoas: ULBRA, 2004. 92 S.

260 Purves, Andrew: **A confessing faith:** assent and penitence in the Reformation traditions of Luther, Calvin, and Bucer. In: Repetance in

Christian theology/ hrsg. von Mark J. Boda; Gordon T. Smith. Collegeville, MN: Liturgical, 2006, 251-266.

261 Reuver, Arie de: **Alle dingen zijn gereed:** Luther, Calvijn, Teellinck en Kohlbrugge over de avondmaalsviering (Es ist alles bereit: Luther, Calvin, Teellinck und Kohlbrugge über die Abendmahlsfeier). Heerenveen: Groen, 2006. 94 S. (Studium generalum; 5)

262 Ringleben, Joachim: **Der Sinn der Einsetzungsworte nach Luther.** In: 049, 13-31.

263 Saarinen, Risto: **Luterilainen seksuaalietiikka, Luther ja Shakespeare** (Luth. Sexualethik, Luther und Shakespeare). In: Kirkko ja usko tämän päivän Suomessa: STKS:n symposiumissa maaraskuussa 2006 pidetyt esitelmät (Kirche und Glaube im heutigen Finnland: die Vorträge gehalten auf dem STKS-Symposium im November 2006)/ hrsg. von Aku Visala. Helsinki: Suomalainen Teologinen Kirjallisuusseura, 2007, 72-91. (Suomalaisen Teologisen Kirjallisuusseuran julkaisuja; 253)

264 Scaer, David P.: **Sanctification and baptism in Lutheran theology.** In: 070, 93-110. L 94-96+".

265 Schöne, Jobst: **Das essbare Heil:** was Martin Luther vom heiligen Abendmahl bekennt. In: 049, 33-49.

266 Seidel, Robert: **Lutherische Ehelehre und antikisierende Epithalamiendichtung – ein Hochzeitsgedicht für Georg Sabinus und Anna Melanchthon.** Neulateinisches Jahrbuch 9 (2007), 287-307. L 294-296.

267 Spinks, Bryan D.: **Reformation and modern rituals and theologies of baptism:** from Luther to contemporary practices. Aldershot, UK; Burlington, VT: Ashgate, 2006. XII, 254 S.: Ill. (Liturgy, worship and society)

268 Stephenson, John R.: **Sanctification and the Lord's supper in the theology of Martin Luther.** In: 070, 44-54.

269 Stuflesser, Martin: **Liturgisches Gedächtnis der einen Taufe:** Überlegungen im ökumenischen Kontext. FR: Herder, 2004. 373 S.: Ill., Tab. – Zugl.: MS, Univ., Kath.-Theol. Fak., Habil., 2003/04.

270 Treu, Martin: **»ein gemein gut aller Christen«:** Martin Luther über die Taufe. In: 050, 173-187: Ill.

271 Volk, Ernst: **Beichte – Buße – Absolution.** Luth. Nachrichten 26 (2006) Heft 1, 6-11.

272 Waddell, James Alan: **Recte administrantur sacramenta:** »sacraments administered rightly« according to Augustana VII. CJ 32 (2006), 371-380.

273 Warth, Martim Carlos: **Fé e batismo em Lutero:**

a base exegética para a doutrina luterana da regeneração batismal (Glaube und Taufe bei Luther: die exegetischen Grundlagen der luth. Lehre über die Wiedergeburt in der Taufe). Porto Alegre: Concórdia; Canoas: ULBRA, 2004. 128 S.

f) Amt, Seelsorge, Diakonie, Gemeinde, allgemeines Priestertum

274 Bayer, Oswald: **Amt und Ordination.** In: 059, 9-25.

275 Beutel, Albrecht: **Luther und Kolhase:** eine Fallstudie zur cura conscientiae des Reformators. (2002). In: 05, 1-20.

276 Decot, Rolf: **Luthers Kompromißvorschlag an die Bischöfe auf dem Augsburger Reichstag 1530.** (1990). In: 015, 191-203.

277 Engemann, Wilfried: **Die praktisch-philosophische Dimension der Seelsorge.** In: 024, 308-322.

278 Gaiser, Frederick J.: **Luther on vocation, revisited.** Word & world 26 (St. Paul, MN 2006), 4. (Vgl. LuB 2007, Nr. 256)

279 Grethlein, Christian: **Seelsorge im Kontext der Taufe.** In: 024, 411-427. L 418, 421f.

280 Grözinger, Albrecht: **Sprache als Medium des seelsorgerlichen Gesprächs.** In: 024, 158-174. L 161-163+".

281 Härle, Wilfried: **Allgemeines Priestertum und Kirchenleitung nach kirchlichem Verständnis.** (1996). In: 023, 106-126.

282 Härle, Wilfried: **Ordination und Beauftragung nach evangelischem Verständnis.** In: 023, 127-137.

283 Knuth, Hans Christian: **Ordnungsgemäß berufen:** zum neuen Ordinationspapier der Vereinigten Evangelisch-Lutherischen Kirche Deutschlands (VELKD). ZZ 7 (2006) Heft 11, 46-48: Ill.

284 Krarup, Martin: **Ordination in Wittenberg:** die Einsetzung in das kirchliche Amt in Kursachsen zur Zeit der Reformation. TÜ: Mohr, 2007. XIII, 354 S. (Beiträge zur historischen Theologie) 141) – Zugl.: B, Humboldt-Univ., Theol. Fak., Diss., 2006.

285 Kühn, Ulrich: **Wortgottesdienst, Eucharistiefeier und der Auftrag des kirchlichen Amtes.** KD 52 (2006), 328-347. L".

286 Meyer-Blanck, Michael: **Was macht die Ordination zur Ordination?:** das Spezifikum der Ordinationsliturgie. In: 059, 27-40.

287 Pannenberg, Wolfhart: **Defectus ordinis?:** zum Verhältnis von Bischofsamt und Pfarramt aus lutherischer Sicht. Bausteine für evang.-kath. Einheit 44 (2004) Nr. 172, 16-19.

288 Reinis, Austra: **Reforming the art of dying:** the ars moriendi in the German Reformation (1519-1528). Aldershot, Hampshire; Burlington, VT: Ashgate, 2007. VIII, 290 S. (St. Andrews studies in Reformation history) – Überarb. Princeton, Theological Seminary, PhD, 2003.

289 Riess, Richard: **Die Frage nach dem Proprium der Seelsorge.** In: 024, 177-186.

290 Schmidt, Günter Rudolf: **Dienst und Vollmacht der Christen:** zum Verhältnis von allgemeinem Priestertum und geistlichem Amt. Bausteine für evang.-kath. Einheit 44 (2004) Nr. 172, 19-31.

291 Schöne, Jobst: **Critical decisions regarding call and ordination to the preaching office in the Lutheran Reformation.** In: 07, 1-17.

292 Schütte, Heinz: **Angst vor einer bischöflichen Verfassung der Kirche:** Bleiben wir ewig geschieden (Martin Luther)? – eine kritische Anfrage an die lutherischen Christen in Deutschland. Bausteine für evang.-kath. Einheit 44 (2004) Nr. 172, 13-16.

293 Schuetze, John D.: **Pastoral theology brief:** comfort for parents grieving a miscarriage or stillbirth – following Luther's lead. Wisconsin Lutheran quarterly 103 (Milwaukee, WI 2006), 116-118.

294 Schurb, Ken: **The meeting of church and ministry in the Lutheran confessions and some of their interpreters.** In: 056, 60-112. L 83-87+".

295 Senn, Frank C.: **A magisterium for Lutherans.** Lutheran forum 40 (NY 2006) Heft 2, 50-57.

296 Speers, David: **Vocation and the concept of »time« in Martin Luther's Lectures on Ecclesiastes.** In: 070, 1-18.

297 Véghelyi, Antal: **Az egyetemes papság és a lelkészi szolgálat** (Das allgemeine Priestertum und der Dienst des Pfarrers). Keresztyén igazság N. F. (BP 2008) Nr. 77, 17-24.

298 Wollenburg, George F.: **Call, ordination, and the preaching office.** In: 07, 78-99. L 86 f+".

g) Gnade, Glaube, Rechtfertigung, Werke

299 Adams, Marilyn McCord: **Faith and works or, how James is a Lutheran.** Expository times 117 (Edinburgh 2006), 462-464.

300 Barth, Hans-Martin: **Freiheit, die ich meine?:** Luthers Verständnis der Dialektik von Freiheit und Gebundenheit. US 62 (2007), 103-114.

301 Beckwith, Karl: **Looking into the heart of Missouri:** justification, sanctification, and the third use of the law. CThQcthq 69 (2005), 293-309.

302 Bell, Theo M. M. A. C.: **Erasmus en Luther over de vrijheid van de wil** (Erasmus und Luther über die Willensfreiheit). In: Humanisme en religie: controverses, bruggen, perspectieven/ hrsg. von

J. Duyndam; M. Poorthuis; T. de Wit. Delft: Eburon, 2005, 29-45.

303 Clark, R. S[cott]: **Iustitia imputata Christi:** alien or proper to Luther's doctrine of justification? CThQ 70 (2006), 269-310.

304 Claussen, Johann Hinrich: **Glück und Gegenglück:** philosophische und theologische Variationen über einen alltäglichen Begriff. TÜ: Mohr Siebeck, 2005. XII, 430 S. – Zugl.: HH, Univ., Fachbereich Evang. Theologie, Habil., 2004/05. – Bespr.: Beutel, Albrecht: Lu 78 (2007), 43 f.

305 Fabiny, Tamás: **Fordulat és reformáció, avagy a reformáció mint megtérési mozgalom** (Wende und Reformation, oder die Reformation als Bekehrungsbewegung). In: Semper reformanda: Dr. Harmati Béla püspök tiszteletére 70. születésnapja alkalmából/ hrsg. von Béla László Harmati; Gergely Harmati. BP: [Selbstverlag], 2007, 70-73.

306 Folkers, Horst: **Martin Luther:** vom unfreien Willen und der Freiheit eines Christenmenschen: Atem und Verantwortlichkeit in Luthers Denken. KD 52 (2006), 288-302.

307 Forde, Gerhard O.: **Fake theology:** reflections on Antinomianism past and present. (1983). In: 018, 214-225.

308 Forde, Gerhard O.: **The Lutheran view of sanctification.** (1988). In: 018, 226-244. L 237. 239. 241.

309 Härle, Wilfried: **Allein aus Glauben! – Und was ist mit den guten Werken?** Theologie für die Praxis 31 (2005) Nr. 1-2, 32-43.

310 Härle, Wilfried: **Allein aus Glauben! – Und was ist mit den guten Werken?** (2005). In: 023, 156-167.

311 Härle, Wilfried: **Im Spannungsfeld von Gerechtigkeit und Güte – Ethische und theologische Perspektiven.** In: Affekte und konstruktive Gestaltung in Psychotherapie, Medien und Politik: ethische Herausforderung für Wissenschaften und Künste/ hrsg. von Hermes Andreas Kick; Jochen Taupitz. B; MS: Lit, 2006, 17-35: Ill. L 31-33. (Affekt – Emotion – Ethik; 3)

312 Härle, Wilfried: **Im Spannungsfeld von Gerechtigkeit und Güte – Ethische und theologische Perspektiven.** (2006). In: 023, 265-281: Ill. L 277-281+"

313 Härle, Wilfried: **Die Rechtfertigungslehre als Richtschnur ethischen Handelns.** In: 051, 87-106. L 91-97+".

314 Hamm, Berndt: **Den Himmel kaufen:** heilskommerzielle Perspektiven des 14. bis 16. Jahrhunderts. Jahrbuch für biblische Theologie 21 (2006), 239-276. L 264-268.

315 Heise, Jürgen: **Evangelisch:** die Mitte der Bibel und die Einheit der Kirche. MS: Lit, 2006. 47 S. (Glaube und Leben; [34]) – Bespr.: Brandt, Reinhard: Lu 78 (2007), 42 f.

316 Kolb, Robert: **Luther und seine Studenten erziehen zu christlicher Lebensweise:** die reformatorische Predigt über Lukas 6, 36-42 als Beispiel zur Ermahnung. Luth. Beiträge 11 (2006), 106-122.

317 Kolb, Robert: **Die Zweidimensionalität des Mensch-Seins:** die zweierlei Gerechtigkeit in Luthers »De votis monasticis iudicium«. In: 042, 207-220.

318 Krause, Winfrid: **Die Rechtfertigungslehre Martin Luthers.** Luth. Nachrichten 20 (2000) Heft 4, 38-50.

319 Lienhard, Marc: **Luther et la liberté chrétienne:** le salut et la liberté. La revue réformée 58 (Aix-en-Provence 2007), 23-40.

320 Mahlmann, Theodor: **»Die Rechtfertigung ist der Artikel, mit dem die Kirche steht und fällt«:** neue Erkenntnisse zur Geschichte einer aktuellen Formel. In: 076, 167-271. L 193-195, 200, 204, 212, 221 f, 225-229, 231 f, 241, 244, 247-249, 251 f, 255-258, 264, 268 f.

321 Pabst, Vera Christina: **»... quia non habeo aptiora exempla«:** eine Analyse von Martin Luthers Auseinandersetzung mit dem Mönchtum in seinen Predigten des ersten Jahres nach seiner Rückkehr von der Wartburg 1522/1523. MS: Lit, 2007. XVI, 373 S. – Zugl.: HH, Univ., Fachbereich Evang. Theologie, Diss., 2005.

322 Peters, Ted: **Six ways of salvation:** how does Jesus save. Dialog 45 (Oxford 2006), 223-235: Ill.

323 Puskás, Attila: **A kegyelem teológiája** (Theologie der Gnade). BP: Szent István, 2007. 297 S. L 118-123.

324 Quirk, Reginald C.: **Rechtfertigung und Predigt.** Luth. Beiträge 11 (2006), 20-32.

325 Rehwaldt-Alexander, Jeremy: **Avoiding cheap grace:** Luther and the need for moral despair. Dialog 45 (St. Paul, MN 2006), 376-381.

326 Rieger, Reinhold: **Ungläubiger Glaube?:** Beobachtungen zu Luthers Unterscheidung zwischen Glaube und Unglaube. KD 53 (2007), 35-56.

327 Silcock, Jeffrey G.: **Law, gospel, and repentance in Luther's Antinomian disputations.** LuBu 16 (2007), 41-56.

328 Silcock, Jeffrey G.: **Luther on Justification and participation in the divine life:** new light on an old problem. LThJ 34 (2000), 127-139.

329 Skottene, Ragnar: **Grace and gift:** an analysis of a central motif in Martin Luther's Rationis Latomianae confutatio. F; B; Bern; Bruxelles; NY; Oxford; W: Lang, 2009. 204 S.

330 Slenczka, Notger: **»Allein durch den Glauben«:**

Antwort auf die Frage eines mittelalterlichen Mönchs oder Angebot zum Umgang mit einem Problem jedes Menschen? In: 042, 291-315.

331 Steiger, Lothar: »**Meine Seele ist betrübt bis an den Tod**«: Gethsemane als geometrischer Ort der Gewißheit bei Martin Luther und seinen Nachfolgern in der Frühen Neuzeit. In: 060, 217-249.

332 Stosch, Klaus von: **Freiheit als theologische Basiskategorie?** Münchener theol. Zeitschrift 28 (2007), 27-42.

333 Trelstad, Marit: **The way of salvation in Luther's theology:** a feminist evaluation. Dialog 45 (Oxford 2006), 236-245.

334 Trueman, Carl R.: **Simul peccator et justus:** Martin Luther and justification. In: 031, 73-97.

335 Vajda, Tamás: **A korai skolasztika és a reformáció emberképéhez:** Clairvaux-i Bernát és Luther kegyelemtana (Zum Menschenbild der Frühscholastik und der Reformation: die Gnadenlehre Bernhards von Clairvaux und Luthers). Credo 12 (BP 2006), 327-347.

336 Volk, Ernst: **Gesetz und Evangelium.** Luth. Nachrichten 25 (2005) Heft 2, 3-43. L 4+".

337 Walther, Carl Ferdinand Wilhelm: **Bei Gott ist viel mehr Gnade:** über den Unterschied von Gesetz und Evangelium; 10 Vorlesungen/ hrsg. vom Luth. Theol. Seminar Leipzig; Textbearb. von Gottfried Herrmann. Zwickau: Concordia, 2004. 177 S.

338 Weltler, Sándor: **Luther törvényértelmezése a De servo arbitrio című munkájában** (Luthers Gesetzesverständnis in seinem De servo arbitrio). In: 071, 169-176.

h) Sozialethik, politische Ethik, Geschichte

339 Angenendt, Arnold: **Toleranz und Gewalt:** das Christentum zwischen Bibel und Schwert. MS: Aschendorff, 2007. 797 S.: Tab.

340 Beutel, Albrecht: **Biblischer Text und theologische Theoriebildung in Luthers Schrift »Von weltlicher Oberkeit, wie weit man ihr Gehorsam schuldig sei«** (1523). (2001). In: 05, 21-46.

341 Blanchard, Kathryn D'Arcy: »**If you do not do this you are not now a Christian**«: Martin Luther's pastoral teaching on money. Word & world 26 (St. Paul, MN 2006), 299-309.

342 Carty, Jarrett A.: **Machiavelli, Luther, and the reformation of politics.** AnA: Proquest Dissertation and Theses, 2006. 270 S. (Section 0165, Part 0615). – Notre Dame, IN, University of Notre Dame, PhD-Diss., 2006. (publication nr. AAT 3214118).

343 Causse, Jean-Daniel: **La Réforme protestante et la notion de »guerre juste«:** quelques enjeux de la distinction entre le spirituel et le temporel. In: Religious writings and war = Les discours religieux et la guerre/ hrsg. von Gilles Teulié. Montpellier: Université Paul-Valéry Montpellier III, 2006, 19-34. L". (Les Carnets du Cerpac; 3)

344 Duty, Ronald W.: **Moral deliberation in a public Lutheran church.** Dialog 45 (St. Paul, MN 2006), 338-355.

345 Goertz, Hans-Jürgen: **Brüderlichkeit – Provokation, Maxime, Utopie:** Ansätze einer fraternitären Gesellschaft in der Reformationszeit. (1998). In: 020, 216-237. L 220-222+".

346 Guzman, Noel F. R.: **Martin Luther's ethics of creation.** AnA: Proquest Dissertation and Theses, 2006. 303 S. (Section 1038, Part 0330). – Boston, MA, Boston University School of Theology, ThD-Diss, 2006 (Publication-nr. AAT 3217954).

347 Härle, Wilfried: **Grundlinien der evangelischen Sozialethik.** In: 023, 238-256. L 241-246+".

348 Härle, Wilfried: **Kann die Anwendung von Folter in Extremsituationen aus der Sicht christlicher Ethik gerechtfertigt werden?** (2005). In: 023, 337-356. L 346-348+".

349 Harrison, Matthew C.: **Sanctification and charitable works in Lutheran theology.** In: 070, 81-92.

350 Jähnichen, Traugott: **Institutionen als Orte des christlichen Handelns:** zur Bedeutung der Drei-Stände-Lehre Luthers. Luth. Nachrichten 24 (2004) Heft 1, 38-44.

351 Kaiser, Jochen-Christoph: **Soziale Formen und Strukturen der Reformationszeit.** Glaube und Lernen 22 (2007), 131-143.

352 Knuth, Hans Christian: **Die Kirche und ihre soziale Verantwortung.** In: 034, 227-242. L 233-235+".

353 Lienhard, Marc: Guerre et paix dans les écrits de Zwingli et de Luther: une comparaison. In: 063, 217-240.

354 Martyn, Susan P.: Commentary: the law yer in the religious traditions; a Lutheran finds commonality. Journal of law and religions 21 (St. Paul, MN 2006), 299-304.

355 Nipkow, Karl Ernst: **Der schwere Weg zum Frieden:** Geschichte und Theorie der Friedenspädagogik von Erasmus bis zur Gegenwart. GÜ: GVH, 2007. 415 S.

356 Schorn-Schütte, Luise: **Beanspruchte Freiheit:** die »politica christiana«. In: 035, 329-352. L 331-334+".

357 Wells, Paul: **La théorie politique »réformationnelle« et le pacte social.** La revue réformée 58 (Aix-en-Provence 2007), 41-66. L 45 f.

358 Wilson, Benjamin E.: **A study of Martin Luther's**

view of historical development and order. AnA: Proquest dissertation and theses, 2006. 86 S. (Section 0958, Part 0335) – Warrensburg, MO, University of Central Missouri, MA-Diss., 2006. (Publication nr. AAT 1439549)

359 Wingren, Gustaf: **Luther on vocation** (Luthers lära om kallelsen ⟨engl.⟩)/ übers. von Carl C. Rasmussen. Neudruck der Ausg. Philadelphia 1957. Evansville, IN: Wipf and Stock, 2004. XII, 256 S.

360 Wingren, Gustaf: **A vocação segundo Lutero** (Luthers lära om kallelsen ⟨port.⟩)/ Übers. der engl. Version (»Luther on vocation«): Martinho L. Hoffmann. Porto Alegre: Concórdia; Canoas: ULBRA, 2006. 267 S.

361 Zsugyel, János: **Luther Márton közgazdasági nézetei** (Martin Luthers Wirtschaftsauffassung). Miskolci keresztény szemle 3 (Miskolc 2007) Heft 4, 54-60.

i) Gottes Wort, Bibel, Predigt, Sprache

362 Appold, Kenneth G.: **Scriptural authority in the age of Lutheran orthodoxy.** In: The Bible in the history of the Lutheran church/ hrsg. von John A. Maxfield. StL: Concordia Historical Institute; Northville, SD: Luther Academy, 2005, 19-33. (The Pieper Lectures; 9)

363 Armbruster, Jörg: **Luthers Bibelvorreden:** Studien zu ihrer Theologie. S: Deutsche Bibelgesellschaft, 2005. 298 S. (Arbeiten zur Geschichte und Wirkung der Bibel; 5) – Zugl.: TÜ, Univ., Theol. Fak., Diss., 2001/02.

364 Barton, John: **The fall and human depravity.** In: The multivalence of biblical texts and theological meanings/ unter Mitarb. von Charlene T. Higbe hrsg. von Christine Helmer. Atlanta, GA: Society of Biblical Literature; Leiden; Boston: Brill, 2006, 105-111. (Society of Biblical Literature symposium series; 37)

365 Basse, Michael: **Luthers frühe Dekalogpredigten in ihrer historischen und theologischen Bedeutung.** Lu 78 (2007), 6-17.

366 Bayer, Oswald: **Das paulinische Erbe bei Luther.** In: 033, 171-183.

367 Bayer, Oswald: **L'héritage paulinien chez Luther** (Das paulinische Erbe bei Luther ⟨franz.⟩). Recherches de science religieuse 94 (P 2006), 381-394.

368 Becker, Matthew L.: **What did Luther say?:** Jesus and Mary Magdalene. Christian century 123 (Chicago, IL 2006) Heft 10, 11.

369 Becker-Cantarino, Barbara: **Gewalt und Leidenschaft:** zu Sixt Bircks und Martin Opitz' »Judith«. In: 061, 719-738: Ill. L 719. 721-723.

370 Bell, Theo M. M. A. C.: **Een kosmos in miniatuurformaat:** Adam en Eva in Luthers grote Genesiscommentaar (1535-1545) (Ein Kosmos in Miniaturformat: Adam und Eva in Luthers Genesisvorlesung [1535-1545]). In: Adam en Eva in het Paradijs: actuele visies op man en vrouw uit 2000 jaar Christelijke theologie/ Redaktion: Harm Goris; Susanne Hennecke. Zoetermeer: Meinema, 2005, 83-98. (Utrechtse studies; 7)

371 Bell, Theo M. M. A. C.: **Man is a microcosmos:** Adam and Eve in Luther's »Lectures on Genesis« (1535-1545). CThQ 69 (2005), 159-184.

372 Béres, Tamás: **»Így játszik az értelem vaktehenet Istennel«:** a tapasztalat szerepe a keresztény életben (»So spielt die Vernunft Blindekuh mit Gott«: Lebenserfahrung zwischen Vernunft und Glauben). In: 071, 215-220.

373 Béres, Tamás: **Rendszeres teológia az igehirdetésben** (Systematische Theologie in der Predigt). LP 82 (2007), 295-299. 362-367. 419-422.

374 Beutel, Albrecht: **Kommunikation des Evangeliums:** die Predigt als zentrales theologisches Vermittlungsmedium in der Frühen Neuzeit. In: 036, 3-15.

375 Bornkamm, Karin: **Die »Bibel in gerechter Sprache«.** Göttinger Predigtmeditationen 61 (2006/07), 479-484.

376 Burger, Christoph P. M.: **Eigen ervaring stuurt de exegese van de bijbelse tekst:** Luther legt het Magnificat uit (Die eigene Erfahrung lenkt die Exegese des biblischen Textes: Luther legt das Magnifikat aus). LuBu 16 (2007), 27-40.

377 Burger, Christoph P. M.: **Luther and Müntzer see Mary's Magnificat through different spectacles.** In: 063, 241-253.

378 Burger, Christoph: **Luther en Muntzer leggen Lucas 1 uit** (Luther und Müntzer legen L 1 aus). Interpretatie 14 (Zoetermeer 2006) Heft 1, 18-20.

379 Burger, Christoph: **Marias Lied in Luthers Deutung:** der Kommentar zum Magnifikat (Lk 1, 46b-55) aus den Jahren 1520/21. TÜ: Mohr, 2007. X, 209 S. (Spätmittelalter und Reformation: N. R.; 34)

380 Delville, Jean-Pierre: **L'Europe des l'exégèse au XVIe siècle:** interprétations de la parabole des ouvriers à la vigne (Matthieu 20, 1-16). Leuven; P: Peeters, 2004. XLI, 775 S. L". (Bibliotheca ephemeridum theologicarum Lovaniensium; 174)

381 Dieckmann, Detlef: **Den biblischen Text heute zur Sprache bringen:** ein Einblick in die Übersetzungswerkstatt der »Bibel in gerechter Sprache« anhand ihrer vier Kriterien. DPfBl 107 (2007), 347-351.

382 Dithmar, Reinhard: **Der »Verräter« Judas in Bibel, Dichtung und Bildender Kunst.** Ludwigs-felde: Ludwigsfelder Verlagshaus, 2003. 127 S.: Ill. L 80-85+". (Interdisziplinäre Forschung und fächerverbindender Unterricht; 12)

383 Dober, Hans Martin: **Evangelische Homiletik:** dargestellt an ihren drei Monumenten Luther, Schleiermacher und Barth mit einer Orientierung in praktischer Hinsicht. MS: Lit, 2007. 192 S. (Homiletische Perspektiven; 3)

384 Döring, Brigitte: **Zur Übersetzung des Matthäus-Evangeliums durch den Erfurter Reformator Johannes Lang.** Mitteldeutsches Jahrbuch für Kultur und Geschichte 6 (1999), 43-53: Ill.

385 Fabiny, Tibor, Jr.: **Luther krisztocentrikus bibliaértelmezése** (Luthers christozentrische Bibelauslegung). Keresztyén igazság N. F. (BP 2008) Nr. 77, 6-16.

386 Forde, Gerhard O.: **Breaking the conspiracy of silence.** In: 018, 291-297.

387 **Frühneuhochdeutsches Wörterbuch**/ hrsg. von Ulrich Goebel; Anja Lobenstein-Reichmann; Oskar Reichmann; begr. von Robert A. Anderson. Bd. 6, Lfg. 2: **gegenseitig-gerecht**/ bearb. von Joachim Schildt †. B; NY: de Gruyter, 2005. Sp. 513-992.

388 **Frühneuhochdeutsches Wörterbuch**/ hrsg. von Ulrich Goebel; Anja Lobenstein-Reichmann; Oskar Reichmann; begr. von Robert A. Anderson. Bd. 6, Lfg. 3: **gerecht-gesicht**/ bearb. von Oskar Reichmann. B; NY: de Gruyter, 2007. Sp. 993-1504.

389 **Frühneuhochdeutsches Wörterbuch**/ hrsg. von Ulrich Goebel; Oskar Reichmann; begr. von Robert A. Anderson. Bd. 7, Lfg. 3: **handel-heimkuh**/ bearb. von Oliver Pfefferkorn. B; NY: de Gruyter, 2007. Sp. 1025-1536.

390 Haemig, Mary Jane: **The authority of Scriptura and the Christian as judge of all doctrine.** Lutheran forum 40 (NY 2006) heft 2, 22-28.

391 Hagen, Kenneth: **Luther's preaching to the home town folks.** In: Preaching through the ages/ hrsg. von John A. Maxfield. StL: Concordia Historical Institute; Northville, SD: Luther Academy, 2004, 64-87. (The Pieper Lectures; 8)

392 Hagen, Kenneth: **Luther's preaching to the hometown folks**/ Kurzfassung von Richard A. Krause. LuD 15 (2007), 19-25.

393 Hagen, Kenneth: **A ride on the »quadriga« with Luther**/ Kurzfassung von Timothy H. Maschke. LuD 15 (2007), 26-30. [Vgl. LuB 2006, Nr. 468]

394 Hartweg, Frédéric; Wegera, Klaus-Peter: **Frühneuhochdeutsch:** eine Einführung in die deutsche Sprache des Spätmittelalters und der frühen Neuzeit. 2., neu bearb. Aufl. Tü: Niemeyer, 2005. XI, 264 S. (Germanistische Arbeitshefte; 33)

395 Herrmann, Gottfried: **Luthers letzte Predigten.** Evang.-luth. Volkskalender 117 (2006), 9: Ill.

396 Hiebsch, Sabine: **Luther's interpretation of psalm 124 (1513-1533)**/ Kurzfassung von der Autorin. LuD 15 (2007), 94-97. [Vgl. LuB 2005, Nr. 406]

397 Kittel, Gisela: **Warum die »Bibel in gerechter Sprache« die Gemeinde entmündigt.** Göttinger Predigtmeditationen 61 (2006/07), 493f.

398 Kleinhans, Kathryn A.: **The word made words:** a Lutheran perspective on the authority and use of the scripture. Word & world 26 (St. Paul, MN 2006), 402-411.

399 Knape, Joachim: **Theologie, Medialität und Rhetorik:** religiöse Ansätze in der älteren Rhetoriktheorie. In: 036, 115-128.

400 Köhlmoos, Melanie: »**Was schadet der Kirche unsere Übersetzung?«:** Perspektiven für die Debatte um die »Bibel in gerechter Sprache«. DPfBl 107 (2007), 352-355.

401 Kuschmierz, Monia; Kuschmierz, Rainer: **Handbuch Bibelübersetzungen:** von Luther bis zur Volxbibel. Wuppertal: Brockhaus, 2007. 173 S.: Ill., Tab.

402 Lewis, Jack Pearl: **Silence of scripture in Reformation thought.** Restoration quarterly 48 (Abilene, TX 2006), 73-90.

403 Lienhard, Marc: **Lire, prêcher et interpréter la Bible dans le culte.** In: Présence et rôle de la Bible dans la liturgie/ hrsg. von Martin Klöckner, Bruno Bürki; Arnaud Join-Lambert. Fribourg: Academia, 2006, 189-203. L".

404 Lütze, Frank M.: **Absicht und Wirkung der Predigt:** eine Untersuchung zur homiletischen Pragmatik. L: EVA, 2006. 322 S.: Ill., Tab. (Arbeiten zur praktischen Theologie; 29) – Zugl.: MS, Univ., Evang.-Theol. Fak., Diss., 2005.

405 [Luther, Martin] **Was man in den Evangelien suchen und erwarten soll:** die Einleitung zu Luthers Wartburgpostille von 1522 (Weihnachtspostille: Einleitung 〈neuhdt.〉)/ ausgew. und bearb. von Notger Slenczka. Lu 78 (2007), 134-139.

406 McCain, Paul T.: **Luther on the resurrection:** Genesis lectures, 1535-1546. Logia: a journal of Lutheran theology 13 (Cresbard, SD Reformation 2004), 35-40.

407 McCain, Paul T.: **Luther on the resurrection:** Genesis lectures, 1535-1546/ Kurzfassung von Richard A. Krause. LuD 15 (2007), 149-153.

408 McNair, Bruce: **Luther, Calvin and the exegetical tradition of Melchisedec**/ Kurzfassung von Rebecca E. Moore. LuD 15 (2007), 103-107. [Vgl. LuB 2006, Nr. 486]

409 Mattes, Mark C.; Paulson, Steven D.: **Introduction:** taking the risk to proclaim. In: 018, 1-29.

410 Mikkonen, Juha: **Luther and Calvin on Paul's epistle to Galatians:** an analysis and comparison of substantial concepts in Luther's 1531/35 and Calvin's 1546/48 commentaries on Galatians. Åbo: Åbo Akademi University press, 2007. VII, 308 S. – Zugl. Åbo, Åbo Akademi Univ., Diss., 2007.

411 Mikoteit, Matthias: **Theologie und Gebet bei Luther:** Untersuchungen zur Psalmenvorlesung 1532-1535/ Kurzfassung von Franz Posset. LuD 15 (2007), 77 f. [Vgl. LuB 2006, Nr. 492]

412 Möller, Christian: **Die homiletische Hintertreppe:** zwölf biographisch-theologische Begegnungen. GÖ: V&R, 2007. 205 S.

413 Muntag, Andor: **Luther Jónása** [Luthers Jonaauslegung]. In: 071, 61-68.

414 Nelson Burnett, Amy: **How to preach a protestant sermon:** a comparison of Lutheran and Reformed homiletics. ThZ 63 (2007), 109-119.

415 Parsons, Michael: **Luther on Isaiah 40:** the gospel and mission. In: Text and task: scripture and mission/ hrsg. von Michael Parsons. Carlisle, Cumbria: Paternoster, 2005, 64-78.

416 Parsons, Michael: **Luther on Isaiah 40:** the gospel and mission/ Kurzfassung von Kenneth Hagen. LuD 15 (2007), 108 f.

417 Puff, Helmut: **Die Rhetorik der Sodomie in den Schriften Martin Luthers und in der Reformationspolemik.** Zeitsprünge 6 (2002), 328-342.

418 Rasmussen, Tarald: **Luther som polemiker** [Luther als Polemiker]. In: 053, 231-244.

419 Saarinen, Risto: **»In sinu patris«:** the merciful trinity in Luther's exposition of John 1, 18. In: Trinitarian theology in the medieval west/ hrsg. von Pekka Kärkkäinen. Helsinki: Luther-Agricola-Gesellschaft, 2007, 280-198. (Schriften der Luther-Agricola-Gesellschaft; 61)

420 Saarinen, Risto: **The Pauline Luther and the law:** Lutheran theology reengages the study of Paul. Pro ecclesia 15 (Lanham, MD 2006), 64-86.

421 Schuchard, Bruce G.: **»That they may be one«:** Lutheran interpretation of John 17 from the Reformation to today. In: 043, 83-98. L".

422 Seyferth, Sebastian: **Der Einfluss lateinischer Quellen auf die Textgestaltung von Martin Luthers Bibelbearbeitungen (1522-1545):** zu einigen Spuren seiner Vorlagen in den Übersetzungsvarianten/ Kurzfassung von Franz Posset. LuD 15 (2007), 32 f. [Vgl. LuB 2005, Nr. 445]

423 Steiger, Johann Anselm: **»Omnis Israel salvus fiet«:** zur Interpretation von Röm 11 bei Luther sowie in der lutherischen und reformierten Orthodoxie im Spannungsfeld von Bußpredigt und Antijudaismus. In: 061, 559-583.

424 Stewing, Anja: **Die Psalterübertragung des Eobanus Hessus.** In: 026, 195-211.

425 Stolle, Volker: **Taufe und Buße:** Luthers Interpretation von Röm 6,3-11. KD 53 (2007), 2-34.

426 Stroh, Wilfried: **Latein ist tot, es lebe Latein!:** kleine Geschichte einer großen Sprache. 1.-8. Aufl. B: List, 2007. 414 S. L 195-198. 200-205+".

427 Thomson, Mark W.: **Withdrawal for reflection.** CTM 33 (2006), 253-264.

428 Vetrali, Tecle: **Lutero e le tre donne dell'Apocalisse** (Luther und die drei Frauen der Apokalypse). In: 014, 75-104.

429 Vind, Anna: **»Christus factus est peccatum metaphorice«:** über die theologische Verwendung rhetorischer Figuren bei Luther unter Einbeziehung Quintilians. In: 012, 95-124.

430 Volk, Ernst: **Wider allen falschen Oekumenismus.** Luth. Nachrichten 27 (2007) Nr. 1, 58-82.

431 Vulpius, Patrick: **Spricht hier Gott oder Methusalem?:** Merkwürdiges aus Luthers letzter Vorlesung. CAZW 78 (2007) Nr. 1, 44-50: Ill.

432 Wendland, Paul O.: **Is allegorizing a legitimate manner of biblical interpretation.** Wisconsin Lutheran quarterly 103 (Milwaukee, WI 2006), 163-194. L 193+".

433 Wenz, Armin: **Die Wahrheitsfrage im Spannungsfeld von Schriftautorität und neuzeitlicher Hermeneutik.** Luth. Beiträge 11 (2006), 33-55. L 33.

434 Wolf, Herbert: **»Ad Thuringos cum istis barbaris Germanismis!«:** Luthers Bemühungen um Transkulturation biblischer Toponyme. In: Mittelalterliche Sprache und Literatur in Eisenach und Erfurt: Tagung anlässlich des 70. Geburtstages von Rudolf Bentzinger am 22.8.2006/ hrsg. von Martin Schubert; Jürgen Wolf; Annegret Haase. F; B; Bern; Bruxelles; NY; Oxford; W. Lang, 2009, 278-296. (Kultur, Wissenschaft, Literatur: Beiträge zur Mittelalterforschung; 18)

435 Wolff, Jens: **Schriftauslegung II: Christentum.** In: Historisches Wörterbuch der Rhetorik/ hrsg. von Gert Ueding; Red. Gregor Kalivoda ... Bd. 8: Rhet-St. TÜ: Niemeyer, 2007, 822-837. L 828 f.

436 Zachman, Randall C.: **Medieval and Reformation readings of Paul.** In: Rereading Paul together: Protestant and Catholic perspectives on justification/ hrsg. von David E. Aune. Grand Rapids, MI: Baker, 2006, 169-187.

k) Gottesdienst, Gebet, Spiritualität, Kirchenlied, Musik

437 Adolph, Wolfram: **Zu Luthers Verständnis der Musik und seine Haltung zum Recht der Orgel im reformatorischen Gottesdienst.** In: 016, 23-37: Ill.

438 Akerboom, Dick: **»A new song we raise«:** on the first martyrs of the Reformation and the origin of Martin Luther's first hymn. Perichoresis 4 (Oradea 2006) Heft 1, 53-77.

439 Akerboom, Dick; Gielis, Marcel: **»A new song shall begin here ...«:** the martyrdom of Luther's followers among Antwerp's Augustians on July 1, 1523 and Luther's response. In: More than a memory: the discourse of Martyrdom and the construction of Christian identity in the history of Christianity/ hrsg. von Johan Leemans. Leuven: Peeters, 2005, 243-270. (Annua nuntia Iovanensia; 51)

440 Arnold, Jochen: **»We only win, when we are singing«:** Musik als Gottesdienst, Musik im Gottesdienst. Musik und Kirche 78 (2008), 22-30: Ill.

441 Arnold, Matthieu: **Les cantiques de Martin Luther (1523-1543).** In: 027, 639-651.

442 Arnold, Matthieu: **Souffrance et mort dans les cantiques de Martin Luther et dans ceux de Paul Gerhardt.** PL 55 (2007), 189-227.

443 Arnold, Matthieu: **Der Tod und der Sieg über den Tod in den Liedern Martin Luthers (1523-1543).** LuBu 16 (2007), 8-26.

444 Block, Johannes: **Verstehen durch Musik:** das gesungene Wort als hermeneutische Schule am Beispiel der Theologie Martin Luthers/ Kurzfassung von Rudolf K. Markwald. LuD 15 (2007), 89-93. [Vgl. LuB 2005, Nr. 469]

445 Bonkhoff, Bernhard H.: **Umdichtung, Nachdichtung und zeitgenössische Aktualisierung:** das Schicksal des Lutherliedes im deutschen Protestantismus (Folge II). Lu 77 (2006), 141-163.

446 Brunvoll, Arve: **Luthers Lieder als Gebete.** Luth. Nachrichten 23 (2003) Heft 2, 3-27.

447 Ebenbauer, Peter: **Liturgie und Kirchenlied:** hymnologische und liturgietheologische Bemerkungen zu ihrer anhaltend spannungsreichen Beziehungsgeschichte. JLH 45 (2006), 156-183. L 163f.

448 Ecsedi, Zsuzsanna: **Luther-énekek a magyar evangélikus énekeskönyvekben** (Lutherlieder in ungarischen luth. Gesangbüchern). [BP]: MTA-TKI: LFZE, 2006. 16 S.: Ill. & Beil. (CD). (Egyházzene-doktori disszertációk; 3)

449 Fischer, Michael; Schmidt, Rebecca: **»Mein Testament soll seyn am End«:** Sterbe- und Begräbnislieder zwischen 1500 und 2000. MS; NY; M; B: Waxmann, 2005. 305 S.: Ill. (Volksliedstudien; 6)

450 Grindal, Gracia: **The rhetoric of Martin Luther's hymns:** hymnody then and now. Word & world 26 (St. Paul, MN 2006), 178-187.

451 Heymel, Michael: **Kirchenlied und Predigt.** PTh 97 (2008), 30-40.

452 Holst, Jon D.: **The impact of the Lutheran Reformation on German sacred music in the Renaissance and early Baroque.** AnA: Proquest Dissertation and Theses, 2006. 53 S. (Section 0582, Part 0413 53). – Dominguez Hills, CA, California State University, MA-Diss., 2006. (Publication nr. AAT 1441044).

453 Junghans, Helmar: **Thanksgiving, praiseiving and prayer in every day life according to Martin Luther/** übers. von Katharina Gustavs. Theology and life 30 (Hong Kong 2007), 127-149.

454 Koch, Ernst: **Fürbitte für die ganze Christenheit:** zur Geschichte des Tagzeitengebets im deutschsprachigen Raum bis zum Ende des 18. Jahrhunderts. JLH 45 (2006), 81-103. L 81-83.

455 Koelpin, Arnold J.: **Sanctification and individuel prayer in Lutheran theology.** In: 070, 19-43.

456 Leaver, Robin A.: **Luther as musician/** Kurzfassung von Timothy H. Maschke. LuD 15 (2007), 121-126. [Vgl. LuB 2005, Nr. 497]

457 Leaver, Robin A.: **Luther's liturgical music:** principles and implications. Grand Rapids, MI; Cambridge, U. K.: Eerdmans, 2007. XIV, 485 S.: Noten.

458 Mager, Inge: **Weshalb hat Martin Luther kein Passionslied geschrieben?** In: 060, 405-422.

459 Meyer zu Helligen, Klaus Peter: **Kirche nach dem Verständnis D. Martin Luthers.** Wort und Dienst 29 (2007), 103-116.

460 Michelini, Guido: **1589 m. »Giesmes duchaunas«:** Lutherio »Geistliche Lieder« lietuviu kalba = **Die Gismes duchaunas von 1589:** Luthers »Geistliche Lieder« auf Litauisch/ Vilnius: Versus Aureus, 2005. 172 S. & Beil. (11 S. Noten)

461 Möller, Christian: **Lutherische Spiritualität:** reformatorische Wurzel und geschichtliche Ausprägung. In: 047, 15-37. L 17-22+".

462 Molitor, Kurt: **Zum evangelischen Gottesdienst in der Pfalz im 16. Jahrhundert.** BlPfKG 74 (2007), 49-77. L 51 f+".

463 Mutschler, Bernhard: **Ein Reden des Herzens mit Gott:** Martin Luther über das Gebet. NZSTh 49 (2007), 24-41.

464 Odenthal, Andreas: **»... matutinae, horae, vesperae, completorium maneant ...«:** zur Umge-

staltung der Offiziumsliturgie in den Kirchen des frühen Luthertums anhand ausgewählter liturgischer Quellen. JLH 46 (2007), 89-123: Tab. L 89 f+".

465 Posset, Franz: **Martin Luther »OSA« und Markus von Weida »OP«:** Auseinandersetzungen um das Rosenkranzbeten/ Kurzfassung von Franz Posset. LuD 15 (2007), 79f. [Vgl. LuB 2006, Nr. 570]

466 Rössler, Martin: **Die beste Zeit im Jahr ist mein.** In: 040, 89-96: Noten.

467 Schalk, Carl F.: **Lutero e a música:** paradigmas de louvor (Luther on music: paradigms of praise (port.)]/ übers. von Paulo F. Flor. Canoas: ULBRA, 2006. 75 S.

468 Scheidhauer, Gerhard: **Das Recht der Liturgie:** zum Liturgie- und Rechtsbegriff des evangelischen ius liturgicum. HH: Kovač, 2001. 329 S. (THEOS: Studienreihe Theologische Forschungsergebnisse; 49) – Zugl.: MZ, Univ., Diss., 2000.

469 Schillhahn, Wolfgang: **»Die Herzen in die Höhe!«:** ein vorsichtiges Plädoyer für die Gebete der Agende. Luth. Beiträge 10 (2005), 95-106.

470 Schöne, Jobst: **Rechtfertigung und Gottesdienst.** Luth. Beiträge 10 (2005), 207-217.

471 Stolina, Ralf: **Aktion und Kontemplation:** Grundvollzüge christlicher Spiritualität. In: 047, 63-98. L 71 f+".

472 Tuppurainen, Erkki: **Martin Lutherin virsisävelmät Itämeren ympärillä** (Martin Luthers Kirchenlieder im nordischen Ostseeraum). In: Tabulatora 2006: kirkkomusiikin ja Kuopion osastojen yhteinen julkaisu/ hrsg. von Ilkka Taitto. Helsinki: Sibelius-Akatemia, 2007, 104-127.

473 Weeda, Robert: **Hymnes chantées dans les églises protestantes.** In: 027, 653-670. L 654. 660-663.

474 Zimmerling, Peter: **Die Spiritualität Martin Luthers als Herausforderung.** LuJ 73 (2006), 15-40.

l) Katechismus, Konfirmation, Schule, Universität

475 Arnold, Matthieu: **Jean Sturm, le pédagogue du siècles de la Réformation.** PL 55 (2007), 147-164. L".

476 Baumgart, Peter: **Die deutsche Universität des 16. Jahrhunderts:** das Beispiel Marburg. (1978). In: 04, 389-422. L".

477 Baumgart, Peter: **Die deutschen Universitäten im Zeichen des Konfessionalismus.** (1994). In: 04, 5-30. L 25 f+".

478 Baumgart, Peter: **Humanistische Bildungsreform an deutschen Universitäten des 16. Jahrhunderts.** (1984). In: 04, 31-60. L 43-45+".

479 Dennerlein, Norbert; Wiedenroth-Gabler, Ingrid: **Luthers kleiner Katechismus – für Leute von heute.** GÜ: GVH, 2007. 135 S.

480 Gillhoff, Johannes: **Zur Sprache und Geschichte des kleinen Katechismus**/ neu hrsg. für die Johannes-Gillhoff-Gesellschaft von Hartmut Brun. Neuausgabe der Ausgabe L, 1909. Rostock: BS-Verlag, 2007. 149 S. (MV Taschenbuch)

481 Goertz, Hans-Jürgen: **Von der Kleriker- zur Laienkultur:** Glaube und Wissen in der Reformationszeit. (2004). In: 020, 238-266. L 243 f+".

482 Hauerwas, Stanley: **The truth about God:** the Decalogue as condition for truthful speech. (1998). In: The doctrine of God and theological ethics/ hrsg. von Alan Torrance. LO: T&T Clark, 2006, 85-104.

483 Ledl, Andreas: **Eine Theologie des lebenslangen Lernens:** Studien zum pädagogischen Epochenwandel bei Luther. MS: Lit, 2006. 393 S. (Texte zur Theorie und Geschichte der Bildung; 24) – Bespr.: Basse, Michael: Lu 78 (2007), 116f.

484 Lexutt, Athina: **Einbildung:** Luthers Bildungsverständnis. In: 028, 95-113.

485 Meyer-Blanck, Michael: **Das Wort des Katechismus und das Echo des Herzens:** Glauben lernen in der Spätmoderne. In: 028, 37-49.

486 Scheible, Heinz: **Die Philosophische Fakultät der Universität Wittenberg von der Gründung bis zur Vertreibung der Philippisten.** ARG 98 (2007), 7-44. L 12-14. 24-26. 33-35+".

487 Schindling, Anton: **Jean Sturm pédagogue.** In: 029, 33-38.

488 Sturm, Jean: **De literarum ludis recte aperiendis liber. De la bonne manière d'ouvrir des écoles de lettres**/ aus dem Lat. übers. von Georges Lagarrigue; hrsg. und mit einem Nachwort vers. von Matthieu Arnold. Strasbourg: Presses Universitaires de Strasbourg, 2007. 160 S.

489 Wengert, Timothy J.: **Luther on prayer in the Large catechism**/ Kurzfassung von Timothy H. Maschke. LuD 15 (2007), 81-85: Ill. [Vgl. LuB 2006, Nr. 616]

490 Winterhager, Wilhelm Ernst: **Wittenberg und Marburg als Universitäten der Reformation:** humanistischer Aufbruch, reformatorische Bildungskrise und Hochschulreformdebatte im frühen 16. Jahrhundert. Sachsen und Anhalt 22 (2000), 189-238. L 196-201. 205-207. 230. 234. 236f.

491 Zwanepol, Klaas: **Interesse in Luthers Catechismus?:** receptie van het Enchiridion (Interesse an Luthers Katechismus: Rezeption des Enchiridions). Kampen: Protestantse Theologische Universiteit, 2007. 30 S.

m) Weitere Einzelprobleme

492 Beintker, Michael: **Das Leben der zukünftigen Welt.** In: »... und das Leben der zukünftigen Welt: von Auferstehung und jüngstem Gericht/ hrsg. von Heinrich Bedford-Strohm. NK: NV, 2007, 14-29.

493 Forde, Gerhard O.: **Human sexuality and Romans, chapter one.** In: 018, 204-213.

494 Forde, Gerhard O.: **When the old Gods fail:** Martin Luther's critique of mysticism. (1984). In: 018, 57-68.

495 Gerland, Manfred: **Meine Seele erhebt den Herrn:** eine evangelische Pilgerreise zu Maria. L: EVA, 2007. 203 S.: Ill.

496 Goertz, Hans-Jürgen: **Träume, Offenbarungen und Visionen.** (1989). In: 020, 164-187. L 166-168. 170-172. 183.

497 Gritsch, Eric W.: **Luther on humor/** Kurzfassung. LuD 15 (2007), 45-47. [Vgl. LuB 2006, Nr. 623]

498 Gritsch, Eric W.: **The wit of Martin Luther.** MP: Fortress, 2006. 133 S. (Facets)

499 Leppin, Volker: **Mystisches Erbe auf getrennten Wegen:** Überlegungen zu Karlstadt und Luther. In: 042, 153-169.

500 Leppin, Volker: **Transformationen spätmittelalterlicher Mystik bei Luther.** In: 021, 165-185.

501 Lexutt, Athina: **Duplex est memoria:** Martin Luther zu Erinnerung und Trost. Lu 78 (2007), 151-164.

502 Pihlajamaki, Heikki: **Executor divinarum et suarum legum:** criminal law and the Lutheran Reformation. In: 044, 171-204.

503 Rentzing, Carsten: **Die Rede vom Bösen bei Karl Barth und Martin Luther:** ein systematisch-historischer Vergleich; unter besonderer Berücksichtigung von Barths Kirchlicher Dogmatik III,3 und Luthers Genesisvorlesung 1535-1545. L, 2000. 167 S. – L, Univ., Theol. Fak., Diss., 2000.

504 Rieger, Hans-Martin: **Das radikal Böse:** der Zugang zur menschlichen Selbstverkehrung bei Kant und Luther. ThPh 82 (2007), 65-96.

505 Schneider, Johannes: **Der Teufel – Sichtweisen des Bösen bei Calvin und Luther.** Luth. Nachrichten 26 (2006) Heft 3, 33-48.

506 Thiede, Werner: **Mystik im Zentrum – Mystik am Rand:** zur Notwendigkeit, bei mystischer Religiosität zu unterscheiden. Teil 2: **Protestantische Mystik.** Materialdienst der Evang. Zentralstelle für Weltanschauungsfragen 69 (2006) Heft 11, 403-413.

507 Tietz, Anja: **Der Gottesacker der Stadt Eisleben:** Martin Luthers Einfluss auf das Begräbniswesen. In: 050, 189-205: Ill., Kt.

3 Beurteilung der Persönlichkeit und ihres Werkes

508 Albig, Jörg-Uwe: **Befreier des Ichs, Wegbereiter der Moderne:** Wieso Martin Luther noch radikaler war, als wir denken/ Fotos von Berthold Steinhilber. Geo: das neue Bild der Erde (2007) Heft 11 (November), 1. 6. 176-200: Ill.

509 Bieger, Eckard: **Die Feste im Kirchenjahr:** Entstehung, Bedeutung, Brauchtum. L: Benno, [2006]. 107 S. L 24. 91.

510 Decot, Rolf: **Luthers Bedeutung für das gegenwärtige ökumenische Gespräch aus katholischer Sicht.** (2004). In: 015, 253-277.

511 Decot, Rolf: **Zum Wandel des katholischen Lutherbildes.** (1986). In: 015, 233-252.

512 Eucken, Rudolf: **Martin Luther, Ulrich Zwingli, Johannes Calvin und die Reformation:** Hörbuch/ Sprecher: Michael Kommant. [Bremen]: Medienverlag Kohfeldt; Norderstedt: Audiobooks-on-Demand, 2007. 1 CD.

513 Eucken, Rudolf: **Martin Luther, Ulrich Zwingli, Johannes Calvin und die Reformation:** Hörbuch/ Sprecher: Michael Kommant. Nützen: Christian Kohfeldt, 2007. 1 CD.

514 Hamm, Berndt: **Wie mystisch war der Glaube Luthers?** In: 021, 237-287.

515 Laube, Stefan: **Von der Reliquie zum Relikt:** Luthers Habseligkeiten und ihre Musealisierung in der frühen Neuzeit. In: 02, 429-466: Ill.

516 Leppin, Volker: **Einleitung: die Erforschung von Luthers reformatorischer Entwicklung auf dem Weg vom »Wende-Konstrukt« zur Kontextualisierung.** In: 042, 1-7.

517 Rhein, Stefan: »Mythos Luther«. oder wie sich das Nachleben vom Leben löst. In: Mythos: Dokumentation einer Veranstaltung der UNESCO-Stätten im Raum Dessau-Wittenberg/ hrsg. vom Biosphärenreservat Mittelelbe; Kulturstiftung Dessau-Wörlitz; Stiftung Bauhaus Dessau; Stiftung Luthergedenkstätten in Sachsen-Anhalt; Redaktion: Marie Neumüllers; Stefan Rhein. Calbe/Saale: Cuno, 2008, 30-37: Ill.

518 Walther, Wilhelm: **Luther jelleme** (Luthers Charakter ⟨ungar.⟩)/ übers. von János Victor Jr. 2. Aufl. BP: Bibliaiskolák Közössége Kiadó, 2007. 216 S.

4 Luthers Beziehungen zu früheren Strömungen, Gruppen, Persönlichkeiten und Ereignissen

519 Bünz, Enno: **Martin Luthers Orden in Neustadt an der Orla**: das Kloster der Augustiner-Eremiten und seine Mönche. Jena: Vopelius, 2007. 164 S.: Ill.

520 Chester, Stephen J.: **Paul and the introspective conscience of Martin Luther**: the impact of Luther's »Anfechtungen« on his interpretation of Paul. Biblical interpretation 14 (Leiden 2006), 508-536.

521 Foresta, Patrizio: »**Die rechte tugent und gaben**« eines »**Christlich frumbs Weyb**«: Überlegungen zur frühneuzeitlichen Drei-Stände-Lehre am Beispiel des Ehepaars Maria Cleophe und Georg Vogler (1542-1543). In: 065, 131-138.

522 Grosse, Sven: **Der junge Luther und die Mystik**: ein Beitrag zur Frage nach dem Werden der reformatorischen Theologie. In: 021, 187-235.

523 Hamm, Berndt: »**Gott berühren**«: mystische Erfahrungen im ausgehenden Mittelalter; zugleich ein Beitrag zur Klärung des Mystikbegriffs. In: 021, 111-137. L 130 f+".

524 Hamm, Berndt: **Luthers Anleitung zum seligen Sterben vor dem Hintergrund der spätmittelalterlichen Ars moriendi**/ Kurzfassung von Wolf D. Knappe. LuD 15 (2007), 48-54. [Vgl. LuB 2006, Nr. 664]

525 Holze, Heinrich: **Die Alte Kirche im Urteil Martin Luthers**/ Kurzfassung von Wolf D. Knappe. LuD 15 (2007), 98-102: Ill. [Vgl. LuB 2005, Nr. 609]

526 Karkkainen, Pekka A.: **Nominalist psychology and the limits of canon law in late medieval Erfurt**. In: 044, 93-110.

527 Kienzler, Klaus: **Anselm von Canterbury**: Theologie wird Wissenschaft. In: 022, 70-87. L 81. 86.

528 Leonhardt, Jürgen: **Eine Leipziger Vorlesung über Ciceros »De legibus« aus dem Jahre 1514**. Wolfenbütteler Renaissance Mitteilungen 26 (2002), 26-40: Ill.

529 Makinen, Virpi; Raunio, Antti: **Right and dominion in Luther's thought and its medieval background**. In: 044, 63-92.

530 Moritz, Anja: **Die Aristotelesrezeption der protestantischen Geistlichen zwischen theologischer und praktischer Ethik**. In: 065, 109-117.

531 Pilvousek, Josef: **Askese, Brüderlichkeit und Wissenschaft**: die Ideale der Erfurter Augustiner-Eremiten und ihre Bemühungen um eine innovative Umsetzung. In: 042, 39-55. L 51-55+".

532 Posset, Franz: **Luthers Predigt von 1515 gegen das Laster der Verleumdung und seine mittelalterliche Quelle**/ Kurzfassung von Kenneth Hagen. LuD 15 (2007), 31. [Vgl. LuB 2006, Nr. 681]

533 Saarinen, Risto: **Gunst und Gabe**: Melanchthon, Luther und die existentielle Anwendung von Senecas »Über die Wohltaten«. In: 033, 184-197.

534 Weinrich, William C.: **The Lutheran Reformation and the early church**. In: 043, 1-15.

535 Wriedt, Markus: **Via Augustini – Ausprägungen des spätmittelalterlichen Augustinismus in der observanten Kongregation der Augustinereremiten**. In: 042, 9-38. L 36-38+".

536 Zecherle, Andreas: **Die »Theologia Deutsch«**: ein spätmittelalterlicher mystischer Traktat. In: 021, 1-95. L 9-14+".

5 Beziehungen zwischen Luther und gleichzeitigen Strömungen, Gruppen, Persönlichkeiten und Ereignissen

a) Allgemein

537 Arnold, Matthieu: **Die Rolle der Korrespondenz bei Kommunikation und Transfer**: zu einer evang. Identität in der Frühen Neuzeit. In: 036, 33-47.

538 Aulinger, Rosemarie: **Die Reichstage des 16. Jahrhunderts im Spiegel bildlicher Quellen**. In: 067, 313-341: Ill. L 334-336+".

539 **Basiswissen Kirchengeschichte**: Daten, Fakten, Zusammenhänge von den Anfängen bis heute/ Manfred Sitzmann; Christian Weber; Martin Greschat; Jörg Ulrich; Uta Heil. GÖ: V&R; Wuppertal: Brockhaus, 2007. 1 CD-ROM.

540 Beyer, Michael: **Übersetzung als Medium des Transfers**. In: 036, 49-67.

541 Brendle, Franz; Schindling, Anton: **Religionskriege in der Frühen Neuzeit**: Begriff, Wahrnehmung, Wirkmächtigkeit. In: 069, 15-52. L 32-34. 39.

542 Cassese, Michele: **La Riforma e la rottura della cristianità nel Cinquecento**: interpretazioni storiografiche e cause storiche (Die Reformation und die Spaltung des Christentums im 16. Jh.: historiografische Deutungen und historische Ursachen). In: 014, 47-73.

543 Czesław, Karolak; Wojciech, Kunicki; Hubert, Orłowski: **Dzieje kultury niemieckiej** (Geschichte der deutschen Kultur). WZ: PWN, 2007. 570 S. L 90-101+".

261

544 Danz, Christian: **Einleitung** [Große Theologen].
In: 022, 7-18.

545 Decot, Rolf: **Die Entwicklung des Ablasses und
seine Kritik in der Reformationszeit.** (1992). In:
015, 127-145.

546 Decot, Rolf: **Die Reformation – ein Überblick.**
(2001). In: 015, 13-26.

547 Decot, Rolf: **Reichstage und Religionsgespräche:**
zur reichspolitischen Behandlung der Relionsfra-
ge. In: 033, 110-139. L 110-112. 114f.

548 Dingel, Irene: **Die Wittenberger Reformation.** In:
046, 7-57.

549 Dürr, Renate: **Politische Kultur in der Frühen
Neuzeit:** Kirchenräume in Hildesheimer Stadt-
und Landgemeinden 1550-1750. GÜ: GVH, 2006.
422 S.: Ill., Tab. (Quellen und Forschungen zur
Reformationsgeschichte; 77) – Zugl.: Frankfurt/
Main, Univ., Habil., 2003.

550 Emich, Birgit: **Geschichte der Frühen Neuzeit
studieren.** Konstanz: UVK, 2006. 304 S.: Ill. (UTB;
2709) (UTB basics)

551 Faulstich, Werner: **Mediengeschichte:** von den
Anfängen bis 1700. GÖ: V&R, 2006. 189 S.: Ill.
L". (UTB; 2739: basics)

552 Goertz, Hans-Jürgen: **Eine »bewegte« Epoche:**
zur Heterogenität reformatorischer Bewegung.
(1994). In: 020, 23-53. L 23-27+".

553 Goertz, Hans-Jürgen: **Karlstadt, Müntzer und die
Reformation des »gemeinen Mannes« 1521-1525.**
(2006). In: 020, 54-96. L 64-66+".

554 Greyerz, Kaspar von: **Religion et culture:** Europe
1500-1800 (Religion und Kultur ⟨franz.⟩)/ übers.
von Eliane Kaufholz-Messmer. P: Cerf, 2006. 372
S. L".

555 Halbach, Silke: **Legitimiert durch das Notman-
dat:** Frauen als Verfasserinnen frühreformato-
rischer Flugschriften. ZHF 27 (2000), 365-385. L
365-369+".

556 Hamm, Berndt: **How innovative was the Reformation** (Wie innovativ war die Reformation
⟨engl.⟩)? In: 02, 26-43. [Vgl. LuB 2004, Nr. 861 f]

557 Hartmann, Gerhard: **Daten der Kirchengeschichte.** Wiesbaden: Marix, 2007. 187 S.: Ill. (marixwis-
sen)

558 Haustein, Jörg: **Der Reichstag in der Beurteilung
evangelischer Theologen bis 1555.** In: 067, 343-
356.

559 Karant-Nunn, Susan C.: **Reformation und Askese:** das Pfarrhaus als »evangelisches Kloster«. In:
036, 211-228. L 213-216.

560 Lindberg, Carter: **As reformas na Europa** (The
European Reformations ⟨port.⟩)/ übers. von
Luís H. Dreher; Luís M. Sander. São Leopoldo:
Sinodal, 2001. 503 S. L 74-136.

561 Schäufele, Wolf-Friedrich: **Theologie und Historie:** zur Interferenz zweier Wissensgebiete in
Reformationszeit und Konfessionellem Zeitalter. In: 036, 129-156. L 132-134+".

562 Schmoeckel, Mathias: **Fragen zur Konfession
des Rechts im 16. Jahrhundert am Beispiel des
Strafrechts.** In: 036, 157-191. L 168-178+".

563 Seebaß, Gottfried: **Spätmittelalter – Reformation
– Konfessionalisierung.** S: Kohlhammer, 2006.
359 S.: Ktn. (Geschichte des Christentums; 3)
(Theol. Wissenschaft; 7) – Bespr.: Engler, Thorsten: Lu 78 (2007), 191-193.

564 **Tage deutscher Geschichte:** von der Reformation
bis zur Wiedervereinigung/ hrsg. von Eckart
Conze; Thomas Nicklas. M: Deutsche Verlags-
anstalt, 2004. 326 S.: Ill.

565 **Tage deutscher Geschichte:** von der Reformation
bis zur Wiedervereinigung/ hrsg. von Eckart
Conze; Thomas Nicklas. Lizenzausgabe der
Ausgabe M, 2004. DA: WB, 2004. 326 S.: Ill.

566 Wegener, Judith: **Die Kirchen der Reformation:**
die evangelisch-lutherische Kirche. In: Die
christlichen Konfessionen: Geschichte, Hintergründe und Glaubensinhalte/ hrsg. von Roland
Biewald. L: EVA, 2007, 24-29: Ill. (Themenhefte
Religion; 9)

b) Wittenberger Freunde

567 Arand, Charles P.: **The Apology as a backdrop
for the Interim of 1548.** In: 064, 211-227. L".

568 Brosseder, Claudia: **Im Bann der Sterne:** Caspar
Peucer, Philipp Melanchthon und andere Wit-
tenberger Astrologen. B: Akademie, 2004. 429
S.: Ill. – Zugl.: M, Univ., Diss., 2001/02.

569 Decot, Rolf: **Vermittlungsversuche auf dem Augsburger Reichstag:** Melanchthon und die Confessio Augustana. (1998). In: 015, 205-231.

570 Deflers, Isabelle: **Aristotelismus in Melanchthons Rechtsauffassung.** In: 065, 119-130.

571 Deflers, Isabelle: »Lex« und »ordo«: eine rechts-
historische Untersuchung der Rechtsauffassung
Melanchthons. B: Duncker & Humblot, 2005. 318
S. (Schriften zur Rechtsgeschichte; 121) – Zugl.:
Osnabrück, Univ., Fachbereich Rechtswissen-
schaften, Diss., 2005.

572 Dieter, Theodor: **»Es sollen und müssen Kirchen-
Gericht seyn«:** zu Melanchthons Verständnis der
Synode. In: 038, 67-90. L 85-87+".

573 Fink-Jensen, Morton: **Medicine, natural philosophy, and the influence of Melanchthon in
Reformation Denmark and Norway.** Bulletin of
the history of medicine 80 (Baltimore, MD 2006),
439-465.

574 Fischer, Konrad: **Zum Verständnis der Ordina-tion bei Philipp Melanchthon.** In: 038, 45-66. L 47-50+".

575 Frank, Günter; Meier-Oeser, Stephan: **Vorwort:** Philipp Melanchthon – Ökumeniker der Refor-mation? In: 038, 11-15.

576 Heinrich, Peter: **Die Frage der menschlichen Willensfreiheit in der Theologie Philipp Melan-chthons:** eine kurze Darstellung und Beurteilung ihrer Aufnahme und Entwicklung; unter beson-derer Berücksichtigung der Loci communes. Nordhausen: Bautz, 2003. VIII, 93 S.

577 Hoffmann, Manfred: **Rhetoric and dialectic in Erasmus's and Melanchthon's interpretation of John's gospel.** In: 033, 140-170.

578 Hofheinz, Ralf-Dieter: **Philipp Melanchthon und die Medizin im Spiegel seiner akademischen Reden.** Herbolzheim: Centaurus, 2001. 332 S. – Zugl.: HD, Univ., Medizin. Fak., Diss., 2000.

579 Knoche, Hansjürgen: **Von Melanchthon lernen!:** seine ökumenische Bedeutung heute. Bausteine für evang.-kath. Einheit 45 (2005) Nr. 174, 43-49.

580 Leppin, Volker: **Humanistische Gelehrsamkeit und Zukunftsansage:** Philipp Melanchthon und das »Chronicon Carionis«. In: 075, 131-142.

581 Lexutt, Athina: **Verbum Dei iudex:** Melan-chthons Kirchenverständnis. In: 038, 27-44. L 35-37+".

582 Lurje, Michael: **Misreading Sophocles:** or Why does the history of interpretation matter? Antike und Abendland 52 (2006), 1-16.

583 Meier-Oeser, Stephan: **Die humanistischen Grundlagen und Implikationen der melanchtho-nischen Vermittlungsbemühungen.** In: 038, 177-202. L 198 f+".

584 [Melanchthon, Philipp]: **Melanchthons Brief-wechsel:** kritische und kommentierte Gesamt-ausgabe/ im Auftrag der Heidelberger Akademie der Wissenschaften hrsg. von Heinz Scheible. Bd. T 4 I: Texte 859-1103a (Januar-Juli 1530)/ bearb. von Johanna Loehr. S: Frommann-Holzboog, 2007. 488 S.

585 [Melanchthon, Philipp]: **Melanchthons Brief-wechsel:** kritische und kommentierte Gesamt-ausgabe/ im Auftrag der Heidelberger Akademie der Wissenschaften hrsg. von Heinz Scheible. Bd. T 4 II: **Texte 1004-1109 (August-Dezember 1530)/** bearb. von Johanna Loehr. S: Frommann-Holzboog, 2007. S. 491-796.

586 [Melanchthon, Philipp]: **Melanchthons Brief-wechsel:** kritische und kommentierte Gesamt-ausgabe/ im Auftrag der Heidelberger Akademie der Wissenschaften hrsg. von Heinz Scheible. Bd.

T 8: **Texte 1980-2335 (1538-1539)/** bearb. von Chris-tine Mundhenk; Hedi Hein; Judith Steiniger. S: Frommann-Holzboog, 2007. 701 S.

587 Neuhaus, Günter O.: **Gregor Brück:** Jurist. Mit-teldeutsches Jahrbuch für Kultur und Geschichte 14 (2007), 174-177.

588 Neumann, Burkhard: **Die Bedeutung der »Con-fessio Augustana« und der »Apologie« Melan-chthons für die Ökumene:** historische Beobach-tungen und Überlegungen aus der Sicht eines katholischen Systematikers. In: 038, 125-138.

589 Pettke, Sabine: **Ein Melanchthonbrief vom Jahr 1548 in Abschrift.** Mecklenburgische Jahrbücher 121 (2006), 279-289.

590 Pfnür, Vinzenz: **Die Einheit der Kirche in der Sicht Melanchthons.** In: 038, 91-123. L 91-97. 105-113+".

591 Plathow, Michael: **»Consentire de doctrina«:** Philipp Melanchthon und die »Confessio Au-gustana«. In: 038, 17-26.

592 Saarinen, Risto: **Wohltaten, Medizin, Theologie:** Melanchthon im »oikoumenischen« Gespräch mit Seneca und Galen. In: 038, 203-217.

593 Schurb, Ken: **Philip Melanchthon and the third use of law.** In: 070, 55-80.

594 Stalmann, Joachim: **Wo Gott der Herr nicht bei uns hält.** In: 040, 80-85.

595 Wartenberg, Günther: **Die Confessio Saxonica von 1551 und ihre Außenwirkung.** In: 038, 219-234.

596 Wengert, Timothy J.: **»Not by nature Philonei-kos«:** Philipp Melanchthon's initial reactions to the Augsburg Interim. In: 064, 33-49. L 38-43+".

597 Wengert, Timothy J.: **Philipp Melanchthon and the Jews:** a reappraisal. In: 030, 105-135.

598 Wriedt, Markus: **Durch Bildung zurück zur Ein-heit:** das ökumenische Potential der Bildungsre-form Philipp Melanchthons. In: 038, 129-176. L 139-141. 173-176+".

c) Altgläubige

599 Decot, Rolf: **Ansatzpunkt und Gründe von Lu-thers Papstkritik.** (1984). In: 015, 177-190.

600 Decot, Rolf: **Die Entstehung des Papsttums:** Martin Luthers historische Sicht in seiner Schrift »Wider das Papsttum zu Rom, vom Teufel gestif-tet« (1545). (1988). In: 015, 147-175.

601 Decot, Rolf: **Ein Kirchenfürst in schwieriger Zeit:** Albrecht von Brandenburg (1513/14-1545). (2007). In: 015, 279-307. L 289 f+".

602 Freyer, Johannes: **A ferences teológia befolyása a reformációra: recepció és elutasítás között** (Einfluss der Franziskanertheologie auf die Re-

formation: zwischen Rezeption und Ablehnung). In: 017, 143-156.

603 Hille, Martin: **Vorsehung, Reich und Kirche in der Nürnberger Chronik des Antoni Kreutzer:** ein Beitrag zum altgläubigen Weltbild der Reformationszeit. In: Religiöse Prägung und politische Ordnung in der Neuzeit: Festschrift für Winfried Becker zum 65. Geburtstag/ hrsg. von Bernhard Löffler; Karsten Ruppert. Köln; Weimar; W: Böhlau, 2006, 1-30. L 20-23+". (Passauer historische Forschungen; 15)

604 Hogg, James: **Die Kartäuser (OCart).** In: 057, 153-174: Kt., Tab. L 159 f+".

605 Honders, Joke: **Klooster Opheusden tegen Luther** (Kloster Opheusden gegen Luther). Jaarboek Stichting Tabula Batavorum (Opheusden 2005), 57-60.

606 **Luther und Papst.** Luth. Nachrichten 23 (2003) Heft 2, 51-73.

607 Plath, Christian: **Die Franziskaner-Konventualen (Minoriten) und Martinianer.** In: 058, 137-161: Kt., Tab. L 151 f.

608 Ribhegge, Wilhelm: **Die Kontroversen zwischen Martin Luther, Erasmus von Rotterdam und Herzog Georg von Sachsen:** Reformation und Gegenreformation im europäischen Kontext. Neues Archiv für sächsische Geschichte 76 (2005), 21-45.

609 Smolinsky, Heribert: **Altgläubige Kontroverstheologen und das Interim.** In: 064, 51-64. L 53+".

610 Smolinsky, Heribert: **Dialog und kontroverstheologische Flugschriften in der Reformationszeit.** In: Dialog und Gesprächskultur in der Renaissance/ hrsg. von Bodo Guthmüller; Wolfgang G. Müller. Wiesbaden: Harrassowitz, 2004, 277-291. L 287-289+". (Wolfenbütteler Abhandlungen zur Renaissance-Forschung; 22)

611 Springer, Klaus-Bernward: **Die Dominikaner (OP).** In: 057, 9-47: Kt., Tab. L 19-21+".

612 Wernicke, Michael Klaus: **Die Augustiner-Eremiten (OESA).** In: 057, 49-72: Kt., Tab. L 59 62+".

613 Ziegler, Walter: **Die Franziskaner-Observanten.** In: 058, 163-214: Ktn., Tab. L 187-189.

d) Humanisten

614 Dörfler-Dierken, Angelika: **Friedensgedanken des Erasmus in der frühen Neuzeit:** patientia Dei et tolerantia hominum. LuJ 73 (2006), 87-138. L 116-120+".

615 Huber-Rebenich, Gerlinde: **Eobanus Hessus als Übersetzer:** Selbstzeugnisse aus seinen Briefen und Vorreden. In: 026, 177-194. L 184-186+".

616 Kloosterhuis, Elisabeth M.: **Erasmusjünger als** politische Reformer: Humanismusideal und Herrschaftspraxis am Niederrhein im 16. Jahrhundert. Köln; Weimar; W: Böhlau, 2006. X, 763 S. (Rheinisches Archiv; 148) – Zugl.: MS, Univ., Philos. Fak., Diss., 2001.

617 Kroeker, Greta Grace: **Beyond the »freedom of the will«:** Erasmus' struggle for grace. In: 063, 255-267.

618 Posset, Franz: **The Benedictine humanist Vitus Bild (1481-1529):** sundial producer, mathematican, linguist, poet, historiographer, music expert, pro-Lutheran, anti-Zwinglian/ Kurzfassung von Patricia A. Sullivan. LuD 15 (2007), 127-129. [Vgl. LuB 2006, Nr. 808]

619 Rüegg, Walter: **Die Funktion des Humanismus für die Bildung politischer Eliten.** In: 026, 13-32. L 15-18+".

620 Schauerte, Thomas: **Bruder Nestors – Sohn des Cicero:** Albrechts Humanismus und Kunstpatronanz als Standesattribute. In: 032, 50-59: Ill.

621 Stievermann, Dieter: **Zum Sozialprofil der Erfurter Humanisten.** In: 026, 33-53. L 45 f+".

622 Vercruysse, Jos E.: **De Antwerpse augustijnen en de lutherse Reformatie, 1513-1523.** Trajecta 16 (Leuven 2007), 193-216: Ill.

e) Thomas Müntzer und Bauernkrieg

623 Bräuer, Siegfried: **Die Überlieferung von Thomas Müntzers Gefangenschaftsaussagen.** LuJ 73 (2007), 41-86, Ill. L 44 f+".

624 Cattepoel, Jan: **Thomas Müntzer:** ein Mystiker als Terrorist. F; B; Bern; Bruxelles; NY; Oxford; W: Lang, 2007. 154 S. (Beiträge zur Kirchen- und Kulturgeschichte; 19)

625 Goertz, Hans-Jürgen: **Apokalyptik in Thüringen:** Thomas Müntzer – Bauernkrieg – Täufer. In: 020, 97-118. L".

626 Leppin, Volker: **Freiheit als Zentralbegriff der frühen reformatorischen Bewegung:** ein Beitrag zur Frage »Luther und die Bauern«. In: 035, 317-327.

f) »Schwärmer« und Täufer

627 **Briefe und Schriften oberdeutscher Täufer 1527-1555:** das »Kunstbuch« des Jörg Probst Rotenfeld gen. Maler (Burgbibliothek Bern, Cod. 464)/ bearb. von Heinold Fast; Martin Rothkegel; hrsg. von Heinold Fast; Gottfried Seebaß. GÜ: GVH, 2007. 775 S. (Quellen zur Geschichte der Täufer; 18) (Quellen und Forschungen zur Reformationsgeschichte; 78)

628 Cooper, Brian David Raymond: **Human reason**

or reasonable humanity?: Balthasar Hubmaier, Pilgrim Marpeck, and Menno Simons and the catholic natural law tradition. AnA: Proquest dissertation and theses, 2006. 225 S. (Section 0412, Part 0469) – Toronto, Ont., University of St. Michael's College, PhD-Diss., 2006. (Publication nr. AAT NR27668)

629 Goertz, Hans-Jürgen: **Variationen des Schriftverständnisses unter den Radikalen:** zur Vieldeutigkeit des Sola-Scriptura-Prinzips. In: 020, 188-215.

630 Goertz, Hans-Jürgen: **Das zögernde Reich:** Merkmale radikaler Religiosität in der Reformation. In: 020, 119-163. L 137-140+".

631 Lange, Peter: **Was ein holländisches Lexikon über Andreas Bodenstein von Karlstadt weiß.** Blätter des Vereins für Thüringische Geschichte 15 (2005), 14-16: Ill.

g) Schweizer und Oberdeutsche

632 [Bucer, Martin]: **Martin Bucers Deutsche Schriften/** im Auftrag der Heidelberger Akademie der Wissenschaften hrsg. von Gottfried Seebaß. Bd. 11 III: **Schriften zur Kölner Reformation/** bearb. von Thomas Wilhelmi. GÜ: GVH, 2006. 728 S. (Bucer, Martin: Opera omnia: series 1, Deutsche Schriften; 11 III)

633 [Bucer, Martin]: **Martin Bucers Deutsche Schriften/** im Auftrag der Heidelberger Akademie der Wissenschaften hrsg. von Gottfried Seebaß; Christoph Strohm. Bd. 12: **Schriften zu Kirchengütern und zum Baseler Universitätsstreit (1538-1545)/** bearb. von Stephen E. Buckwalter. GÜ: GVH, 2007. 661 S.: Ill. (Bucer, Martin: Opera omnia: series 1, Deutsche Schriften; 12)

634 Bullinger, Heinrich: **Briefwechsel.** Ergänzungsband A: **Addenda und Gesamtregister zu Band 1-10/** bearb. von Hans Ulrich Bächtold; Rainer Henrich; unter Benützung der Abschriften von Emil Egli und Traugott Schieß; philol. Beratung: Ruth Jörg; Bärbel Schnegg. ZH: Theol. Verlag, 2004. 175 S. (Bullinger, Heinrich: Werke: Abt. 2, Briefwechsel; Erg.-Bd. A)

635 Elwood, Christopher: **Calvin for armchair theologians/** Ill. von Ron Hill. Louisville, KY: Westminster John Knox, 2002. XIII, 182 S.: Ill.

636 Elwood, Christopher: **Calvin für zwischendurch** (Calvin for armchair theologians ⟨dt.⟩)/ Ill. von Ron Hill; übers. von Margit Ernst-Habib. GÖ: V&R, 2007. 195 S.: Ill.

637 Faber, Eva-Maria: **Johannes Calvin:** Theologe und Prediger des Lebens aus Heilsgewissheit. In: 022, 141-157.

638 Faulenbach, Heiner: **Hauptmerkmale reformierter Tradition in Vergangenheit und Gegenwart erläutert unter Bezug auf die Geschichte der Classis bzw. Synode Moers.** MEKGR 56 (2007), 1-16. L 4-6+".

639 Gropper, Johannes: **Christliche vnd Catholische gegen berichtung eyns Erwirdigen Dhomcapittels zu Cöllen / wider das Büch der gnanten Reformation[n] / .../** hrsg. von der Heidelberger Akademie der Wissenschaften. Fotomechanischer Nachdruck der Ausgabe Köln, 1544/ mit einem Nachwort von Thomas Wilhelmi. GÜ: GVH, 2006. [14], CLXI, [1], [1] Bl. (Bucer, Martin: Opera omnia: series 1: Deutsche Schriften; Erg.-Bd.)

640 Hejzlar, Pavel: **John Calvin and the cessation of miraculous healing.** Communio viatorum 49 (PR 2007), 31-77. L 45-47. 51-53+".72, 76 f.

641 Heron, Alasdair I.: **»If Luther will accept us with our confession ...«:** the Eucharistic controversy in Calvin's correspondence up to 1546. Hervormde teologiese studies 62 (Pretoria 2006), 867-884.

642 Kessner, Lars: **Der Herr ist mein getreuer Hirt.** In: 040, 69-75.

643 Leu, Urs B.: **Huldrych Zwingli und die Täufer.** In: 074, 15-66: Ill. L".

644 Maag, Karin: **Hero or villain?:** interpretations of John Calvin and his legacy. Calvin theological journal 41 (Grand Rapids, MI 2006), 222-237.

645 Scheidegger, Christian: Anhang: **Das Einfache Bekenntnis von 1588.** In: 074, 335-402. L 367-370+".

646 Scheidegger, Christian: **Täufer, Konfession und Staat zur Zeit Heinrich Bullingers.** In: 074, 67-116: Ill. L 90 f+".

647 Venema, Cornelis P.: **Accepted and renewed in Christ:** the »Twofold grace of God« and the interpretation of Calvin's theology. GÖ: V&R, 2007. 296 S. (Reformed historical theology; 2)

648 Wubbenhorst, Karla: **Calvin's doctrine of justification:** variations on a Lutheran theme. In: 031, 99-118.

h) Juden

649 Arnold, Matthieu: **Protestants et juifs depuis la Shoah jusqu'aux déclarations de repentance du début du XXIᵉ siècle** (France, Allemagne): Sens. Juifs et chrétiens dans le monde aujourd'hui 59 (P 2007), 19-39. L".

650 Artinian, Robert G.: **Luther after the Stendahl/ Sanders revolution:** a responsive evaluation of Luther's view of first-century Judaism in his

commentary on Galatians. Trinity journal 27 (Bannockburn, IL 2006), 77-99.

651 Battenberg, J. Friedrich: **Juden um Landgraf Philipp den Großmütigen von Hessen.** Aschkenas 14 (2004), 387-414. L 389-391+".

652 Berg, Aartjan van den: **Een schaduwzijde van Luther** (Eine Schattenseite Luthers). Kerkinformatie 48 (Utrecht 2007) Nr. 148 (Mai), 20-22. – Bespr. zu LuB 2008, Nr. 21.

653 Kaufmann, Thomas: **Luther and the Jews**/ übers. von Stephen G. Burnett. In: 030, 69-104.

654 Kaufmann, Thomas: **Luthers »Judenschriften« in ihren historischen Kontexten.** GÖ: V&R, 2005. S. 483-586. (Nachrichten der Akademie der Wissenschaften zu Göttingen I: Phil.-hist. Klasse [2005]; 6)

655 Pak, G. Sujin: **The judaizing Calvin:** sixteenth-century debates over the messianic Psalms. AnA: Proquest Dissertation and Theses, 2006. 356 S. (Section 0066, Part 0320). – Durham, NC, Duke University, PhD-Diss., 2006. (Publication nr. AAT 3276010).

656 Piero, Stefani: **Degli Ebrei e delle loro verità** (Von den Juden und deren Wahrheit). In: 014, 129-146.

657 Steinmetz, David C.: **Luther and the blessing of Judah**/ Kurzfassung von James G. Kiecker. LuD 15 (2007), 110-115. [Vgl. LuB 2006, Nr. 881]

658 U[lrichs], G[erhard] K.: **Vor zehn Jahren:** Luther, der Antisemit? Erneuerung und Abwehr 38 (2003) Heft 4, 24.

i) Künstler und Kunst

659 Böhlitz, Michael: **Der Weimarer Cranachaltar im Kontext von Religion und Geschichte:** ein ernestinisches Denkmal der Reformation. In: 041, 277-298: Ill. L 295-297+".

660 Cummings, Brian: **Luther and the book:** the iconography of the ninety-five theses/ Kurzfassung von James G. Kiecker. LuD 15 (2007), 15-17. [Vgl. LuB 2007, Nr. 886]

661 Diederichs-Gottschalk, Dietrich: **Von Martin Luther bis Christoph Pezel:** lutherische und reformierte Schriftaltäre des 16. und 17. Jahrhunderts zwischen Elbe und Weser. JNKG 104 (2006), 49-72.

662 Ermischer, Gerhard: **Cranach im Exil – Porträt einer bewegten Epoche.** In: 011, 13-53: Ill.

663 Hinz, Berthold: **Des Kardinals Bildnisse – vor allem Dürers und Cranachs.** In: 032, 18-27: Ill.

664 Koepplin, Dieter: **Wie erklärt sich eine von Cranach gemalte Maria-Ekklesia »in der Sonne« aus der Situation um 1550?** In: 064, 139-176: Ill. L".

665 Litz, Gudrun: **Die reformatorische Bilderfrage in den schwäbischen Reichsstädten.** TÜ: Mohr Siebeck, 2007. XV, 380 S.: Ill. (Spätmittelalter und Reformation: N. R.; 35) – Zugl.: GÖ, Univ., Philos. Fak., Diss., 2005/06.

666 Meißner, Helmuth: **Auf der Suche nach dem frühesten Kanzelaltar:** Erkundung in der Kirche von Goldschau. Mitteldeutsches Jahrbuch fuer Kultur und Geschichte 14 (2007), 57-68.

667 Packeiser, Thomas: **Pathosformel einer »christlichen Stadt«?:** Ausgleich und Heilsanspruch im Sakramentsretabel der Wittenberger Stadtpfarrkirche. In: 041, 233-275: Ill. 262-268, 271 f.

668 Poulsen, Hanne Kolind: **Between convention, likeness and iconicity:** Cranach's portraits and Luther's thoughts on images. In: 041, 205-216: Ill.

669 Reinitzer, Heimo: **Gesetz und Evangelium:** über ein reformatorisches Bildthema, seine Tradition, Funktion und Wirkungsgeschichte. Bd. 1: Text. Bd. 2: Abbildungen. HH: Christians, 2006. 535 S.: Ill.; 415 S.: Ill. & Beil. (Errata: [8] S.: Ill.).

670 Roch-Lemmer, Irene: **Die Chorgestühlbrüstung in der Annenkirche zu Eisleben:** ein Beitrag zur protestantischen Ikonographie in der zweiten Hälfte des 16. Jahrhunderts. Sachsen und Anhalt 24 (2003), 247-274: Ill. L 249. 266-268.

671 Roch-Lemmer, Irene: **Neue Forschungen zum Dessauer Abendmahlsbild von Lucas Cranach d. J. (1565).** In: 041, 313-325: Ill.

672 Schwarz-Hermanns, Sabine: **Die Rundbildnisse Lucas Cranachs des Älteren:** mediale Innovation im Spannungsfeld unternehmerischer Strategie. In: 041, 121-133: Ill.

673 Tacke, Andreas: **Cranach im Dienste der Papstkirche:** zum Magdalenen-Altar Kardinal Albrechts von Brandenburg. In: 011, 107-121: Ill.

674 Zerbe, Doreen: **Bekenntnis und Memoria:** zur Funktion lutherischer Gedächtnisbilder in der Wittenberger Stadtkirche St. Marien. In: 041, 327-342: Ill. L 338-340+".

675 Zerbe, Doreen: **Memorialkunst im Wandel:** die Ausbildung eines lutherischen Typus des Grab- und Gedächtnismals im 16. Jahrhundert. In: 02, 117-163: Ill. L 128-132+".

j) Territorien und Orte innerhalb des Deutschen Reiches

676 Arnold, Matthieu: **Jean Sturm et la diplomatie politico-religieuse.** In: 029, 49-53.

677 Böcher, Otto: **Die Ebernburg in Bad Münster am Stein**/ hrsg. vom Rheinischen Verein für Denkmalpflege und Landschaftsschutz; Redaktion: Karl Peter Wiemer. 2., verb. Aufl. Köln:

Rheinischer Verein für Denkmalpflege und Landschaftsschutz, 2007. 31 S.: Ill. (Rheinische Kunststätten; 299)

678 Bräuer, Siegfried: **Katharina – evangelische Landesherrin in Sachsen (1487-1561).** In: 025, 107-130: Ill. L 111-119+".

679 Decot, Rolf: **Ein Kirchenfürst in schwieriger Zeit:** Albrecht von Brandenburg (1513/14-1545). In: 011, 55-75: Ill. L 61-63. 72.

680 Dienst, Karl: **Darmstadt und die evangelische Kirchengeschichte in Hessen:** Texte und Kontexte. DA: Zentralarchiv der Evang. Kirche in Hessen und Nassau, 2007. 654 S. (Schriftenreihe des Zentralarchivs der EKHN; 3)

681 Dingel, Irene: **Konfession und Politik in den pfälzischen Territorien 1555-1580.** BlPfKG 74 (2007), 9-26. L 14-17+".

682 **Die evangelischen Kirchenordnungen des XVI. Jahrhunderts/** begr. von Emil Sehling. Bd. 17: **Baden-Württemberg III: Südwestdeutsche Reichsstädte.** Teilband 1: **Schwäbisch Hall, Heilbronn, Konstanz, Isny und Gengenbach/** bearb. von Sabine Arend. TÜ: Mohr Siebeck, 2007. XV, 613 S., 1 Kt.

683 **Georg III. von Anhalt (1501-1553) – Reichsfürst, Reformator und Bischof:** ausgewählte Schriften/ hrsg. und eingel. von Achim Detmers. L: EVA, 2007. 176 S.: Ill., Kt.

684 Haas, Rainer: **Franz Lambert und der Bekenntnisstand Hessens im 16. Jahrhundert.** JHKV 57 (2006), 177-210. L 178-180. 204-210+".

685 Heil, Bodo: **Landgraf Philipps des Großmütigen von Hessen Verstoß gegen die Ehenormen und die Folgen für einen seiner Beamten.** Genealogisches Jahrbuch 44 (2004), 119-122: Ill.

686 Hoyer, Siegfried: **Georg, Herzog von Sachsen (1530-1539).** In: 025, 131-146: Ill.

687 Ignasiak, Detlef: **Luther in Thüringen.** Jena: Quartus, 2007. 202 S.: Ill., Noten.

688 Jadatz, Heiko: **Herzog Heinrich von Sachsen als Förderer der Wittenberger Reformation und als evangelischer Landesherr.** In: 025, 75-93: Ill.

689 Jadatz, Heiko: **Wittenberger Reformation im Leipziger Land:** Dorfgemeinden im Spiegel der evangelischen Kirchenvisitationen des 16. Jahrhunderts. L: EVA, 2007. 278 S. (HChr; Sonderbd.; 10) – Zugl.: L, Univ., Theol. Fak., Diss., 2005.

690 Joestel, Volkmar: **Luther und das Mansfelder Land – Legenden und ihre Hintergründe.** In: 050, 391-421: Ill.

691 Koch, Ernst: **»Eine junge Henne unter den Raubvögeln«:** die Reformationsbewegung in Nordhausen im 16. Jahrhundert. Zeitschrift des Vereins für Thüringische Geschichte 56 (2002), 223-234.

692 Leppin, Volker: **»... und das Ichs nicht für gotlich sondern für eine lauter teufels lehr halte und achte«:** die theologische Verarbeitung des Interims durch Johann Friedrich den Älteren. In: 064, 111-123.

693 Neumaier, Helmut: **Wimpfen im Reformationszeitalter:** Einflüsse und Strömungen. Archiv für mittelrheinische Kirchengeschichte 58 (2006), 149-168. L 153f. 156.

694 Rau, Susanne: **Geschichte und Konfession:** städtische Geschichtsschreibung und Erinnerungskultur im Zeitalter von Reformation und Konfessionalisierung in Bremen, Breslau, Hamburg und Köln. HH; M: Dölling und Galitz, 2002. 674 S.: Ill. (Hamburger Veröffentlichungen zur Geschichte Mittel- und Osteuropas; 9) – Zugl.: HH, Univ., Diss., 2001.

695 Rimbach-Sator, Manuela: **Empfängnis durch das Ohr:** vom Horchen, Predigen und Musizieren in der Katharinenkirche. In: 016, 117-133: Ill. L 122-124.

696 Ring, Edgar: **Die Reformation in Lüneburg im Spiegel archäologischer Funde.** In: 02, 239-258: Ill. L 243 f+".

697 Scheible, Heinz: **Kurfürst Ottheinrich, ein Mann des Kairos.** Ludwigshafen am Rhein: Hennecke, 2007. 46 S. (Schriftenreihe / Förderkreis Lebendige Antike Ludwigshafen am Rhein; 12)(Lebendige Antike)

698 Schirmer, Uwe: **Die evangelische Bewegung in Sachsen (1517 bis 1525).** In: 039, 41-52.

699 Schirmer, Uwe: **Herzog Heinrich von Sachsen:** ein Fürstenleben zwischen spätmittelalterlicher Frömmigkeit und lutherischer Reformation. In: 025, 21-42: Ill. L".

700 Schirmer, Uwe: **Kursächsische Staatsfinanzen (1456-1656):** Strukturen – Verfassung – Funktionseliten. L: Sächsische Akademie der Wissenschaften zu Leipzig; S: Steiner, 2006. 1007 S.: Ill. (Quellen und Forschungen zur sächsischen Geschichte; 28) – Zugl.: L, Univ., philos. Habil., 2003/04.

701 Schmolinsky, Sabine: **Prophetia in der Bibliothek – die »Lectiones memorabiles« des Johannes Wolff.** In: 075, 89-130. L 126-129+".

702 Schneider-Ludorff, Gury: **Der fürstliche Reformator:** theologische Aspekte im Wirken Philipps von Hessen von der Homberger Synode bis zum Interim. L: EVA, 2006. 273 S., Ill. (Arbeiten zur Kirchen- und Theologiegeschichte; 20) – Zugl.: Jena, Univ., Theol. Fak., Habil., 2004/05.

703 Thomas, Ralf: **Lutherisches Sachsen und seine Begegnung mit anderen Konfessionen.** In: 039, 66-87. L".

704 Vogel, Lothar: »**Der schwartz teuffel redt aus dem weißen pfaffen**«: Reformationsanhänger und Altgläubige in Regensburg am Vorabend des Schmalkaldischen Krieges (1545/46). ZBKG 76 (2007), 78-105. L 106 f+".

705 Vossler, Christina: **Bekenntnis an der Wand?**: reformationszeitliche Inschriften aus Reutlingen, Untere Gerberstraße 14. In: 02, 211-238: Ill. L 216-222+".

k) Länder und Orte außerhalb des Deutschen Reiches

706 Ács, Pál: A szentek aluvása: **Dévai Mátyás és a Patrona Hungariae-eszme protestáns bírálata** (Das Schlafen der Heiligen: Matthias Dévai und die protestantische Kritik an der Idee der »Patrona Hungariae«). In: 068, 99-111.

707 Bitskey, István: **Luther és a magyar művelődés** (Luther und die ungar. Bildung). In: Ders.: Eszmék, művek, hagyományok. Debrecen: Kossuth, 1996, 47-54. (Csokonai Universitas Könyvtár; 7)

708 Bitskey, István: **Válaszkísérletek a krízisre:** felekezetek az iszlám árnyékában (Antwortsuche in der Krise: Konfessionen im Schatten des Islam). In: 054, 377-390.

709 Boyd, Jann Esther: **Learning to know:** representations of the conscience in the writings of Kateryn Parr, Anne Askew, and Jane Grey. AnA: Proquest dissertation and theses, 2006. 498 S. (Section 0780, Part 0593) – Saskatoon, Saskatchewan, The University of Saskatchewan, PhD-Diss., 2006. (Publication nr. AAT NR18139)

710 Csepregi, Zoltán: **A reformáció mint nyelvi esemény a Mohács előtti Magyarországon** (Die Reformation als Sprachereignis in Ungarn vor der Schlacht bei Mohács). In: 054, 391-406.

711 Czaika, Otfried: **Luther, Melanchthon und Chytraeus und ihre Bedeutung für die Theologenausbildung im schwedischen Reich.** In: Konfession, Migration und Elitenbildung: Studien zur Theologenausbildung des 16. Jahrhunderts/ hrsg. von Herman J. Selderhuis; Markus Wriedt. Leiden: Brill, 2007, 58-83. (Brill's series in church history; 31)

712 Ehmann, Johannes: **Türken und Islam – Luthers theologische Unterscheidung:** Überlegungen zu ihrer Aktualität. Lu 78 (2007), 89-94.

713 Fafié, Arno: **Lutheranen aan de Witte Herenstraat te Haarlem** (Lutheraner an der Witte Herenstraat in Haarlem). In: De geest die ons beweegt: teksten symposium 24 november 2007 (Der Geist der uns bewegt: Texte des Symposiums vom 24. November 2007)/ hrsg. von Th[eodorus] A[rnoldus] Fafié. Den Haag: Stichting Lutherse Uitgeverij en Boekhandel, 2007, 5-9.

714 Guitman, Barnabás: **Stöckel Lénárd és a bártfai reformáció fénykora** (Leonhard Stöckel und die Blütezeit der Bartfelder Reformation). In: Tanulmányok évszázadok történelméből/ hrsg. von Zsuzsanna J. Újváry. Piliscsaba: PPKE BTK, 2006, 73-90. (Pázmány történelmi műhely; 2)

715 Haas, Rainer: **Emprented at Marlborow in the la(n)de of Hesse.** JHKV 58 (2007), 153-166.

716 **Handboek Nederlandse kerkgeschiedenis** (Handbuch der niederländischen Kirchengeschichte)/ Redaktion: Herman J. Selderhuis unter Mitarb. von Paul H. A. M. Abels ... Kampen: Kok, 2006. XXII, 950 S.: Ill., Kt.

717 Imre, Mihály: **Arbor Haereseon:** a wittenbergi történetszemlélet ikongráfiai ábrázolása Szegedi Kis István Speculum pontificum Romanorum című művének 1592-es kiadásában (Arbor haereseon: eine ikonographische Darstellung der Wittenberger Geschichtsauffassung in der 1592er Ausgabe des »Speculum pontificum Romanorum« von István Szegedi Kis). In: Egyház és művelődés: fejezetek a reformátusság és a művelődés XVI-XIX. századi történetéből/ hrsg. von Botond G. Szabó; Csaba Fekete; Lajos Bereczki. Debrecen: Református Nagykönyvtár, 2000, 53-81.

718 Imre, Mihály: »**Magyarország panasza**«: a Querela Hungariae toposz a XVI-XVII. század irodalmában (Der Topos »Querela Hungariae« in der Literatur des 16.-17. Jahrhunderts). Debrecen: Kossuth, 1995. 332 S. (Csokonai Universitas Könyvtár; 5)

719 Klaniczay, Gábor: **Ördögi kísértetek:** Bornemisza Péter és a reformáció ördög-képe (»Teufelsanfechtungen«: Péter Bornemisza und das Teufelsbild der Reformation). In: 054, 617-635.

720 Leeb, Rudolf: **Widerstand und leidender Ungehorsam gegen die katholische Konfessionalisierung in den österreichischen Ländern.** In: Staatsmacht und Seelenheil: Gegenreformation und Geheimprotestantismus in der Habsburgmonarchie/ hrsg. von Rudolf Leeb; Susanne Claudine Pils; Thomas Winkelbauer. W; M: Oldenbourg, 2007, 183-201. L 195 f+".

721 Monok, István: **Hagyományos és nonkonformista olvasmányok Nyugat-Magyarországon (1550-1650)** (Herkömmliche und nonkonformistische Lesestoffe in Westungarn [1550-1650]). In: 054, 465-482.

722 Őze, Sándor: **Apokaliptika és nemzettudat a XVI. századi Magyarországon** (Apokalyptik und Nati-

onalbewusstsein in Ungarn im 16. Jahrhundert).
In: 068, 112-125.

723 Őze, Sándor: **Az apokaliptika mint legitimációs eszköz Magyarországon a reformáció idején** (Apokalyptik als Legitimationsmittel in Ungarn während der Reformation). In: 054, 407-418.

724 Őze, Sándor: **A ferencesek és a reformáció kapcsolata a XVI. századi Magyarországon** (Beziehungen zwischen Franziskanern und Reformation im Ungarn des 16. Jahrhunderts). In: 017, 157-175.

725 Őze, Sándor: **A határ és a határtalan:** identitáselemek vizsgálata a 16. századi magyar ütközőzóna népességénél (Die Grenze und das Grenzenlose: eine Untersuchung der Identitätselemente bei der Bevölkerung der ungarischen Pufferzone im 16. Jahrhundert). BP: METEM, 2006. 365 S. (METEM Könyvek; 54)

726 Őze, Sándor; Debrovics, Mihály: **Wandel des Türkenbildes bei den ungarischen Protestanten im 16. Jahrhundert.** Suevia Pannonica: Archiv der Deutschen aus Ungarn 18 (2000), 42-47.

727 Péter, Katalin: **Az utolsó idők hangulata a 16. századi Magyarorstágon** (Endzeitstimmung im Ungarn des 16. Jahrhunderts). Történelmi szemle 47 (BP 2005), 277-286.

728 Rohde, Michael: **Luther und die Böhmischen Brüder nach den Quellen.** Brno: Marek, 2007. X, 240 S. (Pontes Pragenses; 45) – Zugl.: Prag, Univ., Hussitische Fak., Diss., 2002. – Bespr.: Smolík, Josef: Communio viatorum 46 (2004), 203-206.

729 Roldan-Figueroa, Rady: **Filius perditionis:** the propagandistic use of a biblical motif in sixteenth-century Spanish evangelical Bible transaltion. SCJ 37 (2006), 1027-1055.

730 Schulek, Tibor: **Magdeburg Joachim győri prédikátorsága** (Joachim Magdeburg als Prediger in Raab). Keresztyén igazság N. F. (BP 2007) Nr. 74, 10-13.

731 Staecker, Jörn: **Die Reformation auf Gotland – Innvation und Tradition im Kirchenraum.** In: 02, 47-83: Tab. L 62-66+".

732 Utasi, Csilla: »**... nincsen jobb, hogy az ember ő hivatalja szerént vigyázzon és dolgot tegyen ...«:** Heltai Gáspár A részegségnek és tobzódásnak veszedelmes voltáról való Dialógus (»... nichts besseres, als auf sein Amt zu achten und sein Werk zu tun ...«: Caspar Helts Dialog von den Gefahren der Trunksucht und der Maßlosigkeit). ITK 111 (2007), 19-53.

733 Vásárhelyi, Judit P.: **Szenci Molnár Albert és a Vizsolyi Biblia új kiadásai:** előzmények és fogadtatás (Albert Szenci Molnár und die Neuauflagen der Vizsolyer Bibel: Vorgeschichte und Aufnahme). BP: Universitas, 2006. 245 S.: Ill. (Historia litteraria; 21) – Bespr.: Szabó, András: ITK 110 (2006), 702-704.; Zvara, Edina: MKSz 123 (2007), 138-141.

734 Zászkaliczky, Márton: **A protestáns ellenállástan angol és skót gyökerei:** John Ponet, John Knox és Christopher Goodman ellenállástanának politikai, eszmetörténeti és társadalmi kontextusai (Die englischen und schottischen Wurzeln der protestantischen Widerstandslehre: politische, geistesgeschichtliche und gesellschaftliche Kontexte der Widerstandslehre von John Ponet, John Knox und Christopher Goodman). Sic itur ad astra 17 (BP 2005) Nr. 1/2, 117-168.

735 Zwanepol, Klaas: **Luther en Antwerpen** (Luther und Antwerpen). LuBu 16 (2007), 57-93.

6 Luthers Wirkung auf spätere Strömungen, Gruppen, Persönlichkeiten und Ereignisse

a) Allgemein

736 Brückner, Wolfgang: **Lutherische Bekenntnisgemälde des 16. bis 18. Jahrhunderts:** die illustrierte Confessio Augustana. Regensburg: Schnell & Steiner, 2007. 292 S.: Ill. (Adiaphora: Schriften zur Kunst und Kultur des Protestantismus)

737 Fernández-Armesto, Felipe; Wilson, Derek: **Reformation:** Christianity and the world 1500-2000. LO: Bantam, 1996. XI, 324 S., 32 S. Taf.

738 Fernández-Armesto, Felipe; Wilson, Derek: **Reformations:** a radical interpretation of Christianity and the world 1500-2000. Originalausgabe LO, 1996: »Reformation«. NY: Scribner, [1997]. XI, 324 S., 32 S. Taf.

739 Fernández-Armesto, Felipe; Wilson, Derek: **Reforma:** o cristianismo e o mundo 1500-2000 (Reformation: Christianity and the world 1500-2000 (port).)/ übers. von Celina Cavalcante Falck. Rio de Janeiro: Record, 1997. 416 S. L".

740 Grundtexte der neueren evangelischen Theologie/ hrsg. und eingel. von Wilfried Härle. L: EVA, 2007. LX, 375 S.

741 Jehle, Helmut: **Glaube, Erfahrung, Mystik im evangelischen Kirchenlied.** US 61 (2006), 309-326. L 309 f+".

742 Kolarov, Viola B.: **Shakespeare's »Hamlet« in German letters:** mourning becomes translation.

AnA: Proquest Dissertation and Theses, 2006. 193 S. (Section 0035, Part 0295). – Santa Barbara, CA, University of California, PhD-Diss., 2006. (Publication nr. AAT 3226266).

743 Lehmann, Hartmut: **Transformationen der Religion in der Neuzeit:** Beispiele aus der Geschichte des Protestantismus. GÖ: V&R, 2007. 318 S. (Veröffentlichungen des Max-Planck-Instituts für Geschichte; 230)

744 Leppin, Volker: **Dreifaches Gedächtnis:** Elisabeth, Luther, Burschenschaften – die Wartburg als deutscher Erinnerungsort. ThZ 63 (2007), 310-330.

745 Michelbach, Philip A.: **Finding voice:** the present of German political thought. AnA: Proquest dissertation and theses, 2006. 518 S. (Section 0033, Part 0615) – San Diego, CA, University of California, PhD.-Diss., 2006. (Publication nr. AAT 3208278)

746 Racaut, Luc: **Persecution or pluralism?:** propaganda and opinion-forming during the French war of religion. In: Persecution and pluralism: Calvinists and religious minorities in early modern Europe 1550-1700/ hrsg. von Richard Bonney; D. J. B. Trim. Bern; B; Bruxelles; F; NY; Oxford; W; Lang, 2007, 65-87. (Studies in the history of religious and political pluralism; 2)

747 Roberts, Christopher: **Towards a genealogy of sacrifical rhetoric:** the discursive construction of authority in Luther, Hegel, and Weber. AnA: Proquest Dissertation and Theses, 2006. 270 S. (Section 0153, Part 0318). – Chapel Hill, NC, The University of North Carolina atChapel Hill, PhD-Diss., 2006. (Publication nr. AAT 3207460).

748 Römmelt, Stefan W.: **Mediale Kämpfe um den Frieden:** die Jubiläen des Augsburger Religionsfriedens von 1655 und 1755. In: 03, 341-387: Ill., Tab. L 342 f. 383 f+".

749 Sorg, Petra: **Evangelische Kirche ist Bildungskirche.** DPfBl 106 (2006), 315-317.

750 Thelle, Notto R.: **Martin Luther i japansk buddhisme** (Martin Luther im japanischen Buddhismus). In: 053, 289-300.

b) Orthodoxie und Gegenreformation

751 Baumgart, Peter: **David Chyträus und die Gründung der Universität Helmstedt.** (1961). In: 04, 141-202. L".

752 Bertalot, Renzo: **Il luteranesimo all'ovest:** il Concilio di Trento; attesa e ricordo (Das Luthertum im Westen: das Konzil von Trient; Erwartung und Erinnerung). In: 014, 105-112.

753 Bollbuck, Harald: **Wissensorganisation und fromme Handlungsanleitung – die Ordnung der Historien bei David Chytraeus.** Zeitsprünge 10 (2006), 364-385.

754 Breit, Stefan: **Die protestantische Bewegung in den Herrschaften Hohenaschau und Wildenwart.** In: 03, 285-314. L 291-294. 304-310. 312-314+".

755 Breul, Wolfgang: **Johann Arndt und die konfessionelle Entwicklung Anhalts.** In: 019, 45-67. L 46+".

756 Brinkmann, Inga: **Die Grablege der Grafen von Mansfeld in der St. Annenkirche zu Eisleben – Zum Problem lutherischer Grablegen in der zweiten Hälfte des 16. Jahrhunderts.** In: 02, 164-192: Ill. L 173+".

757 Bruzek, Scott: **Confessing koinonia:** Martin Chemnitz on church fellowship; does church fellowship still matter? In: 09, 36-56. L 39 f.

758 Carbonnier-Burkard, Marianne: **Récit des origines et construction d'identité:** l'historie ecclésiastique des Églises réformées de Théodore de Bèze. Foi et vie 106 (P 2007), 49-60. L 51 f. 54 f.

759 **Deutsche Reichstagsakten unter Kaiser Karl V.:** der Reichstag zu Augsburg 1547/48/ bearb. von Ursula Machoczek. Teilbd. 1. M: Oldenbourg, 2006. 996 S. L 132-134. (Deutsche Reichstagsakten: jüngere Reihe; 18 I)

760 **Deutsche Reichstagsakten unter Kaiser Karl V.:** der Reichstag zu Augsburg 1547/48/ bearb. von Ursula Machoczek. Teilbd. 2. M: Oldenbourg, 2006. S. 998-1995. L 1752. 1756. 1789 f. 1893. (Deutsche Reichstagsakten: jüngere Reihe; 18 II)

761 Dingel, Irene: **Der Majoristische Streit in seinen historischen und theologischen Zusammenhängen.** In: 064, 231-247.

762 Dingel, Irene: **Streitkultur und Kontroversschrifttum im späten 16. Jahrhundert:** Versuch einer methodischen Standortbestimmung. In: 036, 94-111. L 96 f+".

763 Engammare, Max: **Les horoscopes de Calvin, Mélanchthon et Luther** une forme inattendue de polémique catholique post-tridentine/ Kurzfassung von Rebecca E. Moore. LuD 15 (2007), 40-44: Ill. [Vgl. LuB 2006, Nr. 1044]

764 Fazekas, István: **Batthyány Ádám »Áttérési irata«, 1629** (Die »Konversionsschrift« von Ádám Batthyány, 1629). In: 054, 455-464.

765 Flügel, Wolfgang: **Konfession und Jubiläum:** zur Institutionalisierung der lutherischen Gedenkkultur in Sachsen 1617-1830. L: Leipziger Universitätsverlag, 2005. 335 S.: Ill. (Schriften zur sächsischen Geschichte und Volkskunde; 14) – Zugl.: Dresden, Technische Univ., Philos. Fak., Diss., 2004/05.

766 Geiger, Erika: **Dem Herren musst du trauen:** Paul Gerhardt 1607-1676 – Prediger und Poet. Holzgerlingen: Hänssler, 2006. 154 S.: Ill.

767 Gerhard, Johann: **Exercitium pietatis quotidianum quadripartitum** (1612): lateinisch-deutsch/ kritisch hrsg., komm. und mit einem Nachwort vers. von Johann Anselm Steiger; mit einem Textanhang: Sämtliche Choräle aus Friedrich Fabricius' »Praxis pietatis Gerhardi melica« (1688). S-Bad Cannstatt: Frommann-Holzboog, 2008. 518 S.: Ill. (Doctrina et pietas: Abt. 1: Johann-Gerhard-Archiv; 12)

768 Gerhard, Johann: **Tractatus de legitima scripturae sacrae interpretatione** (1610): lateinisch-deutsch/ kritisch hrsg., komm. und mit einem Nachwort vers. von Johann Anselm Steiger; unter Mitw. von Vanessa von der Lieth; mit einem Geleitwort von Hans Christian Knuth. S-Bad Cannstatt: Frommann-Holzboog, 2007. 536 S.: Ill., Frontispiz. (Doctrina et pietas: Abt. 1: Johann-Gerhard-Archiv; 13)

769 Gotthard, Axel: **Eine feste Burg ist vnser vnnd der Böhmen Gott:** der böhmische Aufstand 1618/19 in der Wahrnehmung des evangelischen Deutschland. In: 069, 135-162. L 141 f+".

770 Hecht, Jamey: **Tragedy, Hamlet and Luther.** Zeitsprünge 5 (2001), 283-296.

771 Hund, Johannes: **Das Beichtverhör Caspar Peucers im November 1576 als Miniatur der Debatte um die Wittenberger Christologie und Abendmahlslehre (1567-1574).** LThK 31 (2007), 160-189. L".

772 Kaufmann, Thomas: **Protestantischer Konfessionsantagonismus im Kampf gegen die Jesuiten.** In: 037, 101-114.

773 Klueting, Harm: **Lutherische Observanz und politische Instrumentalisierung:** der Prädikant Johann Jakob Fabricius (1618/20-1673) in Deutschland und in den Niederlanden. MEKGR 56 (2007), 213-234. L 225. 232 f.

774 Kolb, Robert: **Controversia perpetua:** die Fortsetzung des adiaphoristischen Streits nach dem Augsburger Religionsfrieden. In: 064, 191-209. L 192+".

775 Kolb, Robert: **Tileman Heßhus:** his doctrine of the pastoral office and its reception in the Missouri Synod. In: 056, 113-144. L 136-138+".

776 Kubitschek, Jörg: **Schutz für das Evangelium.** Evang.-luth. Volkskalender 117 (2006), 54-59: Ill.

777 Leppin, Volker: **»… das der Römische Antichrist offenbaret und das helle Liecht des Heiligen Evangelii wiederumb angezündet«:** Memoria und Aggression im Reformationsjubiläum 1617. In: 037, 115-131. L 115-126. 129-131.

778 Lexutt, Athina: **Johann Arndt und das lutherische Bekenntnis.** In: 019, 113-128.

779 Mager, Inge: **Johann Arndts Vorreden zum Ersten Buch »Von wahrem Christenthumb« zwischen 1605 und 1610:** ein Beitrag zu seiner Veröffentlichungsgeschichte. In: 019, 201-229. L 208-210+".

780 Matthias, Markus: **Die Rechtfertigungslehre bei Ägidius Hunnius.** In: 076, 27-41. L 27-30.

781 Michel, Stefan: **Der synergistische Streit:** theologische und religionspolitische Interessen im Streit über den freien Willen des Menschen. In: 064, 249-277. L 257-262+".

782 Motte, Wolfgang: **Die Wege des Pastors Adolf Fischer (1548-1613) zwischen Radevormwald und Amsterdam zur Zeit von Orthodoxie und Gegenreformation.** MEKGR 56 (2007), 193-212: Ill. L 198. 204. 210 f.

783 Nieden, Marcel: **Theologie – Rechtfertigung des Theologen?:** Anmerkungen zur »Methodus studii theologici« Johann Gerhards von 1620. In: 076, 55-69.

784 Ninness, Richard: **Der Augsburger Frieden und die Reichsritter – ein Werkstattbericht.** In: 03, 327-338.

785 Pohlig, Matthias: **Zwischen Gelehrsamkeit und konfessioneller Identitätsstiftung:** lutherische Kirchen- und Universalgeschichtsschreibung 1546-1617. TÜ: Mohr Siebeck, 2007. XIII, 589 S. (Spätmittelalter und Reformation: N. R.; 37) – Zugl.: B, Humboldt-Univ., Philos. Fak. I, Diss., 2005.

786 **Reformierte Bekenntnisschriften**/ hrsg. im Auftrag der Evang. Kirche in Deutschland von Heiner Faulenbach; Eberhard Busch in Verbindung mit Emidio Campi. Bd. 1 III: **1550-1558**/ bearb. von Judith Becker; Gerald L. Bray … NK: NV, 2007. VI, 478 S.

787 Rödding, Gerhard: **Warum sollt ich mich denn grämen:** Paul Gerhardt – Leben und Dichten in dunkler Zeit. NK: Aussaat, 2006. 272 S.: Ill.

788 Römmelt, Stefan W.: **Bilder des Augsburger Religionsfriedens:** Skizzen zur frühneuzeitlichen Jubel-Ikonographie der Pax religiosa Augustana auf Papier und Metall. In: Der Augsburger Religionsfrieden: seine Rezeption in den Territorien des Reiches/ hrsg. von Gerhard Graf; Günther Wartenberg; Christian Winter. L: EVA, 2006, 181-212: Ill. L 181, 183 f, 193, 196, 203, 211. (HCh: Sonderbd.; 11) (Studien zur deutschen Landeskirchengeschichte; 6)

789 Sarx, Tobias: **Franciscus Junius d. Ä. (1545-1602):** ein reformierter Theologe im Spannungsfeld zwischen späthumanistischer Irenik und refor-

mierter Konfessionalisierung. GÖ: V&R, 2007. 318 S. (Reformed historical theology; 3) – Zugl.: HD, Univ., Theol. Fak., Diss., 2006/07.

790 Schattkowsky, Martina: **Zwischen Rittergut, Residenz und Reich:** die Lebenswelt des kursächsischen Landadligen Christoph von Loß auf Schleinitz (1574-1620). L: Leipziger Universitätsverlag, 2007. 528 S.: Ill. L 131 f+". (Schriften zur sächsischen Geschichte und Volkskunde; 20) – Zugl.: Potsdam, Univ., Habil., 1999.

791 Schneider, Hans: **Der Braunschweiger Pfarrer Johann Arndt:** sein Leben auf dem Hintergrund der deutschen Kirchengeschichte 1555-1621. In: 019, 13-25.

792 Schneider, Matthias: **Ach Gott, vom Himmel sieh darein.** In: 040, 63-68: Noten.

793 Sebők, Marcell: **Humanista a határon:** a késmárki Sebastian Ambrosius története, 1554-1600 (Humanist an der Grenze: Geschichte des Sebastian Ambrosius aus Käsmark, 1554-1600). BP: L'Harmattan, 2006. 398 S.: Ill. (Mikrotörténelem; 1)

794 Selderhuis, Herman J.: **Frieden aus Heidelberg:** Pfälzer Irenik und melanchthonische Theologie bei den Heidelberger Theologen David Pareus (1548-1622) und Franciscus Junius (1545-1602). In: 038, 235-257. L".

795 Selderhuis, Herman J.: **Luther totus noster est:** the reception of Luther's thought at the Heidelberg theological faculty 1583-1622. Mid-America journal of theology 17 (Dyer, IN 2006), 101-119.

796 Simmons, Shelbie: **Dialog und dualism:** a study of Lutheran theology applied to selected Buxtehude vocal cantatas. AnA: Proquest dissertation and theses, 2006. 107 S. (Section 0169, Part 0413) – Norman, OK, The University of Oklahoma, DMA-Diss., 2006. (Publication nr. 3237520)

797 Sommer, Wolfgang: **Johann Arndts Predigtwerke auf dem Hintergrund seines Wirkens in Niedersachsen.** In: 019, 91-111. L 108-110.

798 Steiger, Johann Anselm: **Johann Arndts »Wahres Christentum«, Lukas Osianders Kritik und Heinrich Varenius' Arndt-Apologie.** In: 019, 263-291. L 277-279+".

799 Urban, Hans Jörg: **Die Lehre des Konzils von Trient (1545-1563) über die Erbsünde und die Rechtfertigung des Sünders.** In: Rechtfertigung in freikirchlicher und römisch-katholischer Sicht/ hrsg. von Walter Klaiber; Wolfgang Thönissen. PB: Bonifatius, 2003, 39-56. L 51 f+".

800 Weigel, Valentin: **Informatorium. Natürliche Auslegung von der Schöpfung. Vom Ursprung aller Dinge. Viererlei Auslegung von der Schöpfung/** hrsg. und eingel. von Horst Pfefferl. S-Bad Cannstatt: Frommann-Holzboog, 2007. CXXXI, 402 S.: Faks. (Valentin Weigel: Sämtliche Schriften: Neue Edition; 11)

801 Wengert, Timothy J.: **The Formula of concord and the comfort of election.** LQ 20 (2006), 44-62.

802 Wengert, Timothy J.; Krey, Philip D. W.: **A June 1546 exorcism in Wittenberg as a pastoral act.** ARG 98 (2007), 71-83. L".

803 Wriedt, Markus: **Kirchen- und Schulordnungen:** Dokumente des kulturellen Wandels im Zeitalter von Reformation und Konfessionalisierung am Beispiel der Kirchen-, Spital- und Schulordnung des Johann Mathesius von 1551. In: 036, 69-94.

c) Pietismus und Aufklärung

804 Arndt, Johann: **Vier Bücher von wahrem Christenthumb/** Nachdruck der ersten Gesamtausgabe Magdeburg, 1610/ hrsg. von Johann Anselm Steiger. Buch 2. Hildesheim; ZH; NY: Olms, 2007. 18, 725 S.: Ill. (Spener, Philipp Jakob: Schriften: Sonderreihe Texte, Hilfsmittel, Untersuchungen; 5, Johann-Arndt-Archiv; 2 II)

805 Bangert, Mark P.: **The meaning of the great three days as context for the passions of Bach.** In: 061, 591-605.

806 Bauer, Holger: **Nikolaus Ludwig von Zinzendorf und das lutherische Bekenntnis:** Zinzendorf und die Augsburger Konfession von 1530. Herrnhut: Herrnhuter-Verlag, 2004. 274 S. (Unitas Fratrum: Beiheft; 12) – Zugl.: MS, Univ., Theol. Fak., Diss., 2002.

807 Beutel, Albrecht: **Kunst als Manifestation des Unendlichen:** Wackenroders »Herzensergießungen eines kunstliebenden Klosterbruders« (1796/97). (2000). In: 05, 299-326. L 309+".

808 Dienst, Karl: **Zwischen Pietismus und Aufklärung:** Johann Jacob Rambachs Oberhessische Schulordnung von 1733. JHKV 57 (2006), 55-78. L 66 f+".

809 Diestelmann, Jürgen: **Luther oder Lessing?** Bausteine für evang.-kath. Einheit 44 (2004) Nr. 171, 52-56.

810 Dörfler, Angelika: **Abendmahl und Aufklärung.** In: 08, 185-204. L 190f. 194. 203f.

811 Dose, Kai: **Das Lehrbüchelgen 1740 – eine vergessene katechetische Schrift Zinzendorfs.** Unitas fratrum 49/50 (2002), 95-138: Ill. L 132-135+".

812 Dose, Kai: **Zinzendorfs Übersetzung des Hebräerbriefes 1737:** ein wiederentdeckter unbekannter Druck. Unitas fratrum 55/56 (2005), 63-91: Ill. L 84, 86-89.

813 Feuerhahn, Ronald: **The roots and fruits of German pietism.** In: 062, 50-74. L 54. 67 f.

814 Hahn, Joachim: **Zeitgeschehen im Spiegel der lutherischen Predigt nach dem Dreißigjährigen Krieg:** das Beispiel des kursächsischen Oberhofpredigers Martin Geier (1614-1680). L: EVA, 2005. 227 S.: Tab. (HCh: Sonderbd.; 9) – L, Univ., Theol. Fak., Diss., 1990.

815 Herder, Johann Gottfried: **Briefe:** Gesamtausgabe 1763-1803. 2., rev. Aufl. Bd. 10: **Register/** bearb. von Günter Arnold unter Mitw. von Günter Effler; Claudia Taszus. Weimar: Böhlau, 2001. X, 870 S. L 364 f.

816 Klaiber, Walter; Marquardt, Manfred: **Gelebte Gnade:** Grundriss einer Theologie der Evangelisch-Methodistischen Kirche. S: Christliches Verlagshaus, 1993. 463 S.

817 Klaiber, Walter; Marquardt, Manfred: **Gelebte Gnade:** Grundriss einer Theologie der Evangelisch-Methodistischen Kirche. 2. Aufl. GÖ: Edition Ruprecht, 2006. 552 S. (Veröffentlichungen der Evang.-Method. Kirche)

818 Klaiber, Walter; Marquardt, Manfred: **Living grace:** an outline of United Methodist theology (Gelebte Gnade ‹engl.›)/ übers. und bearb. von J. Steven O'Malley; Ulrike R. M. Guthrie. Nashville, TN: Abingdon, 2001. 538 S. (Methodist studies)

819 Krispin, Gerald: **Quantifiable righteousness:** justification and regeneration in pietist thought. In: 062, 8-49. L 28-31+".

820 Kümmerle, Julian: **Radikal-pietistische Deutungsmuster der Kriege des 16. und 17. Jahrhunderts:** Gottfried Arnolds »Unparteiische Kirchen- und Ketzerhistorie« (1699/1700). In: 069, 261-287. L 272-277.

821 Olson, Oliver K.: **Gnesio-Lutheran influence on the American revolution.** In: 01, 1-15.

822 Rabe, Harald: **Die Veränderung im Freiheitsverständnis von Franz Volkmar Reinhard durch die Aufnahme lutherischer Theologie.** L, 2004. 1 CD-ROM. – Zugl.: L, Univ., Theol. Fak., Diss., 2004.

823 Roscher, Helmut: **Johannes Diecmann als lutherischer Generalsuperintendent der Herzogtümer Bremen und Verden.** JNKG 104 (2006), 105-121. L III-113+".

824 Schmidt, János: **Szenicei Bárány György élete és munkássága, 1682-1757** (Leben und Werk György Báránys aus Szenice, 1682-1757). 2., gekürzte Aufl. Sárszentlőrinc: Evangélikus Egyházközség, 2007. 56 S.: Ill.

825 Schneider-Ludorff, Gury: **Aktualisierung Luthers:** Beobachtungen zum Umgang mit Luthers

Kleinem Katechismus in der Aufklärung. In: 08, 205-215.

826 Schwöbel, Gerlind: **Sehnsucht nach dem Vollkommenen:** Johanna Eleonora von Merlau zu Merlau verheiratete Petersen im Dialog mit Philipp Jakob Spener und Johann Jakob Schütz. F: Lembeck, 2007. III S.: Ill.

827 Strauch, Solveig: **Veit Ludwig von Seckendorff (1626-1692):** Reformationsgeschichtsschreibung – Reformation des Lebens – Selbstbestimmung zwischen lutherischer Orthodoxie, Pietismus und Frühaufklärung. MS: Lit, 2005. 253 S. (Historia profana et ecclesiastica; 11) – Zugl.: Köln, Univ., Philos. Fak., Diss., 2004.

828 Unger, Melvin P.: **»Ich elender Mensch«:** Bach on the soul's torment. In: 061, 543-558+".

829 Viskolcz, Noémi: **Reformációs könyvek:** tervek az evangélikus egyház megújítására (Reformationsbücher: Pläne zur Erneuerung der evang. Kirche). BP: Országos Széchényi Könyvtár; Universitas, 2006. 376 S.: Ill. (Res libraria; 1) – Bespr.: Szentpéteri, Márton: Credo 13 (BP 2007), 203-214.

830 Wolff, Jens: **»Lutherus gibt gut Teutsch«:** der Streit um Renatus Kortums Hiob-Kommentar von 1708 als Modell für die dynamische Relationalität von Pietismus, Orthodoxie und Aufklärung. In: 08, 15-31.

d) 19. und 20. Jahrhundert bis 1917

831 Ahrens, Theodore: **Lutheran mission and other cultures.** Studia missionalia 55 (Roma 2006), 85-98.

832 Bräuer, Siegfried: **Paul Schreckenbach und der Deutscheste der Deutschen:** ein typisches Lutherbild um 1917. Lu 78 (2007), 165-179.

833 Buschmann, Nikolaus: **Gottes Zorngericht:** Nation, Religion und Krieg zwischen Vormärz und Reichsgründung. RoJKG 25 (2006), 31-47. L 42 f.

834 Chickering, Roger: **Ranke, Lamprecht, and Luther.** In: 063, 23-33.

835 Engelbrecht, Klaus: **Wilhelm Vilmar (1804-1884) zwischen Luthertum und kirchlicher Union.** JHKV 58 (2007), 13-28.

836 Liefeld, David R.: **Saved on purpose:** Luther, Lutheranism, and election. Logia a journal of Lutheran theology 15 (Cresbard, SD 2006) Heft 2, 5-16.

837 Loest, Mark A.: **The 1851 Book of concord:** in anticipation of a brighter day. In: 01, 61-79.

838 Lück, Wolfgang: **100 Jahre Kirchenbau in Südhessen:** Jugendstil, Heimatstil, Traditionalismus. JHKV 57 (2006), 211-254: Ill. L 218. 221. 237. 240.

839 **A norveg agyházi harc:** küzdelem az ideológiá-val, 1940-1945(Der Kirchenkampf in Norwegen: Kampf mit der Ideologie, 1940-1945)/ hrsg. von András Korányi; Gábor Viktor Orosz; András Reuss. BP: Luther, 2007. 204 S.: Ill. (Eszmecsere; 3)

840 Podmore, Simon D.: **The lightning and the earthquake:** Kirkegaard on the Anfechtung of Luther. Heythrop journal 47 (LO 2006), 562-578.

841 Ragno, Janelle Suzanne: **The Lutheran hymn »Ein' feste Burg« in Claude Debussy's Cello Sonata (1915):** motivic variation and structure. AnA: Proquest Dissertation and Theses, 2006. 137 S. (Section 0227, Part 0413). – Austin, TX, The University of Texas at Austin, DMA-Diss., 2006. (Publication nr. AAT 3204128).

842 Schroeter-Wittke, Harald: **Rose statt Luther – Robert Schumann als Protestant.** MEKGR 56 (2007), 235-251.

843 Smith, Louis A.: **The significance of David Henkel.** In: 01, 38-60.

844 Teigen, Erling T.: **The Book of concord and confessional subscription among Norwegian Lutherans – Norway and America.** In: 01, 80-96.

845 Wasmuth, Jennifer: **Der Protestantismus und die russische Theologie:** zur Rezeption und Kritik des Protestantismus in den Zeitschriften der Geistlichen Akademien an der Wende vom 19. zum 20. Jahrhundert. GÖ: V&R, 2007. 387 S. (Forschungen zur systematischen und ökume-nischen Theologie; 113) – Zugl.: Erlangen-Nürn-berg, Univ., Theol. Fak., Diss., 2004/05.

e) 1918 bis 1983

846 **Als Laien die Führung der Bekenntnisgemeinde übernehmen:** Briefe aus dem Kirchenkampf von Karl Barth und Karl und Dorothee Stoevesandt (1933-1938)/ hrsg. von Stefan Holtmann; Peter Zocher. NK: NV, 2007. XI, 141 S,

847 Beckmann, Klaus: **Der Westen, Luther und das Alte Testament:** Stationen des »deutschen Son-derwegs«. DPfBl 106 (2006), 241-245.

848 Blackburn, Vivienne: **Dietrich Bonhoeffer and Si-mone Weil:** a study in Christian responsiveness. F; B; Bern; Bruxelles; NY; Oxford; W: Lang, 2004. 272 S. (Religions and discourse; 24)

849 Bühler, Pierre: **Zur geplanten Fortsetzung des Textes:** ein Nachwort. In: 052, 68-74.

850 Crowe, Benjamin D.: **Heidegger's religious ori-gins:** destruction and authenticity. Bloomington, IN: University, 2006. XV, 296 S. (Indiana series in the philosophy of religion)

851 Forde, Gerhard O.: **Called to freedom.** (1995). In: 018, 254-269.

852 Forde, Gerhard O.: **Karl Barth on the conse-quences of Lutheran christology.** In: 018, 69-85.

853 Hobbs, Russell Joseph: **Toward a Protestant the-ology of celibacy:** Protestant thought in dialogue with John Paul II's »Theology of the Body«. AnA: Proquest Dissertation and Theses, 2006. 232 S. (Section 0014, Part 0469 232). – Waco, TX, Baylor University, PhD-Diss., 2006. (Publication nr. AAT 3195292).

854 Hüttenhoff, Michael: **Ein Lehrer der christlichen Kirche:** Karl Barths Kritik am Lutherbild der Deutschen Christen. ZThK 103 (2006), 492-514.

855 Hulst, Johan W. van: **Luther and Hitler** (Luther und Hitler). In de waagschaal 35 (Utrecht 2006) Heft 6, 19-22.

856 Ittzés, Gábor: **A két birodalomról szóló lutheri tanítás gyökerei Werner Elert Paulus und Nero c. tanulmányában** (Die Wurzeln von Luthers Zweireichelehre nach Werner Elerts Studie »Paulus und Nero«). Keresztyén igazság N. F. (BP 2007) Nr. 73, 30-39.

857 Keding, Volker: **Wider das Apathieaxiom**/ Kurz-fassung von Sybille G. Krause. LuD 15 (2007), 57-60. [Vgl. LuB 2005, Nr. 1037]

858 Knuth, Hans Christian: **Versöhnte Verschieden-heit:** Geschichte, Entwicklung und Bedeutung der Leuenberger Konkordie. In: 034, 144-150.

859 McGrath, Alister E.: **Karl Barth's doctrine of justification from an evangelical perspective.** In: Karl Barth and evangelical theology: conver-gences and divergences/ hrsg. von Sung Wook Chung. Grand Rapids, MI: Baker; Milton Keynes, UK: Paternoster, 2006, 172-190.

860 Nüssel, Friederike: **Rudolf Bultmann:** Entmytho-logisierung und existentiale Interpretation des neutestamentlichen Kerygma. In: 022, 213-232. L 220. 226.

861 Rast, Lawrence R., Jr.: **Franz Pieper in the office of the holy ministry.** In: 058, 145-179. L 159 †".

862 Ricœr, Paul: **Gerhard Ebeling:** Rückwendung zur Reformation und Wortgeschehen. (1967). In: 052, 75-94. L".

863 Scaer, David P.: **Francis Pieper:** his theology and legacy unmatched in stature. In: 056, 9-41. L 21 f+".

864 Seim, Jürgen: **Walter Klaas – Bibelleser und Lehrer.** MEKGR 56 (2007), 293-308. L 300 f+".

865 Siemon-Netto, Uwe: **Der erfundene Luther:** wider das Klischee vom »Wegbereiter Hitlers«. Groß Oesingen: Harms, 1999. 134 S. [Vgl. LuB 1995, Nr. 1064]

866 Siemon-Netto, Uwe: **The fabricated Luther:**

refuting Nazi propaganda and modern myths. (Luther als Wegbereiter Hitlers: zur Geschichte eines Vorurteils (engl.))/ 2., überarb. Aufl StL: Concordia, 2007. 198 S.

867 Sommer, Christian: **Heidegger, Aristote, Luther:** les sources aristotéliciennes et néo-testamentaires d'»Être et temps«. P: PUF, 2005. 335 S. (Épiméthée) – Zugl.: Paris I, Panthéon-Sorbonne-Univ., Diss., 2004.

868 Suh, Byung-Yong: **Lex spiritualis:** Iwands Verständnis des Gebotes im Gespräch mit Luther, Calvin und Barth. Chongru-ku: Handl, 2006. 336 S. – Zugl.: Wuppertal, Kirchl. Hochschule, Diss., 2006.

869 Tillich, Paul: **Dogmatik-Vorlesung (Dresden 1925-1927)/** hrsg. und mit einer historischen Einleitung versehen von Werner Schüssler; Erdmann Sturm. B; NY: de Gruyter, 2005. XLIV, 456 S. (Ergänzungs-

und Nachlassbände zu den gesammelten Werken von Paul Tillich; 14)

870 Trowitzsch, Eveline: **Der Grobian zu Wittenberg im Urteil des Zauberers:** Martin Luther und die Reformation in ausgewählten Werken Thomas Manns. Rostock, 2004. 220 S. – Rostock, Univ., Theol. Fak., Diss., 2004.

871 Trowitzsch, Michael: **Karl Barth heute.** GÖ: V&R, 2007. 565 S.

872 Walter, Gregory A.: **The promise of righteousness:** Hans Joachim Iwand's Christology in response to Karl Holl's theology (1912-1941). AnA: Proquest dissertation and theses, 2006. 280 S. (Section 0169, Part 0469) – Princeton, NJ: Princeton Theological Seminary, PhD-Diss., 2006. (Publication nr. AAT 3212539).

873 Wenz, Gunther: **Paul Tillich:** Fraglichkeit und Sinnerfüllung. In: 022, 271-285.

7 Luthers Gestalt und Lehre in der Gegenwart

874 Abraham, Martin: **Evangelium und Kirchengestalt:** reformatorisches Kirchenverständnis heute. B; NY: de Gruyter, 2007. XV, 601 S. (Theol. Bibliothek Töpelmann; 140) – Zugl.: TÜ, Univ., Evang.-Theol. Fak., Diss., 2006.

875 Alfsvåg, Knut: **Rettferdiggjørelse og apostolisitet:** den katolsk-lutherske dialog i dag Rechtfertigung und Apostolizität: der-kath.-luth. Dialog heute). NTT 108 (2007), 215-230.

876 András, Sándor: **Lutheránus Zen:** halál és meghalás (Luth. Zen: Tod und Sterben). Pozsony: Kalligram, 2004. 373 S. L 255-271.

877 Arnold, Matthieu: **La théologie de Luther et la théologie contemporaine:** interpellations réciproques/ Kurzfassung von Ian Christopher Levy. LuD 15 (2007), 133-136. (Vgl. LuB 2005, Nr. 1060)

878 Bagchi, David: **Luther's Ninety-five theses and the contemporary criticism of indulgences.** In: Promissory notes on the treasury of merits: indulgences in late medieval Europe/ hrsg. von R[obert] N. Swanson. Leiden; Boston: Brill, 2006, 331-355. (Brill's companions to the Christian tradition; 5)

879 Beck, Wilfried: **Konsens in der Grundwahrheit der Rechtfertigungslehre?:** eine kritische Relecture der »Gemeinsamen Erklärung«. DPfBl 107 (2007), 264-269.

880 Bedford-Strohm, Heinrich: **Gerechte Teilhabe – Konsequenzen christlicher Freiheit.** DPfBl 106 (2006), 634-637.

881 Boendermaker, Johannes P.: **Luther.** In: Wij zijn

ook katholiek: over protestantse katholiciteit (Wir sind auch katholisch: über protestantische Katholizität/ hrsg. von J[ohannes] Kronenburg; R[einier] de Reuver. Heerenveen: Protestantse Pers, 2007, 11-30.

882 Bovell, Carlos R.: **Eucharist then, Scriptura now:** how Evangelicals can learn from an old controversy. Evangelical review of theology 30 (New Delhi 2006), 322-338.

883 Briese, Russell John: **Inculturation and denomi-nationalism:** Lutheranism with an Australien face. LThJ 34 (2000), 73-81.

884 Burns, Charlene P.: **Honesty about God:** theological reflections on violence in an evolutionary universe. Theology and science 4 (Abingdon 2006), 279-290.

885 Dietrich, Hans-Eberhard: **Amtsverständnis und Pfarrerdienstrecht der protestantischen Kirchen in Deutschland.** DPfBl 106 (2006), 294-300.

886 Drühe, Wilhelm: **Päpstlicher Zugang zu Martin Luther:** zum Reformationsfest 2006. Luth. Nachrichten 26 (2006) Heft 3, 49-52.

887 Ellingsen, Mark: **The two kingdoms in America.** Dialog 45 (St. Paul, MN 2006), 366-375.

888 Ferrario, Fulvio. **Il Padre Nostro uome preghiera ecumenica** (Das Vaterunser als ökumenisches Gebet). Studi ecumenici 25 (Venezia 2007), 375-386.

889 Forde, Gerhard O.: **Lutheran faith and American freedom.** In: 018, 195-203.

890 Forde, Gerhard O.: **Speaking the gospel today.** In: 018, 165-194. L 189-191.

891 Forneberg, Werner: **Um Gottes Willen:** Luthers Auslegung des 1. Gebotes als Frage an die Verkündigung und Praxis der Kirche heute. B; S: WiKu, 2004. 137 S.: Tab.

892 Frieling, Reinhard: **Im Glauben eins – in Kirchen getrennt?:** Visionen einer realistischen Ökumene. GÖ: V&R, 2006. 312 S. (Bensheimer Hefte; 106)

893 Frieling, Reinhard: **Katholisch und Evangelisch:** Information über den Glauben. 9., überarb. und erg. Aufl. GÖ: V&R, 2007. 160 S. (Bensheimer Hefte; 46)

894 Fuchs, Martina: **Martin Luther – Protagonist moderner deutscher Literatur?** LuJ 73 (2006), 171-194.

895 Gritsch, Eric W.: **»Confessionalization« and »morality«:** laying the foundation for an »evangelical« social ethic. In: 033, 335-348.

896 Grünwaldt, Klaus: **Ordnungsgemäß berufen:** die neue Studie der VELKD zur Berufung zu Wortverkündigung und Sakramentsverwaltung nach evangelischem Verständnis. In: 059, 69-89. L 74 f. 83. 85.

897 Günther, Hartmut: **Zur sog. ökumenischen Fassung des Apostolischen Glaubensbekenntnisses.** LThK 31 (2007), 50-55.

898 Härle, Wilfried: **Christlicher Glaube im Kontext der gegenwärtigen Lebenswelt:** Anmerkungen zu meiner »Dogmatik«. (1998). In: 023, 24-38.

899 Härle, Wilfried: **Ermutigende Enttäuschungen – Beobachtungen und Überlegungen zum Stand der ökumenischen Beziehungen.** In: 072, 359-374. L".

900 Härle, Wilfried: **Ermutigende Enttäuschungen – Beobachtungen und Überlegungen zum Stand der ökumenischen Beziehungen.** (2004). In: 023, 138-155. L".

901 Härle, Wilfried: **Rechtfertigung als Leitperspektive für Bildung.** (2002). In: 023, 64-68.

902 Hahn, Udo: **Das 1×1 der Ökumene:** das wichtigste über den Dialog der Kirchen. NK; NV, 2003 160 S.

903 Haude, Matthias: **Das Verhältnis von Gesetz und Evangelium als innerprotestantische und interkonfessionelle Herausforderung.** KD 53 (2007), 230-249. L 235-238+".

904 Hunsinger, George: **Fides Christo formata:** Luther, Barth, and the joint declaration. In: Gospel of justification in Christ: where does the church stand today?; paper presented at a conference, Luther Seminary, St. Paul, MN, 2002/ hrsg. von Wayne C. Stumme. Grand Rapids, MI; Cambridge, U. K.: Eerdmans, 2006, 69-84.

905 **In de leer bij Luther:** hervormd en luthers in dezelfde kerk (Bei Luther in der Lehre: ref. und luth. in derselben Kirche)/ hrsg. von P[ieter] J. Vergunst. Heerenveen: Groen, 2006. 98 S. (Artios-reeks; 4)

906 Jensen, Roger: **Trosrettfertdighet og demokrati** (Glaubensgerechtigkeit und Demokratie). In: 053, 111-128.

907 Joki, Jarkko: **Kreationsismi Lutherin ristin teologian läpivalaisussa** (Kreationismus im Lichte von Luthers Kreuzestheologie). Vartija 120 (Helsinki 2007), 103-110.

908 Jung, Martin H.: **Luther für Religionspädagogik und Gemeindearbeit:** Perspektiven einer neuen Wahrnehmung. Lu 78 (2007), 68-78.

909 Karkkainen, Veli-Matti: **Salvation as justification and theosis:** the contribution of the new Finnish Luther interpretation to our ecumenical future. Dialog 45 (Oxford 2006), 74-82.

910 Kirchhoff, Klaus: **Inkompetenz organisieren:** Luthers »rechte Weise in der Theologie zu studieren« heute. Lu 78 (2007), 79-85.

911 Knuth, Hans Christian: **Die Bibel ist der Grund der Kirche – ein persönlicher Zugang.** In: 034, 47-64. L".

912 Knuth, Hans Christian: **In Zukunft Luther:** 12 Thesen zu Luthers Bedeutung für die Zukunft; die bleibenden Aufgaben der VELKD. In: 034, 12-38. [Vgl. LuB 2006, Nr. 1279]

913 Knuth, Hans Christian: **Das Schriftprinzip der Reformation als Basis des ökumenischen Dialogs.** (1996). In: 034, 151-164.

914 Knuth, Hans Christian: **Vom Grund der Hoffnung.** In: 034, 78-90.

915 Knuth, Hans Christian: **Wie bekomme ich einen gnädigen Gott?:** oder: Ist die Rechtfertigungslehre heute noch modern? In: 034, 40-46.

916 Korsch, Dietrich: **Freiheit im Widerstreit:** reformatorisches Freiheitsverständnis und moderne Sittlichkeit. In: 073, 62-81. L 65-69+".

917 Krause, Winfrid: **Kernpunkte lutherischer Theologie.** Luth. Nachrichten 27 (2007) Nr. 3, 16-45. L".

918 Landmesser, Christof: **Was der Mensch ist und was er tun soll:** neutestamentliche Impulse für eine lutherische Ethik heute. In: 073, 35-61. L 35-38.

919 Lee, Joshua Sookeun: **The contextualization of Martin Luther's theologia crucis in the theology of Douglas John Hall.** AnA: Proquest Dissertation and Theses, 2006. 207 S. (Section 0345, Part 0469). – Fort Worth, TX, Southwestern Baptist Theological Seminary, PhD-Diss., 2006. (Publication nr. AAT 3212515).

920 Leiner, Hanns: **Höhlt die Ökumene die reforma-**

torische Botschaft aus?: Luther und der Papst. Bekenntnisbewegung »Kein anderes Evangelium«: Informationsbrief extra 216 (Februar 2003), 1-12.

921 Leiner, Hanns: **Das Papsttum – dennoch antichristlich?:** evangelische Bemerkungen nach dem Tode von Johannes Paul II. und der Wahl Benedikts XVI. Luth. Nachrichten 25 (2005) Heft 3, 18-34.

922 Leipold, Heinrich: **»Evangelische Spiritualität«:** ein Element der trennenden Konfessionsverschiedenheit oder Ausdruck einer konfessionsverbindenden Spiritualität? In: 072, 375-399. L 382-389+".

923 Lindberg, Carter: **In memoriam James M. Kittelson.** LuJ 73 (2007), 11-14.

924 Lüning, Peter: **Die Geschichtlichkeit der Wahrheit:** Überlegungen zum Schriftverständnis in der katholischen Theologie. In: 06, 19-46. L 28-30.

925 **Luther-Preis an Heidelberger Theologen.** ZZ 7 (2006) Heft 11, 70.

926 Mechels, Eberhard: **Die gefährdete Subjektivität des Menschen:** ein Plädoyer für die Aktualität und Unverzichtbarkeit der Rechtfertigungslehre. Wort und Dienst 29 (2007), 147-153.

927 Mühlhaus, Karl-Hermann: **Weite Reise – Luther in Asien:** Luthers Theologie in den Herausforderungen und Rätseln Asiens. CAZW 78 (2007) Nr. 2, 62-68: Ill.

928 Müller, Gerhard: **Taufe und Ordination:** zur Diskussion über das kirchliche Amt. DPfBl 106 (2006), 301-303.

929 Neumann, Horst: **Luther neu entdecken – im 21. Jahrhundert.** Groß Oesingen: Harms, 2003. 42 S.

930 Neuner, Peter: **Die Einheit der Kirche und die Gemeinschaft im Herrenmahl:** der katholische Ansatz und seine ökumenischen Implikationen. In: 055, 77-97. L 79 f. 82.

931 Noland, Martin R.: **Luther's Reformation and its ongoing relevance today.** Logia: a journal of Lutheran theology 13 (Cresbard, SD 2004) Nr. 4, 19-26.

932 Noland, Martin R.: **Luther's Reformation and its ongoing relevance today/** Kurzfassung von Timothy H. Maschke. LuD 15 (2007), 65-68.

933 Nürnberger, Klaus: **Neuer Wein in alten Schläuchen:** Warum die Rechtfertigungslehre dem Evangelium im Wege steht. DPfBl 107 (2007), 235-240.

934 Olbertz, Jan-Hendrik: **Luther unter uns:** Grußwort zur Verleihung des Martin-Luther-Preises für den wissenschaftlichen Nachwuchs am 29. September 2006 in der Schloßkirche zu Wittenberg. Lu 78 (2007), 86-88.

935 Olsen, Ted: **Does Islam need a Luther or a pope?:** American pundits debate whether centralized religious authority restrains violence. Christianity today 50 (Washington, DC 2006) Nr. 11, 28.

936 Pannenberg, Wolfhart: **Ökumenische Aufgaben im Verhältnis zur römisch-katholischen Kirche.** In: 033, 266-279.

937 Paulson, Steven D.: **In memoriam Gerhard O. Forde.** LuJ 73 (2007), 7-10.

938 Paulson, Steven D.: **The preaching office and the preacher among American Lutherans today.** In: 07, 62-77. L".

939 Penumaka, Moses: **Luther and Shankara:** two ways of salvation in the Indian context. Dialog 45 (Oxford 2006), 252-262.

940 Pollack, Detlef: **Die Einheit von Immanenz und Transzendenz in der Kontingenzgesellschaft:** religionssoziologische Analysen zum Wandel des evangelischen Abendmahlsverständnisses. In: 055, 53-76. L 69-71. 75.

941 Preus, Rolf: **The old ministry debate in the synods of the Synodical Conference and in the Evangelical Lutheran Synod today.** In: 07, 43-61. L 45 f+".

942 Reuss, András: **Mennyire vagyunk lutheránusok?:** hitvallási irataink időszerűsége (Inwieweit sind wir Lutheraner?: die Aktualität unserer Bekenntnisschriften). LP 83 (2008) Heft 2, 2f.

943 Reuss, András: **A protestáns egyházak közös bizonyságtételének és úrvacsorai közösségének helyzete napjainkban** (Die heutige Lage in Bezug auf das gemeinsame Zeugnis und die Abendgemeinschaft der protestantischen Kirchen). ThSz N. F. 51 (2008), 18-20.

944 Saarinen, Risto: **Klostertheologie auf dem Weg der Ökumene:** Wille und Konkupiszenz. In: 042, 269-290.

945 Sannes, Kjell Olav: **Leadership and ministry:** an evangelical Lutheran view. In: Mission to the world: communicating the gospel in the 21th century; essays in essays in honour of Knud Jørgensen/ hrsg. von Tormod Engelsviken ... Oxford: Regnum, 2007, 314-328.

946 Scheliha, Arnulf von: **Gebot und Gewissen:** systematisch-theologische Erwägungen im Anschluss an Albrecht Ritschl, Karl Holl und Emanuel Hirsch. In: 073, 103-129. L 103 108 f".

947 Schoer, Renee K.: **Christian vocation in a postmodern world:** a biblical, theological, and pedagogical approach. AnA: Proquest dissertation and theses, 2006. 278 S. (Section 0016, Part 0527) – Chestnut Hill, MA, Boston College, PhD-Diss., 2006. (Publication nr. AAT 3221278)

948 Schütte, Heinz: **Tendenzen zur Abgrenzung**

gegen Rom: protestantische »Kündigungen« im Land der Reformation. Bausteine für die Einheit der Christen 46 (2006) Nr. 175, 31-35.

949 Scriba, Georg: **The 16th century plague and the present AIDS pandemic:** a comparision of Martin Luther's reaction to the plague and the HIV/AIDS pandemic in Southern Africa today. Journal of theology for Southern Africa 126 (Pietermaritzburg, South Africa 2006), 66-80.

950 Seils, Martin: »**Sola fide« im ökumenischen Dialog:** zur Problemgeschichte einer reformatorischen Exklusivpartikel. In: 033, 220-249. L 221-223+".

951 Skowronek, Alfons Józef: **Kościół w burzliwych czasach** (Die Kirche in stürmischen Zeiten). WZ: Biblioteka »Więzi«, 2007. 248 S. L 144+".

952 Sparn, Walter: »**Kommet her zu mir alle ...«:** die Einladung zum Heiligen Abendmahl in der pluralistischen Gesellschaft. In: 055, 99-115. L 101+".

953 Stahl, Rainer: **Der Martin-Luther-Bund auf dem Weg in das 21. Jahrhundert.** In: 045, 100-111.

954 Stümke, Volker: **Die Welt aus der Vogelperspektive:** zur Tragfähigkeit lutherisch-ethischer Prinzipien im Blick auf eine aktuelle Friedensethik. In: 073, 130-184.

955 Theißen, Henning: **Die Öffentlichkeit der Ver-**

kündigung: zur Auseinandersetzung mit dem rheinischen Ordinationsgesetz. Lu 78 (2007), 18-31.

956 Thönissen, Wolfgang: **Über die Autorität der Heiligen Schrift im ökumenischen Dialog.** In: 06, 205-227. L 207-209.

957 Ulrich, Hans G.: **Der Ertrag lutherisch-ethischer Prinzipien im Blick auf eine theologische Wirtschaftsethik.** In: 073, 210-239.

958 Vincze, Katalin: **Használható-e korunkban az Isten kettős kormányzásáról szóló tanítás** (Ist die Zweiregimentenlehre heute brauchbar)? LP 82 (2007), 288-295.

959 Vogels, Reiner: **Auf ewiglich geschieden und widereinander:** Festvortrag zum Reformationsfest während der Herbsttagung der »Arbeitsgemeinschaft Bekennende Gemeinde« ... Luth. Nachrichten 21 (2001) Heft 1, 43-64, 48, 52-56, 64.

960 Vogels, Reiner: **Glaube und Liebe:** zwei Wegweiser für die Ökumene der christlichen Kirchen. Luth. Nachrichten 26 (2006) Heft 2, 16-27.

961 Vogels, Reiner: **Warum ich mich als Lutheraner verstehe.** Luth. Nachrichten 27 (2007) Nr. 3, 58-72. L".

962 Ebeling, Gerhard: **Mein theologischer Weg.** In: 052, 4-67: Ill. L 25-27. 57 f+".

8 Romane, Schauspiele, Filme, Varia

963 **Aus einem traurigen Arsch fährt nie ein fröhlicher Furz:** Anekdoten über Luther/ ges. und aufgeschrieben von Mario Süßenguth. B: Eulenspiegel, 2006. 126 S.

964 Berth, Doris: **Unerschrocken die Wahrheit sagen:** auf Martin Luthers Spuren; seine allerbesten Sprüche. Kassel: Herkules, 2006. 62 S.: Ill.

965 **Bibelfuchs spezial:** Martin Luther; ein~Spiel- und Rätselspaß/ Durchführung: Michael Hallenberger. S: Deutsche Bibelgesellschaft, 2007. 1 CD-Rom.

966 Engemann, Wilfried: **Das Theologen-Quartett.** 2. Aufl. L: EVA, 2007. 48 Spielkarten.

967 **Gesichter, Geschichten, Geheimnisse:** Martin Luther. L: Ottonia Media, 2004. 1 DVD (Video). (Geschichte Mitteldeutschlands)

968 Graffam, William: **Tölpel:** Luthers Hund erzählt. Wdbg/Bortfeld: SG, 2003. 22 S.: Ill.

969 Komm, Karlheinz: **Der Fall Luther. Bar Abbas. Die Nacht von Flossenbürg. Der Küsterin Weichnachtsabend:** vier Theaterstücke für den Kirchenraum. Diepenau: Göttert, 2006. 241 S. (Kirche und Theater; 1)

970 Leder, Karl-Heinz: **Die Entwicklung der deutschen Sprache und Literatur von der Christianisierung bis zur Reformation:** eine philatelistische Literaturgeschichte. Wittenberg: Drei Kastanien, 2002. [96 S.]: Ill.

971 Leder, Karl-Heinz: **Die Reformation des Doktor Martin Luther – das ist mehr als der Anschlag von 95 Thesen:** die Ereignisse der Reformation auf Briefmarken dargestellt; ein philatelistisches Geschichtsbuch. Wittenberg: Drei Kastanien, 2002. Unpag.: Ill.

972 Luther Blisset [Pseudonym]: **Q.** Neuausgabe, 11. Aufl. Torino: Einaudi, [2006]. XV, 677 S.: Ill. (Enaudi tascabili; 742: Stile libero)

973 Luther Blisset [Pseudonym]: **Q:** Roman (Q ⟨dt.⟩)/ aus dem Italien. übers. von Ulrich Hartmann. Ungek. Taschenbuchausgabe. M; ZH: Piper, 2003. 798 S.: Ill. (Serie Piper; 3990)

974 Luther Blisset [Pseudonym]: **Q:** Roman (Q ⟨dt.⟩)/ aus dem Italien. übers. von Ulrich Hartmann. Ungek. Taschenbuchausgabe. M; ZH: Piper, 2006. 798 S.: Ill. (Serie Piper; 4721)

975 Luther, Martin: **Kurz soll man beten, aber oft**

und stark: Worte für die Woche. NK: Aussaat, 2007. 1 Kalender.

976 [Luther, Martin]: **Martin Luther: ein feste Burg**. 2. Aufl. Holzgerlingen: Hänssler, 2007. 1 Audio-CD & Beil. (Booklet, unpag.: Ill), im Schuber.

977 **Martin Luther**/ ill. von Elke Junker; Stefan Horst; nach einer Vorlage aus dem Franz. übertr. von Renate Schupp. Lahr: Kaufmann, 2006. [31 S.]: Ill.

978 **Martin Luther**/ ill. von Elke Junker; Stefan Horst; nach einer Vorlage aus dem Franz. übetr. von Renate Schupp. 2. Aufl. Lahr: Kaufmann, 2007. [30] S.: Ill.

979 **Martin Luther**. Rosenheim: coTec, [2004]. 1 CD-ROM. (Digitale Folien)

980 Ruppelt, Georg: **Nachdem Martin Luther Papst** geworden war und die Alliierten den Zweiten Weltkrieg verloren hatten: literarische Alternativen zur besten der Welten/ das Buch erscheint zugleich als Begleitband zur gleichnamigen Ausstellung in der Gottfried Wilhelm Leibniz Bibliothek, Hannover. Saarbrücken: Wehrhahn, 2007. 304 S.

981 **Tinas & Tions Mega-Rätsel-Mal-Lese-Lern-Spaß-Heft über Martin Luther**/ Text: Carola L'Hoest; Ill.: Susanne Malessa. Lemgo: Evang. Volks- und Schriftenmission, 2002. 15 S.: Ill.

982 Wipfler, Esther Pia: **Luther im Stummfilm**: zum Wandel protestantischer Mentalität im Spiegel der Filmgeschichte bis 1930. ARG 98 (2007), 167-198.

C FORSCHUNGSBERICHTE, SAMMELBESPRECHUNGEN, BIBLIOGRAPHIEN

983 Arnold, Matthieu; Greiner, Albert: **Quelques ouvrages récents relatifs à Martin Luther (XXI)**. PL 55 (2007), 165-178.

984 Barth, Hans-Martin: **Der Reformator auf ungewohnten Wegen**: Bericht über den 11. Kongress für Lutherforschung vom 21. bis 27. Juli 2007. Evang. Orientierung: Zeitschrift des evang. Bundes (2007) Nr. 3, 16f.: Ill.

985 **Bibliography of the works of Thomas A. Brady, Jr.** In: 063, XV-XXI.

986 **Bibliography of the works of Thomas A. Brady, Jr.** In: Politics and Reformations: communities, polities, nations and empires; essays in honor of Thomas A. Brady, Jr./ hrsg. von Christopher Ocker ... Leiden; Boston: Brill, 2007, XVII-XXIII. (Studies in medieval and Reformation traditions; 128)

987 **Bibliography of the writings of Gerhard O. Forde**/ zsgest. von Amy Marga. In: 018, 322-329.

988 Breul, Wolfgang; Gräf, Holger Th.: **Fürst, Reformation, Land – aktuelle Forschungen zu Langraf Philipp von Hessen (1504-1567)**. ARG 98 (2008), 274-300.

989 **Curriculum e pubblicazioni Jos E. Vercruysse** (Lebenslauf und Veröffentlichungen von Jos E. Vercruysse)/ zsgst. von Rino Sgarbossa. In: 014, 33 f.

990 Czaika, Otfried: **Die Reformation im schwedischen Reich**: ein Forschungsüberblick. Historisches Jahrbuch 124 (2004), 379-408. L".

991 Decot, Rolf: **Veröffentlichungen**. In: 015, 483-494.

992 **Deutscher Humanismus 1480-1520**: Verfasserlexikon/ hrsg. von Franz-Josef Worstbrock. Bd. 1, Lfg. 1: Adelmann von Adelmannfelden, Bernhard – Burkhard von Andwil. B; NY: de Gruyter, 2005. 180 S. – Bespr.: Schilling, Johannes: Lu 78 (2008), 118-120

993 **Deutscher Humanismus 1480-1520**: Verfasserlexikon/ hrsg. von Franz-Josef Worstbrock. Bd. 1, Lfg. 2: Buschius, Hermann – Engel, Johannes. B; NY: de Gruyter, 2006. 319 S. – Bespr.: Schilling, Johannes: Lu 78 (2008), 118-120

994 Fries, Patrick: **»Gott danken, loben und bitten bei Martin Luther«**. Lu 77 (2006), 171-176.

995 Jäggi, Carola: **Braucht es eine Archäologie der Reformation?**: Rückblick und Ausblick. In: 02, 469-480.

996 Junghans, Helmar: **Martin Luther und die Welt der Reformation**. LuJ 73 (2007), 195-214.

997 Kaufmann, Thomas: **Evangelische Reformationsgeschichtsforschung nach 1945**. ZThK 104 (2007), 404-454.

998 Kumper, Hiram: **Erasmus Alber (ca. 1500-1553)**: Beiträge zur Bibliographie. Mecklenburgia sacra 9 (2006), 144-154.

999 Lo, Pilgrim W. K.: **Lutherrezeption in China**. LuJ 73 (2006), 139-170.

1000 **Lutherbibliographie 2006**/ mit ... bearb. von Helmar Junghans; Michael Beyer; Cornelia Schnapka-Bartmuß. LuJ 73 (2006 [gedr. 2007]), 225-288.

1001 Pesch, Otto Hermann: **Wo steht die katholische Lutherforschung?**/ Kurzfassung von Wolfgang Vondey. LuD 15 (2007), 119f. [Vgl. LuB 2006, Nr. 1372]

1002 Pihlajamaki, Heikki; Saarinen, Risto: **Lutheran**

Reformation and the law in recent scholarship. In: 044, 1-17.

1003 Pilvousek, Josef: **Die Reformation in Erfurt im Bann der Thüringer Lutherforschung?** Historisches Jahrbuch 123 (2003), 339-355.

1004 **Schriftenverzeichnis von Otto Hermann Pesch/** zsgest. von Markus Wriedt; in Zsarb. mit Agnes Haller; Ines Grund. In: 033, 423-460.

1005 Zwanepol, Klaas; Burger, Christoph P. M.: »**There is a lot of coffee in Brazil**«: een verslag van het XIe Internationale Congres voor Lutheronderzoek in Brazilië (22-27 juli 2007) (»There is a lot of coffee in Brazil«: ein Bericht über den 11. Internationalen Kongress für Lutherforschung in Brasilien (22.-27. Juli 2007)). LuBu 16 (2007), 94-97.

NACHTRÄGLICHE BESPRECHUNGEN

LuB 2002

042 Die Musen ... – Hasse, Hans-Peter: Neues Archiv fuer sächsische Geschichte 73 (2002), 326-328.

506 Dieter, Theodor. – Pesch, Otto Hermann: ThRe 102 (2006), Sp.147-150.

LuB 2003

585 Kruse, Jens-Martin. – Laminski, Adolf: Zeitschrift für Geschichtswissenschaft 51 (2003), 183 f.

LuB 2004

013 Die deutsche Reformation ... – Vötsch, Jochen: Neues Archiv fuer sächsische Geschichte 73 (2002), 314-316.

088 Zur Geistesgeschichte ... – Ehmer, Hermann: BlWKG 106 (2006), 373 f.

63 Luther, Martin. – Rowold, Henry: CJ 32 (2006), 450 f.

198 Bayer, Oswald. – Junghans, Helmar: LuJ 73 (2006), 199-204.

365 Pihkala, Juha. – Hövelmann, Hartmut: Lu 78 (2007), 46.

540 Bucher, Richard P. – Ji, Won yong: CJ 32 (2006), 434 f.

LuB 2005

042 Lutherforschung im 20. Jh.. – Jung, Martin H.: BlWKG 105 (2005), 310-312; Leppin, Volker: Lu 78 (2007), 35 f.

066 Wartenberg, Günther. – Vötsch, Jochen: Neues Archiv für sächsische Geschichte 76 (2005), 370-372.

649 Oberman, Heiko A. – Laminski, Adolf: Zeitschrift für Geschichtswissenschaft 52 (2004), 372 f.

742 Quellen zu Th. Müntzer. – Schneider-Ludorff, Gury: JHKV 57 (2006), 328-330.

LuB 2006

018 Die Gegenwart Jesu ... – Wendebourg, Christian: Lu 78 (2007), 44-46.

023 Glaube und Macht. – Strohm, Christoph: Lu 78 (2007), 194-196.

049 Luther Handbuch. – Kilchsperger, Hans Ruedi: Ref. Presse (2007), 11; Rieske, Uwe: Lu 78 (2007), 187 f.

051 Luthers Erben. – Lüpke, Johannes von: Lu 78 (2007), 199 f.

052 Luthers Erfurter Kloster. – Junghans, Helmar: LuJ 73 (2006), 196-199.

195 Kärkkäinen, Pekka. – Gradl, Stefan: Lu 78 (2007), 41 f.

322 Wieoktowolti, Alexander. – Schirmer, Uwe: Neues Archiv für sächsische Geschichte 77(2006), 363-365.

389 Schulken, Christian. – Rolf, Sibylle: Lu 78 (2007), 39-41.

400 Tietz, Christiane. – Grünwaldt, Klaus: Lu 78 (2007), 50 f.

422 Mantey, Volker. – Kohnle, Armin: Lu 78 (2007), 188-190; Leppin, Volker: ZHF 34 (2007), 141-143.

440 Asendorf, Ulrich. – Wenz, Gunther: ThLZ 131 (2006), 1064 f.

715 Reformation. – Hein, Markus: Lu 78 (2007), 190 f.

1282 Kroeger, Matthias. – Kohler, Eike: Lu 78 (2007), 55-57.

LuB 2007

024 Die Gegenwartsbedeutung ... – Brandt, Reinhard: Lu 78 (2007), 128 f.

056 Luth. und neue Paulusperspektive. – Jourdan, William: Pro 61 (2006), 378-380.Klaiber, Walter: ThLZ 131 (2006), 1052-1055.Stein, Hans Joachim: Lu 77 (2006), 130 f.

059 Müller, Hans Martin. – Grünwaldt, Klaus: Lu 78 (2007), 54 f; Plathow, Michael: MD 57 (2006), 99 f.

067 Reformatoren im Mansfelder Land. – Gößner, Andreas: Lu 78 (2007), 196 f.

078 Sehnsüchtig nach Leben. – Schilling, Johannes: Lu 78 (2007), 193 f.

079 Smolinsky, Heribert. – Müller, Gerhard: Lu 78 (2007), 201 f.

30 Luther, Martin. – Plathow, Michael: Lu 78 (2007), 184 f.

34 Luther, Martin. – Bünz, Enno: Neues Archiv fuer sächsische Geschichte 78 (2007), 410 f; Wriedt, Markus: Lu 78 (2007), 113 f.

63 Dithmar, Reinhard. – Dembeck, Arne: Lu 78 (2008), 36-38.

82 Beutel, Albrecht. – Leppin, Volker: Lu 78 (2007), 186 f.

84 Kaufmann, Thomas. – Schilling, Johannes: Lu 78 (2007), 185 f.

86 Leppin, Volker. – Wolgast, Eike: HZ 285 (2007), 197-200.

114 Israel, Jürgen. – Engels, Martin: Lu 78 (2007), 57.

117 Leppin, Volker. – Wolgast, Eike: HZ 285 (2007), 197-200.

338 Suda, Max Josef. – Mantey, Volker: Lu 78 (2007), 115 f.

630 Mörke, Olaf. – Lotz-Heumann, Ute: Zeitschrift für historische Forschung 34(2007), 335-337.

1030 Cordes, Harm. – Kranich, Sebastian: Pietismus und Neuzeit 33 (2007),263-266; Waschbüsch, Andreas: Lu 78 (2008), 122-124.

1296 Jäckel, Karin. – Treu, Martin: Lu 78 (2007), 117 f.

1298 Luther, Martin. – Kurzanzeige: Lu 78 (2007), 58.

288